독일에서 무엇을 배울 것인가

독일에서 무엇을 배울 것인가

초 판 1쇄 2023년 12월 20일

지은이 양돈선
펴낸이 류종렬

펴낸곳 미다스북스
본부장 임종익
편집장 이다경
책임진행 김가영, 박유진, 윤가희, 이예나, 안채원, 김요섭, 임인영

등록 2001년 3월 21일 제2001-000040호
주소 서울시 마포구 양화로 133 서교타워 711호
전화 02) 322-7802~3
팩스 02) 6007-1845
블로그 http://blog.naver.com/midasbooks
전자주소 midasbooks@hanmail.net
페이스북 https://www.facebook.com/midasbooks425
인스타그램 https://www.instagram/midasbooks

© 양돈선, 미다스북스 2023, *Printed in Korea*.

ISBN 979-11-6910-418-0 03190

값 25,000원

미다스북스는 다음세대에게 필요한 지혜와 교양을 생각합니다.

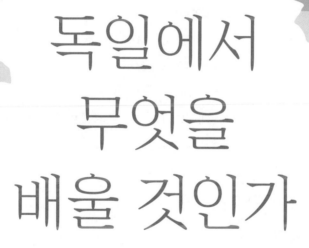

독일에서
무엇을
배울 것인가

독일 모델의 진수는 바로 소프트 파워다

양돈선 지음

미다스북스

들어가며   010

Part Ⅰ. 디테일의 하드 파워

1장 | 합리적이고 지속 가능한 정치 리더십

1. 깨끗한 정치 토양에서 깨끗한 정치가 나온다   020

민주 정치의 토대 권력 분산

정치는 극한(極限) 직업, 특권도 거의 없다

2. 독일 총리의 리더십의 원천은 무엇인가   030

신념윤리와 책임윤리

자민당, 딱 한 번의 포퓰리즘으로 몰락하다

3. 메르켈 총리의 리더십의 요체   038

메르켈 보유국 독일

무티(Mutti, 엄마) 리더십

위기가 세계적 지도자로 키우다

4. 메르켈 총리의 용인술의 비밀   052

미소 속의 비수(匕首)

직언한 현자(賢者)를 가까이 두다

2장 | 경제에는 자유와 함께 책임도 따른다

1. 경제 활동의 본질은 자유와 책임　　062

정부는 응원단장이자 심판: 최소한의 역할만 한다

최저임금도 노사 자율로 결정한다

2. 재정 건전성: 또 하나의 신앙　　069

나라 곳간은 신성불가침

곳간 자물쇠: 채무제동장치

코로나 재난지원금, 한 푼도 전 국민 살포에 안 써

3. 기업의 생존은 시장이 결정한다　　082

독일 기업들은 망하지 않는다?

중소기업은 성역(聖域)이 아니다

상속세 때문에 가업 승계 못 하는 경우는 없다

3장 | 독일 경쟁력은 과학기술에서 나온다

1. 탄탄한 과학기술 기반　　098

기초과학을 중요시하는 나라

과학이 친구인 독일인들

2. 과학기술의 원천 연구 · 개발(R&D)　　106

독일 전역이 연구 · 개발 조직

기초와 응용 간 균형을 갖춘 싱크탱크

3. 연구 · 개발도 연합과 집단 지성　　115

대학 중심의 산 · 학 · 연(産學研) 3축 시스템

코로나 백신을 개발한 의료 연구 · 개발 능력

드레스덴, '엘베강의 기적'을 이루다

4장 | 효율보다 환경을 중시하는 나라

1. 독일은 녹색 국가다   130

    나라 전체가 청정 지역

    숲을 아끼고 사랑하는 나라

    대기오염이 없는 쾌적한 도시

2. 쓰레기를 자원으로 바꾸는 나라   145

    쓰레기 제로(Null Abfall)를 지향하는 사회

    일거양득의 공병 보증금 제도

    폐지(廢紙)는 곧 돈

3. 에너지 혁명   161

    탈원전, 40년 만에 마침표를 찍다

    러시아 에너지로부터 독립하다

    재생에너지가 화석 연료를 추월하다

Part Ⅱ. 예치 단계의 소프트 파워

1장 | 윤리와 예치가 정착된 사회

1. 법치에서 예치로 진화 중   180

    예치의 원천은 '일반화'된 신뢰

    정직에도 등급이 있다?

    메르켈 총리의 예치 수준은?

2. 배려와 관용의 사회   192

    자원봉사도 전문성이 있어야

    외국인을 포용하는 열린 사회

    한국에도 배려와 지원을 아끼지 않아

3. 기업의 윤리와 상생　　　　　　　209

윤리 경영과 사회 공헌을 모두 이루다

가족 기업이 지속 가능한 이유

대기업과 중소기업도 상생 속에 발전한다

2장 | 자유, 정의, 유대

1. 인간의 기본권 보장이 최우선 가치　　　228

생명권에 앞서는 인간의 존엄성

총리 사퇴를 부른 언론 자유 탄압

여성의 기본권도 크게 신장되고 있어

2. 균형 속에 공정을 추구하는 사회　　　243

권력기관의 엄정중립(嚴正中立)

열린 능력주의와 기회균등

공평(公平)보다 공정(公正)에 무게

3. 소통과 유대로 사회통합을 이루다　　　260

소통으로 사회적 갈등을 해소한다

사회통합 연결고리 「페어라인」(Verein)

「시민 교육」에서 정신적 자양분을 얻다

3장 | 국가위기 관리 능력

1. 미래 위험에 준비된 나라　　　276

세월호는 국가위기감이 아니다

국가위기에 대비한 경제 방어벽

국가위기 관리 훈련 모델 : 「뤼켁스」(LUEKEX)

2. 평화 국가의 안보 대응   289

분단 시대에 주적(主敵)에 엄정했다

동독에 무분별한 퍼주기 없었다

신의 외투 자락을 잡다

평화 국가가 재무장을 하게 된 이유

3. 탄탄한 보건 · 의료 경쟁력   310

감염병에 대비한 「뤼켁스 2007」 훈련

방역 · 의료가 준비된 국가

코로나 역설

Part Ⅲ. 독일 모델 넘어서기

1장 | 독일 모델은 접목이 가능한가

1. 독일 모델의 실체   326

디테일과 생각의 힘의 결합

독일 모델의 비호환성

독일 모델도 완벽하지는 않다

2. 독일 모델 접목의 장애 요인   338

국가 시스템이 미국 편향적이다

인적 · 사회적 구조의 차이

소프트 파워의 격차

2장 | 독일 모델 도입은 실패했다

1. 하드 파워만 베낀 일회성 이벤트   350

보여주기식 즉흥적 포퓰리즘만 난무

간판만 바꾼다고 독일연구소 되지 않아

2. 한국에서 왜곡 · 변질된 독일 모델   359

연동형 비례대표제 도입 막장 드라마

사멸된 경제민주화, 한국에서 환생하다

독일에서도 한물간 노동이사제

3장 | 독일 모델 넘어서기

1. 소프트 파워 격상   372

선진화 벽을 돌파해야

사회 지도층의 「노블레스 오블리주」

망각이라는 고질병을 고쳐야

국민의식 구조 개선이 시급하다

2. 소프트 파워는 교육에서 시작한다   392

인성 교육 개혁이 유일한 해법

「시민 교육」도 활성화해야 효과가 나온다

에필로그   400

들어가며

Ⅰ. 독일이 추락한다고?

독일과 한국을 한마디로 비교해서 '독일은 지루한 천국', '한국은 재미있는 지옥'이라고들 말한다. 누가 지었는지는 모르지만 그럴싸한 표현이라고 생각한다. 독일에서 살다 보면 참 무미건조하고 재미없는 사회로 보인다. 뭐 하나 특별하다거나 뛰어난 구석이 없다. 정치인들도 국민에게 화끈한 뉴스를 안기는 일도 없다. 주의나 흥미를 끌 만한 사건 사고도 없이 밋밋한 일상의 연속이다. TV도 교양이나 토론 프로가 주를 이루고 있고, 한국 TV와는 비교가 안 될 정도로 재미가 없다.

이렇게 사회 전체가 역동성과 진취성이 없어 보인다. 생동감이라곤 오직 자동차들이 질주하는 아우토반(고속도로)에서만 느낄 수 있다. 도무지 선진화된 사회라는 감흥이 나지 않는다. 그래서 필자도 평소 "독일인들이 뭐가 우수하다는 거지?", "독일이 선진국인가?" 하고 의문을 갖는 경우가 많았다. "독일도 유럽 국가 중의 한 나라일 뿐이며, 다른 나라들도 다 비슷하겠거니." 하고 별다른 생각 없이 지낸다. 독일인들도 자신들이 다른 나라 국민보다 더 잘하고 있다는 사실을 알지 못하고 있으며, 관심도 없어 보인다.

그러다가 독일을 벗어나 유럽 국가들을 여행하다 보면 그제야 독일의
모습이 구체적으로 정리가 된다. 독일에서 당연했던 일들이 그냥 당연한
것이 아니고 예외적이고 특별한 것이었음을 깨닫게 된다. 그리고 한국
사회로 돌아오고 나서 더욱 큰 차이를 실감한다. 이 점은 독일인들에게
도 마찬가지다. 그들은 독일이 다른 나라보다 더 잘하고 있으며, 교훈을
줄 수 있다는 점을 알지 못한다. 롤프 마파엘(Rolf Mafael) 전 주한 독일
대사도 국내 언론 인터뷰에서 "독일이 좋은 나라구나." 하는 것을 한국에
와서야 느꼈다고 토로했다.

그동안 독일에 대한 기대와 환상이 줄어든 것은 사실이다. 2019년 말
코로나가 발병하여 2년 동안 많은 확진자와 사망자를 냈다. 최근 경제 사
정도 여의치 않다. 2023년 성장률은 마이너스 0.3%로 'G-7' 국가 중 유
일하게 역(逆)성장할 것으로 전망되고 있다. 상황이 이렇다 보니, 국내
전문가 그룹은 물론 언론도 시리즈를 내면서까지 '독일의 추락', '독일의
몰락' 운운하며 독일이 금방 망할 것처럼 독일 때리기에 가세하고 있다.
2000년대 초 '독일 병자', '병든 거인' 등 독일에 가해졌던 조롱이 재현된
모양새다. 마치 한국은 아무런 문제도 없다는 듯이 비판 논조를 펴고 있
다.

물론 독일도 완벽한 나라일 수는 없다. 독일이라고 어찌 문제가 없겠
는가? 독일 시스템도 내부적으로 들어가 보면 문제가 많이 있다. 그러나
한국 전문가들이 놓친 게 하나 있다. 한결같이 독일의 최근 나타난 하드

파워의 문제점만 지적했지, 독일의 문제 해결 능력이나 위기 극복 역량에 대해서는 아무런 얘기가 없다는 것이다. 여기에서 길게 내다보지 못하는 한국 전문가와 언론의 가벼움이 드러난다.

II. 독일에서 무엇을 배울 것인가

독일은 모든 것을 기본에서 시작하는 나라다. 모든 일에서 한발 앞서 생각하고 미리 준비한 다음 실행한다. 조급하지 않고 허둥지둥하지 않는다. 느리지만 확실하다(langsam aber sicher). 문제가 생기면 끊임없는 소통과 타협을 통해 갈등을 해소하고 타협점을 찾아간다. 그래서 연금 개혁, 노동 개혁, 복지 축소, 저출산 해소 등 한국이 헤매고 있는 일도 다 해낸다.

미국 철학자 산타야나(George Santayana)는 "역사를 기억하지 못한 자, 그 역사를 살게 될 것"이라는 명언을 남겼다. 20세기에 독일이 그것을 증명했다. 독일은 2차 세계 대전과 나치의 어두운 역사에서 교훈을 얻었다. 반면에 승전국이었던 영국과 프랑스는 과거 영광의 향수에 젖어 역사에서 교훈을 얻지 못하고 현실에 안주했다. 그 결과 잿더미만 남은 패전국 독일에 종전 20여 년 만에 역전을 당했고, 아직 다시 재(再)역전될 징후는 보이지 않는다. 과거사를 철저히 반성하는 나라지만, 그렇다고 하여 과거에만 얽매이지 않는다. 미래를 향해 가는 나라다.

독일은 인권이 최고의 가치로 우뚝 솟아있고 자유민주주의가 원활하게 작동되고 있는 나라다. 이념과 당파, 포퓰리즘에 매몰되지 않는 뛰어

난 정치 리더십이 나라를 이끌고 있다. 동·서독 분단과 대치 상황에서
도 자유민주주의의 기본을 벗어나지 않았다. 정직과 청렴, 법치와 정의
와 공정이 살아 있다. 윤리와 배려 관용이 배어 있는 사회다. 국수주의,
전체주의, 반(反)계몽, 공포의 시대에 유럽의 가치를 대변하면서 유럽의
희망이 되고 있다.

독일은 코로나 고난 속에서도 기본에서 벗어나지 않았다. 국민의 존엄
과 자유를 지켰다. 기업도 살리고 일자리도 지켰다. 한국을 포함하여 전
세계의 수많은 자영업자가 비명 속에 몰락하고 실업자들이 속출했지만,
독일은 오히려 실업이 줄고 완전고용 상태를 구가하고 있다. 2차 세계 대
전 이후 지금까지 80년 가까이 안정과 번영이라는 패러다임으로 성공 스
토리를 쓰면서 전 세계 모범국가로 자리 잡고 있다. 지금의 경제적 어려
움도 충분히 극복할 수 있는 기본 역량을 갖추고 있다.

III. 책을 내면서

그동안 한국은 경제력이 커졌고 국력도 많이 신장하였다. 그러나 그에
비례하여 소프트 파워 즉 국격은 격상되지 못했다. 윤리 도덕은 정체된
채 혼돈과 무질서 속에 길을 잃고 방황하고 있다. 세월호 사건, 대통령의
망명·구속·극단 선택·탄핵, 정치의 저질화, 무(無)신뢰 사회 등이 오
늘날 우리의 자화상이다. 진정한 선진국이 되기 위해서는 소프트 파워를
구축해야 한다. 이에 대해 독일에서 답을 찾을 수 있다.
물론 독일의 모든 시스템이 우리 실정에 딱 맞는 제도라고 보기는 어

렵다. 우리와 맞지 않은 부분도 많다. 그런데 중요한 점은, 우리에게 부족한 고품질의 소프트 파워를 독일은 가지고 있다는 것이다. 이 소프트 파워 중 우리에게 필요한 부분을 어떻게 뽑아내 우리 것으로 만들어낼지는 우리에게 달렸다.

이러한 점을 고려하여 두 번째 책을 내게 되었다. 지난 졸저『기본에 충실한 나라, 독일에서 배운다』와의 차이라면, 전권은 독일의 제도와 현상에 관한 기술(記述) 측면에 중점을 두었는데, 이번에는 그 확인과 운용, 한국과의 관련성, 코로나 대응 과정, 그리고 정책적 제언 등을 담고 있다는 점이다. 모두 다 사람이 중심이라는 점은 말할 것도 없다.

책의 기본 편제는 3부로 나누어 1부에서는 독일의 하드 파워, 2부에서는 소프트 파워를 소개하였다. 다만, 하드 파워 중의 정치와 소프트 파워 중의 신뢰는 중요한 주제임을 감안하여 사례를 많이 들었다. 3부에서는 독일 모델의 접목 가능성을 분석했다. 그동안 한국이 독일 모델을 무분별하게 도입하면서 실패한 경험, 그리고 앞으로 독일을 따라가기 위해 어느 부분을 중점적으로 개선해야 하는지에 대해서도 언급했다.

필자는 아직도 독일에 대해 모르는 것이 너무 많다. 지력의 부족과 한계를 실감한다. 그런데도 감히 무딘 펜을 든 것은 "독일의 강점인 동시에 우리의 취약점이 되는 분야를 대비하여 보면 교훈을 찾을 수 있지 않을까?" 하는 조그만 소망의 발로에서다. 독일이 분단 시절 겪었던 시행착오와 통일 과정에서 보여준 의연함은 아직도 국토 분단 상태에 있는 우리에게 매우 유용한 시사점을 주고 있다. 아무쪼록 이 책에서 독일을 통해 우리의 모습을 반추하고 시사점을 얻을 수 있다면 더없는 기쁨이 될 것이다. 강호제현의 많은 가르침을 바란다.

디테일의
하드 파워

1장 | 합리적이고 지속 가능한 정치 리더십   019

2장 | 경제에는 자유와 함께 책임도 따른다   061

3장 | 독일 경쟁력은 과학기술에서 나온다   097

4장 | 효율보다 환경을 중시하는 나라   129

Part I

디테일의
하드 파워

1장 | 합리적이고 지속 가능한 정치 리더십

1. 깨끗한 정치 토양에서 깨끗한 정치가 나온다   020

민주 정치의 토대 권력 분산

정치는 극한(極限) 직업, 특권도 거의 없다

2. 독일 총리의 리더십의 원천은 무엇인가   030

신념윤리와 책임윤리

자민당, 딱 한 번의 포퓰리즘으로 몰락하다

3. 메르켈 총리의 리더십의 요체   038

메르켈 보유국 독일

무티(Mutti, 엄마) 리더십

위기가 세계적 지도자로 키우다

4. 메르켈 총리의 용인술의 비밀   052

미소 속의 비수(匕首)

직언한 현자(賢者)를 가까이 두다

1. 깨끗한 정치 토양에서 깨끗한 정치가 나온다

민주 정치의 토대 권력 분산

독일의 가장 위대한 발명품, 최고의 수출품은 무엇일까? 벤츠? 축구? 맥주? 베토벤의 〈환희의 송가〉? 여러 이견이 있을 수 있으나, 바로 독일 헌법인 기본법(Grundgesetz)이라는 데 대체로 공감한다.[1] 이 기본법은 근대의 원리가 가장 이상적으로 구현된 헌법이자 독일 최대의 성과물이 며 걸작품(masterstroke)이다.[2]

동시에 독일 자존심의 가장 중요한 원천이다. 기본법 제1조 제1항은 "인간의 존엄성은 불가침이다."라고 규정함으로써 국가가 아니라 인간 을 말하고 있다. 즉 '국가의 개인들'이 아니라 '개인들의 국가'를 강조하고 있다. 국가를 먼저 언급한 한국 헌법과 차이를 보인다. 이는 절대 불가침 영역이다. 어떤 근거나 방법으로도 수정할 수 없으며, 헌법 개정을 통해 서도 바꿀 수 없도록 제79조에 못 박고 있다.

이 헌법은 2차 세계 대전의 경험과 반성을 토대로 만들어졌다. 이전의 바이마르 헌법 제1조에서는 "독일 제국은 공화국이다. 국가의 권력은 국 민으로부터 나온다."라고 규정하고 있었다. 그러나 그 국가의 권력은 곧 나치로 변질됐고 2차 세계 대전이라는 비극을 초래했다. 이에 따라 1949년 헌법 제정 시 국가보다 인간의 존엄을 우위에 두게 된 것이다. 이 인권 존중 사상은 유럽의 정신으로 이어져 유럽 헌장 제1조에 반영되었고, 세계 여러 나라 헌법에 큰 영향을 미쳤다.

위와 같은 헌법 정신은 정치에도 그대로 투영되고 있다. 아무리 선거로 선출된 다수당이라고 해도 인간의 존엄 가치에 어긋나는 정치 행위는 허용되지 아니한다. 즉 집권당의 입법 독재나 권력 남용을 원천적으로 차단하고 있다.

이러한 노력의 흔적을 독일연방의회 의사당에서 엿볼 수 있다. 독일 수도 베를린 중심가 브란덴부르크 문 인근에 아름다운 석조(石造) 건물인 연방의회 의사당이 있다. 1871년 비스마르크 총리가 독일을 통일한 후 1894년 완성하였다. 이 건물 중앙의 본회의장 지붕은 반구형(半球形) 돔인데, 외장은 투명한 유리로 덮여 있다. 이는 헌법에 따라 정치를 투명하고 성실하게 실현하겠다는 의지다. 돔 내부에서는 나선형으로 돌아가면서 아래 본회의장에서 의원들이 정치하는 모습을 내려다볼 수 있다. 의원들은 국민이 항상 위에서 자신들을 지켜보고 있음을 자각하고 정치를 한다.

〈그림 1〉 독일연방의회 의사당

*의사당 지붕의 돔은 유리로 덮여있다.

독일은 1990년 10월 통일 후 4년만인 1994년 9월 수도를 본(Bonn)에서 베를린(Berlin)으로 옮겼다. 베를린 시내 브란덴부르크 문 인근에 연방의회가 위치해 있다. 여기서 서쪽 방향으로 약 500m 거리에 우리의 용산 대통령실(과거 청와대)에 해당하는 연방총리실이 있다. 인구 8천3백만 명의 독일을 이끌고 유럽을 선도하고 있는 독일 권력의 심장부다. 이렇게 입법부와 행정부가 가까이서 견제와 균형을 이루면서 연합 정치를 행하고 있다.

독재와 전체주의를 막고 법치국가를 지키기 위해서 가장 중요한 수단이 헌법이다.[3]

독일은 헌법에 따라 민주주의가 성숙한 나라로 성장했다. 정치 권력의 안정 없이는 민주주의가 기능할 수 없다.[4]

영국 시사 주간지 〈이코노미스트〉(The Economist) 산하 정보분석기관(EIU)이 발표한 2022년도 세계 민주주의 지수 순위를 보면, 167개 국가 중 독일은 14위다. 강소국을 제외하면 1위다. 한국은 24위로 비교적 높은 순위에 올라 있다.

〈표 1〉 세계 주요국의 민주주의 지수 순위(2022년 기준)

순위	1~5	6~10	14	18	24	30	156
국가 (167국)	북구 3국, 뉴질랜드	덴마크, 스위스, 네덜란드, 대만	**독일**	영국	**한국**	미국	중국
지수	9.29~9.81	9.29~9.81	**8.80**	8.28	**8.03**	7.85	1.94

주 / 지수가 높을수록 민주주의 수준이 높음을 의미함
* 자료: EIU(Economist Intelligence Unit), Democracy Index 2022, 2023.2.

독일은 연방국가로서 정치 권력의 안정을 위해 권력 구조를 분산(分散)하고 있다. 권력이 연방과 16개 주에 나뉘어 있다. 정부는 총리를 수반으로 하는 의원내각제 형태다. 연방의회는 상원과 하원의 양원제다. 연방하원은 2대 양당(현재 기민당/기사당, 사민당)에 몇몇 소수당이 참여하는 다당제(多黨制) 체제다. 연방상원은 국민 직선제가 아닌, 16개 주 총리와 주(州) 정부 대표로 구성된 주 정부 간 협의체다. 이래저래 주 정부가 일정 부분의 권력을 행사한다.

총리는 정책의 기본방침을 정하고 책임을 진다. 이 기본방침 내에서 각 장관은 독자적으로 자기 책임하에 업무를 수행한다. 따라서 아무리 총리라 하더라도 장관 업무에 함부로 개입할 수 없도록 헌법 65조에 규정하고 있다. 사법부 조직인 헌법재판소, 일반법원, 특별법원은 전국에 산재해 있다. 권력기관을 쪼개서 사방으로 분산해 놓았다. 따라서 특정 기관이나 인물이 작당하여 권력을 독점할 수 없도록 구조화되어 있다.

정치인은 민주주의를 지키기 위해 끊임없이 노력한다. 메르켈 총리는 2020년 신년사에서 "인간의 존엄성은 경계(Grenzen)를 지닌다. 왜냐하면, 그것은 불가침 영역이기 때문이다."라고 했다. 또 2021년 10월 3일 독일통일 31주년 기념식에서 "민주주의는 그냥 주어지는 것이 아니다. 민주주의를 보호하기 위해 계속 노력해야 한다."라고 설파했다. 그해 12월 2일 퇴임식에서도 "민주주의는 우리가 필요로 하는 만큼만 우리에게 주어진다."라면서 "증오에 맞서 민주주의를 수호해 달라"고 호소했다.

그러나 권력의 분산이 항상 바람직한 것만은 아닌 것 같다. 『국가는 왜 실패하는가』의 저자 대런 애쓰모글루와 제임스 로빈슨은 "정부가 법질서를 강제하려면 합법적인 폭력 사용과 그에 따른 일정 수준의 중앙집권화가 필요하다. 정부가 중앙집권화에 실패하면 혼란에 빠지고 만다."라고 주장하고 있다.[5]

독일의 경우 권력이 과도하게 분산되어 있다 보니, 연방정부와 연방총리의 힘이 너무 없다는 의견이 제기되고 있다. 2019년 말 발생한 코로나에 대응하는 과정에서 연방총리의 권한이 미약하여 강력하고 효율적인 대처가 미흡했다는 것이다.

메르켈 총리는 일치된 행동과 결정이 중요하다면서 경고도 하고 간청도 했으나, 일부 주지사들은 이를 거부하고 단독 행동을 취했다. 이렇게 우왕좌왕하는 사이에 사망자가 늘고 적절한 대응 시기를 놓쳤다. 결과적으로 연방총리에게 힘을 실어주는 정치 구조 개편을 검토해야 한다는 주장이 힘을 얻고 있다.[6]

대부분 국가가 권력의 과도한 집중으로 고통을 겪고 있는데, 독일은 그와 반대로 권력의 과도한 분산으로 어려움을 겪고 있다.

정치는 극한(極限) 직업, 특권도 거의 없다

"너는 커서 뭐가 되고 싶니?"
"연방 총리요."
"그것은 안 된다."
"왜요?"
"우리 집안에서 총리는 나 혼자로 충분하단다."[7]

독일의 콘라드 아데나워 초대 총리가 손자와 주고받은 대화다.

전 세계적으로 많은 나라에 정치 가문이 있다. 미국의 케네디, 부시 가문, 일본의 아베 가문, 싱가포르의 리콴유 가문 등 선진국에서도 많이 볼 수 있다. 영국 보리스 존슨 총리는 외조부가 유럽인권위원회 의장, 아버지는 유럽의회 의원을 지냈다. 캐나다 트뤼도 총리 아버지는 17년간이나 캐나다 총리를 지냈다. 중국에는 혁명 원로 2세들인 태자당(太子黨)이 있고, 인도나 필리핀 등 개발도상국에서도 정치 세습이 이어지고 있다.

정치인 가문 정도는 아니지만, 당대의 정치인 가족들도 있다. 클린턴 전미국 대통령은 부부가, 트럼프 전 대통령은 딸과 사위도 정치를 했다.

한국의 박정희 대통령은 부녀가 대통령을 지냈고, 김영삼 김대중 대통령의 경우 아들들이 국회의원을 지냈다. 지난 20대(2016~2020) 국회의원 300명 중 2세 3세 국회의원은 15명으로 5% 수준의 세습비율을 보였다. 정치 철학이나 능력도 없이 선대의 후광으로 특권과 부패까지 대물림하면서 깨끗한 정치를 막는다는 비판을 받았다.

그런데 독일에는 정치 세습이 없다. 정치 가문이나 정치인 가족도 없다. 지금까지 8명의 총리가 정치를 했지만, 모두 자수성가한 사람들이다. 그중 누구도 정치인 집안 출신은 없으며, 자신의 정치적 자산을 자녀들에게 세습한 총리도 없다. 세습은 기업에서만 볼 수 있다. 기업인의 경우 장인(匠人) 정신이 이어지려면 가업 승계가 중요한 덕목이지만, 정치인의 덕목은 대물림이 아니라 정치인 본인의 리더십이다. 이렇게 '정치 세습은 안 된다.'라는 것이 불문율과 관행으로 내려오고 있다.

굳이 세습 정치인을 찾는다면, 콘라드 아데나워 총리의 외손자 스테판 베르한(Stephan Werhahn) 바이에른주 자민당 당원이 있다. 그렇지만 중요한 직함을 갖고 있지도 않다. 연방 노동장관과 국방장관을 역임하고 현재 유럽연합(EU) 집행위원장인 여성 정치가 폰데어 라이엔(Ursula von der Leyen)의 부친 에른스트 알브레히트(Ernst Albrecht)가 니더작센주(州) 주지사를 지낸 정도다.

그러면 왜 유독 독일에서만 정치 세습이나 정치 가문이 없는가? 먼저, 역사적으로 권력 세습이 적었다. 독일은 중앙집권 국가가 아닌 지방분권

국가로서 유럽 국가 중에서 귀족 비율이 매우 적었다. 중세 유럽의 인구 대비 귀족 비율은 프랑스가 1%, 스웨덴 0.5%, 폴란드 10%, 유럽 전체로는 1.5~2.3%였는데 비해, 독일은 0.01%에 불과했다.[8]

권력 세습이 그만큼 적었으며, 이러한 관행이 근세사까지 이어져 내려왔다.

둘째, 정치판에 속칭 먹을 것이 별로 없다. 정치인들에 대한 금전적 대우가 그리 좋지 않다. 2022년도 연방의원의 연봉은 17만 4,882유로(약 227백만 원)으로, 한국 국회의원 154백만 원보다 높다. 그러나 사무실과 보좌진 관리·운영비는 한국(115백만 원)보다 훨씬 적다. 독일경제 규모(GDP)가 한국의 2.5배 정도인 점을 감안하면 이들의 실질 후생은 한국에 비해 많이 떨어진다. 또 회의에 불참할 때마다 의정 활동비에서 100유로~200유로씩(본회의 200유로, 기타 회의 100유로) 삭감된다. 무노동 무임금 원칙이 의원에게도 예외 없이 적용되고 있는 것이다.

그러니 경제적 여유가 넉넉하지 않아 절약해서 살아야 한다. 출퇴근을 자전거로 하는 의원들도 흔하다. 현재 연방의회에 유일한 한국인으로 이예원 의원(사민당)이 있다. 이 의원은 생활비를 줄이기 위해 다른 2명의 동료의원과 공동으로 아파트에서 살고 있다.[9]

연방의회 본회의장 내에는 의원별로 개별 책상이나 컴퓨터가 없고, 긴 탁자에 의자만 진열돼 있다. 예우 차원에서 총리는 맨 앞줄 왼쪽 끝 좌석에, 그리고 연설을 맡은 의원은 그냥 앞줄에 앉는 정도다. 따라서 회의장에 늦게 입장하는 의원은 맨 뒤로 올라가 앉아야 한다.

셋째, 불필요한 특권·특혜가 없다. 나치 독재를 경험한 독일은 연방의원에게 헌법상 면책특권과 불체포특권을 부여하고 있다. 그렇다고 하여 아무 때나 무제한 허용되지는 않는다. 의회 내에서 직무상 행한 발언이라도 타인에 대한 명예 훼손은 헌법 제46조 1항에 따라 면책특권에서 제외한다. 따라서 막말 비방이나 모욕, '아니면 말고' 식 폭로는 없다.

불체포특권은 회기 중에만 보장되는 한국과 달리, 의원 임기 내내 보장된다. 국가를 위해 일할 수 있도록 확실하게 보장을 하는 것이다. 그러나 운용이 매우 엄격하여 방탄용으로 악용되지 않는다. 1990년(12대 의회)부터 2021년(19대 의회)까지 약 30년간 127건의 체포 동의안이 제출됐는데, 이 중 118건(92.9%)이 가결되었고 부결은 7건(5.5%)에 불과했다.[10]

체포 동의안 건수가 많은 것도 놀라운데, 동의안 대부분이 가결됐다는 점이 더욱 놀랍다. 아무리 헌법상 특권이라고 하더라도 의원 개인의 비리나 불법 앞에서는 맥을 못 춘다. 따라서 "불체포특권을 폐지하라."라는 여론이나 주장도 없다. 정치권이 스스로 신뢰를 보여주고 있어서다.

넷째, 비리 정치인에 대한 처벌과 대우가 가혹하다. 선거와 관련된 매표(買票) 행위뿐만 아니라, 이득을 제공받는 모든 행위가 처벌 대상이다. 또 정치권 부패를 막기 위해 정당 재정의 투명성을 의무화하고 있다. 정당은 자금 출처와 사용 및 재산 상황을 공개해야 한다(헌법 21조 1항). 회계장부 허위기재, 증빙서류 위·변조, 회계 누락 등은 처벌 대상이다(정당법 31조의d).

비리 정치인은 바로 정계에서 퇴출된다. 시간이 지나 슬쩍 다시 정계로 복귀하는 패자부활(敗者復活) 꼼수가 안 통한다. 독일은 전문가 사회다. 정치인이라는 직업도 오직 정계에서만 통할 뿐, 공공기관이나 연구기관 등 다른 직종에서는 써먹을 일이 없다. 그러니 낙하산으로 내려갈 수도 없다. 또 독일은 대부분 한 직장에서 정년까지 일하는 사회이니, 정치인이 내려갈 빈자리도 없다. 정치는 부를 축적하는 직업이 아니라 극한 직업이다. 명예는 누리되 부(富)는 포기해야 한다. 동시에 둘 다 가지고 영화를 누릴 수 있는 꽃놀이 패가 아니다.

그러나 무엇보다도 중요한 것은 국민의 정치인들에 대한 기대와 높은 도덕성의 잣대이다. 이들은 조그만 비리도 용납하지 않는다. 불프 대통령이 4~5만 원짜리 홍보용 장난감 자동차 한 대 받은 것도 문제 삼았다. 쫀쫀하고 좁쌀 같지만, 이러한 높은 청렴 수준의 기대 때문에 깨끗한 정치 구현의 기초가 되고 있다.

2. 독일 총리의 리더십 원천은 무엇인가

신념윤리와 책임윤리

18세기 독일이 통일되기 전 프로이센(Preussen) 시절 최고의 군사 전략가 몰트케(Helmuth von Moltke) 장군은 지도자 유형을 네 가지로 분류하였다. 몰트케는 똑똑하면서 게으른 지도자 소위 '똑게'를 최고로 여겼다. 반면에 멍청하면서 부지런한 지도자 '멍부'를 최악의 위험인물로 보았다. 이 몰트케의 지도자 유형은 그동안 한국에서도 여기저기서 많이 인용되고 있고, 직장 동료들끼리 재미 삼아 자신들의 상관의 리더십을 평가하는 도구로도 활용되고 있다.

〈표 2〉 몰트케(H.v. Moltke)의 지도자 유형

지도력 ＼ 성향	부지런함 (Industrious)	게으름 (Lazy)
똑똑함 (Clever)	똑부 (참모)	똑게 (최고 지도자)
멍청함 (Stupid)	멍부 (위험)	멍게 (무능)

* 자료 : Quote Investigator, *The Person Who is Clever and Lazy Qualifies for the Highest Leadership Posts*, 2014.2.28.

"뭐라고? 나랏일이 복잡하고 갈 길이 바쁜데, 지도자가 게을러야 한다고?" 여기에서 '게으르다'는 것은 나태해도 좋다는 것이 아니고, 중요한 일들은 미리 머리로 생각하여 정리하고 불필요한 일은 최소화한다는 것이다. 지력과 혜안이 없는 지도자가 일을 마구 벌이고 미주알고주알 챙기면 정작 중요한 일은 놓치고 결국 나라를 망친다는 것이다.

실제로 몰트케의 프로이센군은 미션(임무) 지향적 지휘체계를 유지했다. 지휘관은 실행자에게 미션만 제시하고 실행에 대해서는 광범한 재량을 허용했다. 이러한 군의 리더십은 2차 세계 대전 때에도 그대로 적용되어, 독일군의 전투력이 구체적인 프로세스 체제의 미군보다 52%나 높았다.[11]

옛말에 "큰 지혜는 한가로움·여유에서 나오고, 쫀쫀한 지혜는 빽빽한 곳에서 나온다."(大知閑閑 小知間間)라고 했다. 지도자가 일을 많이 하면 아랫사람들이 그럴싸하게 포장만 한다. 잔머리에 속임수를 쓴다. 그래서 왕이 하나부터 열까지 다 챙기는 만기친람(萬機親覽)을 금기시하고, 마치 아무것도 하지 않은 듯 무위(無爲)에 두라고 했다.[12]

동서양 모두 지도자들에게 지혜 없는 부지런함은 덕목이 아니다. 게다가 소신이라는 미명 하에 고집까지 세어 나라를 망국으로 내몬 지도자들이 부지기수다.

실제 독일 총리나 정치인들을 보면 한결같이 준비된 '똑게'에 가깝다. 총리는 참모와 내각에 권한을 대폭 위임하고 자신은 멀리 보고 나라 정책을 구상한다. 총리들의 TV 대담 프로를 보면 그 깊은 지력과 넓은 시야에 놀랄 때가 많다. 대담 장소에는 총리와 질문자 딱 두 사람만 있고 비서실장이나 배석자도 없다. 총리 탁자에는 원고나 비서진이 써준 말씀 자료 소위 'A4 용지'도 없이 물 한 컵만 놓여 있다. 그러나 한 시간가량 자신의 비전과 신념을 명쾌하게 제시하고 질문에 답변한다.

연방의원이나 장관들도 마찬가지다. 의회 연설, 세미나, 포럼, TV 토론 등에서도 막힘과 거침이 없다. 자신의 지력과 논리로 의견과 비판을 쏟아내고 상대방을 설득한다. 미사여구나 막말이 아니라 언품(言品)을 갖췄다. 이들은 기자회견도 수시로 열고, 언제 어디서나 언론의 인터뷰 요청에 기꺼이 응한다. 기자들이 집요하게 물고 늘어지지만 회피하지 않고 절제되고 정제된 언어로 간결하고 명확하게 답변을 한다.

흔히 통속적으로 정치인(politician)은 두 부류로 나뉜다. 하나는 정치가(statesman)이고, 다른 하나는 정치꾼(politico)이다. 노벨 생리의학상 수상자인 알베르트 센트 죄르지(Albert Szent Gyorgyi)는 "정치가는 다음 세대를 생각하고, 정치꾼은 다음 선거를 생각한다."고 설파했다. 독일의 사상가 막스 베버(Max Weber)는 자신의 저서 『직업으로서의 정치』에서 정치가의 자질로 미래를 내다보며 현실 변혁을 지향하는 열정, 현실에 대한 균형감각, 책임감을 꼽았다.

막스 베버는 또 정치인이 갖춰야 할 윤리로 두 가지 유형의 정치적 신념, 즉 신념윤리(信念倫理)와 책임윤리(責任倫理)를 제시하고 있다. 신념윤리는 옳다고 굳게 믿는 걸 우선시하는, 즉 대의(大義)에 열정적으로 헌신하는 윤리를 말한다. 반면에 책임윤리는 행위가 유발한 결과에 대해서도 책임이 있다고 보는 윤리를 말한다. 베버는 둘 다 필요하다면서도 책임 윤리를 더 강조했다. 즉 정치가는 자기 일에 책임을 져야 한다는 것이다.

　그렇다면 독일 정치인들은 막스 베버가 말하는 정치 덕목을 갖추고 있는가? 독일 정치인들에게는 정치가 소명이고 천직이다. 평생 정치로 시작해서 정치로 끝난다. 따라서 대부분 스스로 신념과 열정을 가지고 균형감 있게 정치를 하며, 그 결과에 책임을 지는 정치가의 길을 밟아간다.
　이들은 연정(聯政)을 통해 책임윤리를 구현한다. 정부 여당은 중요한 정책들을 당연히 연정 상대와 타협하여 결정한다. 또 전(前) 정권의 정책이라고 하여 싹둑 잘라 폐기하는 일이 없다. 실제로도 그렇게 하기가 어렵다. 왜냐하면, 이 정책들은 대부분 야당 시절에 연정 상대로서 합의해준 정책들이기 때문이다. 절묘한 정치 시스템이다.
　2023년 3월 독일연방의회는 의석수를 736석에서 630석으로 줄이는 선거법 개혁안을 의결했다. 나라 규모에 비해 의원 수가 너무 많다는 지적을 받아들여 연방의원들이 스스로 의석수를 줄여 거품을 뺐다. 툭 하면 의원 수를 늘리려고 하는 우리나라 국회의원들에 시사하는 바가 크다.

　독일은 1949년 건국 이후 2021년까지 8명의 총리를 배출했다. 현재 9대 총리는 사민당의 올라프 숄츠(Olaf Scholz) 총리다. 그런데 수준 높은 정치를 구현하고 있다는 독일에서도 총리직은 극한 직업이다. 7명의 총리가 불명예로 물러났으며, 국민으로부터 박수를 받으면서 퇴임한 총리는 앙겔라 메르켈 총리가 유일하다. 요시카 피셔(Joschka Fischer) 전 부총리 겸 외무장관은 총리실을 '죽음의 정치구역'(Todeszone der Politik)

이라고 했다.

그러나 이들의 공적은 퇴임 이후 높은 평가와 존경을 받고 있다. 콘라드 아데나워 초대 총리는 건국, 빌리 브란트 총리는 평화, 헬무트 슈미트는 안보, 헬무트 콜은 통일, 슈뢰더는 개혁 총리로 예우받고 있다. 시대별로 그 시대 정신(Zeitgeist)에 맞는 총리들이 나타나 신념윤리와 책임윤리를 구현했다.

자민당, 딱 한 번의 포퓰리즘으로 몰락하다

독일에도 표를 의식하는 포퓰리즘(대중영합주의)은 존재한다. 그러나 그리 심하지 않다. 정부 정책은 대부분 포퓰리즘과 거리가 먼 장기 정책들이다. 10년 정도의 정책은 보통이고, 40년에 가까운 정책도 진행 중이다. 이는 연방의원 4년 임기 동안에 처리할 수 있는 일들이 아니다. 여기에 포퓰리즘이 끼어들 여지가 적다.

2020년 독일 미디어 그룹 소속의 베텔스만 재단이 "독일 정치의 대중영합주의는 어느 정도인가?"를 묻는 설문 조사를 한 결과, 응답자의 21%가 "영합주의적이다."라고 답했으며, "아니다."라는 47%, "모르겠다."는 32%로 나타났다. [13]

정치적 포퓰리즘이 비교적 심각하지 않다고 본 것이다. 독일 국민은 포퓰리즘과 선동 정치를 혐오한다. [14]

정치인들의 대안 없는 선동성 선심성 퍼주기는 응징을 당한다. 이는 포퓰리즘의 산물이라는 교훈 때문이다. 그래서 정치인들은 함부로 나랏돈 퍼주겠다는 얘기를 하지 않는다.

그런데 독일에서도 포퓰리즘 정책으로 곤욕을 치른 사건이 있었다. 바로 자민당(FDP) 사건이다. 자민당은 자유를 지향하는 정당으로서 1948년 창당해서 70년이 넘는 역사를 자랑하고 있다. 기민당과 사민당의 양당 체제에서 제3당을 지켜온 정당이다. 제1당과 여러 차례 연정을 하면서 집권 경험과 능력도 가지고 있다. 집권 기간만 따지면, 오히려 기민당이나 사민당보다 더 길다.

그러한 자민당이 2013년 연방의회 총선에서 한 석도 얻지 못하고 퇴출되는 사건이 발생했다. 연동형 비례대표제를 시행하고 있는 선거 제도상 정당이 5% 이상의 지지를 얻지 못하면 비례의석을 배정받지 못하는 규칙(5% 룰)에 걸려, 한 석도 건지지 못한 것이다. 자민당 역사상 처음 있는 굴욕이었다. 왜 이런 일이 일어난 걸까? 선심성 정책(Klientelpolitik)을, 그것도 딱 한 번 잘못 쓴 결과다.

자민당은 중소기업이 운영하는 호텔에 부가가치세를 낮추기 위한 입법을 추진했다. 표준세율 19% 대신에 경감세율인 7%를 적용한 것이다. 이로 인해 세수 감소가 10억 유로에 달했으며 이는 특정 업종에 대한 특혜, 반(反)시장적 포퓰리즘으로 받아들여졌다. 중소기업 보호라는 정치적 주장은 먹히지 않았다. 결국, 이 당의 지지 세력인 시장주의자들의 지지를 잃고 몰락했다. 한 번의 선심성 정책 때문에 제3당이 연방의회에서 사라진 것이다. 그 후 자민당은 절치부심(切齒腐心)하여 2017년 총선에서 다시 의회에 복귀했으나, 반(反)난민 정책으로 급부상한 신진 대안당(AfD)에 밀려 제4당으로 밀려났다.

한때 한국에서는 기본소득 논쟁이 뜨거웠다. 2022년 초 대통령 선거 때 일부 후보들은 대놓고 기본소득 공약을 내놓았다. 독일은 어떤가? 만일 정치인이 이런 주장을 했다면 정치 생명을 감수해야 한다. 독일 국민은 기본소득 도입을 별로 원치 않는다. 기본소득은 불평등을 더욱 심화시키는 요인이며, 기본소득 재원을 마련하려면 기존의 사회보장 혜택을 모두 없애고 복지의 판을 완전히 새로 짜야 한다는 인식을 하고 있다.[15]

정치권에서도 기본소득 도입을 반대한다. 현재 사민당 소속 올라프 숄츠(Olaf Scholz) 총리가 재무장관 시절 "기본소득은 연금이나 사회보험 등 기존의 사회복지 시스템을 위협할 것"이라면서 조건 없는 기본소득에 반대 입장을 제시한 바 있다.[16]

그런데 2019년 말 코로나 발생으로 인해 일부 계층이 어려움을 겪게 되자, 학계에서 기본소득 실험 연구에 착수하여 지금까지 진행 중이다. 독일경제연구소(DIW)는 자영업자와 프리랜서들의 어려움을 분석하기 위해, 2020년 8월 막스플랑크연구소, 쾰른 대학, 독일기본소득연구소와 공동으로 기본소득 실험 연구에 착수하였다.

실험 내용을 보면, 기본소득 실험 대상자 자원 신청을 받아 1,500명을 선발하여 두 그룹(실험집단 A그룹 120명, 대조집단 B그룹 1,380명)으로 나눴다. A그룹에는 기본소득을 1인당 월 1,200유로씩 2021년부터 2023년까지 3년간 지급하고 있다. 결국, 1인당 총 43,200유로(약 6천만 원)를 받는 셈이다. 반면에 B그룹에는 지급하지 않는다.[17]

이때 실험 참여 신청자가 200만 명이나 되었다니, 돈을 좋아하기는 독일인도 마찬가지인가 보다.

이 실험의 목적은 기본소득 수령자와 비(非)수령자의 생활 방식, 효과 등을 비교 분석하여 사회보장 시스템의 개선방안을 도출하는 데 있다.[18]

소요 재원 총 518만 4천 유로 (약 70억 원)는 정부 지원을 받지 않고, 18만 명의 일반 시민 기부금으로 충당하고 있다. 정부로부터의 연구 독립성을 확보하기 위함이다. 이 결과는 2024년에 나올 전망이다. 이렇게 정치권에 휘둘리지 않고 과학적 접근 방법을 통해 기본소득 해법을 찾아가고 있다.

또 현재 슐레스비히/홀슈타인주(州) 정부가 2018년부터 전 주민에게 월 1,000유로(약 130만 원)의 기본소득 지급 실험을 하고 있다. 다만 실업수당(하르츠 4)이나 양육보조금, 주택보조금 같은 기존의 사회보장 지원은 정지하고 있어서, 중복 지원으로 인한 재원 부담을 해소하고 있다.[19]

한국의 대선 후보들을 비롯하여 정치인들이 "전 국민에게 기본소득을 주자"고 하면서, 재원 조달 방법이나 기존의 복지 축소 여부에 대해서는 입을 닫고 어물쩍 넘어가는 것과 대비된다.

3. 메르켈 총리의 리더십의 요체

메르켈 보유국 독일

정치와는 거리가 멀 것 같은 물리학자 출신. 카리스마, 순발력, 직관이나 영웅적 면모도 없고 대중의 심금을 울리는 명연설가도 아닌, 그저 둥둥하고 포근한 동네 아줌마. 요리를 좋아하며 특히 감자 수프가 주특기이고 설거지도 직접 하는 평범한 주부. 그래서 '특별한 것이라곤 없다.'는 점이 특별함이 돼 버린 사람. 앙겔라 메르켈(Angela Merkel) 8대 총리다.

그런데 이 보통 아줌마가 많은 정치 신기록을 낳았다. 서독 출신 남성 위주의 독일 정계에서 최초의 여성 출신 집권당 대표, 최초의 여성 총리. 최연소 총리, 최초의 동독 출신 총리. 최장기(最長期) 총리, 최장(最長) 대연정(大聯政) 총리, 최초의 명예 퇴임 총리….

메르켈 총리는 2015년 미국 시사 주간지 〈타임〉, 영국 〈파이낸셜 타임스〉(FT), 〈AFP 통신〉에서 '올해의 인물'에 선정되면서 그 해에 '올해의 인물' 3관왕이 되었다. 미국 〈포브스〉(Forbes)에서 2011년부터 2020년까지 10년 연속 '세계에서 가장 영향력 있는 여성 1위'에 선정되었다. 2020년 미국 퓨 리서치(Pew Research)의 여론조사에서 '세계에서 가장 신뢰할 수 있는 지도자'로 선정됐다. 2021년 7월, 미국 '갤럽'의 4개국 글로벌 리더십 설문 조사 결과 독일이 지지율 52%로 4년째 1위를 유지하였다. 미국 · 중국 30%, 러시아 34%를 훨씬 상회한 수준이다.

메르켈 아버지 호르스트 카스너(Horst Kasner)는 서독 출신 목사다. 독일이 분단되면서 수많은 동독 사람들이 자유를 찾아 서독 땅으로 왔지만, 카스너 가족은 정반대의 삶을 택했다. 안락한 생활을 포기하고 1954년 생후 8주 된 메르켈을 데리고 동독으로 들어가 목회 활동을 시작했다. 동독에서 종교는 공산주의의 적이었다. 따라서 목회 활동은 죽음을 무릅쓴 고난의 길이었다. 또한, 동독은 감시국가였다. 젊은 시절 메르켈은 〈슈타지〉(Stasi, 비밀경찰)로부터 일거수일투족을 감시당했으며 공산주의 국가에서 자유가 무엇인지를 몸소 겪었다. 라이프치히 대학에서 물리학 박사 학위를 취득하고 물리화학연구소에서 연구 활동을 했다. 통일 직전 동독 야당 '민주개혁'(DA)에 입당하면서 정치에 입문했다. 그리고 동독 과도정부의 부대변인을 지내면서 과도정부 수반인 로타르 데메지에르 추천으로 콜 총리에게 발탁되어 통일 독일에서 정치인의 길로 들어서게 되었다.

메르켈은 1990년 독일통일 후 첫 총선에서 기민당 소속으로 연방의회 의원에 당선된 후 여성 · 청소년부 장관, 환경부 장관, 기민당 사무총장 등을 지냈다. 그리고 정계에 입문한 지 15년만인 2005년 11월, 51세의 나이에 최고 통치자인 연방총리에까지 올랐다. 독일 국민은 걱정이 앞섰다. '사회주의 국가에서 자유민주주의를 경험하지 못하고 자란 여성이 통일 독일을 제대로 통치할 수 있을까?'

그러했던 메르켈이 2021년 12월까지 16년간이나 총리직을 수행했다. 헬무트 콜 총리와 같이 최장수 기록이다. "남학생도 총리가 될 수 있나요?" 어린 학생들이 자라면서 오랜 세월 동안 메르켈 총리만 봐왔기 때문에, 총리는 여성이 하는 것으로 알고 한 질문이다.

2021년 12월, 메르켈은 임기를 마치고 국민으로부터 박수를 받으면서 권좌에서 내려왔다. 권력의 정점에 있을 때 권력을 스스로 내려놓고 가볍게 하산한 것이다. 통치자들에게 집권 말기 나타나는 레임덕 현상을 메르켈은 겪지 않았다. 정치인은 마무리를 어떻게 해야 하는지, 민주주의는 어떻게 작동해야 하는지를 메르켈이 보여줬다.

메르켈은 재임 중 독일을 한 단계 격상시키며 독일 모델을 구축했다는 평가를 받고 있다. 재임 동안 국민총생산(GDP), 1인당 국민소득이 대폭 증가했고, 실업률도 개선하여 거의 완전고용을 달성했다. 합계출산율도 1.34명에서 1.57명으로 증가했다. 국제무대에서 독일의 정치적 입지를 키우고 유럽을 통합했으며, 나아가 글로벌 공존 외교의 모델을 제시했다.

〈표 3〉 메르켈 총리의 독일경제 성적표

	취임(2005.12.)	퇴임(2021.12.)	증감률(%)
○GDP(억유로)	22,883	35,706	56.0
○1인당 국민소득(유로)	28,134	42,918	52.5
○실업률(%)	10.7	5.1	△52.3
○종합주가지수	4,300	6,710	56.0
○합계출산률(명)	1.34	1.57	17.2

메르켈 총리는 '새 비스마르크', '게르만 철의 여인', '유럽 대통령'이라는 별명을 얻었다. 메르켈은 "글로벌 리더나 롤 모델이 되는 것을 원치 않는다."라고 했는데, 이미 서방 세계의 리더이자 롤 모델이 되어 있다. 일각에서는 프로이센을 통일한 비스마르크 첫 독일 총리, 콘라드 아데나워 첫 서독 총리, 헬무트 콜 통일 총리와 함께, 메르켈 총리를 지난 150년간 독일 근세 정치가 4傑(top 4)로 언급하는 주장도 나왔다.[20]

메르켈은 2023년 4월 특별공로 대십자 훈장을 받았다. 이 훈장은 독일 최고의 훈장으로 건국 이후 지금까지 아데나워 총리, 헬무트 콜 총리 등 2명뿐이다.

60대의 연약한 아줌마가 유럽을 지배하고 세계를 향하여 목소리를 내는 힘의 원천은 어디에서 나오는가? 독일의 국력이 바탕이 되고 있기는 하나, 이것이 전부는 아니다. 독일은 핵무기도 없고 안보리 상임이사국도 아니다. 그 힘은 메르켈 본인의 리더십에서 나온다. 메르켈은 가장 중요한 가치를 자유에 두고 있다. 메르켈은 자유를 상징한다. 공산국가인 구동독 출신으로서 자유의 소중함을 몸소 경험하였으며, 자유민주 국가인 통일 독일의 총리가 되는 데 성공했기 때문이다. 그다음 관용과 책임, 세 번째가 용기다.[21]

메르켈은 이를 토대로 한 신뢰의 리더십을 보여줬다.

무티(Mutti, 엄마) 리더십

메르켈 리더십의 요체는 경청과 소통, 겸손과 인내, 침묵과 침착이다. 자신을 잘 내세우지 않는다. 스스로 대화 중 20%만 말을 하고, 80%는 듣는 데 집중한다. 그녀는 '침착함 속에 힘이 있다.'(In der Ruhe liegt die

Kraft)는 말을 신봉한다. 자신의 묘비명도 '겸손과 품위'로 정했다. 위기 상황에서도 조바심을 내거나 동요하는 법이 없다. 메르켈의 언어는 다듬어지지 않고 직설적이다. 그러나 거창한 포퓰리즘과는 거리가 멀고, 정치인 특유의 오리무중 선문답도 없다. 그래서 세련미가 없고 미숙해 보인다. 그러나 모든 것을 사실, 즉 팩트(fact)에 근거한다. 포퓰리즘이나 과장, 허세, 독선, 쇼맨십은 찾아볼 수가 없다. 이것이 바로 메르켈이 오랫동안 인기를 유지한 비결 중의 하나다.

메르켈은 국민과 끊임없이 소통했다. 집권 다음 해인 2006년 대국민 팟캐스트를 시작해 15년간 600회에 걸쳐 국민에게 직접 메시지를 전달하고 소통을 했다. 메르켈은 중용과 균형의 정치를 했다. 보수당이면서도 보수 정책만 고집하지 않았다. 지지자들만 위한 정책에 치우치지 않았다. 여성이면서 여성만 대변하지 않았다. 동독 출신이면서 동독의 이익만 대변하거나 동독 출신 인사를 우대한 적도 없다.

2010년 5월, 요아힘 가우크(J. Gauck) 동독 출신 목사가 당시 제1야당인 사민당과 녹색당에 의해 대통령 후보로 추대되었다. 그러나 메르켈 총리는 연정 상대인 자민당과 함께 크리스티안 불프 니더작센주 총리를 후보로 내세워 대통령으로 선출시켰다. 그런데 불프 대통령이 부패혐의에 휘말려 갑자기 퇴진하고, 가우크는 다시 사민당 후보로 추대되었으며, 이번에는 메르켈이 수락하여 결국 11대 대통령으로 선출되었다.

메르켈은 쉬운 길을 마다하고 어렵고 위험한 길을 택했다. 골치 아픈 일이 발생했을 때 뒤로 살짝 숨고 아래 참모들에게 떠넘기거나, 빛깔 나는 일에만 국민 앞에 나와 생색내거나 하지 않았다. 스스로 전면에 나서 정면 돌파하면서 책임 윤리를 구현했다. 대표적인 일이 난민 수용이다.

2010년대 중반 중동에서 난민들이 유럽으로 몰려들었다. 2014년부터 2019년까지 약 140만여 명의 난민들이 독일로 유입되었다. 2015년 한 해에만 시리아 난민 110만 명이 독일로 왔다. 독일로서도 버거운 엄청난 숫자다. 이때 메르켈은 국경을 개방해 이들을 다 받아들였다. 인도적인 차원에서 국력에 걸맞은 포용이 필요하다는 것이었다.

그런데 독일 사회에서 반(反)난민 정서가 컸고 난민을 향한 범죄도 상당했다. 경제적으로 어려운 동독 지역에서 더 심했다. 게다가 난민들 스스로 난민 혐오를 자초한 점도 있다. 난민들 때문에 범죄율이 오르고 치안이 불안해진 것이다. 2015년 12월 31과 다음날 새벽 사이, 쾰른시에서 신년맞이 축제 도중에 독일 여성들이 1,000여 명의 중동 난민으로부터 성폭력을 당하는 일이 60여 건이나 발생했다.

결국, 메르켈의 지지율이 하락하고 정치적으로 곤궁에 몰렸다. 2017년 총선에서는 극우 성향의 대안당(AfD)이 난민 거부 구호로 의회에 진출, 일약 제3당의 자리를 차지할 정도였다. 집권 기민당은 난민 문제 때문에 사민당과의 대연정 붕괴 직전까지 갔다. 독일 국민은 가장 큰 현안으로 난민 문제를, 그다음으로 코로나를 꼽을 정도로 난민 문제는 중요한 이슈다.[22]

난민 문제는 메르켈에게 중대한 시험대가 되었다. 결국, 메르켈은 난민 수용 정도를 낮춰 사태를 수습했다.

메르켈은 집권 16년 중 12년, 그러니까 집권 기간의 3/4을 제1야당인 사민당과 대연정(大聯政)을 하였다. 연정이란 화합과 나눔의 정치다. 타협은 필수이고 권력까지 나누어야 한다. 부자(父子)간에도 나눌 수 없는 것이 권력이다. 그런데 대연정을 하려면 인사와 정책 등 권력을 상대 정당과 합의하고 양보해야 한다. 과거 기민당 게오르그 키싱어(Georg Kissinger) 3대 총리가 제1야당 사민당과 대연정을 한 것이 시초였으며 메르켈이 두 번째였다. 메르켈의 장기간의 대연정은 오스트리아 등 극히 일부 선진국을 제외하고는 세계적으로도 유례가 없는 안정적인 정치 모델로 평가받고 있다.

〈표 4〉 메르켈 총리의 연정 구성

임 기 (연 도)	1기 (2005~2009)	2기 (09~13)	3기 (13~17)	4기 (17~21)
연정 구성	대연정 (大聯政)	연 정	대연정	대연정
연정 상대	사민당 (SPD)	자민당	사민당	사민당

메르켈은 큰일을 하려면 제1야당의 협조가 필요함을 인식하고 정공법을 택했다. 2005년 총리로 선출되자마자 대연정을 성사시키기 위해 제1야당인 사민당을 찾아가 20여 시간 밤샘 협상을 했다. 그리고 14명의 장관 중 권력서열 2위인 부총리를 포함하여 43%에 해당하는 6명을 사민당에 양보했다. 대연정 합의서가 타결될 때까지 기다리며 끈질기게 설득을 하여 결국 성사시켰다. 2013년에는 사민당의 150주년 기념식에까지 참석했다. 이는 우리나라 국민의힘 윤석열 대통령이 민주당 전당대회에 참석하여 축하한 격이다. 상상하기 어려운 일을 메르켈은 해냈다. 그래서 유럽 재정위기, 탈원전, 난민 수용, 최저임금제 도입, 코로나 대응, 기후보호 등 중대한 과제들을 처리하며 자유민주주의 수호자로 우뚝 섰다.

물론 메르켈에 대해 긍정적인 평가만 있는 것은 아니다. 그녀의 리더십에 대해서도 부정 평가도 상당하다. 메르켈은 매사에 너무 신중한 나머지 중대한 고비마다 결정을 미룬다는 것이다. 그녀의 지나친 신중함은 동독 시절 독재 정권의 감시에서 비롯됐다. 또 그녀는 실패의 책임을 지지 않으려고 안간힘을 썼으며, 실질적인 정치를 장관들에게 맡기고, 실수가 생기면 장관에게 책임을 물었다는 주장도 있다. [23]

정부 정책의 결과에 대해서도 비판의 소리가 나온다. 2014년 난민 수용에 대해 지금도 반대 의견이 여전히 존재한다. 2020~2021년 코로나 사태와 2021년 7월 독일 서부 대홍수 때 많은 사상자를 냈다. 탈원전으로 에너지의 대(對)러시아 의존도가 더욱 심화했으며, 2022년 초 러시아와 우크라이나 간 전쟁으로 메르켈의 에너지 정책은 실패했다는 비판도 받고 있다. 볼프강 쇼이블레(Wolfgang Schaeuble) 연방하원 의장은 "메르켈이 콘라트 아데나워, 빌리 브란트, 헬무트 콜 등 위대한 총리와 같은 평가를 받기에는 너무 이르다."라는 견해를 피력하고 있다. [24]

그런데도 메르켈에 대한 독일 국민의 신뢰는 여전하다.

위기가 세계 지도자로 키우다

키신저(Kissinger) 전 미국 국무장관은 "내가 유럽 국가와 대화할 때는 누구와 해야 하나?"라는 질문을 던졌다. 워싱턴 포스트 칼럼니스트 조지 윌(Gerge F. Will)은 "메르켈 총리가 가장 근접한 인물"이라고 평가했다. [25]

영국 저널리스트 존 캠프너(John Kampfner)는 "부시에서 오바마 대통령에 이르기까지 대화 상대국은 영국이 아니라 독일"이라고 평가하고

있다.[26]

유럽 내에서 독일의 권한이 강화되고 있지만, 독일로서는 마냥 좋은 것만도 아니다. 그만큼 정치적 경제적 책임도 비례하여 커지고 있기 때문이다. 유럽 28개국을 잠재우고 다독거리며 안고 가야 하는 어려운 자리다. 유럽 통합도 이뤄야 하고 부국과 빈국 간의 양극화도 해소해야 한다.

2005년부터 2021년까지 유럽은 메르켈이 통치했다. 메르켈은 유럽과 국제 사회에서 재정, 기후, 테러, 난민, 보건 등 위기가 일 때마다 중재자 역할을 수행하여 갈등을 해결하면서 글로벌 리더십 모델을 보여줬다. 2010년 남유럽 재정위기 때에 강력한 구조 조정을 통해 그리스 등 남유럽 국가들을 위기에서 건져냈다. 2014년 러시아와 우크라이나 간 교전 중단과 평화적 합의를 끌어냈다. 2015년 시리아 난민들이 유럽으로 몰려올 때 EU 차원의 대책을 마련하고 조정을 하여 국제 불안을 최소화했다.

2020년 1월 브렉시트(영국의 EU 탈퇴)로 인한 EU 정치 · 경제의 후유증을 최소화하기 위해 대책을 진두지휘했다. 2020년 6월, EU 회원국들은 코로나 대응을 위해 7,500억 유로(약 1,030조 원)의 대규모 경제회복기금을 마련했다. 부유한 북유럽과 빈곤한 남유럽 간의 대립으로 진척이 어려웠지만, 메르켈이 주도하여 성사시켰다. 메르켈 리더십은 위기에서 더욱 빛났다. 메르켈은 위기를 기회로 활용했고, 위기는 메르켈을 키웠다.

메르켈의 끈기와 집요함은 다른 정상들과의 기 싸움에서도 전혀 밀리지 않는다. 마초형의 푸틴 러시아 대통령은 기회 있을 때마다 메르켈을 곤경에 빠뜨렸다. 정상 회담장에 의도적으로 지각을 하고, 맹견까지 풀어 메르켈을 위협하고 조롱했다. 그러나 메르켈은 그러한 저급한 지략에 위축되는 나약한 정치인이 아니었다. 오히려 푸틴이 무너졌다.

2014년 6월, 올림픽이 열리는 러시아 소치에서 'G-8' 정상회담도 동시에 열릴 예정이었다. 그런데 메르켈은 그해 3월 독일연방의회 연설에서 "러시아가 정치 환경을 개선하지 않는 한, 모든 국제 조직들로부터 고립될 것이다. 더이상 'G-8'은 없을 것"이라고 선언했다. 푸틴이 그해 우크라이나 크림반도를 장악한 데 대한 경고였다. 그 후 메르켈이 주도하여 소치 'G-8' 정상회담을 무산시켰다. 더 나아가 'G-8' 회원국에서 러시아를 빼서 'G-7'으로 되돌려 버렸다.*

메르켈의 순식간의 강공에 푸틴은 휘청거렸다. 자신의 능력을 과시하려고 심혈을 기울여 유치한 정상회담이 무산된 데다, 기존의 'G-8' 지위까지도 사라져 버렸다. 결국, 푸틴은 러시아와 우크라이나 간 휴전 제안을 받아들였다.

실제로 메르켈과 푸틴은 서로를 잘 알고 있다. 메르켈은 러시아어에 유창하고 러시아 사정에 정통하다. 푸틴은 소련 시절 동독에서 정보기관 (KGB) 요원으로 오랫동안 근무했으며, 독일어에 유창하다. 메르켈은 재임 16년 동안 푸틴을 60여 차례나 만나 과감하게 맞서고 타협했으며, 그

---

* 'G-7'이란 미국 · 독일 · 일본 · 영국 · 프랑스 · 이태리 · 캐나다 등 7개 선진국의 비공식 국가 협의체다. 여기에 1998년 러시아를 추가하여 'G-8'이 되었으나, 러시아가 우크라이나 크림반도를 강제로 합병하면서 메르켈 총리 주도로 'G-8'에서 퇴출되었다. 결국, 종전의 'G-7'로 환원되었다.

에게 가장 영향을 많이 미친 정치인으로 평가받고 있다. 푸틴 입장에서도 메르켈은 무너뜨려야 할 여성이었으나, 푸틴의 뜻대로 되지 않았다. 거짓말, 독재, 인권 침해, 정적 제거, 주변 국가 침범, 국제법 파기 등 상투적이고 야비한 수법이 메르켈의 진실과 논리 앞에서는 힘을 쓸 수가 없었다. 결국, 세계 지도자들 가운데 가장 메르켈을 존경하게 되었다.

푸틴은 메르켈이 2021년 말 퇴임한 지 약 2개월 후인 2022년 2월 우크라이나를 침공하면서 전쟁을 촉발했다. 이에 대해 독일 책임론이 등장했다. 메르켈은 푸틴과 누차 만났으면서도 그의 전쟁 야심을 포착하지 못했으며, 러시아에 대한 에너지 의존 때문에 러시아의 무력 강화 징후에 등한시했다는 비판을 받고 있다.[27]

외무장관 재직 시 러시아 정책에 깊이 관여했던 슈타인 마이어 대통령은 "독일은 푸틴을 오판했고 러시아를 민주주의 길로 이끌지 못했다."라면서 실패를 자인했다.[28]

메르켈은 임기 중에 전쟁 가능성을 감지하고 이를 막기 위해 전력투구했다.[29]

메르켈은 2022년 11월 시사 주간지 〈슈피겔〉(SPIEGEL)과의 인터뷰에서, 임기 말에 푸틴 전쟁을 막기 위해 큰 노력을 기울였으나 성공하지 못했다고 밝혔다. 메르켈은 2021년 여름에 전쟁 첩보를 접하고 이를 바이든 미국 대통령과 논의했으며, 여러 나라 정상들이 참여하는 공동 창구를 만들어 푸틴에 대응하려 했지만 실패했다는 것이다. 그때는 이미 임기 말 레임덕으로 인해 가을이 되면 사라질 사람으로 인식되었고, 따라서 누구도 그의 말에 귀를 기울이지 않았다. 유럽 지도자 중 누구도 자

신이 했던 역할을 떠맡으려 하지 않았다는 것이다.[30]

실제로 메르켈의 임기가 좀 더 길었다면 푸틴은 전쟁을 일으키지 못했을 것이라는 견해도 상당하다. 사민당 대표를 지낸 지그마어 가브리엘(Sigmar Gabriel) 전 부총리 겸 경제부장관은 "메르켈 총리가 좀 더 오래 재직했다면 푸틴은 우크라이나를 공습하지 못했을 것"으로 보고 있다. 빅토르 오르반(Viktor Orban) 헝가리 총리도 "메르켈 총리가 있었다면 전쟁은 없었을 것"이라고 주장하고 있다.[31]

예측 불가능한 럭비공 트럼프 미국 대통령도 메르켈과 소위 코드가 안 맞았다. 거짓말에 능하고 자아도취, 건강부회, 상대방에 대한 경멸과 혐오 등 메르켈이 극도로 싫어하는 요소를 다 갖췄다. 실제로 재임 중 내내 메르켈 의견을 거절하고 메르켈을 공격했다. 독일에 주둔하고 있던 나토군대 미군 3만 6천 명 중 1만2천 명 감축까지 시사하며 협박했다. 그러나 메르켈은 트럼프에게 그때마다 강력하게 대적했다. 2018년 6월 캐나다 'G-7' 정상회담에서 유럽 정상들은 "국제무역 체제의 중요성을 강조한 문구를 공동성명에 담자."라고 요청했으나, 트럼프는 계속 반대하면서 서명을 거부했다. 결국, 메르켈의 압박을 받고서야 마지못해 서명했다.

<그림 2> 2018년 캐나다 G-7 정상회의

* 캐나다 'G-7 정상회의 직후 메르켈 총리가 트럼프 대통령에게 강력하게 항의하고 있다.
메르켈 왼쪽으로 마크롱 프랑스 대통령, 오른쪽으로 아베 일본 총리가 보인다.

메르켈은 이렇게 트럼프와 앙숙 관계에 있으면서도 균형감과 포용력
을 보였다. 2021년 1월, 트럼프의 트윗 계정이 영구정지를 당했다. 이에
대해 메르켈은 "영구정지는 문제가 있다."라는 의견을 피력했다. 트럼프
행동이 문제가 있기는 하지만, 그렇다고 계정까지 전면 금지한 것은 과
하다는 것이다. 메르켈은 "표현의 자유에 대한 규제는 민간기업이 아니
라 법에 따라 결정돼야 한다."라고 설명했다.[32]

메르켈은 이념과 진영에 크게 경도되지 않았다. 자국의 이익을 위해
세계 역학 관계를 적절히 활용했다. 중요한 우방인 미국과 긴밀한 우호

관계를 유지하면서도, 다른 경제 대국들과의 외교적 협력도 소홀히 하지 않았다. 러시아와 긴장 관계, 푸틴에 대한 견제 속에서도 경제 협력을 유지했다. 중국의 많은 문제를 인식하면서도 동시에 파트너 관계를 유지했다. 이 때문에 일각에서 친중ㆍ친러 정책을 폈다는 비판도 받고 있다. 그러나 일방적인 친중ㆍ친러 기조는 아니었다. 중국은 '하나의 중국'의 일환으로 외국 정상들이 티베트 지도자 달라이라마를 만나는 것을 원하지 않는다. 그러나 메르켈은 "달라이라마를 만나겠다."라고 공언하고 2007년 9월, 이 약속을 지켰다. 중국의 고위급 회담 취소, 투자 취소 등 보복이 있었지만 "만나야 할 사람을 만날 뿐"이라며 아랑곳하지 않았다.

스티븐 월트 하버드대 교수는 "주요국의 외교 정책을 평가한다면 금메달은 독일로 돌아갈 것"으로 봤다. 지난 몇십 년간 미국ㆍ중국ㆍ러시아 등 강대국과의 관계를 잘 유지함으로써 정치적 가치를 훼손하지 않고도 안보와 번영을 증진했기 때문이라는 것이다.[33]
그러나 이러한 긍정적인 평가도 2022년 초 러시아의 우크라이나 침공으로 다소 빛이 바랬다.

4. 메르켈 총리의 용인술의 비밀

미소 속의 비수(匕首)

대가 세고 드센 남성 중심의 사회, 기라성같은 서독 정치인들이 가득하여 비집고 들어갈 틈이 없는 독일 정계에서, 동독 물리학자 출신의 정치 초년생 여성이 어떻게 핸디캡을 극복하고 독일 정계에 안착하여 정치 입문 15년 만에 총리까지 올랐을까?

우선, 메르켈 총리는 명석함과 높은 지력으로 유명하다. 메르켈은 동독에서 학창 시절, 뛰어난 학습 능력을 발휘했다. 15세 때 러시아어 올림픽에서 우승하여 모스크바 해외여행의 영예를 안았다. 중등학교 때 전과목 A를 받았고, 라이프치히 대학 물리학과를 최우등으로 졸업했다. 석사 논문 '핵물리학의 양상들'은 영어 과학저널인 『화학물리학』에 게재되었다. 메르켈은 정치 입문 시부터 깔끔한 보고, 빠른 요약, 효율적인 업무 처리, 정치적 파악 능력 등으로 극찬을 받았다. 메르켈은 평소 호기심이 많다. 늘 지식과 배움을 갈구한다. 이로 인한 높은 지력이 국정 성공률을 높이고 있다.

메르켈은 기억력이 탁월하다. 메르켈에게 잘못된 정보를 알려주면 그 잘못된 대로 머리에 저장되어 버린다. 국방장관·내무장관을 지낸 토마스 데메지에르는 메르켈에게 숫자 하나를 인용해서 설명했다. 그런데 나중에 메르켈이 대중 연설에서 그 숫자를 인용했다. 데메지에르가 그 숫자의 출처를 물었더니 "당신이 일주일 전에 말해 준거잖아요?" 하고 반문했다. 그 숫자는 데메지에르가 메르켈과 대화를 하다가 아무 생각 없이 말한 틀린 숫자였다.[34]

독일 정부는 2019년 10월 탄소 감축을 포함한 '기후 보호 프로그램 2030'을 발표했다. 이는 40년 계획의 '에너지 전환' 프로젝트의 하나로, 173페이지의 방대한 분량이다. 메르켈 총리는 8분 동안 원고 없이 이 프로그램의 내용, 취지, 전망을 설명하고 국민에게 당부하였다. 물론 올라프 숄츠(Olaf Scholz) 재무장관이 배석하였지만, 메르켈 스스로 이 거대한 계획을 구체적으로 설명하였다.

독일 총리는 매년 2회 연방기자협회(BPK) 초청 공식 기자회견을 한다. 2021년 7월 22일 메르켈 총리의 마지막 기자회견이 열렸다. 총리의 모두(冒頭) 발언 이후 질의응답이 이어졌다. 총리의 모두 발언은 불과 10여 분이었는데, 질의응답에는 무려 80분이나 소요되었다. 메르켈 총리는 원고 없이 날카로운 질문에 일일이 답변을 했다. 늘 그래 왔듯이 답변이 매우 구체적이었고 막힘이 없었다.

1990년 독일통일 후 메르켈이 정치에 입문했을 때, 능숙한 웅변가도 아니었고 수줍음 많고 자신감도 부족한 신출내기에 불과했다. 누구도 메르켈을 강력한 경쟁자로 여기지 않고 여성 배려 차원의 구색 갖추기 정도로만 생각했다. 한 마디로 과소평가 한 것이다. 그래서 초기에는 수모도 많이 당했다. 이렇게 정치인들이 방심하여 경계를 풀고 있을 때 메르켈은 차근차근 권력의 정점을 향해 준비해 왔다. 메르켈은 청소년부장관 말기쯤 되면서부터 자기 실력을 발휘하기 시작했다. 기회가 되면 놓치지 않고 전광석화처럼 행동을 개시해 일을 끝내버렸다. 그리고 눈앞의 이익을 떠나 정치판 전체를 멀리 봤다. 야당 시절에는 정적인 집권 사민당 슈뢰더 총리의 개혁을 지지했다. 추후 기민당이 집권하면 개혁을 할 것이고, 그것을 바탕으로 계속 집권할 수 있다는 장기 포석이었다.

헬무트 콜 총리가 정치자금 스캔들로 휘말렸다. 기민당이 200만 마르크(약 13억 원)의 정당 기부금을 신고하지 않고 받은 사실이 알려진 것이다. 메르켈 당 사무총장은 "우리는 콜 없이 걷는 법을 배워야 한다."라고 주장하여 콜의 퇴진을 주도했다. 통일을 이룩한 거물 콜 총리에 대해 그 누구도 반기를 들지 못하고 엉거주춤하고 있을 때, 당의 어려움을 수습해야 할 사무총장이 오히려 당을 흔들어놓았다. 더욱이 콜 총리는 동독 촌뜨기 메르켈을 발탁하여 키워준 은인이자 양부(養父)로 불리던 참이었다. 그런 은인을 차갑게 내친 것이다. 그래서 양부 살인이라는 표현까지 나왔다.

콜 총리는 개인적으로는 한 푼도 받지 않았으나 여론의 압력을 견디지 못하고 결국 퇴진했으며, 콜 총리 후계자이자 메르켈의 정치적 스승인 볼프강 쇼이블레 당시 기민당 대표를 비롯하여 이 사건에 직 · 간접으로 연루된 당내 정치 거물들이 줄줄이 정치적 타격을 입었다. 메르켈은 두 번 다시 오지 않을 이 기회를 놓치지 않고 활용하여 일거에 당의 판세를 바꿔놓았다. 그리고 자신은 국민의 지지를 얻고 당 사무총장에서 당 대표로 치고 올라갔으며, 차세대 지도자로 각인되었다.

메르켈은 강화된 입지를 이용해 당내 경쟁자들을 하나하나 차례로 제거해 나갔다. 메르켈이 독일 정계를 평정해 가는 과정은 무티(Mutti)라는 포근한 이미지와는 다른 면모를 보인다. 메르켈은 권력을 장악하면서 두 가지 상반된 방법을 구사했다. 즉 기민당 내에서는 냉혹함을, 당 외에서는 침묵을 활용했다. 당내의 경우 막강한 경쟁자들이 그들끼리 서로를 경계하고 제거하도록 유도했다. 이에 따라 프리드리히 메르츠(F. Merz) 원내 대표, 노버트 뢰트겐(N. Roettgen) 환경부 장관, 헤센 주 주지사 롤란드 코흐, 자를란트 주 주지사 뮐러, 자매당인 기사당(CSU) 소속의 바이에른 주 주지사 에드문트 슈토이버(E. Stoiber) 등 차기 총리감으로 지목되던 경쟁자들이 자중지란 속에, 그리고 소소한 스캔들에 휘말려 속수무책으로 무너졌다.[35]

당 외의 인사들에 대해서는 다른 전략을 구사했다. 상대 정당인 사민당의 총리 후보와는 가급적 논쟁을 피하고 침묵 모드로 일관했다. 슈뢰더 전 총리, 슈타인 마이어 외무장관, 슈타인 브뤼크(Steinbrueck) 사민당 대표, 마틴 슐츠(M. Schulz) 사민당 대표 등 역대 사민당 소속 총리 후보들이 일제히 메르켈에게 공격을 퍼부었으나 메르켈은 거기에 동요되지 않고 무대응으로 일관했다. 오히려 이들의 크고 작은 스캔들이나 흠이 하나둘 드러나면서 제대로 싸워보지도 못하고 스스로 무너졌다.

메르켈은 위기의 순간에는 합의와 약속, 우정을 헌신짝처럼 무시해 버린다는 견해도 있다. 권력을 위해서라면 자신의 후계자, 당이나 유권자를 실망시키는 일도 마다하지 않는다는 것이다.[36]

실제로 메르켈은 자신에 대한 도전을 용납하지 않았다. 환경부장관으로 부임하자마자 차관을 즉각 해임해 버렸다. 당내 동료 정치인이나 총리실 직원이 품위를 잃거나 신의를 저버리면 가차 없이 이들을 버렸다. 그래서 '무자비한 여왕', '메르키아벨리'라는 별명도 얻었다.

그러나 메르켈은 꼬투리를 잡힐 만한 일이 없었다. 독일 정계에서 사소한 비리 스캔들이나 품위 손상만 있어도, 그것은 곧 정치 생명의 끝을 의미한다. 메르켈은 동독 시절 반공 자유주의자였음이 확인되었고, 사생활도 깨끗했다. 독일뿐만 아니라, 서방 지도자 중 공산체제와 자유민주주의를 말할 수 있는 유일한 사람은 메르켈이었다. 이것은 메르켈의 큰 장점이자 경쟁력이었다. 유력 정치인들은 메르켈을 얕잡아보고 느슨하게 움직이다 메르켈에게 패배했다.

직언한 현자(賢者)를 가까이 두다

독일의 역대 독일 총리들은 강직한 참모를 발탁하여 직언을 받아들이고 품을 수 있는 아량을 지녔다. 이들은 총리나 총리 가족의 개인사를 챙기고 심부름이나 하는 가신(家臣)들이 아니다. 대신에 정보의 비(非)대칭이 일어나지 않도록 외부의 진실과 민심을 가감 없이 전달하고 직언을 하여, 총리가 바른 판단을 할 수 있도록 한다. 따라서 총리 본인, 가족이나 측근들의 부패, 비선 실세 등의 전횡 문제가 발생할 가능성이 희박하다.

또한, 정권이 바뀌어도 공식 외교 무대 뒤에서 핫라인 역할을 맡았던 사람들은 계속 중용됐다. 이들이 동서독 통일 과정에서 중요한 역할을 톡톡히 해냈다. 사민당의 빌리 브란트 총리 밑에서 동방정책을 입안하고 동서 간 화합의 중재자 역할을 해냈던 에곤 바(Egon Bahr) 국무장관은 같은 당의 헬무트 슈미트, 기민당의 헬무트 콜 총리로 이어지는 과정에서도 동방정책을 계속 수행하여 통일을 이루는 데 큰 역할을 했다.

메르켈 총리는 유능한 측근을 발탁하는 능력이 탁월했다. 신중하게 유능한 사람을 뽑되, 한번 뽑았으면 무한 신뢰했다. 대표적인 예가 베아테 바우만(Beate Baumann) 비서실장이다. 1963년생인 그녀는 메르켈이 1992년 여성·청소년부 장관 시절부터 시작해 2021년 총리 퇴임 때까지, 그러니까 29세부터 58세까지, 자신의 인생의 절반인 29년을 메르켈을 위한 삶을 살았다. 그녀는 메르켈의 분신이었다.

바우만 실장은 두뇌가 명석하고 판단력이 탁월했고, 독일 정계의 2인자로 평가받을 만큼 영향력도 막강했다. 그러나 권력을 남용하지 않고 그림자처럼 있는 듯 없는 듯 대중의 눈에 안 띄게 조용히 메르켈을 보좌했다. 메르켈에게 닥칠 수 있는 많은 위험을 사전에 탐지하는 조기경보 시스템 역할을 했으며, 메르켈이 바른 정치를 할 수 있도록 헌신을 다했다. 메르켈은 바우만 실장으로부터 정세와 민심의 진실을 다듬거나 분칠하지 말고 '있는 그대로'(ungeschminkt) 보고 받기를 원했고, 바우만도 그렇게 했다.[37]

모든 일을 메르켈과 자유롭게 대화하고 직언(直言)을 했다. 이견도 많이 제시하고 비판도 했다.[38]

메르켈이 환경부장관 시절 유엔(UN) 환경회의에서 눈물을 보이자, 그녀는 많은 사람 앞에서 "정신 차리세요."라고 큰소리로 호통을 치는 일도 있었다.

또 한 사람의 충직한 여성 비서가 있다. 에바 크리스티안센(Eva Christiansen) 홍보비서관이다. 무뚝뚝하고 과묵하며 남성적 성향을 지닌 바우만과 정반대 인물이다. 1998년부터 총리 퇴임 때까지 23년을 보좌했다. 서로 성향이 다른 이 두 여성 참모들은 서로를 보완하여 최적의 콤비를 이뤘다. 메르켈은 이들을 완전히 신임하고 끝까지 중용했다.[39]

그 외에도 메르켈은 충직하고 신뢰받는 부하를 두었다. 포팔라(Ronald Pofalla) 총리실장, 힌체(Peter Hintze) 당 사무총장, 자신의 멘토인 토마스 데메지에르(Thomas de Maiziere) 국방·내부 장관, 그뢰헤(Hermann Groehe) 당 사무총장 및 보건부장관, 알트마이어(Peter Altmaier) 경제부장관이 그들이다. 이들은 정계의 온갖 정보, 소문, 험담 등을 가감 없이 메르켈 총리에게 전달했다. 메르켈 대변자이자 중재자, 반대파에 대한 안전판 역할을 다 했다. 메르켈에게 닥칠 화를 온몸으로 직접 막아냈다. 이들은 메르켈이 힘들거나 필요할 때는 언제나 거기에 있었고, 물러나야 할 때 주저하지 않고 물러났다. 이렇게 메르켈은 훌륭한 참모와 부하들을 발탁해 활용한 덕분에 진실을 정확하게 파악하고 그에 맞는 대응책을 세웠으며, 성공한 정치가로 역사에 남게 되었다.

메르켈은 측근이나 추종자 중심의 파벌을 형성하지 않았다. 자신이 존경하는 인물이면 정파를 가리지 않고 과감히 찾아가고 발탁하고 영입했다. 2015년 메르켈은 정적(政敵)인 사민당 소속 슈뢰더 전 총리의 자서전 발표회에 직접 찾아가 슈뢰더의 경제 정책을 높이 평가했다. 프랑크 발터 슈타인마이어(Frank W. Steinmeier)는 사민당 출신 정치인이다. 그는 외무장관 시절 메르켈과 자주 갈등을 빚었다. 그리고 2017년 총리 선출 때 사민당 후보로 나와, 4연임에 도전한 메르켈과 경쟁하여 패했다. 그러나 메르켈은 이 정적을 대통령 자리에 적극 천거하여 12대 대통령이 되었다.

슈타인마이어 대통령은 훗날 메르켈 전 총리에게 훈장을 수여하는 자리에서 "위기 상황에서도 경제성장을 이루었으며, 신중함 속에 소신을 지킨 정치인"이라고 경의를 표했다.[40]

메르켈 총리의 임기는 애초 2021년 9월까지였다. 따라서 9월 총선 후 연정 구성을 하고 후임 총리가 결정되면 메르켈은 물러나게 되어 있었다. 그런데 선거 결과가 아주 애매했다. 집권 기민당이 24.1%, 사민당이 25.7%를 얻었다. 이 득표율로는 두 정당 모두 주도적 집권당이 되기에는 역부족이었다. 두 정당 득표율을 합쳐도 50%가 안 돼 대연정도 어려웠다. 연정 구성에 난항을 겪다가 12월에 가서야 사민당은 녹색당(14.8%) 및 자민당(11.5%)과 연정에 합의하면서 집권당이 됐다. 독일 연방정부 사상 3당 연립 정부는 이번이 처음이다.

이 과정에서 기민당의 아르민 라셰트(Ar min Laschet) 노르트라인베스트팔렌(NRW) 주 주지사와 사민당의 올라프 숄츠(Olaf Scholz) 부총리 겸 재무장관이 집권과 후임 총리를 놓고 경쟁을 벌였다. 그러나 퇴임을 앞둔 메르켈은 기민당에 전혀 힘을 보태지 않았다. 2021년 10월 이태리 로마에서 열린 'G-20 정상회담' 때, 메르켈은 숄츠 장관을 동행케 하여 바이든 미국 대통령, 마크롱 프랑스 대통령과의 면담 등 정상외교 무대에 데뷔시켰다. 정권이 바뀔 중요한 시점에 메르켈은 정적인 상대 당 인물까지 챙긴 포용력을 보여준 것이다.

부하도 상전을 닮아가는가 보다. 메르켈 정부에서 10여 년간 장관직을 수행한 알트마이어 경제부 장관은 시사 주간지 〈슈테른〉(STERN)과의 인터뷰에서 "올라프 숄츠 재무장관은 훌륭한 총리가 될 수 있는 재능을 가지고 있다."라고 피력하였다.[41]

상대 당 후보를 칭찬했으니 한국에서는 해당(害黨) 이적 행위라고 많은 비판을 받을 텐데, 독일에서는 뉴스감도 아니다. 결국, 숄츠 장관은 2021년 12월 메르켈에 이어 후임 총리가 되었다.

Part I

디테일의
하드 파워

2장 | 경제에는 자유와 함께 책임도 따른다

1. 경제 활동의 본질은 자유와 책임   062

정부는 응원단장이자 심판: 최소한의 역할만 한다

최저임금도 노사 자율로 결정한다

2. 재정 건전성: 또 하나의 신앙   069

나라 곳간은 신성불가침

곳간 자물쇠: 채무제동장치

코로나 재난지원금, 한 푼도 전 국민 살포에 안 써

3. 기업의 생존은 시장이 결정한다   082

독일 기업들은 망하지 않는다?

중소기업은 성역(聖域)이 아니다

상속세 때문에 가업 승계 못 하는 경우는 없다

1. 경제 활동의 본질은 자유와 책임

정부는 응원단장이자 심판: 최소한의 역할만 한다

독일경제는 막강한 경쟁력을 유지하고 있다. 그 이유 중의 하나로 시장경제에 대한 믿음과 실천이 거론된다. 독일의 경제 체제는 '사회적 시장경제'(Soziale Marktwirtschaft) 체제다. 이는 자유 경쟁과 사회정의 사이의 균형을 유지하는 시장경제로서 경제 질서인 동시에 사회 질서이며, 자유와 정의의 조화를 이루는 경제 체제다. 따라서 이는 사회주의 경제와 전혀 다른 경제 체제다.

'사회적 시장경제'가 '사회적'이라는 말을 쓰고 있어서 영미권의 자유시장경제 체제에 비해 경제 활동의 자유가 적을 것으로 오해하는 사람들이 많은데, 그렇지 않다. 경제협력개발기구(OECD) 38개 회원국의 경제적 자유도 수준을 보면, 독일의 경우 상품시장 규제 4위, 경제 자유도 13위로 비교적 높은 순위를 차지하고 있다. 반면 영국은 편차가 심하고, 미국은 각각 35위, 15위를 차지하고 있다. 한국은 각각 33위, 22위로 중하위권에 머무르고 있다.

〈표 5〉 OECD 38개국의 경제적 자유도 순위 (2020~2022)

순위 [1]	영국	덴마크	독일	네덜란드	호주	일본	한국	미국
상품시장 규제	1	2	4	5	8	23	33	35
경제 자유도	17	5	13	7	6	23	22	15

주1/ 숫자가 낮을수록 규제가 적고 경제적 자유도가 높음을 의미함
* 자료 : OECD, *The 2018 edition of the OECD PMR indicators and database:*
   Methodological improvements and policy insights, 2020.4.2.,
   한국경제연구원, "한국, 경제성장·삶의 질 개선하려면 경제자유도 확대해야", 보도자료,
   2022.8.18.

독일에서는 경제 활동의 자유가 최대한 보장된다. 불가피하게 지켜야 할 몇 가지 사항만 제외하고 나머지는 모두 자유화돼 있다. 시장은 항상 열려있어 진퇴가 자유롭다. 그러면 '사회적 시장경제'가 시장에서 어떻게 작동되고 있는지 살펴보자.

정부는 시장경쟁 질서가 제대로 작동할 수 있도록 응원단장이자 심판자로서 최소한의 역할만 한다. 경제에 과도하게 개입하여 국민의 자유와 사유재산을 훼손하고 경제 활동에 관여하는 일은 없다. 연방카르텔청도 규제보다는 최적의 경쟁 여건 속에서 경제 활동을 할 수 있도록 지원한다. 기업가 정신을 위축시키는 일은 극도로 자제한다. 국민의 반(反)기업 정서도 없으니, 정부가 반(反)기업 정책을 쏟아낼 이유도 없다.

독일은 형법에 배임죄를 두고 있지만 기업 활동에 걸림돌이 되지 않는다. 독일은 1851년 세계 최초로 배임죄 조항을 명문화하였다. 그리고 2005년 '경영판단의 원칙'을 도입하여, 경영자가 기업 이익을 위해 신중하게 판단해 결정했다면, 설령 기업에 손해가 발생했더라도 배

임죄로 처벌하지 않고 있다. 2000년대 초 독일 이동통신사 만네스만 (Mannesmann)이 영국 이동통신사 보다폰에 인수되었다. 그런데 만네스만 경영진이 보다폰으로부터 거액의 보수를 받은 사실이 뒤늦게 밝혀졌다. 그렇지 않아도 독일 대기업이 외국에 팔려 자존심이 상해 있던 차에 비리 사건이 터졌으니 당연히 국민적 공분(公憤)이 일었다. 그러나 최종 대법원에서 무죄로 결론이 내려졌다.

물론 독일에도 이런저런 규제가 많이 있다. 그러나 의회에서 법을 만들 때 법안이 미칠 영향, 비용 분석 등을 사전에 평가하고 심층 토론을 거치도록 하고 있다. 이른바 입법 영향 평가제다. 규제를 신설할 경우 기존 규제를 줄이는 규제 총량제(One-in, one-out), 법의 유효기간이 지나면 효력을 잃는 일몰제(日沒制)도 시행하고 있다.

정치인들은 기업활동을 적극 지원한다. 총리들은 기업활동을 적극 지원하는 영업 사장이다. 메르켈 총리는 16년 재임 동안 대규모 경제사절단을 이끌고 중국을 12회나 방문하여 실리를 챙겼다. 후임 숄츠 총리도 2022년 11월 독재국가 방문이라는 국내외 비판을 무릅쓰고 중국을 방문해 양국 간 경제 협력을 다졌다.

그렇다면 '사회적 시장경제'는 경제 활동에 무제한의 자유가 허용되는가? 그렇지 않다. '자기 책임의 원칙'이 적용된다. 개인은 인격과 존엄성을 기반으로, 자신의 의지와 신념에 따라 자유롭게 행동하고, 그 결과를 스스로 책임지는 원리다. 즉 경제적 자유를 허용하되, 동시에 책임도 요구한다. 이러한 윤리적 정당성이 효율적이고 공정한 경쟁 질서를 유지하는 원천이 된다.

한국은 자유시장경제의 나라다. 그런데 문재인 정부 시절의 경제 정책은 독일보다 더 좌측으로 간 것으로 평가되고 있다. '소득주도 성장'이 대표적이다. 임금과 소득을 늘리면 소비도 늘어나 경제가 성장한다는 논리인데, 학문적 근거도 출처도 불분명한 이론이다. 경제 성장은 생산성 향상이 전제되어야 하는데, 임금 인상을 통한 소득 재분배는 재분배 그 자체일 뿐, 성장 수단이 될 수 없다. 이미 있는 파이를 나눠 먹는 것에 불과하다. 강성진 고려대 교수는 완전 시장경제를 0, 완전 사회주의를 10이라고 할 때, 노무현 정부는 6, 문재인 정부는 7~8 정도라고 평가하고 있다.[42]

정부 규제가 많아 자유시장경제 보다는 사회주의 경제에 가깝다는 말이다. 실제로 소득주도 성장 정책은 아무런 성과를 거두지 못하고 실패했다. 게다가 이를 감추기 위해 통계까지 조작한 사실이 나중에 드러났다.

최저임금도 노사 자율로 결정한다

독일은 2015년에 최저임금제도를 도입했다. 선진국으로서는 늦은 셈이다. 그러나 최저임금제는 성공을 거뒀다. 기업은 임금 인상분을 무리 없이 자체 흡수할 수 있었다. 실업자는 줄고 일자리는 40만 개 늘었다. 일자리의 질도 크게 개선되었다. 경제도 부작용 없이 순풍을 탔다.

비결은 무엇인가? 첫째, 여건이 갖춰질 때까지 기다렸다. 도입 시기를 1인당 국민소득이 5만 달러에 육박하고 경기도 호황 국면으로 접어든 2015년을 택했다. 또 2000년대에 거의 10여 년간 임금상승이 없었기 때문에 최저임금 시행의 적기로 보았다. 그리고 최저임금 인상으로 인한 부작용을 최소화할 수 있도록 완충장치를 충분히 마련했다. 노동 개혁을 통해 경직된 임금 구조, 해고 조건 등을 완화했다. 노동자 측도 임금 인상을 자제했다. 당연히 임금 상승률이 생산성 향상보다 낮았다.

둘째, 최저임금 인상을 최대한 자제했다. 2015년 도입 당시 최저임금은 시간당 8.5유로(약 1만1천 원)로 하되, 업종별·지역별로 차등화했다. 그런데 당시 이미 많은 근로자가 8.5 유로 이상을 받고 있었다. 시급 근로자들도 8.5유로~10유로를 벌었다. 부작용이 있을 수가 없었다. 그 후 인상률도 경제에 미칠 효과를 고려하여 물가 수준인 연 2%대 수준에 맞췄다. 2021년부터는 상·하반기로 나누어 인상했다. 그리고 여건이 조성됐다고 판단되는 2022년 하반기부터 현실화하여 14.1% 인상한 후 2024년에는 다시 소폭 인상으로 환원했다.

〈표 6〉 독일의 최저임금 동향 (유로, %)

	2015 ~16	2017 ~18	2019 ~20	2021 ~22	2023 ~24
○최저임금	8.5	8.84	9.19~9.35	9.5~12	12~12.41
○인상률 [1]	–	2	2.9	14.1	1.7

주 1 / 인상률: 연평균 기준
* 자료: 독일노조연합회, 독일연방노동부 자료 등을 개산, 재구성

오스트리아 경제학자 루드비히 폰 미제스는 이미 1950년대에 최저임금은 신중히 결정해야 한다고 주장했다. "자유시장경제 체제에서 임금은 모든 사람이 최종적으로 일자리를 찾을 수 있는 수준에서 결정된다.

따라서 임금이 시장 수준 이상으로 정해지면 일부 노동자들은 일자리를 잃고 다른 부문에서 고용이 불가능해진다."라는 것이다. 임금을 계속 올리는 일은 자본 투자량과 노동생산성이 향상되어야만 가능하다는 것이다.[43]

그러면 이것이 기업 현장에서 어떻게 나타나는지 임금 프로세스를 보자.

최저임금을 인상하면 딱 그만큼만 올라가는 것이 아니라 연쇄반응을 일으킨다. 임금 구조와 속성상 보험료에 잔업 수당 등 부수비용이 연동해서 오른다. 또 임금 테이블의 서열 구조상 상위 근로자 임금이 떠밀려서 동반 상승하고, 하위 임금도 최저임금 수준 근처로 따라 올라간다. 결국, 전체 근로자 임금이 상승하고 이는 바로 기업 비용의 증가로 이어진다. 기업은 채산을 맞추기 위해 근로시간과 직원 수를 줄인다. 나라 전체적으로 실업이 증가한다. 그래서 임금 인상은 노동생산성이 받쳐주어야 지속 가능한 것이다.

독일은 1952년에 최저근로조건법 제정으로 최저임금제의 법적 근거를 마련했다. 그러나 시행을 보류하여 오다가 2010년대에 본격적으로 추진했다. 2013년에 메르켈 정부가 사민당과 대연정 당시 법정 최저임금 도입에 합의하고 2014년 최저임금법 통과를 거쳐 2015년에 와서야 실행된 것이다. 주변의 프랑스(1970년), 영국(1999년)보다 많이 늦었다. 최저임금의 부작용을 우려한 데다, 노동자들도 최저임금제 도입에 적극적이지 않았다. 협상력이 떨어진다는 이유에서였다.[44]

이제는 최저임금 제도가 정착됨에 따라, 최저임금 수준은 노사 양측이 합의를 거쳐 자율적으로 결정하고 있다. 구체적으로는 노사 대표 각 3명, 학계 전문가 2명, 노사 대표가 공동으로 추대한 중립위원장 등 9명으로 구성된 최저임금위원회에서 합의하여 결정한다. 정부 입장을 대변하는 위원은 없다. 즉 국가는 개입하지 않는다. 그래도 노사 간 갈등이 없이 결정되고 있다. 이는 오랜 기간 논의와 국민적 합의를 거쳤으며, 정치인과 국민 대다수로부터 최저임금에 대한 지지를 확보했기 때문이다.[45]

한국도 최저임금제도를 시행하고 있다. 1986년 최저임금법을 제정하여 시행해 오다가 문재인 정부가 '2020년 시간당 최저임금 1만 원'이라는 공약사항을 이행하기 위해 2018년부터 최저임금을 대폭 인상했다. 2018년에는 전년 6,470원 대비 16.4%, 2019년에는 10.9% 인상함으로써 2년에 걸쳐 30%, 집권 5년간 40% 이상 올랐다.

최저임금이 무리하게 시행되면서 음식·숙박·소매업 등 영세 자영업자들은 감원과 폐업의 한계상황으로 내몰렸다. 결국, 수많은 근로자가 해고되었다. 아르바이트생, 생산성을 갖추지 못한 비숙련·저학력 저소득층부터 먼저 취업 시장에서 밀려났다. 이들은 전문성도 없으니 재취업도 불가능하여 구직은 사실상 봉쇄됐다.

또 최저임금을 감당하지 못한 소상공인과 중소기업이 늘면서 지난 5년간 임금 체불 규모가 7조 원에 이르렀다. "1만 원도 못 주는 기업인은 사업을 접어야 한다."라면서 사전 준비할 시간도 주지 않고 덜컥 시행한 결과다.

2. 재정 건전성: 또 하나의 신앙

나라 곳간은 신성불가침

독일 국민은 빚을 지는 것을 싫어한다. 이들에게 빚은 근심의 근원 (Borgen macht Sorgen)이다. 독일어로 빚은 슐트(Schuld)라고 하는데, 이 슐트는 죄(罪)라는 뜻도 가지고 있다. 즉 '빚 = 죄'가 되는 것이다. 그런데 나랏빚에 대한 경계는 훨씬 더 강하다. 나랏빚을 내서 돈을 퍼주는 것은 대죄(大罪)(Todsuende) 즉 죽을죄, 영혼의 구제를 못 받을 죄악에 해당한다.[46]

국가채무가 많으면 나라 신용이 떨어지고 국격이 흔들리기 때문이다. 나라 곳간은 신성한 장소다. 나라가 존재하는 한 끝까지 지켜야 하는 최후의 보루다. 그래서 곳간을 지키는 일은 교통질서에 이어 또 하나의 신앙에 가깝다. 감히 어느 정치인이 함부로 나라 곳간을 헐어 대죄를 지을 생각을 하겠는가!

· **개인 빚 (민간채무) = 죄(罪)**
· **나랏빚 (국가채무) = 대죄(大罪)**

앞과 같은 국민정신은 그대로 재정정책에 반영된다. 독일은 나라 살림의 건전성을 유지하기 위해 재정을 보수적으로 운용하고 있다. 건전한 국가 재정이야말로 경제 정책의 기본 목표다. 그 결과 1949년 건국 후 1970년 중반까지는 국가채무가 GDP의 20%에 불과했으며, 1980년대에도 40% 수준을 넘지 않았다. 빚을 낼 여력이 충분했는데도 절제했다. 지금도 여전히 재정을 안정 기조를 유지하면서 보수적으로 관리·운영하고 있다. 곳간을 채우고 키우며 내실을 다지고 있다. 국가위기 수준의 침체가 아니면 대규모 재정 확대를 자제한다.

이러한 보수적 재정 운영에 대해, 많은 비판이 제기되고 있다. 이미 통일한 지도 30여 년이 넘었고 경제가 안정 궤도에 들어섰을 때도 너무 곳간을 움켜쥐고 있어서다. 이 때문에 독일 내에서 투자가 이루어지지 않고 소비도 위축되고 있으며, 유럽 경제도 활성화되지 않고 있다는 것이다. 특히 2010년 유럽 재정위기를 겪었던 포르투갈·이태리·그리스·스페인 등 소위 '돼지 국가들'*은 일제히 독일을 향해 돈을 풀라고 요구했다.

게다가 독일 국내 학자들은 물론, 국제통화기금(IMF), 크리스틴 라가르드(Christine Lagarde) 전 IMF 총재이자 현 유럽중앙은행(ECB) 총재, 그리고 케인지언(케인즈 학파)의 대표 주자인 폴 크루그먼(Paul Krugman) 미 뉴욕대 교수도 독일에 대하여 적극적 재정확장 정책을 쓰라고 권고했다.

---

* 2010년 유럽 재정위기 당시 포르투갈(Portugal), 이태리(Italy), 그리스(Greece), 스페인(Spain) 4개 국가는 영문 이니셜에 따라 돼지(PIGS) 국가로 불렸다.

여기에 재정지출 승수(乘數) 효과 논쟁도 가세했다. 승수 효과는 경기가 불황일 때 정부가 돈을 풀어 지출을 늘리면, 그 이상의 수요를 창출하여 경기를 부양하고 경제성장을 유발한다는 케인즈 이론이다. 그러나 승수 효과론도 독일에서는 설득력을 얻지 못한다. 정부가 경기 부양을 위해 지출을 늘리려면, 그 돈은 어디서 나와야 하나? 다른 곳에서 돈을 끌어당겨 와야 하는데, 그러면 그곳은 뭐로 메꾸고? 아랫돌 빼서 윗돌 괴는 식이다. 이 기회비용은 무엇으로 채울 것인가? 독일 국민은 선거용 묻지 마 지출, 닥치고 지출을 이해하지 못한다. 아니 용서하지 못한다.

그리고 세계적으로도 정부 지출은 별 효과가 없다는 의견이 지배적이다. 일본은 1990년대 대규모 적자 재정을 폈으나, 경기 침체를 극복하지 못하고 국가부채만 GDP의 200% 이상 증폭시켰다. 독일도 승수 효과는 매우 작거나 거의 없는 것으로 밝혀지고 있다.[47]

독일연방은행에 의하면 독일의 재정지출 승수는 장기적으로 0.2에 불과하다.[48]

그렇다면 승수 효과를 높이는 방법은 없나? 물론 있다. 먼저 세금을 올리는 방법인데, 이는 기업과 가계의 세 부담을 늘려 소비·투자를 위축시킨다. 또 시장에서 단기 자금을 빌리는 방법도 있다. 그러나 정부가 민간 자금을 빨아들이면 시중에 자금이 부족해져 금리가 올라가고, 역시 민간 부분의 소비·투자가 위축된다. 결국, 정부 지출이 민간 지출을 밀어내는 구축 효과(Verdraengung, crowding-out effect)를 가져온다.[49]

그러면 장기 국채를 발행하면 되지 않을까? 단기적으로는 정부 지출 승수 효과를 거둘 수 있어 매력적인 방안이다. 당연히 정부나 정치인은 국채 발행의 유혹을 받는다. 그러나, 이것은 미래 세대에게 빚을 떠넘기는 행위다. 세대 간 불공정을 일으키는 짓이다.

독일 정치인이나 관료들은 – 진보든 보수든 – 앞과 같은 "돈을 풀라"는 주장에 꿈쩍도 하지 않는다. 이들은 경기 불황에도 "재정확장 정책을 쓸 정도로 심각한 수준은 아니다."라고 주장해 왔다. 2000년대 초 독일 경제가 침체에 빠져 이른바 '독일 병'을 앓고 있을 때도, 진보 사민당의 슈뢰더 총리는 돈을 풀지 않고 대신에 구조 개혁을 단행하여 '독일 병'을 치유하고 재정 건전성을 지켰다. 메르켈 총리는 이를 계승하여 더욱 확장했다.

독일은 왜 이렇게까지 나랏빚을 무서워하고 나라 곳간을 신성시하는가? 독일은 1차 세계 대전 패전 이후 전쟁 배상금을 갚으려다 초인플레(hyper-inflation)로 엄청난 혼란을 겪었으며, 다시 2차 세계 대전 중 전비(戰費)를 조달하기 위해 국채를 과도하게 발행하면서 재정 건전성을 극도로 악화시킨 역사적 경험이 있다. 이러한 비극을 되풀이하지 않으려는 노력의 소산이다.

곳간 자물쇠: 채무제동장치

독일 베를린에 있는 '납세자연맹' 건물 앞면에는 '독일 채무 시계'(Die Schuldenuhr Deutschlands)라는 대형 전광판이 눈길을 끈다. 이 '독일 채무 시계'는 독일의 국가채무 현황을 나타내는 것으로, 총 국가채무, 국민 1인당 채무, 1초당 채무 증가의 변화를 붉은 숫자로 실시각(實時刻)으로 보여주고 있다. 이 시계는 국가채무 증가 및 재정 건전성 악화에 대한 경각심을 심어주기 위한 것이다. 언론은 가끔 이 시계에 나타난 국가채무 동향을 보도하여 주의를 환기하고 있다. 한국에도 '채무 시계'가 있기는 한데, 대부분 사람들이 잘 모른다. 처음 국회 홈페이지 초기화면에 보였다가, 나중에는 홈페이지 안으로 숨어버렸다. 시시각각 채무가 급증하는 사실을 보여주기가 겁이 난 것일까?

〈그림 3〉 독일 채무시계

* 베를린 시내 납세자연맹 건물 정면에 걸려있다. 국가채무 변동 상황을 실시간으로 보여주고 있다.

독일은 1945년 2차 대전 종전 후 국토가 동서로 분단된 지 45년만인 1990년에 통일을 이룩했다. 이에 따라 동독 개발 및 사회통합 비용, 동독 주민들에 대한 복지비용 등 막대한 통일비용이 소요되었다. 게다가 통일 후유증으로 경제가 침체하면서 경기 활성화를 위해 국가부채가 증가하고 이는 독일 경제 구조의 취약요인으로 대두되었다.

결국, 독일은 나라 곳간에 함부로 손을 대지 못하도록 특단의 조치를 했다. 2009년 헌법을 개정하여 **'채무제동장치'**(Schuldenbremse, debt brake)를 도입한 것이다. 예컨대 마이너스 통장에서 돈을 함부로 인출하지 못하도록 한도를 묶어놓은 격이다. 주요 내용을 보면, 연방정부와 주(州) 정부는 원칙적으로 균형 예산을 편성해야 한다(제9조). 연방정부의 연간 신규 기채(起債) 규모는 GDP의 0.35%를 넘을 수 없다(제115조 제3항).

자연재해나 경제위기 등 국가비상사태 시에는 예외적으로 추가 기채를 할 수 있지만 조건이 까다롭다. 연방의회 재적의원 과반수 찬성을 얻어야 하며 상환계획도 내야 한다. 정부가 기채를 포함하여 재정정책을 수립할 때에는 경제적 부담의 미래 세대 전가(轉嫁), 세대 간 형평성과 지속 가능성 등을 종합 분석하여 재정 집행 계획에 반영한다. 종국에는 국가부채가 없는 부채 제로(Nullverschuldung) 사회를 목표로 하고 있다.

이러한 **'채무제동장치'**는 곧 효력을 발휘하기 시작했다. 독일의 국가채무는 1990년 통일 이후 계속 증가하다가 2012년에 정점을 찍은 후 계속 감소하여 2019년에는 2조 688억 유로(GDP의 59.6%)까지 내려갔다. 국가채무 감소와 함께 재정적자도 점차 줄어들어 2014년에는 균형 재정을 이루었으며, 2015년부터 2019년까지 흑자 기조를 유지했다.

그러나 2019년 말 코로나 감염병이 발발하면서 2020년부터 대규모 재정지출 요인이 발생했다. 독일 정부는 그동안 굳게 잠갔던 나라 곳간을 비로소 열었다. 2020년과 2021년 2년간 한시적으로 '채무 제동장치'를 푼 것이다. 2020년에 2회의 추경, 2021년에 본예산과 1회의 추경 등을 통해 총 5,260억 유로(684조 원)의 재정자금을 지원했다.

이 중 4,585억 유로(약 596조 원)은 국채 발행을 통해 조달하기로 했다. 이 국채 발행 규모는 당연히 신규 기채 한도(GDP의 0.35%)를 넘어 2020년에는 2.4%, 2021년에는 6.0%까지 치솟았다.[50]

2021년에 총 국가채무 규모는 2조 3,198억 유로에 이르렀다. 이렇게 나라 곳간은 국가위기 상황에서만 제한적으로 풀어야 한다는 원칙을 지켰다.[51] 독일이 2년간 3회의 추경까지 편성하여 대규모 국채를 발행하는 일은 역사상 유례가 없는 일이다. 그러다 보니 독일이 돈을 풀었다는 사실 그 자체만으로도 세계적 뉴스가 되고 역사가 되었다.

독일은 2022년부터 다시 곳간을 잠그고 '채무 제동장치'를 가동하여 재정을 긴축 기조로 전환했다. 그리고 2023년부터 나랏빚을 갚아 나갈 계획을 세웠다. 2020년 기채 부분은 20년간(2023~2042년), 2021년 기채 부분은 17년간(2026~2042년)에 걸쳐 상환한다.

〈표 7〉 2020~2021년 중 코로나 재정지원 (억 유로)

구분	2020 2회 추경	2021 본예산+추경	합 계	원 화 (원)
○정부 재정	2,860	2,400	5,260	684조
－국채 발행	2,185	2,400	4,585	596조

* 자료 : 독일 재무부, Olaf Scholz 재무장관 언론 인터뷰 등을 종합, 재구성

위와 같은 독일의 재정 건전성 노력은 「EU 재정 수렴요건」 동향에 그대로 나타나고 있다. 이 수렴요건은 유럽연합(EU) 회원국들이 준수하도록 권고 받고 있는 규약이다. 독일의 경우 2019년에 GDP의 1.5% 재정 흑자, 정부 부채도 59.6%로, 수렴요건을 충족했다.

그러나 2020년부터 코로나에 대응하여 재정확장 정책을 쓰면서 기준을 초과했다. 2020년에 재정적자 규모가 GDP의 4.3%에 이르렀으나 2022년에 기준을 충족했다. 국가채무도 2021년에 69.3%까지 오르다가 2022년부터 감소 추세로 전환했다. 2022년 2월 러시아/우크라이나 전쟁 발생 후 국방비를 GDP의 2%까지 늘리기로 하면서 채무 감축이 쉽지는 않겠지만, 재정적자를 연차적으로 줄여 2025년에는 0인 균형 재정을 이룰 계획이다.

〈표 8〉 독일의 「EU 재정수렴 요건」 준수 추이

		2019	2020	2021	2022
	국가채무(10억 유로)	2,069	2,340	2,495	2,563
EU 기준	재정적자 : GDP의 3% 이내	+1.5%	△4.3%	△3.7%	△2.7%
	정부부채 : GDP의 60% 이내	59.6%	68.7%	69.3%	66.2%

주/ + : 흑자, △ : 적자를 말함
* 자료 : 독일연방은행, 『Monatsbericht August 2023』, 2023.8, p.58, 재구성

코로나 재난지원금, 한 푼도 전 국민 살포에 안 써

독일은 코로나 때문에 나랏빚을 내서 마련한 재원을 모두 기업 피해 보상과 경쟁력 강화에 투입했다. 일자리를 지키고 경제를 살려낸 것이

다. 구체적으로 살펴보자.

첫째, 소상공인, 자영업자를 포함하여 코로나로 피해를 본 기업에 집중 투입했다. 여기에는 음식·숙박업, 여행사, 스포츠센터, 공연장, 전시 회장 등이 포함된다. 그리고 실업·취약계층 지원, 코로나 퇴치, 백신 개발 등 코로나 관련 대책도 들어가 있다.

둘째, 경기 부양 대책을 지원했다. 부가가치세를 2020.7월부터 6개월 간 한시적으로 인하했다. 신재생에너지 부담금 보조, 사회보장 보험료를 40% 이내로 동결했으며, 전일제 수업, 직업 훈련, 탁아시설을 확충했다. 그밖에 대중교통 회사 손실 보전, 문화·예술 인프라 지원을 했다. 총 790억 유로(약 103조 원)가 소요됐다.

셋째, 국가 경쟁력 강화를 지원했다. 의료시설과 의약품 확충, 코로나 백신 개발, 철도·도로 등 교통시설 개선, 수소기술 연구·개발(90억 유로), 전기 차 연구·개발·투자(47억 유로), 친환경 차 구매 보조, 인공지능(20억 유로), 5G망 및 인터넷 확충(80억 유로), 양자기술(20억 유로), 공공행정 디지털화 등 총 510억 유로(약 66조 원)를 투입했다. 코로나 같은 엄중한 상황에서도 수소기술, 5G망, 양자기술 등 과학기술력 강화에 힘을 쏟았다.

이 중에서 가장 큰 관심사는 개별 기업 지원내용이다. 지원대책은 코로나 확산 추세에 따라 3차에 걸쳐 수립·집행됐다. 1단계에서는 소상공인에 대해 최대 1만5천 유로(약 1,950만 원)까지, 2단계에서는 개별 기업에 대해 최대 50만 유로(6억 5천만 원)까지 코로나 피해보상금을 현금으로 지급했다. 이 지원금은 기업이 정부에 갚을 필요가 없는 돈이다.

대기업에 대해서는 재정지원을 지양하고 금융 대출 지원 방식을 동원

했다. 정부 내 경제안정화기금(WSF)에서 6천억 유로(780조 원), 재건은
행(KfW)에서 2570억 유로 등 총 8,570억 유로(약 1,114조 원)를 마련하
여 기업자본 확충, 기업 신용보증 등에 사용했다.

〈표 9〉 개별 기업에 대한 코로나 피해보상금 지원 기준

초기 1~2단계 (2020년 초 ~ 2020년 후반)

	현금 보상 내용
1단계 (2020초)	○종업원 5인 이하 소상공인: 9,000유로(1,170만 원) ○ 〃 10인 이하 소상공인: 15,000유로(1,950만 원)
2단계 (2020후)	○기업당 20만 유로(2억6천만)~50만 유로(6억5천만 원)

마지막 3단계 (2021년 초)

	현금 보상 내용
대 상	○연 매출액 7억5천만 유로(약 9,750억 원) 이하의 기업으로써, 매출 감소 30% 이상인 기업
기 간	○2020년 11월 ~ 2021년 9월까지 11개월간
보 상 한 도	○한도: 매출 감소 비율에 따라 차등 지원 －30%~50% 감소: 고정비용의 40%까지 －50%~70% 〃 : 〃 60%까지 －70% 이상 〃 : 〃 90%까지 ○금액 기준 최대한도: 매월 150만 유로(19억5천만 원)

* 자료: 연방경제부, *Vereinfachung und Aufstockung der Ueberbrueckungshilfe III
 – Ueberblick*, 2021.1.20. 재구성

그러나 코로나가 장기화하고 나라 전체가 부분 봉쇄에 들어가면서 기
업들 피해가 커지자 2021년 초에 마지막 3단계로 다음과 같이 특단의 대
책을 내놓았다. 연 매출액 7억5천만 유로(약 9,750억 원) 이하의 중소기
업으로서, 매출 감소 30% 이상인 기업에 대해, 2020년 11월~2021년 9

월까지 11개월간 피해 규모에 따라 차등하여 보상하되 고정비용의 90%까지, 최대 월 150만 유로(19억 5천만 원)까지 보상했다.[52]

결국, 1개 기업이 받을 수 있는 보상액은 최대 215억 원에 이른다.

독일은 그동안 시장원리에 따라 기업에 대한 과도한 규제도 보호도 하지 않고 간접적 기술적 측면 지원에만 치중해 왔다. 그러나 초유의 코로나 사태로 시장이 붕괴 위험에 직면하고 사회적 시장경제의 '자기 책임원리'가 작동을 멈추어 버렸다. 기업이 자력으로 위기를 벗어날 수 있는 한계를 넘어버린 것이다.

결국, 사회적 시장경제의 '보충의 원리'에 따라 국가 자원을 총동원하여 기업을 살리고 일자리를 지켰다. 기업들은 매출은 줄었지만, 피해보상금 덕분에 종업원을 감원하지 않고 고용을 유지할 수 있었으며 실업자도 늘지 않았다. 평소 아껴둔 세금을 꼭 필요한 곳에 합리적이고 효율적으로 집행한 결과다. 그런데 이렇게 엄청난 재정자금을 기업 피해 보상에 투입하면서도, **재난지원금 명목으로 전 국민을 대상으로 뿌린 돈은 한 푼도 없다.** 독일의 탁월한 국가위기 관리 능력이 돋보인다.

그때 한국은 어떤 길을 택했나? 수십만 명의 자영업자가 코로나로 직격탄을 맞았다. 매출 폭락으로 인건비와 월세를 감당하지 못해 몰락하며 절규했다. 2022년 말 자영업자 대출잔액은 1천조 원이 넘었다. 자영업자 중 26명은 자살로 고단한 삶을 마감했다. 그러나 문재인 정부는 25조 원의 재난지원금을 자영업자가 아닌 대기업 임직원, 공무원, 의사, 교수 등 코로나로 타격을 입지 않은 부유층·중산층을 포함하여 전 국민에게 공평하게(?) 뿌렸다. 이것이 과연 정의롭고 공정한 사회인가?

나랏돈 퍼주기에 대한 어느 장관의 경고

2011년 6월 2일 박재완 기획재정부 장관은 취임사에서 "복지 포퓰리즘에 맞서 레오니다스가 이끌던 300명의 최정예 전사처럼 테르모 필레 해협을 굳건히 지켜야 합니다."라고 하면서 정치권의 포퓰리즘을 비판했다. 2012년 7월, 박 장관은 외신기자 간담회에서 "포크 배럴에 맞서 재정 건전성을 복원하고 재정지출을 제대로 관리하겠다"고 강조했다. 포크 배럴(Pork barrel)은 돼지고기 보관통이다. 정치인들이 선심 예산을 따내려 몰려드는 상황을 노예들이 돼지고기를 차지하려고 몰려드는 상황에 빗댄 것이다. 박 장관은 여당의 추경 편성 요구를 끝내 수용하지 않았다. 월스트리트저널(WSJ)은 '정직한 한국인'이라는 제목의 사설에서 박 장관에게 찬사를 보냈다.53

2017년 1월, 영국 옥스포드 이코노믹스가 발표한 '포퓰리즘 정부 출현 가능 국가'에서 한국은 미국 · 멕시코 · 브라질 다음으로 4위에 올랐다.54

이 섬뜩한 경고가 현실이 되었다. 문재인 정부는 나랏돈을 마구 풀어 제쳤다. 일부 정치인들은 "한국의 국가채무가 선진국보다 낮다."라면서 나라 곳간을 풀어도 문제없다고 주장했다. 청와대 대변인까지 "곳간 작물은 쌓아두면 썩는다."라는 궤변을 늘어놓았다. 2022년 3월 대통령 선거를 앞두고 모 후보는 나라 곳간을 풀자며 '착한 부채론'이라는 황당한 말까지 내놨다.

역대 정부는 공공투자 사업을 하면서 일부 사업에 대해 예비타당성(예타) 면제를 해 오고 있다. 그런데 이 예타 사업이 문재인 정부 시절 급증했다. 24개 사업에 총 100조 원에 이르렀다. 그 후 윤석열 정부에 와서도 여야 합작으로 예타 면제 대상을 500억 원 미만에서 1000억 원으로 대폭 확대했다. 빚내서 돈 퍼주는 데는 여야가 의기투합하는 모양새다.

또한, 2016년 이미 발의된 재정건전화법(국가채무를 GDP의 45%, 재정적자는 GDP의 3% 이내로 유지)이 문재인 정부 시절 폐기됐다. 여론에 밀려 2020년 10월 시행령에 재정준칙을 정하기로 했지만, 헌법도 안 지키는데 준칙이 무슨 의미가 있나? 그나마 아직 아무런 소식이 없다.

과거 재정경제부(현 기획재정부) 예산실 공직자들은 사명감과 보람으로 가득 차 있었다. 곳간을 지키기 위해 정치권 압력에도 단호히 대처했다. 역대 예산실장들은 대통령의 지시도 거부할 만큼 결기가 있었다. 그런데 문재인 정부 시절 곳간 문이 맥없이 활짝 열려 버렸다. 한국은 이미 저출산 · 고령화가 코앞에 닥쳐 씀씀이가 눈덩이처럼 불어나게 돼 있다. 갑자기 통일이라도 다가온다면 막대한 통일비용은 어찌 감당할 것인지? 곳간 지기들은 지금부터라도 무책임한 포퓰리즘에 의연히 맞서 재정 파수꾼이 되기를 바란다.

3. 기업의 생존은 시장이 결정한다

독일 기업들은 망하지 않는다?

독일 경제 체제는 '사회적 시장경제' 체제이기 때문에, 자유시장경제에 비해 자율성이 떨어지고 기업은 정부의 규제와 보호를 받을 것이며, 그래서 기업이 망하게 놔두는 일은 없을 것이라고 오해를 하는 경우가 있다. 실제로 이 점이 종종 자유시장경제 옹호자들의 비판 대상이 되곤 한다. 그러나 전혀 사실이 아니다. 시장에서 기업의 진입과 퇴출이 자유로우며, 이에 따라 많은 기업이 설립되고 또 파산하고 있다. 근세기 독일 기업들의 부침(浮沈) 사례를 살펴보자.

1883년 설립한 AEG는 전자 · 디젤 엔진 · 자동화 · 에너지 기술 등 기간산업 분야에서 세계적 명성을 떨쳤으나 1996년 공중 분해되고 말았다. 유럽 최대 가전회사 그룬딕(Grundig)과 1950~60년대 세계를 주름잡던 텔레풍켄(Telefunken) TV사도 일본 · 대만 · 한국에 밀려 1990년대 시장에서 사라졌다. 1974년 외환거래를 전문으로 하는 헤어슈타트(Herstatt) 은행이 파산하면서 국제금융시장을 뒤흔들었다. 이를 계기로 바젤 은행 감독위원회(BCBS)가 출범했다. 오늘날 바젤위원회의 전신이다. 브레머

풀칸(Bremer Vulkan)이라는 조선사도 세계적 명성을 떨쳤으나, 적자를 견디지 못하고 100여 년만인 1997년 문을 닫았다.

특히 2000년대 초는 최악의 시간이었다. 당시 세계적으로 정보통신 (IT) 산업의 거품이 꺼지고 있었고, 독일 장외시장(Neuer Markt)도 붕괴 직전까지 갔다. 더욱이 1990년 통일후 통일 후유증까지 겹쳐 경기는 침체했다. 독일은 '유럽의 병자'로 전락했다. 수많은 기업이 파산했다. 파산 건수는 2000년에 2만8천 건, 2001년 3만2천 건, 2002년 3만7천 건, 2003년에는 3만9천 건에 이른다. 공공성과 경제적 영향이 큰 주요 기업에 대해서는 주 정부 차원에서 공적자금 지원 등을 통해 회생을 시도했으나, 대부분 무위로 끝났다.

이 무렵 독일 최대 TV 방송 그룹이며 미디어 재벌 키르히 미디어, 전자회사 슈나이더(Schneider), 독일 제2위 건설사 홀츠만, 항공기 제작사 페어차일드 도니어, 이동통신 모빌콤, 문구업체 헬리츠(Helitz)가 파산했다. 철강회사 노이에 막스휘테(Neue Maxhuette)는 바이에른 주 정부의 지분 참여로 구조 조정되었다. 독일 최대 이동통신 만네스만 (Mannesmann)은 영국 보다폰에 인수되었다. BMW는 1994년 자동차 제조업체 로버(Rover)를 인수했으나 큰 손실을 내고 6년 만에 매각했다. 지멘스는 1997년 영국에 컴퓨터 칩 공장을 열었으나 2년도 되지 않아 문을 닫았다. 통신판매업체 크벨레(Quelle), 슈퍼마켓 체인 슐레커 (Schlecker)도 파산했다.

〈표 10〉 2002년 한 해에만 파산된 주요 부실기업

부실기업	업 종	공적 자금 지원 계획
필립 홀츠만	독일 2위 건설업체	125백만 유로(대출75, 보증50) → 무산
페어차일드 도니어	항공기 제작	바이에른 주립은행 220백만 달러 대출
키르히 미디어	TV, 영화, 출판	바이에른 주립은행 20억 유로 대출
카고 리프터	공중기구 제조	브란덴 주정부 4.5백만 유로 공적자금
라우지츠링	자동차 경기장	브란덴 주정부 125백만 유로 공적자금
밥콕 보르시크	발전 · 기계, 잠수함	연방 + N/W주 공동 지원 → 무산
모빌콤(Mobilcom)	이동 통신	연방 + 주정부 4억 유로 지원

* 자료: Frankfurter Allgemeine Zeitung, 2002.9.17.

독일 기업들은 철저히 시장원리의 지배를 받는다. 경영 활동은 완전히 자율적이며, 결과에 대한 책임도 스스로 진다. 규제도 없지만 보호도 없다. 과거 농업, 조선 산업 등 일부 기간산업 구조 조정 과정에서 정부나 은행들이 공적자금 대출 및 보증 등의 지원을 계획하고 실제로 지원한 경우도 있었으나, 그때마다 '시장원리에 반한다.'라는 비판에 시달렸다. 특히 1990년까지 해당 기업에 보조금을 지급해 혜택을 주고 구조 조정을 지연시켰다는 비판이 많았다.

1999년 제정된 파산법은 '파산기업 구제' 보다는 '채권자 보호'에 중점을 두고 있다. 생산성이 낮은 부실기업, 회생 가능성이 없는 한계기업, 좀비기업은 그냥 망하도록 내버려 둔다. 정부는 기업에 무관심해 보일 정도다. 경기 활성화 명분을 달아 정부에 기업 회생 대책을 마련하라는 주장도 없다.

아직도 수많은 세계 일류 기업들이 몇백 년 수십 세대를 이어져 내려

오고 있다. 이것은 사회적 시장경제의 '책임의 원리'에 의한 자생력이 철저히 유지되고 있기 때문이다. 그러나 이러한 우량 기업도 자생력이 사라지면 하루아침에 날아갈 수 있다는 엄혹한 현실을 보여주고 있다.

그렇다고 하더라도, 정부가 모든 경우에 '나 몰라라.' 하는 것은 아니다. 불가피한 경우에는 예외적으로 시장에 관여한다. 시장이 만능은 아니기 때문이다. 중국의 독일 기업 인수에 대한 제재가 대표적인 예다.

2010년대 들어 중국 기업들이 자국 정부로부터 대규모 보조금을 받아 독일 중소기업을 마구 인수했다. 로봇 업체 쿠카(Kuka), 레미콘 업체 푸츠마이스터, 자동차 도어록 업체 키케르트(Kiekert) 등 25개의 독일 기업들이 경영난 또는 가업 승계의 어려움으로 중국으로 넘어갔다. 태양전지 업체 큐셀은 한국 한화그룹에 매각됐다. 중국 베이징 자동차는 벤츠 지분 9.98%를, 지리(吉利) 자동차는 9.69%를 보유하면서, 독일의 자존심인 벤츠의 각각 제1대, 2대 주주로 부상하였다. 이들의 지분은 총 20%에 육박한다. 이에 대응하여 벤츠도 베이징 자동차 지분 9.55%와 베이징 자동차 자회사 지분 2.46%를 확보했다. 양측은 이제 더 이상 상대방 지분을 더 이상 확대하지 않기로 합의했다.

이러한 중국의 무차별 공습으로 인해 경쟁 질서가 왜곡될 뿐만 아니라, 기술 유출이 심각한 상태에 이르고, 중요 기밀까지 새나갈 수 있다는 우려가 커졌다.[55]

결국, 독일 정부는 자국 기업을 보호하고 핵심 기술 유출을 막기 위해 외국의 독일 기업 인수를 막기 위해 대외경제법을 개정했다. 여기에는 전력, 에너지, 보안, 이동통신 기업 등이 적용되었다. 이 덕분에 통신기업 IMST, 컴퓨터 칩 생산업체 아익스트론(Aixtron), 통신장비 제조기업

미나릭(Mynaric) 등의 인수에 제동이 걸렸다.[56]

2022년 11월에는 반도체 칩 생산업체 엘모스(Elmos)와 반도체 설비업체 ERS 일렉트로닉의 중국에의 매각이 금지됐다.

중소기업은 성역(聖域)이 아니다

독일에서 중소기업을 미텔슈탄트(Mittelstand)라고 한다. 이 미텔슈탄트의 경쟁력은 막강하다. 특히 세계를 누비고 있는 1,500여 개의 히든챔피언(Hidden Champion)들은 1·2차 세계 대전 때에도 살아남은 강한 생존력을 지니고 있다. 그러나 정작 특별한 지원 제도가 없다. 그러면 중소기업 지원 실태가 어떤지 들여다보자.

첫째, 중소기업 지원 전담기관이 없다. 한국의 중앙부처 단위의 중소벤처기업부나 지원 기관인 중소기업진흥공단, 중소기업 중앙회 등이 독일에는 없다. 중앙부처 차원에서는 연방경제부 내에 중소기업정책국 정도만 있을 뿐이다. 기업을 직접 관장하는 산업부나 수출을 독려하는 수출전담 무역기구도 없으며, 해외 공관에 우리의 상무관(商務官)과 같은 상무부서도 운영하고 있지 않다.

굳이 중소기업 지원 기관을 든다면 재건은행(KfW), 저축은행, 신협 등이 있다. 물론 이들도 중소기업만 지원하는 전담 금융기관은 아니고 민간 지원 기능도 같이 보유하고 있다. 중소기업협회와 중소기업연구원(IfM)이 있으나, 국가 차원의 지원 기관이 아니다. 그밖에 주(州) 정부·은행·기업들이 공동 출자하여 설립한 제니트(ZENIT)가 있는데, 이 기관도 각 연구기관의 연구 결과를 공유할 수 있도록 다리를 놓아주는 정도다.

둘째, 지원제도가 있으나, 금전 지원이 아니라 기술지원 중심이다. 정부의 중소기업 지원 자금이 전혀 없는 것은 아니다. 연방정부와 주 정부의 정책 자금이 있으나 규모가 미미하다. 그마저 연구 · 개발 및 교육 · 훈련 지원이 대부분이다. 게다가 대출 금리도 금융시장에서 조달하는 경우에 비해 낮지도 않다. 일방적으로 중소기업에 퍼주기식으로 돈을 직접 쥐여주는 경우는 거의 없다. 이렇게 중소기업에 물고기를 바로 주는 것이 아니라, 물고기 잡는 법을 가르쳐 주고 있다.

정부는 기업활동 과정에서 부딪히는 걸림돌을 제거하고 경쟁력을 강화할 수 있도록 환경을 조성하는 데 그치고 있다. 연방교육연구부는 중소기업 첨단기술 개발 지원 프로그램(KMU Innovativ)을 통해 첨단기술 분야에서 중소기업 응용 연구 및 경쟁 전 단계에서의 개발 지원을 하고 있다. 경제부는 중소기업 혁신 프로그램(ZIM)을 통해 중소기업에 연구 · 개발 및 기술 자문을 해주고 있으며, 중소기업과 공공 연구기관 공동 네트워크 협력 활동을 지원하고 있다. '중소기업 4.0 에이전시', '중소기업 4.0 역량센터' 등을 설치하여 기술 혁신지원을 하고 있다. 그러니 우리의 '중소기업 적합 업종 제도' 같은 것은 당연히 없다. 결론적으로 산업 전반의 정책은 있지만, 개별 중소기업에 대한 지원 정책은 없다. 독일의 히든챔피언은 국가가 아니라 시장이 만든다.

2016년 5월 본(Bonn)에 있는 독일 중소기업연구원을 방문하여 중소기업 전문가 아네테 익스(Annette Icks) 박사의 설명을 들었다. 익스 박사는 "독일은 중소기업이 사회적 시장경제 틀 안에서 자유롭고 공정하게 경쟁할 수 있도록 경쟁력과 자생력을 키우는 데 중점을 두고 있다. 따라서 중소기업이 독자적으로 추진하기 어려운 기술 연구 · 개발 및 혁신 등을 지원하는 데 주력하고 있다."라고 설명하였다.

셋째, 중소기업도 철저히 시장원리의 지배를 받는다. 중소기업에 대해 규제도 없지만 보호도 거의 없다. 중소기업에 대한 세금 인센티브도 따로 없다. 법인세도 대기업과 똑같이 낸다.[57]

법규도 중소기업에 그리 우호적인 것만은 아니다. 헌법에도 중소기업 보호 규정은 없다. 한국 헌법 123조의 중소기업 보호 · 육성 의무와 대비된다. 중소기업도 '시장 지배력'을 남용하지 않도록 제한을 받는다. '시장 지배력'이란 시장 점유율이 40% 이상이거나, 과점 시장의 경우 3개 기업을 합한 시장 점유율이 50% 이상, 그리고 5개 기업의 시장 점유율이 2/3 이상인 경우로, 충분한 경쟁 상대가 없는 상태를 말한다.[58]

독일은 중소기업이 워낙 유명하다 보니, 대기업이 별로 없는 것으로 오해할 수가 있는 데 그렇지 않다. 전체 기업 대비 대기업 비중은 0.44%다. 미국(0.62%)보다는 낮지만, 일본(0.39%), 영국(0.30%), 프랑스(0.14%) 보다 높다. 2차 대전 후 승전국이 패전국 독일의 대기업을 해체했으나, 기술력을 바탕으로 복원되어 오늘에 이르고 있다. 한국의 대기업 비중은 0.09%로 독일의 1/5에 불과하다.[59]

독일에서 중소기업은 선(善), 대기업은 악(惡)이라는 이분법적 사고도 없다. 기업이 성장한다고 하여 정부 규제가 느는 것도 아니다. 그래서 중소기업은 중견기업으로, 중견기업은 대기업으로 성장하기를 꺼리는 이른바 '피터 팬 증후군'도 없다.

국가 경제를 이끌어가는 데 대기업은 매우 중요하다. 국가 지형과 미래를 바꾸는 대형 프로젝트들은 대기업들만이 실행할 수 있는 것이다. 무조건 중소기업만 키울 수만은 없는 이유다. 중소기업은 성역이 아니다. 대기업과 마찬가지로 그냥 기업이다.

위와 같은 시장원리에도 물론 예외가 있다. 앞서 설명한 바와 같이 2020~2021년 코로나 감염병에 대응하던 시절, 독일 정부는 대규모 재정자금을 마련하고 중소기업의 매출 손실 보상에 투입하여 기업 파산을 막고 일자리를 지켰다.

중소기업 보호의 역설

한국은 기업 규모에 따라 정부 정책이 극명하게 갈린다. '중소기업 보호', '대기업 규제' 공식이다. 역대 정권마다 중소기업 지원을 구호로 내걸고 과도하게 지원하고 있다. 독일 중소기업 '미텔슈탄트'를 배우겠다면서 '글로벌 강소기업', '월드클래스 300', '명문(名門) 장수기업 확인제도', '월드클래스 300', '한국형 히든챔피언 육성', '초격차 스타트업 발굴'… 숱한 정책을 쏟아냈다. 크고 작은 중소기업 지원정책들이 1천여 개나 된다고 한다.

게다가 중소벤처기업부, 중소기업 중앙회, 중소기업 진흥공단 등 중소기업을 직접 지원하는 기관 외에도 저축은행·신용협동조합·신용보증기금·기술보증기금 등 중소기업 명목으로 밥 먹고 사는 조직들이 즐비하다. 이렇게 중소기업을 전폭적으로 지원하면, 독일 중소기업보다 더 경쟁력을 갖출 때가 되지 않았을까? 그런데 중소기업들은 늘 어렵다고 하소연한다. 왜 그런가?

중소기업은 국가 경제에 매우 중요하다. 당연히 지원이 필요하다. 그러나 그 방법이 잘못되었다. 물고기 잡는 법을 가르쳐 준 것이 아니라, 남이 잡은 물고기를 그냥 준 것이다. 퍼주기 포퓰리즘으로 개별 기업의 자생력을 떨어뜨리고 기업 생태계를 망치는 사례가 많았다. 정책 자금을 받은 기업일수록 도덕적 해이가 발생하고 생산성이 떨어졌다. 조그만 중소기업 사장이 고급 벤츠 타고 골프장에서 시간을 보낸다는 비난이 많았다. 자금 수혜 기업의 운영 성과, 자금 조달, 역량 자산이 비(非)수혜 기업보다 현저히 낮았다. 영업 이익과 연구 · 개발(R&D) 투자는 오히려 역(逆)성장하였다.[60]

중소기업에 대한 과도한 보호가 중소기업의 경쟁력을 떨어뜨리는 이른바 '중소기업 보호의 역설'이 현실화하고 있는 것이다.[61]

이제는 중소기업에 대한 금전 위주 지원을 지양하고, 기술과 인재를 안정적으로 공급하면서 글로벌 판로 개척 지원 등 중소기업이 하기 어려운 분야에 집중해야 한다. 살아남기 힘든 한계기업, 좀비기업들은 시장에서 퇴장시켜야 한다.

대기업에 대한 일방적 규제도 문제다. 중소기업이 대기업으로 성장하면 규제가 대폭 늘어나는 반(反)시장적 기업정책을 운용하고 있다. 중소기업을 졸업하는 순간 혜택은 없어지고 반면에 새로 생기는 규제는 70여 개에 달한다. 그래서 중소기업들은 중견기업으로, 중견기업은 대기업으로 성장하기를 스스로 꺼리는 이른바 '피터 팬 증후군'에 빠진다. 우리는 대기업 비중이 매우 낮다. 10대 경제 대국이 계속 중소기업 위주로 운영할 수는 없다. 이제는 기업 전체의 경쟁력을 강화하는 쪽으로 바뀌어야 한다. '중소기업은 선, 대기업은 악'이라는 이분법적 사고의 틀을 벗어날 때가 됐다.

상속세 때문에 가업 승계 못 하는 경우는 없다

어느 나라나 마찬가지로 독일도 기업의 가업 또는 경영권 승계는 중요한 일이다. 몇백 년의 오랜 역사를 지닌 기업의 사활이 달려 있기 때문이다. 회사는 선대로부터 대대로 물려받은 것일 뿐 내 것이 아니다. 나는 잠시 회사를 맡아 관리를 하는 관리자에 불과하며, 성공적으로 관리하여 다음 세대로 물려줄 할 책임이 있는 것이다. 그래서 가업 승계는 부(富)의 대물림이 아닌 기술과 고용의 대물림으로 인식된다. 독일은 가업 승계에 어려움이 없도록 상속세 부담을 덜어주고, 심지어는 거의 면제하다시피 하고 있다.

독일의 상속세의 명목 최고세율은 50%지만, 이런저런 혜택을 반영하여 전액 면제까지 이르도록 하고 있다. 먼저, 자녀 등 직계 비속이 승계할 경우 30%로 낮아진다. 가업상속 공제를 반영하면 실제로 부담하는 최고세율은 4.5%에 불과하다. 게다가 기업을 유지하는 조건으로 매년 상속세의 10분의 1씩 감면하여 10년간 기업이 유지되면 상속세 전액이 면제된다. 몇십 년, 몇백 년에 걸쳐 대를 이어가는 독일 기업에 10년은 사실상 형식적 요건에 불과하다. '상속 후 7년간 급여 총액이 상속 연도 급여 총액의 700% 이상'이라는 조건만 충족하면 된다. 즉 상속 시 임금총액을 유지하기만 하면 된다. 게다가 다른 업종으로 진출하면 상속세를 추징하는 한국과 달리, 업종 제한도 없다.

<표 11> OECD 회원국의 상속세율[1] (2020년 현재, 36개국, %)

순위	1	2	4	6~7	8	12~13	17~18
국가	**한국**	일본	미국, 영국	스페인, 아일랜드	**독일, 벨기에**	핀란드, 덴마크	핀란드, 덴마크
세율	**60 [2]**	55	40	33~34	**30 [3]**	15~19	4~7

주 1/ 룩셈부르크, 스위스, 오스트리아, 노르웨이, 스웨덴, 캐나다 등 18개국은 상속세 없음
  2/ 한국: 명목세율 50% + 최대 주주 할증료 20% = 60%
  3/ 독일: 명목세율 30%. 그러나 가업상속 공제를 받고, 고용유지 등 조건을 갖추면 실제 세율은 4.5%임
* 자료: 한국경영자총협회, "국제비교를 통한 우리나라 상속세제 개선방안", 2021.5.3.

따라서 상속세 때문에 가업을 이어가지 못한다거나 기업 소유주(오너)가 바뀌는 일은 거의 없다. 현재 독일에는 100년 이상 된 장수기업이 1만 73개나 있다. 한국 9개의 1,100배가 넘는다. 독일에서는 연평균 1만여 건 이상 기업 승계 공제가 이루어지고 있다. 지난 6년간(2016~2021) 기업 승계 공제 건수는 평균 10,308건, 공제금액은 163억 유로(약 21조 2천억 원)를 기록하고 있다. 한국 96건, 2,967억 원의 각각 107배, 71배에 이른다.[62]

그러면 독일은 왜 상속세를 대폭 감면하고 있는가? 먼저, 인간의 본성을 고려한 것이다. 인간 사회에서 어떤 책임감도 주인 의식을 대체하기는 힘들다. 전세 세입자가 집주인만큼 전셋집을 가꾸면서 살지는 않는다. 이것이 주인과 주인 아닌 사람의 차이다. 독일은 이러한 인간의 본성을 존중해 주인을 인정해 주고 있는 것이다. 개인의 사유재산은 철저히 보호된다. 상속세는 사유재산을 국가가 약탈하는 것으로 인간의 본성과 대립한다.

다음, 기업의 본질을 훼손하지 않기 위함이다. 기업은 일자리를 제공하고 생존력을 높여줄 뿐만 아니라, 나라의 성장을 이끌고 부강하게 만드는 원천이다. 기업은 부를 창출하여 사회 발전을 견인하고, 사회 발전은 다시 기업의 성장 동력으로 작동한다. 그래서 기업은 인류 역사상 최고의 발명품이라고 불린다.

기업은 자본재다. 금융자산이나 일반 소비재와 다르다. 고용 창출과 사회적 책임(CSR)을 지는 사회적 공기에 가깝다. 따라서 기업이 가지고 있는 가업의 원천과 기술 경쟁력을 보호하고 기업가 정신을 고취할 필요가 있다. 개인 상속에 대해서는 상속세율이 높지만, 기업 상속세를 면제해 주는 이유가 바로 여기에 있다.

물론 독일에서도 상속세 감면 혜택이 부유한 기업을 더욱 부유하게 만들어 불공정을 일으키고 있다는 주장도 있다.[63]

그러나 독일연방헌법재판소(BVG)는 "상속세 면제가 기업의 존속을 보장하고 일자리를 보존하는 등 공공복리 증진에 기여하기 때문에 헌법에 위반되지 않는다."라고 판결하였다.[64]

즉 일반인이 부동산을 물려주는 것과 기업인이 가업을 승계하는 것은 본질적으로 다르다고 보고 있다. 다행히 독일에서는 기업 스스로 윤리 경영과 사회적 책임을 다함으로써 반(反)기업 정서가 없는 점도 상속세 감면에 유리한 점으로 작용하고 있다.

독일에서는 상속세 부담 완화 외에도 가업 승계를 원활하게 해 주는 제도가 있다. 그중 하나가 기업 재단이다. 기업 재단은 가업 승계 자녀가 없을 경우, 또는 기업의 영속성 유지, 기업의 보존, 사회공헌 등을 위해 설립한다. 보쉬 재단(자동차 부품), 베텔스만 재단(미디어), 카를 차이스 재단(광학), 크반트 재단(BMW) 등이 대표적이다. 상속세 부담이 거의 없으니, 미국이나 한국과 달리, 상속세를 피하기 위해 재단을 설립하여 기부한 뒤, 영향력을 행사하는 편법을 쓸 이유가 없다.

또 다른 방법은 '넥스트 변화'(Nexxt Change)라는 온라인 기업 승계소를 활용하는 방법이다. 이는 독일 정부, 재건은행(KfW), 지역은행, 상공회의소 등이 공동으로 참여하는 공공 기업 승계 프로그램이다. 이는 기업 인계 · 인수를 위한 다양한 정보를 제공함으로써, 양측간의 정보의 비대칭성을 완화해주는 역할을 한다.

한국 기업 상속세율은 세계 최고 수준이다

2020년 10월 이건희 삼성그룹 회장이 타계하면서 국세청이 12조 원의 상속세를 부과했다. 상속인들이 이 사상 최고액의 상속세를 납부하고 나면 기업 경영에 어려움이 많을 것이라는 분석들이 많이 나왔다. 한국 기업의 상속세 명목 최고세율은 50%다. 그런데 여기에 최대 주주에 적용되는 할증료 20%를 추가하면 최고세율은 60%가 된다. 이 세율은 OECD 회원국 중 가장 높은 수준이다. 최대 600억 원까지 공제받을 수 있는 제도가 있지만, 매출 5,000억 원 미만의 중소 · 중견 기업에만 해당하고, 요건도 까다로워 실제로 혜택을 받는 경우가 많지 않다.

이 세율을 그대로 적용하면 몇 세대 가지 않아 회사가 사라지는 결과를 초래한다. 예를 들어 창업주가 1조 원대의 기업을 상속한다고 하자. 그리고 기업 규모가 계속 같다고 가정하자. 상속받은 아들이 상속세 60%를 내고 나면 회사 재산은 4,000억 원으로 줄어든다. 그 후 손자가 상속하면서 4,000억 원의 60%를 상속세로 내고 나면 회사 재산은 1,600억 원만 남는다. 2대 만에 기업이 1/6로 쪼그라든다. 3대로 내려가면 1조 원짜리 회사가 960억 원 즉 9.6%만 남는다. 열심히 기업을 일궈 국가에 헌납하고 회사는 국유화되는 결과가 되어버린다. 자유시장경제 체제에서 사유재산을 나라에 빼앗기는 것이다. 실제로 이런 일이 이미 현실이 되고 있다. 2023년 5월 게임업체 넥슨의 지주회사 NXC는 상속세를 회사 주식으로 내면서, 정부가 2대 주주가 됐다.

이렇게 상속세율이 높은 것은 반(反)기업 특히 반재벌 정서에 기인한다. 그동안 재벌들이 불법·편법으로 불로소득을 챙기고 나라 경제를 좌우해 왔고, 게다가 황제 경영, 갑질 경영, 2세들의 일탈 등 국민 눈에 거스르는 일들이 많았기 때문이다. 그래서 상속세 폐지는 정의에 반하는 것으로 인식되어 왔다. 그러나 이러한 징벌적 상속세는 국민의 스트레스를 해소해 줄지는 모르지만, 또 다른 기업의 편법·불법을 조장한다. 회사에서 돈을 빼내서 그 돈으로 세금을 내거나, 계열사에 일감을 몰아주고, 상속인들이 사전에 나눠 증여를 받는 식으로 세금을 회피한다. 재벌 총수들이 감옥을 들락날락하는 이유가 바로 여기에 있다.

이제는 상속세제를 손볼 때가 됐다고 생각한다. 경쟁력 있는 기업이 수월하게 경영을 유지하여 전문 기술을 축적하고 일자리를 창출할 수 있도록 해줘야 한다. 기업 승계가 단순히 부의 대물림이 아니고 일자리 창출과 경제성장의 근원이라는 시각을 가질 필요가 있다. 파이터치연구원의 연구에 의하면, 기업 상속세를 100% 감면하면 매년 일자리가 53만 8천 개, 총

매출액 284조 원, 총 영업이익 16조 원이 증가한다고 한다.[65]

일생을 바쳐 일군 기업을 국가에 다 뺏겨 버린다면 기업가 정신 고취는 어렵다. 누가 위험을 무릅쓰고 창업과 도전, 수성(守城)을 하겠는가? 수십 년간 쌓은 기술 노하우도 다 사라진다. 최근 창업 2~3세가 고령화되어 세 대교체가 임박한 기업들은 교체의 골든타임을 놓치고 있다. 실제로 전체 중견·중소기업 중에서 70세 이상 된 CEO는 2만 명이 넘지만, 가업 승계 를 완료한 기업은 3.5%에 불과하다.[66]

기업인들의 불법 행위는 엄벌해야 하지만, 대승적 차원에서 가업 승계 의 퇴로는 열어 주어야 한다.

Part I

디테일의
하드 파워

3장 | 독일 경쟁력은 과학기술에서 나온다

1. 탄탄한 과학기술 기반   098

기초과학을 중요시하는 나라

과학이 친구인 독일인들

2. 과학기술의 원천 연구 · 개발(R&D)   106

독일 전역이 연구 · 개발 조직

기초와 응용 간 균형을 갖춘 싱크탱크

3. 연구 · 개발도 연합과 집단 지성   115

대학 중심의 산 · 학 · 연(産學硏) 3축 시스템

코로나 백신을 개발한 의료 연구 · 개발 능력

드레스덴, '엘베강의 기적'을 이루다

1. 탄탄한 과학기술 기반

기초과학을 중요시하는 나라

독일은 과학기술 분야에서도 뿌리가 깊다. 독일은 수많은 과학자를 배출했다. 역사상 가장 유명한 이론 물리학자로 알베르트 아인슈타인이 있다. 아인슈타인은 1905년에 논문 세 편을 발표했다. 양자론, 브라운 운동, 특수 상대성 이론이 그것이다. 이 중에서 그를 유명하게 만든 것은 '특수 상대성 이론'이다. 'E=mc²'이라는 공식도 이 논문을 통해 알려졌다. 이 이론은 제2차 세계 대전을 종식하기 위해 일본에 투하된 원자탄 발명의 이론적 토대가 되었다. 그는 이 특수 이론을 일반화하여 '일반상대성 이론'을 발표했다.

요하네스 구텐베르크는, 한국의 금속활자보다는 늦었으나, 서양 최초로 활자술을 발명했다. 18세기 유럽 최고의 수학자 가우스는 17각형의 기하학적 구조에 대한 공식을 만들고 허수(虛數) 개념을 창안했다. 아인슈타인보다 거의 100년이나 앞서 '빛이 대기에서 굴절할지도 모른다.'라는 생각으로 중력파의 존재를 인식했다. 독일은 제2차 세계 대전시 로켓을 영국 런던 상공에 쏘아 올려 연합군의 간담을 서늘하게 했는데, 그

로켓 개발자가 바로 베르너 폰 브라운이다. X선을 발견한 빌헬름 뢴트겐, 양자론 연구로 노벨 물리학상을 받은 막스 플랑크, 불확정성 원리와 양자역학을 처음으로 주장한 베르너 하이젠베르크, 전자 충돌을 연구한 헤르츠, 태양광선 중 프라운호퍼선을 발견한 프라운호퍼 등 업적을 쌓은 기초 과학자들이 많다. 독일 역사학자 토마스 니퍼다이(Thomas Nipperdey)는 음악, 대학, 과학이 19세기에 독일을 이룬 3대 업적이라고 결론을 지었다.[67]

그만큼 독일을 선진국 반열에 올려놓는 데 과학이 기여를 했다는 방증이다.

이러한 기초과학 기술에 힘입어 근대문명의 이기(利器) 중 70~80%가 독일에서 발명되고 개발됐다. 에른스트 베르너 폰 지멘스는 전신기와 유도 전기를 이용하여 발전기를 발명했으며, 콘라드 추세(K. Zuse)는 컴퓨터를, 칼 벤츠는 자동차를, 칼 드라이스는 자전거를 개발했다. 오토 릴리엔탈은 세계 최초로 무동력 글라이더를 제작했다. TV 브라운관, 무선 송수신기, 플라스틱, 레코드 음반도 세계 최초로 발명되었다. 한국이 일제 강점기 시절인 1936년, 베를린 올림픽 때 손기정 선수의 마라톤 경기 우승 실황이 TV로 생중계됐다.

그 밖에 제트비행기, 광학 렌즈, 전자현미경, 운전기, 화학 염료, 태양 전지, 사출기, 일광절약제도(서머타임제), 우편번호 제도, 대학의 박사 학위 제도도 독일에서 도입하였다. 모두 세계 최초였다. 19세기 말 독일 바이엘 사가 개발한 아스피린은 오늘날까지 인류가 만든 가장 뛰어난 약 중의 하나로 꼽힌다.

그러나 독일의 과학은 1930년대 나치의 등장으로 암흑기로 접어들었다. 많은 저명한 과학자들이 망명 또는 기회를 찾아 미국 등으로 떠나면서 독일에서는 두뇌 유출이 확산되고 학문적 연구가 위축되었다. 게다가 미국은 '페이퍼 클립'(Paper clip) 전략을 통해 나치 독일의 과학자 수백여 명을 포섭하여 미국으로 이주시켰다. 우수 인력이 대거 유출되는 바람에 과학기술 개발에 타격을 입고 순수 과학의 주도권을 미국에 내주었다. 그러나 나치의 만행에도 불구하고 과학기술력이라는 소프트 파워는 없어지지 않았다. 그 소프트 파워를 통해 다시 과학기술 강국으로 돌아왔다.

독일은 선도자(first mover) 입장에서 혁신을 거듭하면서 늘 새로운 것을 추구하고 아무도 가보지 못한 길을 개척해 왔다. 1972년 독일 뮌헨 올림픽 때에는 경기 상황을 세계 최초로 위성 중계했다. 인공지능(AI)도 이미 1988년 독일인공지능연구소(DFKI)를 설립하여 조용히 연구를 진행해 오고 있다. 제4차 산업혁명도 독일에서 세계 최초로 '인더스트리 4.0'이라는 제조업 첨단전략으로 출발했다. 이를 보완하기 위해 2015년에는 '플랫폼 인더스트리 4.0'이 출범했다. 그리고 4년 주기로 up-date 되고 있는 '첨단기술 전략'(HTS 2025), 제조업과 서비스업을 융합하기 위한 '스마트 서비스 벨트', '국가산업 전략 2030' 등 핵심 정책들을 추진 중이다.

독일의 과학기술 경쟁력은 각종 지표에서도 나타나고 있다. 한국과학기술기획평가원(KISTEP)의 2021년 '과학기술 혁신 평가결과'를 보면 독일은 미국 · 스위스 · 네덜란드에 이어 세계 4위다. 한국은 5위로 상위권이다. 한국연구재단의 '2010년~2020년 피인용(被引用) 상위 1% 논문실적'에서 독일은 미국·중국·영국에 이어 세계 4위다. 한국은 14위다.

미국 상공회의소 산하 글로벌 혁신 정책센터(GIPC)가 2022년 세계 55개 국가를 대상으로 특허권, 저작권, 상표권, 디자인권 등을 종합 분석한 '국제지식재산 지수'에서 독일은 미국, 영국에 이어 3위를 차지하고 있다. 한국은 12위로 비교적 높은 순위에 올라 있다. 또 2023년 매일경제신문 비전코리아 팀이 보스턴 컨설팅 그룹(BCG)과 공동으로 고부가 첨단 분야 경쟁력, 디지털 접목 정도, 제조량 대비 탄소 배출량 등을 반영하여 분석한 '제조혁신지수'는 미국에 이어 2위다. 한국은 7위로 올라 있다.

2023년 기준 독일의 노벨상 수상자는 115명으로, 미국(411명), 영국(137명)에 이어 세계 3위다. 이 중 물리학, 화학, 생리의학 등 과학 분야 수상자는 99명에 이른다. 2차 대전 당시 많은 인재가 나치를 피해 미국과 영국으로 망명하면서 수상자가 주춤했으나, 곧 잠재력을 회복하여 꾸준히 수상자를 배출하고 있다. 2000년대에 들어서만 18명에 이른다.

이러한 결과는 막강한 산업경쟁력으로 이어지고 있다. 유엔 산업개발기구(UNIDO)가 발표한 '세계 제조업 경쟁력 지수'에서 독일은 11년 연속 1위를 차지하고 있다. 대한무역투자진흥공사(kotra)가 2018년 4차 산업혁명과 관련된 12개 분야 신산업 경쟁력에 대한 해외 인식을 설문 조사한 결과, 독일은 8개 부문(전기 차·자율 차, 스마트 선박, IOT 가전, 로봇, 바이오 헬스, 프리미엄 소비재, 에너지 산업, 첨단 신소재)에서 1위를 차지하면서 압도적 우위를 보였다. 미국은 3개 부문(항공·드론, AR·VR, 차세대 반도체), 일본은 1개 부문에서 1위를 보였다. 아쉽게도 한국은 단 한 분야에서도 1위 품목이 없었다.

과학이 친구인 독일인들

독일은 과학 문화 국가다. 과학이 일상생활로 자리 잡고 있고, 과학과 문화가 어우러져 질적으로 높은 문화 수준을 유지하고 있다. 그 중심 축이 공공기관인 과학관과 박물관이다. 과학관과 박물관은 풍부하고 내실 있는 과학문화 프로그램을 제공한다. 박물관 · 과학관은 독일 전역에 1,100여 개로, 한국 135개의 8배나 된다. 대부분 도시 중심의 친숙한 거리에 있다. 오가는 길에 언제든 방문할 수 있는 놀이터다. 그중 본과 뮌헨에 있는 독일박물관(Deutsches Museum), 베를린에 있는 독일영상박물관(Deutsches Kinemathek)이 대표적이다.

특히 뮌헨에 있는 독일박물관을 보면 실감이 난다. 이 박물관은 과학기술을 통한 산업의 역사를 전시하고 있다. 물리 · 화학 · 지학 · 천문학 등 기초과학 전시는 물론, 해양과학, 항공우주, 기계공학, 에너지 공학, 첨단 과학 등 과학사의 모든 것을 보여주고 있다. 이 박물관은 6만 점의 소장품과 1만 8천 점의 전시물, 그리고 2천 개의 전시 모형품이 소장돼 있다. 전시관만 50여 개에 이른다. 관람 동선은 20km에 달하기 때문에 모든 전시물에 대한 어느 정도의 이해를 추구하려면 하루 8시간씩 한 달 정도 걸린다. 너무 방대하여 상시 프로그램과 특별 프로그램을 적절하게 안배해서 배치하고 있다. 과학기술 인프라 구축의 끈과 희망을 놓지 않아 탄생한 결과물이다.[68]

독일에서는 과학관이나 박물관이 있는 곳이면 반드시 청소년 프로그램을 병행하여 제공하고 있다. 이른바 상설 학생 실험실(Schullabor)이다. 이것은 대학과 연구소, 박물관, 기업체가 공동 운영하는 체제다. 여기에서는 과학에 대한 전문 지식뿐만 아니라, 전문 연구원들이 초 · 중 · 고 학생들과 함께 직접 실험을 진행한다. 학생들은 개인적으로 또는 단체로 언제든지 방문하여 흥미로운 과학의 세계를 접할 수 있다. 그래서 청소년들이 융합적 사고를 통해 자연과학과 기술에 대한 흥미를 일깨우도록 하는 것이다.

과학은 우리 생활의 모든 분야에 스며들어 있다. 그리고 인문학을 포함한 다른 학문과 그 사회, 문화와 결합하여 있다. 또 과학은 과학자들만의 전유물도 아니고, 과학적 현상은 과학자들에게만 나타나는 것도 아니다. 과학적 요소의 발견이나 발명은 의외의 곳에서 우연한 기회에 의외의 사람에게 나타나는 경우가 많다. 우연의 기회는 누구에게나 온다. 일반 시민도 당연히 일상의 우연 속에서 과학과 과학적 현상을 접한다.

독일 과학자들은 이 우연적 발견을 과학적 현상으로 발전시키기 위해 연구실 밖으로 나와 국민과 함께한다. 이들은 "과학은 어려운 것이 아니고 생활의 일부이며, 계몽의 대상이 아니라 대화의 대상"이라는 인식을 심어주고 민간을 과학 활동에 자발적으로 참여토록 유도하고 있다. 대학도 어린이 대학(Kinder Uni) 과학문화 프로그램을 운용하고 있고, 방송에서도 황금 시간대에 과학 프로그램을 방영하고 있다. 조기에 어린이들이 창의성을 높이고 문제 해결 능력을 향상하는 것을 목적으로 하고 있다. 민간의 호기심, 감수성과 창의성, 견해의 다양성을 과학에 반영함으로써 자부심과 성취감을 심어주고 있으며, 과학에 대한 신뢰와 과학의 성숙도를 높이고 있다.

국민이 과학 활동에 어떻게 참여하고 있는지 사례를 살펴보자. 먼저, '과학과의 소통'(Wissenscaftskommunikation) 프로그램이다. 연방교육연구부 내에 설치한 일종의 과학 포럼이다. 이 프로그램은 1999년 시작된 '과학과 인문에 대한 대중의 이해'(PUSH, Public Understanding of Science and Humanities) 프로그램을 발전시킨 것으로, 민간의 과학에 대한 대화와 참여를 원활히 하기 위한 프로그램이다. 이 프로그램은 현재 '#팩토리 비스콤'(#Factory WissComm)이라는 소통 아이디어 저장소를 설치·운용하고 있다. 150여 명의 학자, 전문가들이 저장소에 참여하여 2021년 4월 소통 방법서를 냈다. 여기에 '대화하는 과학 재단'(WiD), '국립 과학소통 연구소'(NIWS), '과학 미디어 센터'(SMC) 등이 사회와 과학을 연결하여 과학과 소통이 원활하도록 지원하고 있다.[69]

둘째, '과학의 해'(Wissenschaftsjahr) 프로그램이다. '대화하는 과학 재단'이 주관한다. 이 프로그램은 사회에서 논쟁이 되고 있는 과학 분야 주제 중 시민들로부터 개인의 지식, 경험 등 아이디어를 수집·취합하고 압축하여 과학적 연구·개발 및 혁신에 활용하고 있다.

2022년의 주제는 '질문을 환영합니다!'(Nachgefragt!)였다. 시민들로부터 과학에 대한 질문과 제안을 받아 토론하고 정리하는 방식이 도입되었다. 연방교육연구부가 연초 3개월간 수집한 질문은 1만 4천여 개에 달했다. 이를 과학자, 전문가, 일부 시민들이 유형별로 코로나 감염병과 질병 퇴치, 재생에너지, 위기 대응, 미래의 교육 등 9개 대주제와 59개 세부 과제로 분류하여 토론·분석하고 해법을 정리하여 '아이디어 궤적'(IdeenLauf)이라는 제목의 결과 보고서를 발표했다. 이 보고서에는 독일의 연구 정책에 필요한 유용한 아이디어들이 대거 포함되어 있다.

셋째, '시민 과학'(Buergerforschung) 프로그램이다. 민간이 시민 과학 프로젝트에 직접 참여하여 연구하는 시스템이다. 매년 '시민 과학' 포럼을 개최하고 있는데, 2021년에는 28개 프로젝트를 수행했다. 민간의 참여 과정에서 나왔던 많은 질문과 논의들을 '참여 녹서(綠書)'(Gruenbuch Partizipation)에 정리하여 기록으로 남기고 있다.

이 '시민 과학'의 연구 결과는 과학기술 정책에 매우 큰 영향을 미치고, 때에 따라서는 국가 정책 어젠더로 채택되기도 한다. '첨단 기술전략 2025'(HTS 2025), '국가 지속성 연구'(FONA), '노동 4.0 대화' 프로세스도 민간 참여를 통해 완성되었다.[70]

2. 과학기술의 원천 연구·개발(R&D)

독일 전역이 연구·개발 조직

현대는 과학기술 패권 시대다. 과학기술의 뒷받침이 없이는 선도 국가 지위는 불가능하다. 국가의 경제는 물론 사회 안보 등 전 분야에서 국민의 삶 전체를 좌우할 만큼 과학기술이 핵심이 되고 있다. 한때 과학기술 진보를 외부효과 정도로 취급한 적도 있었으나, 지금은 경제성장의 핵심 요인으로 보고 있다. 그만큼 과학기술 발전은 나라의 존망을 가르는 중차대한 과제다. 따라서 거의 모든 나라가 과학기술 발전에 사활을 걸고 있다. 독일 역시 과학기술 개발에 총력을 기울이고 있다.

독일은 연구·개발(R&D) 중심 국가다. 전국이 하나의 거대한 공동 연구·개발 조직이다. 지역별로 유사한 기능과 목적을 가진 기관들끼리 산업 클러스터(거점)를 형성하고 있다. 예를 들어 자동차와 자동차 부품 산업은 BMW가 소재한 뮌헨 인근에, 전자 산업은 뉘른베르크/에어랑엔 지역에, 기계 산업은 스투트가르트 인근에 터를 잡고 있다. 창업 기업들은 베를린에 둥지를 틀고 있다. 그 밖에 바이오, 태양광, 실리콘, 의료공학, 유기 공학 등의 산업도 클러스터 중심으로 조성되어 있다.

이러한 산업 클러스터가 독일 전역에 걸쳐 430여 개 이상 조성되어 있다. 이 클러스터들은 수도권이나 어느 특정 지역에 집중되어 있지 않고 전국에 고루 분포되어 있다. 각 클러스터마다 기업·대학·연구소들이 적절히 배치되어 지역 발전에 주요 거점 역할을 하면서, 자원과 정보를 공유하여 규모의 경제를 실현하고 있다. 이 클러스터를 중심으로 1,000여 개의 선두 기업과 수많은 히든챔피언들이 분포되어 있다.

　독일 연구·개발 기관들을 보면, 크게 대학과 비(非)대학 기관의 양립 체계를 이루고 있다. 전체 연구·개발 인력은 2020년 기준 74만여 명 수준이다. 이 중 외국 과학자들도 6만 6천여 명(대학 52천여 명, 비대학 연구기관 14천여 명)에 이른다. 이들이 독일의 과학기술을 이끄는 인재들이다.

　독일에는 총 420여 개의 대학이 있으며, 그중 종합대학 120개, 응용과학을 다루는 전문대학 203개가 있다. 독일 대학은 연구중심 대학으로서의 학풍을 유지하고 있다. 연구중심 대학은 19세기 초반 훔볼트 대학의 고등교육 이념에서 시작했다. 즉 과학과 학문을 궁극적으로 무한한 과업으로 간주하고, 교수와 학생이 끝없는 탐구 과정에 참여하고 함께 지식을 추구하는 시스템이다. 따라서 대학들 상당수가 본연의 학문 외에 연구·개발에 특화되어 있으며, 기초 연구와 응용 연구를 병행하고 있다.

　비대학 연구기관으로서는 막스플랑크 등 '4대 연구소 연합' 소속의 공공 연구소 270여 개가 있다. 그리고 연방정부 소속 연구소(40여 개), 주 정부 소속 연구소(160여 개)가 있다. 이와 별도로 민간 연구소 들이 각각 자신들의 고유한 분야를 연구하고 있다. 여기에 정치·사회적 이슈를 연구하고 자문하는 과학아카데미(AdW)가 있다. 이 아카데미 산하에 레오

폴디나(Leopoldina), 기술 아카데미(acatel) 등 주(州) 소속 아카데미가 활동하고 있다.

연구 · 개발을 지원하기 위해 여러 기관이 활동하고 있다. 먼저, 정부 부처 단위의 연방교육연구부(BMBF)가 있다. 정부가 연구 · 개발을 적극 지원하기 위해서다. 그리고 연구비 지원, 연구개발 정책자문, 지원 기관과 연구기관 간 중개와 동시에 독일 과학계를 대표하는 기관으로 독일연구재단(DFG)이 있다. 이 재단은 대학, 연구기관, 과학아카데미 등 97개 연구 · 개발 유관 기관을 회원으로 하여 구성되어 있다. 이 재단은 연방정부와 주 정부 예산에 의존하고 있으나 독립성을 가지고 자율적으로 운영하고 있다.

연구 · 개발 실행 시스템을 보면, 연방교육연구부가 주관하고 연방재무부 및 주 정부 공동으로 국가의 과학기술 진흥 기본 정책을 수립하여 추진한다. 여기에 연방정부와 주 정부 간의 조정 역할을 하는 공동과학회의(GWK)가 있다. 그리고 실제 기초 · 응용 연구는 정부 출연 공공 연구소가, 개발은 시장이 맡는 구조를 형성하고 있다. 연구 · 개발 재원은 주로 정부와 기업에서 나온다. 2020년도 독일의 총 연구 · 개발 규모는 1,059억 유로(1,217억 달러, 약 138조 원)다. 코로나 때문에 2019년의 1,100억 유로(1,264억 달러)에 비해 다소 줄었다.

2019년도 연구 · 개발 재원 조달 · 운용을 보면, 공공 부문에서 연방정부와 주 정부는 약 2:1의 비율로 총 재원의 28%를 조달하여 정부 출연 공공 연구소와 대학 등에 지원했다. 민간 부문에서는 기업에서 총 재원의 64.4%, 유럽연합(EU) 등 해외에서 7.4% 등 총 72%를 조달하여 기업(다국적기업 포함)의 연구 · 개발에 투자하고 일부를 대학에 지원한다. 결론적으로 대부분의 연구 · 개발 자금의 2/3가 기업에서 나와 시장 지향적 연구 · 개발 즉 기업 경쟁력 강화에 쓰이고 있다. 이는 연구 · 개발이 정부가 아닌 민간 주도로 이루어지고 있으며, 과학기술과 산업이 밀접한 관계를 형성하고 있음을 의미한다.

〈표 12〉 2019년도 독일의 연구 · 개발(R&D) 재원 조달 및 운용

(단위: 억 유로, %)

주 체		조달 (비중)	운용 (비중)
공공	정부 (연방+주)	310 (28.2)	→ 150 (13.7)
	대학	– (–)	192 (17.4)
민간	경제계 (기업)	709 (64.4)	758 (68.9)
	해외 (EU)	81 (7.4)	
계		1,100 (100.0)	1,100 (100.0)

* 자료: 독일연방교육연구부(BMBF), 『Daten und Fakten zum Forschungs-
  und Innovationssystem』, 2022.6, p.6. 재구성

기초와 응용 간 균형을 갖춘 싱크탱크

비대학 연구기관으로서 막스플랑크 연구소 연합과 프라운호퍼 연구소 연합이 양대 싱크탱크 축을 이루고 있으며, 이에 더하여 라이프니츠 연구소 연합 및 헬름홀츠 연구소 연합 등 '4대 연구기관 연합'이 독일의 싱크탱크를 대표하고 있다. 이 '4대 연구소 연합' 산하에 총 272여 개의 연구소가 있으며, 전국에 골고루 분포되어 있다. 연구원을 포함한 전 직원 수는 10만여 명이 넘는다. 이 '4대 연구소 연합'은 각자 뚜렷한 연구 비전

과 목표를 가지고 기초과학과 응용 기술, 나아가 사회과학과 인문과학까지 연구하고 있다. 연구 분야의 차별화로 인력·시설 중복 등의 비효율이 발생할 소지를 차단하고 있다.

재원 조달 방법도 연구 기능에 따라 차이를 두고 있다. 산업응용 연구에 주력하는 프라운호퍼는 소요 예산의 2/3 정도를 자체 조달하고 나머지를 정부 지원을 받고 있다. 다른 연구소 연합들은 기초 연구와 공공성이 강한 연구에 주력하고 있어, 재원의 70% 이상을 정부 지원에 의존하고 있다. 2020년 기준 연간 예산은 123억 유로(약 16조 원)에 이른다.

〈표 13〉 독일의 '4대 연구소 연합' 개요 (2020년, 개, 천 명, 억 유로)

연구기관 연합	연구소	직원수	연구분야	연 예산
막스플랑크 연합	80	24	기초과학 분야	25
프라운호퍼 연합	75	29	산업응용 연구	28
라이프니츠 연합	96	21	이론&응용 연구	20
헬름홀츠 연합	21	42	항공·우주·생명공학	50
계	272	116		123

* 자료: 연구소별 2021년도 연차보고서, 헬름홀츠: Zahlen und Fakten 2020, 2021

이 싱크탱크들의 연구 결과는 정부 정책에 적극적으로 반영되고 있을 정도로 큰 공헌을 하는 동시에 영향력도 지대하다. 위 연구소 연합별 특성을 간단히 소개한다.

i) 노벨상의 산실 막스플랑크 (Max Planck):

기초과학을 연구한다. 이 분야에서 세계 최고의 권위를 자랑한다. 1911년에 '카이저 빌헬름 연구소'에서 출발하여 1948년에 현재의 이름으로 전환되었다. 주로 대학과 연합하여 공동 연구를 실행한다. 아인슈타인의 상대성 이론, 하이젠베르크의 불확정성 원리 등 현대 과학의 많은 핵심 이론들이 이 연구소에서 나왔다. 노벨상 수상자도 39명(전신 15명, 현재 24명)으로 단일 기관에서 세계 최대 기록이다. 최근만 해도 2020년에 화학상과 물리학상, 2021년에 화학상과 물리학상, 2022년에 생리의학상, 2023년에 물리학상을 받았다. 그래서 '노벨상 사관학교'로 알려져 있다. 한국의 기초과학연구원(IBS)은 2011년 이 연구소를 모델로 하여 설립되었다. 2023년 울산과학기술원(UNIST) 강사라 교수가 한국인 최초로 이 연구원 기상연구소 단장에 선임되었다.

ii) 기업 경쟁력 전초기지 프라운호퍼 (Fraunhofer):

산업응용 연구에 특화하고 있다. 기초과학을 연구하는 막스플랑크와 양 극단에 서 있다. 기업이 필요로 하는 과제를 수탁받아 연구하여 제공한다. 재원도 상당 부분을 기업을 통해 조달한다. 이 연구소에 연구 위탁을 하는 기업들은 벤츠, BMW, 지멘스, 보쉬 등 세계적 기업들이다. 이러한 기업들은 프라운호퍼의 기술 상용화 능력을 믿기 때문에 거액의 개발 자금을 대면서 연구·개발을 위탁한다. 물론 중소기업 기술지원 체계도 완벽하게 갖추고 있다. 이에 따라 독일 제조업이 세계 최강의 자리를 유지할 수 있도록 전초기지 역할을 하고 있다.

iii) **라이프니츠 (Leibniz)**: 기초와 응용 모든 분야를 다룬다.

　　　　　　　　　　과학은 물론 인문, 경제, 사회 분야까지 기초 연구와 협력 융합 연구를 병행한다.

iv) **헬름홀츠 (Helmholtz)**: 미래 지향적이고 거대한 비용이 드는 국가 차원의 분야를 연구한다. 예컨대 생명공학, 항공 · 우주, 지구환경 · 에너지 등 대형 프로젝트들이다.

위 연구소들은 자기의 영역에서 큰 성과를 거두고 있다. 성공비결은 무엇인가?

먼저, 연구 주제의 파격성이다. 연구원들은 이 세상에 없거나 남이 해 보지 않은 창의적 도전적 과제들을 발굴하여 연구한다. 이미 교과서나 논문에 결과가 나와 있거나 달성하기 쉬운 과제들은 연구에서 모두 배제 한다. 처음 접하는 과제인 만큼 당연히 시행착오와 실패가 뒤따른다. 따라서 실패할 확률이 높다. 그래서 기초과학 연구 성공률은 30%가 안 된다. 그러나 시행착오와 실패를 용인하고 연구를 장려하고 있다. 계속 실험하고 도전하면서 실패 경험이 축적되고 노하우와 아이디어가 쌓여 완전히 내 것으로 체화된다. 이렇게 하여 장기적으로 커다란 성과로 이어진다.

둘째, 연구 활동의 자율성이다. 독일헌법 제5조 3항은 학문과 연구의 자유를 보장하고 있다. 2012년에는 학술연구자유법을 제정하여 연구 활동의 자율성을 대폭 높였다. 연구소는 정부로부터 운영자금 지원은 받지만, 간섭은 받지 않는다. 이른바 '하르나크(Harnack) 원칙'을 철저히 지

키고 있다.[*]

연구 과제들의 연구·개발 기간이 5년은 보통이고, 10년이 넘는 장기 과제들도 많다. 그러나 연구원들은 외풍에 흔들리지 않고 장구한 세월을 연구·개발 활동에만 전념한다.

효율과 성과를 중시하는 독일에서도 과학기술 연구·개발(R&D) 분야는 예외다. 개인의 법적 사회적 행위나 경제 활동에는 사후적 책임이 따르지만, 연구 자율성의 범위에는 사후 연구 결과까지도 포괄한다. 즉 아무리 성과가 없어도 연구 실패에 대한 책임 추궁이 없다. 금방 연구 결과가 나오지 않는다고 하여 연구소를 재촉하거나 프로젝트를 마구 변경하지도 않는다. 정권이 바뀌었다고 하여 연구소장이나 연구 방향이 바뀌고 연구 조직이 폐기·축소되거나 연구원들이 쫓겨날 염려도 없다.

셋째, 연구원들의 도덕성과 청렴성이다. 연구비 횡령 등의 비리 사례가 없다. 횡령, 착복, 허위 정보 기재는 물론, 기록 미비, 보관 부실, 중요 데이터 파기, 부적절한 처신 등을 연구 부정행위에 포함하여 철저히 관리하고 있다.[71]

연구의 독립성과 자율성을 보장받지만, 윤리적 책임도 같이 지고 있다. 이러한 신뢰의 선순환 덕분에 독일은 과학기술 강국의 지위를 견고히 유지하고 있다.

---

[*] '하르나크(Harnack) 원칙'은 막스플랑크 연구소 전신인 카이저 빌헬름 연구소의 초대 소장 알렉산더 폰 하르나크가 주장한 것으로, '정부는 예산을 아낌없이 지원하지만 간섭하지 않는다.'라는 것을 말한다.

〈그림 4〉 4대 연구소 연합과 과학 아카데미 분포도

* 자료: Bundesministerium fuer Bildung und Forschung(BMBF), 『Bundesbericht Forschung und Innovation 2022』, 2022.6, p.36.

3. 연구·개발도 연합과 집단 지성

대학 중심의 산·학·연(産學研) 3축 시스템

세계 연구중심대학의 역량을 평가하는 영국 THE의 '2023 세계 100대 대학'을 보면, 미국이 36개로 압도적으로 많고, 영국 11개에 이어 독일이 8개(독일 1위 뮌헨공대 30위)다. 한국은 3개(한국 1위 서울대 62위)다. 노벨상 · 필즈상을 포함한 대학 연구 역량을 평가하는 '2023 세계 100대 상하이 랭킹(ARWU)'을 보면, 미국이 38개, 중국 10개, 영국 8개에 이어 독일이 4개다. 한국은 1개(서울대 94위)다. 이 자료를 보면 독일 대학은 영 · 미권에 비해 훨씬 떨어지는 것으로 보인다. 과연 그럴까?

독일 대학들은 실용을 중시하여 실사구시 학풍의 오랜 전통을 그대로 이어가고 있다. 과학기술논문지수(SCI) 인용횟수 등 계량 성과, 교수 개인의 명성, 대학 평가 순위만을 위한 논문이나 연구에 집착하지 않는다. 따라서 소위 장롱 속에서 잠자는 장롱특허나 논문은 없다. 이러한 실용 위주의 연구 · 개발 풍토는 과학기술 발전으로 이어져 상용화가 가능한 프로젝트로 진화하고 최고의 산업경쟁력을 유지하는 원동력이 되고 있다.

대학 중에서 공과대학(공대)은 두 가지 중요한 기능을 수행하고 있다. 하나는 산업과 국가에 필요한 인력을 양성하는 것이다. 즉 현실과 동떨어진 이론 위주의 주입식 교육이 아니라, 기업체나 연구소 등에 바로 투입될 수 있는 교육을 받는다. 학생들은 대학과 연구소를 오가며 배우고 성장한다. 아헨 공대 등 상당수 대학의 이공계 학부는 1학기 이상 현장 경험 실습 과정을 거치도록 하고 있다.

또 다른 하나는 해당 지역에서 과학과 경제 간의 중재 기능을 수행하는 것이다. 기업의 연구 · 개발을 지원하고, 특히 중소기업에 지식과 기술, 비즈니스 아이디어 등을 제공한다. 공대 교수는 산업체 경험이 필수적이다. 대학과 연구기관 간에 칸막이나 울타리가 없고 개방성이 높아 왕래가 자유롭다. 각 연구소의 분원은 대학 옆에 붙어 있다. 그래서 교수가 연구소장으로 가기도 하고, 연구소장이 교수를 겸직하는 경우도 많다. 실제로도 공대 교수들은 기업 출신이 많다. 이러한 개방성이 연구 · 개발 협력에 크게 기여하고 있다.

현대 사회의 디지털화, 이동성, 기후 변화, 의료, 인구 감소 문제 등은 매우 복잡하다. 때문에 단일 대학이나 단일 기업 차원에서 연구 · 개발하거나 해결 방안을 도출하기가 어렵다. 4차 산업 혁명 시대의 경쟁력은 과학과 과학, 기술과 기술, 산업과 산업 간의 융합은 물론, 과학과 기술, 기술과 산업, 산업과 과학 간의 다양한 조합과 융합에서 나온다.

독일은 이 문제를 해결하기 위해 해당 지역의 대학 · 연구소와 기업 간에 유기적 산 · 학(産學) 또는 학 · 연(學研) 형태의 협력 시스템을 갖추고 있다. 예컨대 대학 · 연구소와 기업들이 공동으로 기초 분야와 응용 분야를 공동으로 연구 · 개발하고 그 결과를 공유하고 현실에 접목하여 상용화한다. 종합적으로 산·학·연(産學研) 3축 협력 고리를 형성하고 있다.

먼저, 공대 협력체인 'TU 9'가 있다. 직역하면 '9개의 공대'(Technische Universitaet 9)라는 뜻이다. 아헨·뮌헨·베를린·드레스덴·다름슈타트·스투트가르트·라이프니츠 공대 등 유명 9개 공대가 연합하여 만든 공동 연구기구다. 일종의 학·학(學學) 협력체다. 이 'TU 9'는 18~19세기에 설립되어 수많은 노벨상 수상자를 배출했다. 현재 전체 공대 졸업생의 절반, 공학박사 학위의 약 60%가 'TU 9' 소속 공대에서 배출되고 있다.

'TU 9'는 책상머리에서 단순한 이론 연구를 벗어나 실험실과 공방(工房), 그리고 산업 현장에서 직접 해보고 경험하여 얻은 산 지식을 토대로 하여 창의와 혁신으로 탁월한 학문적 시너지 효과를 내고 있다. 예컨대 중소기업과 긴밀하게 협력을 하고 국내외 기업에 투자도 하면서 과학기술을 통한 경제 발전에 기여하고 있어, '독일경제의 작은 엔진'으로 불리고 있다.[72]

산·학·연 협력체로 '연구 캠퍼스'(Forschungscampus)가 있다. 이는 주요 거점 대학을 중심으로 해당 지역 기업, 연구소 등과 공동으로 연구·개발하는 시스템이다. 주요 연구 내용은 차세대 자동차 기술(스투트가르트 공대), 스마트 홈(smart home)(베를린 공대), 레이저 기반 기술(아헨 공대), 고효율 감염 진단 기술(예나 대학), 레이저 생산기술(아헨대학), 분자 항암치료 M²OLIE(만하임 대학) 등 9개 프로젝트이다.

이 프로그램의 대표적 사례로 '아레나2036'(ARENA2036)을 간단히 소개한다. 이것은 '미래 자동차 프로젝트'로, 스투트가르트 공대와 인근의 벤츠 자동차, 자동차 부품 업체 보쉬, 화학회사 바스프(BASF), 페스토(Festo) 등 기업과 프라운호퍼, 독일항공우주센터(DLR) 등 연구기관들이 참여하는 거대 프로젝트다. 2013년에 연구에 착수하였으며 독일 자동차 산업 150년이 되는 2036년에 임무를 완수한다는 구상이다. 박사급 인력만 160명이나 되고, 연구 기간만 15년이다.[73]

이제 10년이 지났고, 앞으로 13년이나 더 남았다.

이 프로젝트가 완료되면 자동차는 컨베이어벨트 생산이 아닌 유연하고 가변적인 생산 체계를 갖추어, 각각 다른 모델의 차량을 병렬적으로 동시에 생산할 수 있게 된다. 또한, 인텔리전트 기술이 자동차에 접목되어 기술혁신의 선두를 지킬 것으로 전망된다.

위와 같은 산·학·연 협력의 효과는 대단하다. 대학과 연구소는 연구 과정에서 실패를 거듭하지만, 이러한 실패와 시행착오를 통해 지속적으로 연구·개발 혁신이 일어나고 있다. 이러한 혁신의 성과는 바로 기업을 통해 상용화된다. 이는 기업의 경쟁력을 높여 '대학·연구소 실패 ⇒ 기업의 성공'의 공식을 만들어내고 있다. 즉 '기업 ⇔ 대학 ⇔ 연구소' 간의 3축 시스템을 통해 산업경쟁력 강화라는 선순환 구조를 이루고 있다. 벤츠와 지멘스 같은 세계적인 기업을 키운 것도 기업·대학·연구기관 간의 긴밀하고 실용적인 산·학·연 협력에 크게 기인하고 있다.

코로나 백신을 개발한 의료 연구·개발 능력

2019년 말 코로나 대유행병이 발발하자 의료 연구 관련 기관들은 의료 코로나 퇴치와 백신 개발을 위해 진력을 다했다. 먼저, 연방정부는 코로나 대응 연구·개발 자금을 확대했다. 연방정부가 2020년도 21개 분야에 지원한 과학기술 연구·개발비 207억 유로(약 27조 원) 중 보건·의료 분야 지원액이 36억 유로(4조 7천억 원)로, 가장 큰 비중(17.5%)을 차지했다.[74]

2020년 초 35개 의대 병원들은 공동으로 '대학병원 네트워크'(NUM)를 개설, 코로나 연구데이터 은행을 설립했다. 여기에 독일암연구센터, 프라운호퍼 연구소 등 8개 연구기관이 합류했다. 이 네트워크는 코로나 환자의 의료 정보를 수집·결합하여 질병관리청인 로버트 코흐 연구소(RKI) 및 의료 연구기관 간에 공유하고 협력하고 있다. 개인정보 제공의 어려움을 감안, 환자 개별 자료가 아닌 종합 자료로 가공처리해 사용하도록 했다. 이 네트워크를 통해 감염병 분야 연구와 치료 혁신이 한층 더 활발해지고, 기업들은 혁신 제품을 개발할 수 있게 됐다.[75]

베를린 대학병원인 샤리테 병원(Charité – Universitaetsmedizin Berlin)은 감염병, 세균과 바이러스 연구 분야에서 세계적 권위를 자랑하는 병원이다. 이 병원은 1710년 흑사병 같은 전염병을 치료하기 위해 건립되었다. 설립된 지 300년 이상 지난, 독일에서 가장 오래된 병원이다. 이 병원 의사이자 학자인 로버트 코흐(Robert Koch) 박사는 탄저균·콜레라균·결핵균을 발견하였으며, 결핵 퇴치의 길을 연 공로로 노벨 의학상을 받았다. 로버트 코흐 연구소(RKI)라는 질병관리청의 명칭도 이 수상자의 이름에서 유래한다. 그 후 이 병원에서 지금까지 11명의 노벨 의학상과 생리학상 수상자가 나왔다.

2020년 1월 샤리테는 세계 최초로 코로나 진단법을 개발, 25만 개의 진단 키트를 제작하여 국제보건기구(WHO)를 통해 전 세계 159개 연구실로 전파했다. 이에 따라 코로나 확진 여부를 신속히 판단하여 대응하는 데 큰 도움을 줬다. 2003년에는 사스(SARS) 진단 검사를 세계 최초로 개발한 바 있다. 2020년 샤리테는 미국 뉴스위크의 '세계 100대 최고 병원'에서 5위를 차지했다.

이 병원은 인권 개선과 자선 구조 활동에 활발히 참여하고 있다. 병원 이름 샤리테도 '자선'이라는 뜻의 프랑스어다. 2020년 8월 푸틴 러시아 대통령의 정적 알렉세이 나발니(Alexej Nawalny)가 독극물에 중독돼 이 병원에서 치료를 받은 것을 비롯하여 동유럽 반체제 인사들이 독극물 중독, 장기 수감으로 생긴 질병을 치료받는 곳으로 유명하다.

2020년 12월, 독일의 생명과학 연구기관이자 벤처기업 '바이오엔테크'(BioNTech)는 세계 최초로 메신저 리보핵산(mRNA) 기반의 '코미나티'(Corminaty)라는 코로나 백신을 개발하여 인류를 코로나 공포로부터 해방시켰다. 미국 제약회사 화이자(Pfizer)가 개발했다고 알려진 바로 그 백신이다. 백신 개발에는 수천억 원~수조 원대의 막대한 자금과 연구·개발 조직이 필요하다. 성공하기까지는 통상 몇 년, 심지어는 10년~15년의 장구한 세월이 걸린다. 그렇다고 하여 다 성공하는 것도 아니다. 실패할 확률이 훨씬 높다. 우주항공 산업에 비견될 정도로 어려운 일이다. 실제로 국내는 물론 세계적 의학자들도 "코로나 백신의 단기간 개발은 불가능하다."라고 주장했다. 그런데 이 조그만 연구소가 어떻게 1년도 안 되어 코로나 백신 개발에 성공할 수 있었는가?

튀르키예 이민자 2세 출신의 우구르 사힌(Ugur Sahin) '바이오엔테크' 대표는 독일 마인츠대학 의대 교수로서 암 치료와 면역 요법을 연구해 왔다. 이미 환자 돌연변이에 맞춘 mRNA 백신 연구로 독일 암 연구 상을 받을 정도로 기본 실력을 인정받고 있었다. '바이오엔테크'는 평소 독일연구재단(DFG)의 기초연구 자금 지원을 받고 있었는데, 2020년 6월 독일 정부의 「코로나 백신 개발 프로젝트」에 따라 재정지원이 추가되었다. 연방정부는 '바이오엔테크', '큐어백'(CureVac), '바이오 로지카'(IDT Biologika) 등 3개 백신 개발업체에 5억 9천만 유로(약 7천 7백억 원)를 지원했다. 이 중 '바이오엔테크'가 받은 금액만 3억 7,500만 유로(약 5천억 원)에 이른다.

그리고 독일 특유의 기업·대학·연구소 공동 산·학·연(産學研) 연구 시스템의 후방 지원이 컸다. 생의학 연구소인 파울 에를리히 연구소(PEI)와 독일연구재단(DFG)은 신속한 임상 시험 및 사용 승인 평가, 백신 기술 응용화 등을 지원했다.[76]

이를 기반으로 기존 의약품에 작용하여 후보 물질을 도출할 수 있는 플랫폼 기술을 발전시켰다.

이렇게 백신 연구 능력을 갖춘 '바이오엔테크'는 대규모 실험·제조·상용화 인프라를 갖춘 제약회사가 필요했다. 이때 화이자가 파격적 조건을 제시했다. 화이자는 이미 '바이오엔테크'와 제휴를 맺고 독감백신 개발을 추진하던 중이어서 상호 신뢰를 하고 있었다. '바이오엔테크'는 화이자와 공동 개발에 합의했다. 화이자는 선금으로 7천 2백만 달러(약 870억 원)를 '바이오엔테크'에 지급하고, 향후 성과에 따라 5억 6천 3백만 달러(약 6800억 원)를 추가 지급하기로 했다. 코로나 백신 개발에 성공하면 모든 개발비와 상용화에 따른 이익을 50:50으로 나누고, 만일 실패하면 손실은 화이자가 떠안는 조건이었다.[77]

결국, 백신 개발에 성공하여 2020년 12월 2일 영국에서 처음 백신 사용 승인을 받은 데 이어 곧 미국과 유럽 등에서도 승인을 받았다. 백신 판매로 양측은 엄청난 수익을 올렸다. '바이오엔테크' 연구소는 30조 원의 매출을 올렸고, 연구소가 소재한 마인츠시는 법인세 징수가 늘면서 대규모 흑자로 전환되었다. 현재 '바이오엔테크'는 20여 개의 암 백신을 개발 중이다. 2023년 '바이오엔테크'의 카탈린 카리코(Katalin Kariko) 수석 부사장은 미 펜실베이니아 의대 와이스먼 교수와 함께 노벨 생리의학상을 받았다.

백신이 개발되니 세계 모든 나라가 백신을 구하기 위해 동분서주했고, 국가 원수들은 백신 회사에 읍소를 했다. 그러나 독일은 백신 조달에 어려움을 겪지 않았다. '백신 주권'의 위력이 유감없이 발휘되었다. 왜냐하면 '바이오엔테크'는 독일과 터키에서, 화이자는 나머지 국가에서 백신의 상용화 권리를 갖기로 합의했고, 그에 따라 백신을 공급했기 때문이다. 위와 같은 백신 개발은 독일의 안정된 정치와 전문가 집단이 이끄는 장기적 안목의 과학기술 정책의 승리로 거론되고 있다.[78]

그밖에도 독일에는 의료기술 산업과 관련된 30여 개의 클러스터에서 보건·의료 연구를 진행하고 있다. 대학, 기업, 연구소들이 서로 연결하여 의료기술 연구·개발 및 제품 생산 혁신을 지원하고 있다. 대표적 연구 클러스터 캠퍼스로 인펙토 그노스틱스(Infecto Gnostics), 바이오텍 클러스터 Ci3(Biotech Cluster Ci3), 바이오엠(BioM), 메디칼 밸리 EMN 등이 있다. 독일의 첨단 의료기술 산업은 강소기업인 히든챔피언들이 이끌어가고 있다. 이들 히든챔피언들이 개발하고 상용화한 제품 수는 약 50만여 개가 넘는다. 의료기기 중소기업인 저먼바이오닉스(German Bionics Systems GmbH)는 입는 로봇, 입는 의자 등 외골격 웨어러블 로봇으로 2023년 CES 최고 혁신상을 받았다.

드레스덴, '엘베강의 기적'을 이루다

드레스덴(Dresden). 작센 왕조 800년의 수도였으며 현재 동독 지역 작센(Sachsen)주(州)의 주도(州都)다. 엘베강(江)이 가로질러 흐르고 있고, 동유럽의 파리로 불릴 정도로 매우 아름다운 인구 50만 명의 예술 도시다. 이 도시는 제2차 세계 대전 때 도시 전체가 파괴되었다. 분단되면서 동독에서 핵심 공업 도시로 발전하였으나 1990년 통일이 되자 낙후된 제조업으로 서독과의 경쟁에서 견디지 못하고 붕괴하였다. 7만 명이 직장을 잃고 4만여 명의 젊은이들이 일자리를 찾아 드레스덴을 떠났다.

그렇게 꺼져가던 도시가 지금은 성공적인 과학기술 산업 도시가 되었다. 현재 유럽 최대의 정보기술(IT) 산업 클러스터다. 마이크로 정보통신, 반도체, 신소재 산업이 급성장했다. 동시에 유전공학, 세포학, 분자생물학, 식품 산업 등 바이오(BT) 산업 클러스터로도 각광을 받고 있다. 여기에 태양광학, 항공기, 자동차, 인쇄업, 약제업 등에서도 두각을 나타내고 있다. 또 드레스덴은 나노기업(NT)의 메카로 부상하고 있다. NT 관련 40여 개의 연구기관이 집중되어 있다. 초박막 제조 및 응용, 고분자 전해질 단분자를 이용한 나노 입자 제조 중심으로 기술 네트워크를 형성하고 있다.

드레스덴은 이제 '유럽의 실리콘밸리', '유럽의 하이테크 수도'로 불리고 있다. 통일 직후 20%대였던 실업률이 2021년 말에 5.4%대로 떨어졌고, 독일에서 유일하게 가구당 부채가 0원이다. 동독의 경제 수준은 서독의 3분의 2 수준이지만 드레스덴은 90% 수준이다. 전후 서독의 '라인강의 기적'에 이어 통일 후 동독 지역에서 '엘베강의 기적'이 일어났다고 평가되고 있다.

과거 죽은 도시가 세계적 과학 도시로 발전할 수 있었던 비결은 무언일까?

첫째, 첨단 연구 기능과 우수한 인력을 유치하였다. 제조업으로는 어차피 서독과 경쟁이 안 되니, 첨단 산업을 유치하고 창업 기업을 지원하기 위해 기술력이 뛰어난 연구소와 고급 인력을 확보하였다. 정부 연구소(연방정부 소속 3개, 작센주 소속 5개) 외에, 막스플랑크 연합의 3개 연구소, 프라운호퍼 연합의 5개 연구소, 라이프니츠 연합의 3개 연구소, 헬름홀츠 연구소 등 20여 개의 유명 연구소들과 우수 인력이 드레스덴으로 몰려들었다. 전문 연구 인력만 해도 1만 3천 명에 이른다. 50만 명 도시에 과학자가 5천 명, 비(非)대학 연구기관 과학자가 5천 명이나 된다. 공대 연합 'TU 9' 중의 하나인 드레스덴 공대는 기술 창업의 요람으로 자리 잡았다. 근로자 1천 명당 연구원이 31명으로 독일 도시 중 1위다. 이 연구기관들이 신기술 및 소재 발굴에 주도적인 역할을 했다.

둘째, 수많은 국내외 기업들이 연구소의 연구·개발 성과를 활용하기 위해 대거 입주하여 클러스터를 형성했다. 유기발광다이오드(OLED) 업체 노발레드(Novaled)를 비롯하여 세계 광전지 설비업체 상위 10개사 중 4개사가 드레스덴에서 나왔다. 노발레드는 삼성전자와 제일모직에 인수되었다. 대기업에서 분사한 DAS, FHR, HSEB 등도 드레스덴에서 사업을 키워나가고 있다.

드레스덴에는 세계적 히든챔피언 기업들도 자리 잡고 있다. 동독 지역에서 독보적 경쟁력을 자랑하는 샐러드 회사 닥터 되르(Dr. Doerr)가 있다. 박막 증착기술을 보유한 폰 아르데네(Von Ardenne)는 유리나 금속 위에 얇은 막을 코팅해 전자제품이나 건축용 유리로 활용되는 제품을 만든다. 이 두 기업 모두 동독 시절부터 공산정권의 독재를 견뎌내고 살아남았으며, 지금도 매출액의 10% 이상을 연구·개발에 쏟고 경쟁력을 유지하면서 오늘날 최고의 기업으로 우뚝 서 있다.

셋째, 기업, 대학, 연구소가 공동 협력체제를 활성화하였다. 과학기술 중심 명문대인 드레스덴 공대를 중심으로 4대 연구소, 문화기관 등 22개 기관이 '드레스덴 콘셉트'(Dresden Concept)라는 '드레스덴 부흥 프로그램'을 구축해 최적의 연구 환경을 조성했다. 대학과 연구소들은 연구 과제의 1/3을 연구 성과의 실수요자인 기업들과 함께 진행했다. 기업들은 연구기관 및 대학과 협력하여 신상품 및 신기술 개발 아이디어를 얻었다. 산·학·연 3축 협력 시스템의 성과다.

정부도 적극적으로 지원했다. 연방정부와 작센주 정부, 드레스덴시까지 지원에 나섰다. 정부는 연구소들에 연구비의 80%를 지원했다. 드레스덴시는 부지 확보, 투자 유치, 인허가 등 승인절차 간소화 등 사업을 지원했다. 또 첨단 기업에 대규모 조세 혜택을 주는 등 파격적인 혜택을 제공했다. 연구·개발 결과를 상업화하고 창출된 이익을 다시 연구·개발에 재투자하는 선순환 구조를 형성했다.

드레스덴은 이와 같은 발전에 더하여 유럽 최대의 반도체 클러스터로 부상하고 있다. 이 클러스터에 2500여 기업이 입주해 있다. 인피니언, 보쉬, 엑스팹(X-FAB), 글로벌 파운드리 등 글로벌 반도체 4개사가 이곳에 둥지를 틀었다. 지멘스는 옛 병영 부지에 테크노파크를 조성하고 반도체 공장을 설립했다. 미국 반도체 기업 AMD도 Fab30이라는 반도체 공장을 설립하고 확장했다. 유럽에서 생산되고 있는 반도체 칩의 절반을 이곳이 차지하고 있다. 2022년 기준 반도체 기업 고용 인원은 7만여 명, 연 매출은 23조 원에 이른다.[79]

이에 따라 이곳은 유럽의 실리콘 밸리, 실리콘 작센(Silicon Saxony)으로 불리고 있다.

그동안 유럽연합(EU)은 미국과 중국의 글로벌 반도체 패권 전쟁에서 뒤쳐져 있었으나, 최근 이 전쟁에 가세했다. EU는 총 430억 유로(약 62조 원)를 투입해 반도체 생산 점유율을 현재의 9%에서 20%로 확대하기 위해 2023년 4월 반도체법을 제정했다. 이와 동시에 독일 국내외 기업들의 드레스덴 투자도 이어지고 있다. 차량용 반도체 세계 1위 기업인 인피니언은 2023년 5월 50억 유로(약 7조 원) 규모의 새 반도체 공장 건설에 착수했다. 미국 기업 인텔(Intel)은 유럽에 800억 유로(약 104조 원) 규모의 반도체 공장 건설 계획을 세웠으며, 2023년 6월 이중 드레스덴 인근 막데부르크(Magdeburg)에 300억 유로(약 40조 원)를 투입하기로 했다.

또한 대만 반도체 기업(TSMC)도 2023년 8월 드레스덴에 100억 유로(13조 원) 규모의 파운드리(위탁생산) 공장을 건설하기로 했다.

이렇게 드레스덴이 반도체 클러스터로 각광받는 이유는 독일이 제조업 강국이며 신재생에너지 산업이 발전한 데다가, 네덜란드의 반도체 장비 기업 ASML, 차량용 반도체 기업 NXP, 벨기에의 반도체 연구소 IMEC 등이 주변에 포진하고 있어, 반도체 생태계를 형성하고 있기 때문이다.

디테일의
하드 파워

4장 | 효율보다 환경을 중시하는 나라

1. 독일은 녹색 국가다   130

　　나라 전체가 청정 지역

　　숲을 아끼고 사랑하는 나라

　　대기오염이 없는 쾌적한 도시

2. 쓰레기를 자원으로 바꾸는 나라   145

　　쓰레기 제로(Null Abfall)를 지향하는 사회

　　일거양득의 공병 보증금 제도

　　폐지(廢紙)는 곧 돈

3. 에너지 혁명   161

　　탈원전, 40년 만에 마침표를 찍다

　　러시아 에너지로부터 독립하다

　　재생에너지가 화석 연료를 추월하다

1. 독일은 녹색 국가다

나라 전체가 청정 지역

미 예일대학은 매년 각국의 폐기물, 수질, 대기 질, 연료, 산림 등 제반 환경 요인을 망라하여 환경성과지수를 발표한다. 2022년에 180개 국가 중 독일은 13위를 차지하였다. 한국은 63위로 OECD 국가 중에서 낮은 점수를 받았다. 독일은 높은 수준의 과학기술과 제조업에 강한 산업 구조로 되어있어 환경이 훼손될 가능성이 크다. 그런데 자타가 공인하는 최고의 친환경 선진국으로, 과학과 환경이 양립할 수 있음을 보여주고 있다.

독일은 환경 산업이 발달했다. 폐기물 · 폐수 처리 기술, 태양광 · 풍력 등 재생에너지 기술은 세계 최고 수준이다. 환경 산업에 직접 종사하는 정규직만 30만 명에 이른다. 환경 산업의 매출은 714억 유로(약 93조 원)였으며, 이 중 64%인 456억 유로(약 59조 원)가 기후 보호 분야에서 창출되었다.[80]

<표 14> 세계 주요국의 환경성과지수(EPI) (180개국, 2022년 기준)

순위	1	3	9	13	25	43	63	160
국가	덴마크	핀란드	스위스	**독일**	일본	미국	**한국**	중국
점수	77.9	76.5	65.9	**62.4**	57.2	51.1	**46.9**	28.4

* 자료: 미 예일대, 『Environment Performance Index 2022』, 2022.

위와 같은 깨끗한 환경은 그냥 된 것이 아니다. 독일은 환경을 윤리적 관점에서 접근한다. 독일의 생태주의 철학자 한스 요나스(Hans Jonas)는 "인간이 자연환경에 대해 책임질 수 있는 범위를 현세대에서 시·공간적으로 멀리 떨어져 있는 미래 세대로 확장하여 그들의 이익까지도 배려해야 한다."라는 책임 윤리를 주장했다.[81]

우리의 자연환경은 현 세대 사람들뿐만 아니라, 멀리 미래 세대 후손들도 영위해야 하는 안식처다. 우리는 일시 지나가는 과객일 뿐이다. 허투루 우리의 보금자리를 사용할 수가 없는 것이다.

실제로 독일은 환경 보호를 위해 엄청난 노력을 한다. 먼저, 헌법에 환경 보호 의무를 정하고 있다. 헌법 제20a조는 "국가는 미래 세대를 위해 … 자연생활 기반과 동물을 보호한다."라고 명시하고 있다. 환경 오염으로부터 인간과 자연을 보호하고, 다음 세대에 비옥한 토양, 충분한 담수 자원 등을 물려주려는 것이다. 이 헌법 정신을 구현하기 위해 '사후 보완'이 아닌 '사전 예방'적 환경 보호 철학이 정착되었다.

독일은 토양, 물, 동식물 등 물리적 자연자원뿐만 아니라, 토양의 생산성 같은 생태적 기능까지도 관리한다. 토지의 경우, 전 국토를 일단 개발

불가능 지역으로 보고 토지이용 규칙을 운용한다. 이에 따라 도시 외곽 지역은 원칙적으로 개발사업이 허용되지 않는다. 그리고 불가피한 사정으로 인해 개발하더라도, 개발로 인해 자연이 훼손되는 정도를 정량적 · 정성적으로 평가하여 상쇄하거나 보상하도록 하는 '자연침해 조정제도'를 운용하고 있다. 이러한 노력 덕분에 난(亂)개발이 야기되지 않고 있으며, 건물 건축과 파쇄를 반복하는 일도 없다.

연방자연보호법 제13조 14조에 따라 자연경관도 훼손할 수가 없다. 강변이나 저지대에 고층 건물을 지을 수가 없다. 고층 건물은 프랑크푸르트에서만 예외적으로 허용되고 있다. 따라서 전국 어디를 가나 대형 건물이나 아파트가 산천(山川)을 가려 자연경관을 해치는 경우가 없다. 강위의 교량도 극히 제한하고 있다. 라인강의 경우 핵심 관광 구간인 마인즈에서 코블렌츠까지 약 90km 구간에 다리가 없다. 강 건너편에 빤히보이는 가까운 마을을 가려 해도 배를 이용할 수밖에 없고, 아니면 육로를 수십km 돌아야 한다.

독일 식품의 안전성은 세계 최고 수준이다. 인체에 해로운 불량식품은 상상할 수가 없다. 상당 부분의 식료품들이 유기농 제품이다. 화장품, 비누, 세제 등 인체에 해롭지 않은 친환경 제품들이 수두룩하다. 독일 소매유통업체 레베(Rewe)와 에데카(Edeka)는 자체 유기농 제품에 자사 라벨을 부착하여 판매하고 있다. 잡화점 체인 데엠(dm), 로스만(Rossmann)도 다양한 유기농 식품을 자체 개발하여 판매하고 있다.

유기농 전문점 레폼하우스(Reformhaus)는 비료나 살충제 등을 전혀 사용하지 않은 유기농 식품, 자연식품, 천연 화장품 등을 판다. 역사가 120여 년이나 되었으며 독일과 오스트리아에 1,100여 매장이 성업 중이

다. 한국에서도 일부 백화점 등에서 레폼하우스 제품을 판매하고 있다.[82]

그 외에 덴스 바이오마켓(Denn's Biomarkt), 바이오랜드(Bioland), 알나투라(Alnatura), 바이오 컴퍼니(Bio Company) 등 유기농 식품점들이 성업 중이다.

독일 연방정부 구성을 보면 독일이 얼마나 환경을 중시하는지 알 수 있다. 2021년 9월 총선을 통해 집권한 9대 올라프 숄츠(사민당) 정부는 내각의 2인자인 부총리 자리를 종전의 재무부에서 경제·기후보호부로 변경했다. 환경 정당인 녹색당도 탄탄한 정치 세력으로 자리 잡고 있다. 녹색당은 7대 슈뢰더 총리 시절 사민당과 연정을 실시한 바 있으며, 성공한 환경 정당으로 평가되고 있다.

녹색당은 현재 올라프 숄츠 내각에서 제1당인 사민당 및 자민당과 3당 체제의 연정을 하고 있다. 그리고 내각의 16개 장관 중 녹색당 소속이 5명이나 되며, 부총리 겸 경제·기후보호부 장관도 녹색당 소속이다. 주(州) 정부에서도 녹색당이 비약하고 있다. 16개 주정부 중 10개 주에서 녹색당이 연정 상대로서 지방 정치에 참여하고 있으며, 이중 바덴/뷔템베르크 주에서는 녹색당이 제1당으로서 영향력을 행사하고 있다.

숲을 아끼고 사랑하는 나라

독일에서는 산림자원이 풍부하여 '나라가 망해도 200년은 나무로 먹고 살 수 있다.'라는 말들을 한다. 상당히 과장된 얘기이겠으나, 도심에서 조금만 벗어나 '산이 보인다.' 하면 어김없이 짙푸른 울창한 숲에서 싱그러움이 묻어난다. 독일의 산림 면적은 1,140만 헥타르(ha)로 전 국토의 3분의

1에 해당한다. 숲의 울창한 정도를 나타내는 임목 축적은 2020년 기준 총 37억㎥나 되며 헥터 당 336㎥로 유럽 최고 수준이다. 한국은 헥터 당 165㎥로 독일의 절반 수준이다.

독일인들에게 숲은 특별한 의미가 있다. 숲은 고대 게르만 시대부터 생명력이 꽃피는 곳이었다. 대부분의 독일 전설과 동화도 숲에서 나왔다. 우리에게도 잘 알려진 동화 '헨젤과 그레텔'도 그 배경이 숲이다. 숲은 인간을 지켜주는 존재이며, 독일인들의 영혼이 깃든 곳으로 인식되고 있다.[83]

독일인들은 숲을 종교처럼 사랑한다. 연간 독일 인구의 70%에 해당하는 5천5백만 명 이상이 숲을 찾는다. 숲을 통해 자연 친화적인 휴양·건강·관광 활동을 확대하고 있다. 1800년대부터 숲에서의 휴양과 질병 치유 프로그램이 발달했으며, 세계 최초로 숲 치료에 건강보험 혜택까지 주고 있다. 숲을 관리하는 산림관은 항상 최고의 직업군에 속한다.

숲은 산간지역뿐만 아니라 도시 주변에도 많다. 프랑크푸르트도 도심만 벗어나면 온통 숲이다. 숲속은 한여름 밝은 대낮에도 저녁처럼 깜깜하고 한기(寒氣)까지 느껴진다. 차범근·차두리 부자 축구 선수가 뛰었던 아인트라흐트(Eintracht) 경기장도 숲속에 있는데 나무에 가려 잘 안 보인다. 이 숲을 슈타트발트(Stadtwald)라고 하는 데 총면적은 6천ha에 육박한다. 시의 상당 부분이 그린벨트나 자연 보존지역이다. 그린벨트 규모는 약 80㎢로 전체 도시의 약 30%에 해당하는 면적이며, 도시 주변부를 녹색 밴드로 감싸고 있다.

이 그린벨트는 휴양, 산책, 운동, 하이킹, 교육관, 유적지, 놀이터 등 다양한 스포츠 및 여가 시설로 운영되고 있다. 그린벨트를 따라 63km

의 자전거 순환 도로, 450km의 녹색 띠, 1,600개의 쉼터 벤치, 교육 탐방로, 레포츠 길, 80km의 승마길, 25개의 대피소 등을 설치해 연간 6백만 명이 찾고 있다. 시민들의 35%가 도보로, 15%가 자전거로 이동한다. 교통 인구의 절반이 대기오염을 유발하지 않는 청정 수단을 활용하고 있다.[84]

〈그림 5〉 프랑크푸르트 인근의 숲

독일의 숲은 소나무, 가문비나무 등 침엽수 55%, 참나무, 너도밤나무 등 활엽수 45%로 구성되어 있다. 목재 자급률은 80%가 넘고, 원목 자급률은 100%로 외국으로 수출까지 하고 있다. 이에 따라 숲과 연관된 산업인 목재와 원자재 산업, 수지 산업, 인쇄 출판, 운송산업까지 발달했다. 산림과 목재 산업에 종사하는 인력은 74만 명이며, 매출액은 2018년 한 해에만 1,350억 유로(180조 원)에 이른다.[85]

천연자원의 부족을 산림자원으로 보충하고 있다. 또한, 숲은 26억 톤의 탄소를 흡수하여 저장하고 있다. 숲이 기후 변화 대응에 큰 기여를 하고 있는 것이다.

독일의 임업박람회는 세계 최대 규모를 자랑한다. 뮌헨에서는 4년 주기로 임업 과학기술 전시회(INTERFORST)가 열린다. 7만5천㎡의 면적에 30여 국가에서 450개 업체가 참여한다. 육림·방제 등 수목 관리, 목재의 수확·재활용·저장 등 관리, 목재 운송·하역 장비, 임업 안전장비 등을 전시한다. 방문객은 70여 국가에서 5만여 명에 이른다.[86]

하노버(Hannover)에서는 2년마다 산림목재전시회(LIGNA)가 열린다. 50여 국가의 산림·목재 전문가들이 참가하여 제재 기술, 목공예, 가구 제작, 목조 주택, 폐목재 처리 등 목재를 소재로 한 제품을 전시한다.[87]

독일은 산림자원을 인적 자원만큼이나 중요시한다. 나무 관리도 사람 관리하듯이 엄격하다. 벌채는 수목의 세대교체 계획에 따라 매우 제한적으로 이루어진다. 베는 만큼 식수를 해야 한다. 나무들은 대부분 하얀 페인트 색깔 번호로 등록이 되어있어 산림 당국의 허가 없이는 벌목할 수 없다. 나무를 함부로 훼손하면 벌금이 엄청나다.

산림도로인 임도(林道)도 잘 닦여져 있다. 2022년 기준 독일의 임도 밀도는 헥터(ha) 당 54m로 세계 최고 수준이다. 이 임도를 통해 나무 심기, 목재 운반, 죽은 가지와 마른 나무 같은 가연성 물질 제거, 병충해 방제 등 산림을 효율적으로 관리할 수 있다. 또 산불 진화 차량이 신속히 출동하여 산불의 대형화를 막을 수 있다. 한국의 임도는 헥터 당 3.97m로 독일의 1/14에 불과하다. 산불 진화에 취약하고 산림 관리에도 어려움이 많다.

숲과 호수에 자생하는 동식물들도 엄격한 보호를 받고 있다. 고사리 꺾다간 벌금을 각오해야 한다. 산속 바닥에 떨어진 밤이나 도토리도 줍지 말라는 권고가 있다. 다람쥐 등 산 짐승들의 먹이용으로 놔둬야 한다는 동물 사랑의 발로다. 또한, 산림에 농약 사용을 최소화하고, 토양과 산림 훼손을 극도로 조심하고 있다.

과거 동·서독을 갈랐던 '철의 장막' 경계선은 1990년 통일 이후 일종의 그린벨트인 녹색띠(Gruenes Band)로 바뀌었다. 총 길이 1,389km에 최대 폭 2km, 면적은 2,232㎢에 이른다. 지금은 자연 유산으로 지정되어 있으며, 다양한 희귀 동·식물의 최적 서식지로 보존되고 있다. 자연 그대로 유지하기 위해 대규모 자연보전 프로젝트가 시행되고 있다.

녹색 도시 프라이부르크

프라이부르크(Freiburg). 슈바르츠발트 숲 지역 남서부에 있는 인구 22만 명 도시다. 이 도시는 1992년 '독일의 환경수도'로 선정되었다. 그 후 '유럽 근거리 공공교통 상', '독일 솔라 상', 연방정부의 '지속가능 개발 상', '미래지향공동체 상' 등 환경 관련 상을 싹쓸이했다. 시 면적의 43%가 숲이고 46%가 경관 보호구역이다. 450㎞의 숲길, 체험·현장 학습용 오솔길, 놀이터, 전망대, 호수 등을 갖추고 있어 연 4백만 명의 관광객이 찾고 있다. 살충제 사용이 오래전에 금지되었고, 초지 벌초를 연 2회로 제한하고 있다.[88]

프라이부르크는 '물의 도시'다. 도심에 도로를 따라 '베흘레'(Baechle)라는 수로(水路)를 통해 깨끗한 물이 흐르고 있다. 13세기에 하수도와 소방용으로 조성된 이 수로는 자연 그대로의 물길이다. 너비 50㎝에 15㎞에 이른다. 이 수로가 온도와 습도를 조절하고 주변 건물과 조화를 이루고 있다. 시민들의 쉼터이자 비둘기들의 안식처로써 시의 명물이다.

　이 도시는 최상의 식수 수질을 자랑한다. 지하수는 오염으로부터 철저히 보호되고 있다. 빗물은 가능한 한 손실 없이 각 가정에서 이용하거나 그 자리에서 지하수로 스며들게 하고 있다. 빗물의 누수를 막기 위해 신축 건물에 중앙집중식 또는 개별적 빗물 흡수 장치를 설치하고, 빗물과 폐수를 구별하는 요금 시스템을 갖추고 있다.

　핵심 관광 구역인 구(舊)시가는 전체가 보행자 구역이다. 자동차로 들어갈 수가 없다. 앰뷸런스 · 소방차 · 새벽 청소차 외에는 구시가 진입이 불가능하다. 이삿짐이나 생필품 차량, 시설 공사 차량도 오전 10시까지만 진입할 수 있다. 자동차 수송을 유발하는 업체는 아예 입점이 안 된다. 관광객은 외곽의 공용 주차장에 주차하고 짐을 끌고 호텔까지 한참을 걸어가야 한다. 시 전체 면적의 90%가 시속 30㎞ 속도 제한 구역이다. 승용차 소유 비율은 인구 1천 명당 423대로 독일에서 가장 낮다.

　대신 대중교통 시스템이 완벽하게 갖춰져 있다. 전차가 도심을 격자(格子)형으로 모든 방향에서 시 외곽까지 수시로 운행하고 있고, 버스가 촘촘히 연결되어 있어 불편이 없다. 전장 500㎞의 자전거 도로망에, 시내 · 외 버스 정류장에 9천여 대의 자전거 보관시설이 있다. 자전거 수송 분담률이 33%에 이른다. 자동차 공유 제도도 잘 되어 있어 차를 소유할 필요가 거의 없다. 이 도시에서 자동차는 애물단지다.

대기오염이 없는 쾌적한 도시

독일은 전국 어디를 가도 잘 가꾸어진 거대한 정원 같은 느낌이 든다. 자연을 훼손하지 않으면서도 어떻게 그렇게 자연을 아름답게 가꿨는지 감탄을 자아낸다. 그 넓은 대지에 자갈이나 돌멩이들을 볼 수가 없다. 봄에는 넓은 들판의 대규모 유채꽃에서, 늦가을에는 라인강 변 포도 덩굴 잎 단풍에서 환상의 노란색 향연이 펼쳐진다. 낮은 언덕에 강을 끼고 도는 시골 마을은 중세시대 동화 속의 나라 같다.

독일 서남부에 위치한 슈바르츠발트(Schwarzwald, 黑林)라는 산간지역을 여행해 보면 하늘을 찌를 듯한 전나무와 참나무, 한가로이 풀 뜯는 젖소, 적당한 위치에 듬성듬성 놓인 빨간 지붕의 농가, 집 주변의 가지가지 야생화 등이 아름다운 한 폭의 대형 풍경화처럼 전개된다. 뒷동산 언덕의 연초록 풀밭에는 알프스 소녀 하이디가 금방이라도 뛰어나올 것만 같다. 사진을 찍으면 그대로 그림엽서가 된다.

마을에 들어서면 집마다 창틀 화분 속의 예쁜 꽃, 정원의 꽃향기와 잔디의 풀 내음이 행인들의 마음을 편하게 녹여 준다. 동네가 구석까지 깨끗하게 가꿔져 있고 풍요가 느껴진다. 독일은 전국적으로 균형 있게 발전돼 있다. 뒤 261쪽 표 〈22〉에서 보듯이, 독일은 세계에서 도농(都農) 간 갈등 격차가 가장 적은 나라로서 이농 현상도 비교적 적다. 따라서 흉물스럽게 방치된 채 쓰러져가는 폐가(廢家)를 볼 수가 없다. 1990년 통일 후 구동독 지역에 빈집이 많았으나, 점차 정비·개선되어 가고 있다.

농기구 등 가재도구가 집 밖에 나와 있는 일도 없고, 폐비닐 플라스틱이나 쓰레기 더미들이 여기저기 나뒹구는 모습도 볼 수가 없다. 축사 때문에 악취가 나거나 무질서한 태양광 시설물로 더럽혀진 곳도 없다. 요즘에는 공공장소, 고속도로 화장실의 청결도가 예전보다 좀 떨어져 실망감을 자아내고 있지만, 엄청난 통일 비용, 난민 유입 등으로 인한 후유증이 아닌가 한다. 그래도 유럽 다른 나라에 비해서는 훨씬 깨끗하다.

독일인들은 연립주택이나 아파트의 1층을 선호한다. 1층이 로열층이다. 1층에는 앞마당 또는 뒤뜰에 스스로 꽃과 잔디를 심고 나무를 가꿀수 있기 때문이다. 이들은 정원을 가꾸는 것을 커다란 즐거움이자 특권(?)으로 생각한다. 마트에서는 정원용 꽃씨, 잔디와 흙, 나무, 심지어는 잔디를 후벼 파는 두더지 퇴치용 약품까지 꾸준히 잘 팔리고 있다.

독일은 대기오염을 줄이기 위해 각별한 노력을 기울이고 있다. 독일을 포함한 유럽연합(EU) 국가들은 미세먼지와 대기오염이 확산하지 않도록 환경보호구역(Umweltzone) 제도를 시행하고 있다. 이 제도는 자동차를 유해 물질 배출량에 따라 4개 그룹으로 구분하여 제재하고 있다. 〔그룹1〕 차량은 매연이 가장 심한 차량으로 아예 스티커가 발부되지 않고 시내진입도 금지된다. 〔그룹2〕~〔그룹4〕 차량은 매연 정도에 따라 적색·황색·녹색 스티커를 부착하고, 시행 초기에는 시내 진입을 허용하되 단계적으로 기준을 강화한다. 〔그룹4〕 차량은 녹색 스티커(gruene Plakette)차량으로, 최종적으로 이 차량만 시내 진입이 가능하다. 독일은 2008년부터 베를린, 하노버, 쾰른시부터 적용하였으며, 현재는 독일 대부분 지역에서 〔그룹4〕 차량만 진입이 가능하다. 자동차 회사들도 친환경 자동차를 만들기 위해 큰 노력을 한다. 국제환경단체 그린피스가 2023년 세계 15대 자동차 기업의 친환경 성적을 평가한 결과 벤츠가 1위, BMW가

2위를 한 것으로 나타났다. 현대 · 기아는 9위에 머물렀다.

프랑크푸르트의 경우 도심을 에워싸고 있는 외곽 아우토반(A3, A5, A661)을 경계로 하여 그 안쪽의 주거지역은 모두 '환경보호구역'이다. 이 구역에는 녹색 스티커 차량만 진입할 수 있다. 이 규정을 어기면 40유로의 벌금과 벌점 1점이 추가된다.[89]

동독 지역에는 통일과 함께 오염 방지책이 철저히 적용되면서 이 지역에서 발생하였던 이산화황, 산화질소 등이 현저히 줄어들게 되었다.

독일에서는 모든 차량의 공회전이 엄격히 금지되고 있다. 추운 겨울 엔진 예열(豫熱)을 위한 잠시의 공회전마저도 안 된다. 공회전으로 인한 연료 소모, 안전과 소음 문제도 있지만, 특히 배출가스로 인한 환경 오염을 억제하는 데에 목적이 있다.

철도 건널목 앞에서 정차하는 동안에도 시동을 꺼야 한다. 1988년 어느 날, 필자가 철도 건널목에서 신호를 기다리고 있는데, 뒤 차가 헤드라이트를 몇 번 비추더니 아예 운전자가 나와서 필자한테 다가와 "건널목 앞에서는 시동을 꺼야 한다."라고 주의를 줬다. 주변 차들을 둘러보니 모두 어김없이 시동을 끈 채로 기다리고 있었다. 창피해서 쥐구멍에라도 들어가고 싶었다.

요즘에는 자동차 제조기술이 발달해서, 적색 신호등 앞에 멈춰서면 시동이 저절로 꺼졌다가 브레이크에서 발을 떼는 순간 다시 시동이 걸리는 공회전 자동제어장치(Auto Stop&Start) 시스템이 도입되어 시행되고 있어서, 그만큼 대기오염이 줄어들게 되었다. 한국에서도 일상화되고 있어 다행이다.

이와 같은 다각적인 노력 덕분에 독일 전역의 공기가 늘 맑고 쾌적하다. 국제경영개발원(IMD)이 2021년에 발표한 '주요 국가의 대기오염지수 순위'를 보면, 세계 64개 국가 중 독일은 14위로, 소규모 경제 강소국을 제외하면 일본(7위)에 이어 2위다. 제조업 강대국임을 감안하면 높은 순위다. 한국은 41위로 거의 하위권에 속한다.

맑은 공기의 질은 통계수치가 아니라도, 피부로도 생생히 느껴진다. 한국에서는 비가 내린 다음 날에나 하늘이 깨끗함을 볼 수가 있다. 그런데 독일에서는 비가 오기 전날이나 그 후나 똑같이 깨끗하다. 비에 씻겨내려갈 오염이 적은 것이다. 한국에서는 한여름에 흰 와이셔츠를 이틀 정도 이상 입기가 어렵다. 그러나 독일에서는 와이셔츠를 며칠씩 입고 다녀도 소매와 깃에 때가 별로 묻지 않는다. 겨울에 자동차 지붕에 쌓인 눈을 치울 때도 차이가 있다. 한국에서는 눈 속에 섞인 오염 물질이 시꺼멓게 녹아 흘러내린다. 덕분에 때 아닌 무료세차 효과(?)를 갖는다. 그러나 독일에서는 녹아내리는 눈의 색깔이 눈처럼 하얗다. 대기오염 물질이 그만큼 적은 것이다.

어떤 녀석이 내 차 시동을 껐지?

1980년대 후반 본(Bonn) 대학 수학 시절 중고 아우디(Audi) 구형 자동차를 타고 다녔다. 이 차는 1970년에 생산된 것으로 현대자동차의 1호 자동차 포니의 생산연도(1975년)보다도 앞섰다. 필자가 구매했던 1988년 당시 이미 18년이나 된 낡은 차였다. 그러니 추운 겨울에는 시동을 걸고 나서 한참을 엔진 예열(豫熱)을 해야 굴러갔으며, 그러지 않으면 운전 도중에 엔진이 꺼져버리곤 했다. 그래서 아침마다 공회전했는데 그 소음이 엄청나게 컸다.

하루는 필자와 같은 연립주택에 살던 킬만(Killmann) 할머니가 "공회전은 우리 주변의 공기를 오염시킨다. 그러니 앞으로는 조심하라."라고 하는 것이 아닌가. 평소에 독일어도 배울 겸 수시로 킬만 할머니 댁에 들렀기 때문에 서로 잘 아는 사이였는데도, 잘못에 대해서는 확실하게 주의를 주는 것이었다. 대부분의 독일 할머니들은 그냥 지나치는 법이 없다. 집 창문으로 딱 지켜보고 있다가 경찰에 신고하거나, 현장에 와서 주의를 준다.

카센터에 가서 이 고물차 공회전시 소음 줄이는 방법을 문의했더니, '옛날 차라서 어쩔 수 없다.'라고 했다. 고칠 수는 있지만, 비용이 이 찻값보다 더 든다고 했다. 요즘 차들은 시동을 걸어도 소음도 없고, 또 바로 출발을 해도 문제가 없을 만큼 기술이 좋아졌지만, 50년 전에는 독일 차도 어쩔 수 없었던 모양이다. 그래서 하는 수 없이 주로 대중교통을 이용했다. 차는 주택가에서 좀 떨어진 공용 주차장에 주차해 놓고, 불가피한 경우에만 운행했다.

1989년 여름 방학 때 노이슈반슈타인(Neuschwanstein) 성(城) 인근의 캠프장에서 1박을 하였다. 이 지역은 알프스 자락에 위치한 산악 지역인 데다 때마침 기상이변까지 겹쳐, 여름인데도 아침 날씨가 무척 차가웠다. 그래서 차 예열을 하기 위해 시동을 켜 놓고 잠시 자리를 비웠다가 다시 와 보니 엔진이 꺼져 있었다. '차가 낡으니 이제는 엔진까지 꺼지네.' 하고 넋두리를 하는데, 아내가 "어떤 독일 사람이 와서 엔진을 꺼버렸다."라고 했다. "어떤 녀석이 남의 차 엔진까지 끄나?" 내심 불쾌해 하고 있는 데, 한 중년 남자가 필자 앞으로 다가서고 있었다. 아내가 "엔진 끈 사람이 저 사람이다."라고 했다.

그는 다짜고짜로 "저 차가 당신 차인가?"라고 물으면서 "공회전을 하면
이 깨끗한 캠프장이 오염된다. 법에도 위반된다. 적발되면 엄청난 벌금을
물어야 한다. 그래서 내가 당신을 위해 대신 엔진을 꺼 주었다"고 하면서
상당히 크게 봐준 것처럼 생색을 내는 것이 아닌가? 필자 역시 할 말이 없
어 "고맙다."라고 하고 말았다.

2. 쓰레기를 자원으로 바꾸는 나라

쓰레기 제로(Null Abfall)를 지향하는 사회

최선: 무(無)생산, 차선: 재활용, 최악: 배출

독일의 쓰레기 배출 표어다. 독일은 쓰레기를 경제와 환경 두 가지 측면을 고려하여, '줄일 수 있는 것은 모두 줄인다.'는 쓰레기 제로(Null Abfall, zero waste)를 실현하고 있다. 이에 따라 5단계의 '역(逆)피라미드 시스템'을 운용하고 있다.[90]

즉 ① 최대한 발생을 억제하되(最多) → ② 대부분 재사용하고(多) → ③ 재활용하고(中) ④ 에너지 처리(小) → ⑤ 소각(最小)의 절차를 거친다. 쓰레기 발생을 최대한 억제하되, 이미 발생한 것은 철저히 분리·수거하여 대부분 재사용·재활용한다. 재활용이 불가능한 폐기물은 다른 공정의 에너지로 활용한다. 매립은 금지돼 있다. 소각은 불가피한 경우 마지막 수단이다.

독일은 '쓰레기 제로' 문화가 정착되어 있다. 먼저, 쓰레기 유발 제품의 생산과 소비를 자제한다. 라커 칠을 하지 않은 색연필, 천으로 만든 차

봉지, 대나무로 만든 귀 쑤시개, 천연 세제, 쓰레기 제로 화장품, 쓰레기 제로 만년필 등 '쓰레기 제로' 용품들이 많이 나오고 있다. 식당, 카페 등에서 일회용 용기를 사용할 수 없다. 과일과 채소는 포장이 안 된 채 커다란 용기에 담겨 있어서, 주부들은 쇼핑백, 천 장바구니를 가지고 와서 필요한 만큼 담아 저울에 달아서 산다.

다음, 독일인들은 용도가 다 된 책, 잡지, 그릇 등 중고 물품을 그냥 버리지 않고 상자에 담아 집 앞에 내놓는다. 상자에는 '가져가세요.'(Zu verschenken)라는 문구가 붙어 있다. 누군가에게는 쓸모가 있을 수 있어서다. 일거에 검소와 환경을 다 얻을 수 있다. 스마트폰도 앞으로는 배터리 분리가 가능한 것만 팔 수 있다.

프라이부르크시에는 2016년부터 '프라이부르크 컵'이 유통되고 있다. 시내 어느 커피점에서나 이 잔에 커피를 담아서 파는데, 보증금이 1유로다. 이 잔을 가지고 다른 커피점에 가서도 커피를 마실 수 있고 보증금 1유로를 받고 반환할 수도 있다. 이 잔은 400회 정도 사용할 수 있으며, 잘 보관하면 거의 반(半)영구적으로 쓸 수 있다.[91]

지금은 뮌헨, 하이델베르크 등 여러 도시에서도 컵 보증금 제도가 시행되고 있다.

베를린 시내에는 '후마나'(HUMANA)라는 중고 의류 판매장이 여러 군데 있다. 우리나라의 '아름다운 가게'와 비슷한 데, 그 규모나 상품의 다양함이 백화점이나 대형 매장 수준이다. 거의 새것이나 다름없는 다양한 옷들을 아주 싼 값에 살 수 있다.

'쓰레기 제로' 문화는 식품·음식에서도 잘 나타나고 있다. 독일 식당에서는 어떤 메뉴를 주문하든 빵이 나오는데, 이것은 메인디시(주요리)

를 다 먹은 후 접시에 남은 음식을 말끔히 닦아 먹으라는 용도다. 베를린에 있는 프레아(Frea)라는 음식점에서는 '쓰레기 제로'를 실현하고 있다. 인근 산지에서 유기농 식재료를 포장되지 않은 채로 조달한다. 음식을 담고 싸는 데 1회용품을 쓰지 않는다. 남은 음식은 음식점 내 퇴비 시설에서 퇴비로 만들어 농가에 보낸다.

포장지 없는 슈퍼마켓(Original Unverpackt)도 있다. 곡물·국수 등 식료품을 대용량 유리병에 담아 놓고 판다. 손님들이 필요한 만큼 덜어서 직접 가지고 온 반찬 통이나 쇼핑백 등에 담아 계산한다. 또 '서플러스'(SirPlus)라는 남은 음식 파는 가게가 6곳 있다. 유통 기한이 짧은 음식들을 원래 가격의 10~20%에 재판매하여 인기를 얻고 있다.[92]

쓰레기는 없을수록 좋겠지만 현대 사회에서 그리되기는 어렵다. 따라서 이왕 배출된 쓰레기는 최대한 분리수거를 잘하여 자원화하는 것이 중요하다. 독일의 분리 수거율은 95%로 세계 최고 수준이다. 독일인들이 쓰레기 분리·수거를 잘하는 이유는 무엇일까?

우선, 쓰레기 분리수거가 편하게 되어 있다. 주택 곳곳에 보통 3~4개의 색깔별로 플라스틱 쓰레기통이 가지런히 놓여 있다. 파란색 통에는 신문 등 종이류, 노란색에는 우유 팩·캔·플라스틱 등 재활용이 가능한 것, 갈색에는 바이오 관련 음식물·화초 등 썩는 물질, 검은색에는 담배 꽁초 등 나머지 쓰레기들을 담아 놓으면 된다.

다음, 쓰레기 분리배출이 철저히 생활화되어 있다. 독일은 2차 대전 종전 이후 줄곧 쓰레기 분리 배출제를 시행하고 있는데, 시민들이 이 제도를 철저히 지키고 있다. 우유 팩, 요구르트나 화장품 용기 등 플라스틱 포장재도 겉의 라벨을 다 떼고 속의 음료나 샴푸 같은 내용물도 완전히 비워, 폐기물 회사가 추가 선별할 필요가 없을 정도로 깨끗하다.

독일은 '순환경제'(Kreislaufwirtschaft, circular economy) 개념이 정착화되어 있다.[93]

'순환경제'는 제품 생산 · 소비 과정에서 재료 · 원료의 절약, 재활용 극대화, 폐기물 최소화를 추구하는 경제 모델이다. 한 공정(工程)에서 나오는 부산물을 폐기하지 않고 다른 공정에서 원료나 에너지로 재활용하여 자원의 활용을 극대화하는 시스템이다. 독일은 2005년부터 폐기물 매립을 금지했다. 쓰레기를 땅에 묻는 것은 불가능하다. 미래 후손들에게 깨끗한 강토를 물려주기 위함이다. 따라서 폐기물 배출자들은 퇴비화, 자원화 등 길을 찾아야 한다. 이에 따라 매립 비율이 계속 줄어들어 2019년에 0.2%까지 떨어졌다. 이렇게 하여 잘 분리 수거된 쓰레기를 자원화하는 재활용 산업, 순환경제가 발달했다.

이 순환경제 시스템의 대표적인 예가 화학기업 바스프(BASF)다. 바스프는 재활용이 어려운 폐(廢)플라스틱을 가열해 오일 · 가스를 추출하고, 이를 사용해 다시 플라스틱을 만들어내는 '켐사이클링'(ChemCycling) 시스템을 개발했다. 이를 기반으로 회사 내 한 공정의 부산물을 다른 공정의 원료로 쓰는 '페어분트'(Verbund) 시스템, 이른바 통합연결 시스템을 운용하고 있다. 이 시스템의 에너지 및 자원 효율은 93%에 이른다.[94]

시멘트는 제조 과정에서 폐기물이 많이 나오는 제품이다. 그러나 시멘트 회사 피닉스(Phoenix)는 예열이나 소성 등 제조공정에서 사용하는 열원의 100%를 유연탄이 아닌 폐플라스틱, 폐타이어 같은 대체연료(순환

자원)를 사용하고 있다. 독일의 시멘트 업계 전체의 순환 자원율은 69%로, 한국(35%)의 배에 이른다. 이제 쓰레기는 소중한 자원이다.

슈베베 반의 도시 부퍼탈의 변신

독일 중서부 지방에 부퍼탈(Wuppertal)이라는 산간 계곡 지역이 있다. 이 계곡은 동북(東北) 방향에서 서남(西南) 방향으로 길게 늘어져 있으며 계곡을 따라 부퍼강(江)이 흐르고 있다. 부퍼강 양쪽으로는 철도, 고속도로와 일반 국도가 닦여 있어 교통이 편리한 편이다.

이 계곡에는 부퍼강 물길을 따라 슈베베 반(Schwebebahn)이라는 공중 궤도 전철이 운행되고 있다. 이 전철은 강물 위로 강을 따라 설치된 궤도에 차체가 매달려 가는 현수식(懸垂式) 모노레일이다. 케이블카와 유사한 기능이라고 보면 이해가 쉽다. 이 전철은 '보빙켈' 역에서 '오버바르멘' 역까지 총연장(延長) 13.3km에 정류장은 20개에 달한다. 연간 245백만 km를 운행하고 있으며, 연간 수송 인원도 246만 명에 이른다.[95]

이 고가(高架) 철도는 지금도 이 지역의 교통난 해소에 크게 기여를 하고 있다.

이 협소한 지역에 19세기 말부터 인구 증가로 교통난이 심했다. 이에 따라 교통 혼잡과 도로 공간의 손실을 피하면서 자연도 살리고 환경을 보호하기 위한 대안으로 1901년에 이 고가 철도를 개통하였다. 이는 세계 최초의 고가(高架) 철도로 120여 년이 넘었다. 이 고가 철도를 보기 위해 매년 수많은 관광객이 찾고 있다. 2020년 1월 미국 뉴스 채널 CNN이 뽑은 '방문하고 싶은 세계 20대 명소'에 이 고가 철도가 포함되었다.

부퍼탈은 250여 년 전 섬유산업으로 대량 생산 체계를 구축한 독일 산업화의 원조 지역이다. 이 도시에는 가스케셀(Gaskessel)이라는 66m 높이의 반구형(半球形) 지붕에 거대한 원통형 탱크가 있다. 과거 에너지 저장시설로 사용되던 이 탱크는 지금도 산업화의 상징으로 남아 있다.

〈그림 6〉 슈베베 반 (Schwebebahn)

이러한 부퍼탈이 새로운 변신을 하고 있다. 2000년대 초부터 가스케셀 주변에 40여 스타트업과 수많은 기업이 들어섰다. 이들은 세계 최초로 '순환경제' 사업 모델을 개발하고 있다.[96]

그리고 쓰레기 감축과 순환경제 해법을 찾기 위해 연구와 사업을 병행하고 있다.[97]

'순환 계곡'(Circular Valley)이라는 환경 프로젝트를 통해 자원의 재활용률을 높여 쓰레기 없는 도시, 미래의 순환기술 혁신도시로 탈바꿈을 시도하고 있다. 이 도시의 기업이 제품을 생산할 때는 나중에도 재활용이 가능하도록 처음부터 계획을 수립하도록 하고 있다. 신규 건축 시에는 재생 가능한 재료만 써야 한다. 가스케셀은 이제 순환경제 아이디어의 상징이 되었다.

일거양득의 공병 보증금 제도

폐기물 중에서도 유리, 캔, 플라스틱 쓰레기는 세계적으로 매년 엄청난 규모로 늘고 있다. 특히 2020년~2022년 코로나 발병 기간에 폭발적으로 늘었다. 플라스틱은 썩지도 않고 토지와 해양에 남아 엄청난 환경 오염을 유발하고 있다. 경제성이 없어 수거·재활용도 어렵다. 그런데 독일은 플라스틱 쓰레기 처리의 모범을 보여주고 있다. 국제 해양기구인 'Back to Blue'가 2022년 세계 25개국의 플라스틱 관리지수를 조사했더니 독일이 1위였으며, 일본, 프랑스, 영국, 미국, 스웨덴이 뒤를 이었다. 한국은 조사 대상에서 빠졌다. 독일의 플라스틱병 재활용률은 98.5%, 유리병 재사용·재활용률은 거의 100%에 이른다. 독일은 플라스틱 폐기물을 어떻게 관리하고 자원화하고 있는가?

2021년부터 플라스틱 폐기물에 1kg당 0.8유로의 플라스틱세(稅)를 부과하고 있다. 일회용 플라스틱 컵의 유통·사용 외에 비닐봉지 사용도 금지되고 있다. 일회용 접시, 수저, 컵, 나이프, 빨대, 스티로폼 등 일부 플라스틱 제품의 판매가 금지되었고, 물티슈 등 사용이 불가피한 제품에 대해서는 '플라스틱을 함유한 제품'이라는 라벨을 붙이도록 하고 있다. 나아가 2025년부터 모든 플라스틱병에 25%, 2030년부터 30% 이상의 재생원료를 사용하도록 했다. 위 조치는 독일을 포함하여 유럽연합(EU)

에 공통으로 운영되고 있다.

플라스틱 폐기물 관리의 대표적인 제도로 '판트'(Pfand)라는 공병(空瓶) 또는 빈 병 보증금 제도가 있다. 이 제도는 마트나 시장에서 물, 음료수, 주류를 살 때 그 용기인 유리병, 플라스틱병, 캔 등의 값도 물건값에 포함하여 지급하고, 나중에 빈 병을 반환할 때 그 빈 병 값을 되돌려 받는 방식이다. 1980년대 후반부터 재사용이 가능한 유리병 중심으로 판트를 시행하다가 2003년부터 캔, 플라스틱으로 확대하여 시행하고 있다.

현재 공병 보증금은 보통 유리병이 0.08유로(약 100원), 캔과 플라스틱병이 0.25유로(약 320원) 정도다. 마트에서 500cc짜리 캔맥주를 사면 보통 맥줏값 0.95유로에 보증금 0.25유로를 더하여 1.1유로를 낸다. 영수증에 이 판트 값이 따로 찍혀 나온다. 이 판트는 병이 낱개든, 30개들이 상자째 들어 있든, 모두 보증금 환급이 가능하다. 그런데 특이하게도 재사용이 불가능하여 경제성이 없는 캔이나 플라스틱병 판트 값(0.25유로)이 재사용할 수 있는 유리병(0.08유로)보다 거의 3배 이상 비싸다. 논리적으로 이해가 안 되지만, 환경에 더 해로운 캔과 플라스틱 용기의 회수·재활용률을 높이기 위한 것이다.

공병 회수는 대부분 공병 보증금 환급 자판기(Pfandautomat)를 통해 이루어진다. 이 자판기는 보통 중형 냉장고 크기인데, 대부분 마트 매장 초입에 2~3대 정도 비치되어 있다. 이 공병 회수를 효율적으로 관리·운영하기 위해 독일판트유한회사(DPG, Deutsche Pfandsystem GmbH)라는 공병 보증금 회사가 활동하고 있다.

〈그림 7〉의 왼쪽은 판트회사(DPG)의 로고와 바코드다. 병에 이것이 부착되어 있으면 보증금 환급이 가능하다는 표시다. 오른쪽은 공병 보증금 환급 자판기다. 위 투입구는 낱개용, 아래 투입구는 상자용이다. 병을 해당 투입구에 넣으면 자판기가 스스로 라벨 스캔, 용기 형태, 용기의 재질 등을 인식하여 보증금 환급 대상인지 아닌지 스스로 판별한다. 환급 대상이면 보증금 명세서가 자동 출력되어 나온다. 이 명세서를 마트 계산대에 제출하고 환급을 받을 수 있다. 보통은 물건값과 상쇄하는 방법으로 환급을 받고 있다.[98]

〈그림 7〉 공병보증금 로고 및 환급 자판기

물론 빈 병이라고 하여 모두 환급이 되는 것은 아니다. 예컨대 화학 의약품 보관 병 같은 경우는 처리 대상이 아니다. 자판기가 스스로 환급 대상 여부를 판별하여 환급 대상이 아니면 병이 도로 나온다. 이 병들은 자판기 옆에 별도로 비치된 폐기물 통에 집어넣으면 수거 회사가 수동으로 수거하여 별도의 재처리 절차를 거친다. 또 장애인에 대해서는 매장 점원이 직접 수작업으로 환급 처리를 하여 보증금을 내준다.

2015월 6월, 독일 북쪽 뤼네부르크(Lueneburg)시 에데카(EDEKA) 마트에서 빈 병을 몇 상자 가져와 공병 자판기에 넣고 보증금 영수증을 받고 있던 요르그 크노프케(Joerg Knopke) 씨와 얘기를 나누었다. 크노프케 씨는 "공병 보증금 제도 덕분에 개인적으로 이득도 보고, 사회적으로 자원을 절약하고 환경도 보호하는 일거양득의 효과를 거두고 있다. 일주일에 한 번 정도 보증금 받는 재미가 쏠쏠하다"고 말했다.

공병 회수 자판기는 공항에도 여기저기 설치되어 있다. 그런데 용도가 좀 다르다. 공항에서는 어차피 음료수를 출국장 안으로 가지고 갈 수가 없고 밖에서 다 마시거나 버려야 한다. 그렇다고 공항에 보증금을 환급해 주는 마트가 있는 것도 아니다. 그래서 자선단체나 비영리단체에 기부하도록 설계되어 있다. 공항 내 공병 자판기에 빈 페트병·유리병 등을 넣으면 화면에 기부 대상 단체의 명단이 나오고, 이 중에서 자신이 기부하고자 하는 단체를 누르면 바로 자동으로 그 단체로의 기부 절차가 진행된다.

이러한 공병 보증금 제도는 대단한 효과를 거두고 있다. 실제로 거리에 빈 병들이 나뒹구는 것을 볼 수가 없다. 오히려 말끔하게 차려입은 사람들이 쓰레기통을 뒤져 캔이나 플라스틱병을 챙기는 광경도 눈에 띈다. 전국적으로 쓰레기가 감소하고 용기 회수율도 높아져, 환경 정화는 물론 자원도 효율적으로 활용하고 있다.

폐지(廢紙)는 곧 돈

종이가 없었다면 인류 문명은 오늘날처럼 발전할 수 없었을 것이다. 종이로 책이 만들어졌고, 책을 통해 역사가 기록되고 지식의 축적과 전달이 가능하여 오늘에 이르게 된 것이다. 지금부터 500여 년 전인 1517년 마틴 루터의 종교개혁도 종이가 없었으면 성공하기 어려웠을 것이다. 1400년대 구텐베르크가 인쇄술을 발명하기 전 독일 바이에른에서는 포도밭을 팔아야 책 한 권 샀다는 기록이 있을 정도로 종이는 곧 권력과 부의 상징이었다.

이제는 종이가 우리 생활에 깊숙이 자리 잡고 있다. 우리가 매일 접하는 모든 서류, 복사지, 신문, 집 계약서, 판결문, 벽지, 커피 필터, 지폐, 쇼핑백, 심지어는 화장실의 화장지까지…. 이제는 종이 없는 세상은 상상할 수가 없다. 이제 종이의 생산량과 소비량은 한 나라의 경제력과 국력의 척도가 되었다. 물론 전자책과 스마트폰 등 다른 매체 수단이 등장하면서 종이의 쓰임새는 다소 위축되었으나, 아직도 그 위력은 살아 있다. 종이책은 아직도 여전히 지식 축적의 보고로 이름값을 하고 있다. 종이야말로 생분해가 가능한 친환경 소재로, 최근 플라스틱 대체재로서의 역할론이 부상하고 있다.

독일은 종이의 나라다. 전국에 걸친 울창한 숲의 나무와 폐지(廢紙)에서 나오는 종이의 양은 막대하다. 독일의 종이 생산 규모는 2020년 기준 2,136만 톤으로, 중국·미국·일본에 이어 세계 4위(한국은 5위), 수출량은 1,329만 톤으로 1위를 차지하고 있다. 특히 부가가치가 높은 최고급 종이 제품, 다양한 재생 인쇄용지와 문구 용지를 대량 수출하고 있다.

그런데 이러한 종이 생산에 폐지가 70% 이상 투입된다. 2020년에 생산한 종이 중 폐지를 투입하여 생산한 종이 비율은 평균 79%에 이른다. 골판지, 포장용지, 상자, 신문 용지 등은 거의 100% 폐지로 생산한다. 인쇄, 위생, 책 표지용 기타 특수목적의 용지도 50% 수준이 폐지에서 나온다. 폐지 재활용률은 평균 93%나 된다.[99]

그러고도 남는 폐지는 수출하고 있다. 한국은 폐지가 부족해 수입하고 있다. 2019년 한국이 순수입(수입−수출)한 폐지는 107만 톤이나 된다.

인건비가 비싼 독일에서 이렇게 폐지 활용도가 높은 데는 폐지 수거 등 관리의 효율성에 있다. 폐지는 한국과 달리 노인들의 용돈 벌이 노역이나 영세 고물상을 통해 수거되는 것이 아니고, 철저한 쓰레기 수거 제도에 의거 거의 자동으로 수거된다.

재생 종이 역시 폐지로 만든다. 재생 종이는 '폐지를 40% 이상 투입하여 생산한 종이'를 말한다. 이는 그만큼 새로운 벌목을 안 해도 된다는 얘기다. 독일의 초중등 학생들이 사용하고 있는 교과서 대부분은 재생 종이로 만든 책들이다. 이 책들은 선배들로부터 물려받아 학기 중에 배운 다음, 학기가 끝나면 회수하여 다음 학기 학생들에게 배부된다. 재사용과 재활용을 통한 근검절약과 환경 보호 의식이 어린 시절부터 자연적으로 학습되어 그대로 생활에 적용되는 것이다.

또 기차 시간표 책자, 탑승 열차 안내서, 편지 봉투와 서류 봉투, 잡지, 공책과 수첩, 편지지, 슈퍼마켓의 영수증, 쇼핑 봉투, 관청의 홍보물과 안내 책자, 전화국의 요금 청구서, 사무실의 복사 용지, 두루마리 화장지, 여행용 티슈, 종이 수건 등 일상생활에서 쓰이는 거의 모든 종이가 재생 종이다.

그런데 이러한 재생 종이는 재생한 용지라는 느낌이 전혀 들지 않을 정도로 재질이 좋고 튼튼하다. 천연 펄프로 만든 일반 종이보다 질이 절대 떨어지지 않는다.[100]

어린이들이 교과서를 오랫동안 물려 가면서 사용해도 크게 파손되지 않는다. 1980년대 후반 필자의 두 아이가 독일의 초등학교 시절 사용했던 공책과 숙제장들은 30년이 지난 지금도 색깔이 바랬거나 손상되지 않고 원형을 그대로 유지하고 있다. 이중 '푸른 천사' 마크 인증을 받은 제품들은 품질과 건강상 안전이 보장된 제품이다. 이 제품들은 100% 폐지로 '염소 표백이나 환경과 건강을 해치는 염색을 하지 않았다.'라는 보증을 의미한다.

독일 연방정부 부처와 관할 기관들은 재생품 이른바 '녹색 구매' 정책을 시행하고 있다. 환경부는 이미 1970년대부터 정부 기록물을 재생 종이로 보관해 오고 있다. 민간도 이러한 정부 시책에 적극 호응하고 있다. 기업의 40%가 복사 용지와 사무용지의 80% 이상을 재생 종이로 사용하고 있다. 재생 종이는 일반 종이보다 5~10% 저렴하여 예산 절감에도 기여한다.[101]

독일에서 대표적인 종이 회사는 1829년 창업한 중소기업 그문트 (Gmund)사다. 직원 100여 명의 히든챔피언이다. 그문트는 세계 최고 품질의 종이를 생산하여 세계 70여 국가에 수출하고 있다. 이 회사 제품은 독일의 4대 고급 브랜드 중의 하나로 평가받고 있다. 아카데미 시상식에 사용하는 카드, 세계적 기업들의 카탈로그도 이 회사 제품이다.[102]

세계 유명 디자이너들도 이 회사 제품을 선호한다. 이 회사는 시장에 없는 종이, 세상에서 단 하나뿐인 종이를 만든다. 지문이 안 묻는 종이, 뒷면의 인쇄가 비치지 않는 종이도 개발했다. 종이의 특성에 따른 종류도 100여 가지나 된다. 나아가 1,000여 종에서 3,000여 종까지 변형할 정도의 최첨단 기술력을 가지고 있다.[103]

그문트는 환경 분야에도 앞서가고 있다. 산림관리협의회(FSC) 인증을 받은 기업으로, 환경친화적이고 지속 가능한 원료인 무염색 표백 펄프를 사용하여 제품을 생산한다. 세계 유일의 오존 정화시스템을 개발하여, 종이 만드는 과정에서 나오는 폐수를 정화하여 식수로 쓸 정도로 폐수 처리 능력을 보유하고 있다. 태양열과 회사 주변의 강물을 이용하여 회사가 필요한 전력의 75%를 생산하고 있다. 이 회사는 종이가 사양산업이 아님을 보여주고 있다.

한국이 세계 2위 재활용 선진국이라고?

우리나라 신문에는 가끔 재미있는 기사가 실린다. 한국은 생활 폐기물 재활용률이 독일에 이어 세계 2위의 재활용 선진국이라는 것이다. 우리의 재활용률이 스위스, 북유럽 같은 깨끗한 나라들보다도 더 높은 국가로 분류되고 있는 것이다. 그 근거로 환경부·환경공단의 "전국 폐기물 발생 및 처리현황(2021년도)"을 들고 있다. 이 자료를 보면, 폐기물 중 재활용은 86.9%, 매립 5.3%, 소각 5.0%, 기타 2.8%로 나온다. 대부분 재활용되고 있다는 얘기다. 과연 실제로도 그럴까?

아쉽지만 위 재활용 숫자는 허구다. 이 비율은 선별업체가 스스로 분류한 숫자일 뿐이다. 선별업체가 쓰레기를 '재활용 대상'이라고 하면 그냥 재활용된 것으로 집계되고 있다. 이 쓰레기를 어떻게 처리하고 있는지에 대해서는 아무런 통계가 없다. 충남대와 그린피스가 공동으로 연구한 "2023 플라스틱 대한민국 2.0"에 의하면 2021년도 국내 폐기물 재활용률은 약 27%에 불과하다. 그런데 쓰레기 대부분이 재활용되고 있는 것처럼 계속 거짓 통계를 발표하고 있고, 이 통계를 근거로 OECD 등 국제기관이 한국을 환경 선진국으로 분류하고 있는 것이다.

한국은 1995년부터 쓰레기 분리수거 제도를 시행하고 있다. 그러나 실제로는 주민들이 이를 잘 지키지 않고 있다. 플라스틱을 담는 마대에는 우유팩, 유리병, 커피 컵이나 쇠붙이가 같이 담겨 있다. 라벨은 그대로 붙어 있고, 샴푸 병에서는 남은 샴푸가 줄줄 흘러내린다. 비교적 분리배출이 쉽다는 종이류도 마찬가지다. 서류, 책, 잡지 등에 붙어 있는 스테이플러, 비닐 코팅지, 접착제, 금·은박지, 철제 스프링들을 제거하지 않고 그대로 배출하고 있다.

쓰레기 처리는 초기 분리배출 단계가 가장 중요하다. 분리배출이 제대로 안 되어 있으면 그다음 단계부터 모든 것이 뒤틀린다. 이물질이 조금이라도 섞여 있으면 재활용이 어려워진다. 쓰레기 처리업체가 재활용 선별장에서 이물질을 솎아내고 다시 선별해야 하니 추가비용이 든다. 결국, 재활용 쓰레기 대부분이 재활용되지 못하고 소각 또는 매립되고 있다.

우리는 쓰레기를 너무 많이 배출하고 있다. 특히 1회용품을 너무 무분별하게 사용하고 있다. 한국은 세계에서 3번째로 1인당 플라스틱 배출량이 많은 나라다. 2018년에는 폐비닐·폐페트병·폐플라스틱 등 재활용 쓰레기 대란이 일어났다. 2019년에는 필리핀에 쓰레기를 불법 수출했다가 반송당했다. 경북 의성 쓰레기 산이 CNN에 소개되면서 국제적 망신을 당하기도 했다. 2020~2022년 코로나 시기에 배달 음식과 택배 물량이 늘면서 플라스틱 쓰레기가 더욱 많이 늘었다. 2022년 8월 기준, 전국 437곳의 쓰레기 산에 1907만여 톤의 쓰레기들이 방치되고 있다. 2023년 11월에는 종이컵과 플라스틱 빨대 등 일회용품 사용을 규제하려던 계획을 철회했다. 선진국이 다 됐다고 들떠 있는 동안, 우리의 산하는 썩고 병들어가고 있는 것이다. 대한민국이 과연 환경 선진국인가?

3. 에너지 혁명

탈원전, 40년 만에 마침표를 찍다

독일은 제조업 강국이자 세계 4대 경제 대국이다. 이 거대 경제를 꾸려나가려면 대규모 에너지가 절대로 필요하다. 특히 원자력발전(원전)은 전체 에너지 소비량의 30%를 공급했던 막대한 에너지원이다. 따라서 원전 부분이 구멍 나면 경제에 주름살이 갈 수밖에 없다. 결코, 포기할 수 없는 에너지원(源)이다. 그런데 독일은 2023년 4월 원전을 완전히 폐기했다. 탈원전(脫原電)을 한 것이다. 이제 독일에는 원자력 발전소가 없다. 실현 가능한 일인가? 아니면 무모한 짓인가?

이 탈원전에 대한 논의와 결정을 거쳐 이행하는 데까지 거의 40여 년의 세월이 흘렀다. 1986년 러시아 체르노빌 원전 사고를 계기로 처음으로 탈원전 논의가 시작되었다. 그리고 1998년 집권 사민당과 녹색당 연합정부가 탈원전에 잠정 합의한 후 2000년에 탈원전을 결정하였다. 그러나 2005년 기민당의 메르켈 총리가 집권하면서 탈원전은 유보되었다. 원전 유지 · 관리 기술 발전으로 원전을 안전하게 더 사용할 수 있다는 이유에서였다. 그러다 2011년 5월 일본 후쿠시마 원전 사고를 계기로 메르켈 정부가 탈원전으로 선회했다. 17개 원전을 단계적으로 축소하여 2022년에 완전 폐기하기로 한 것이다.[104]

논의를 시작하여 결론을 내리기까지 장장 25년이 걸렸다.

탈원전은 정부 독단이 아니라 민주적 절차와 합의의 소산이었다. 첫째, 정부는 탈원전의 모든 것을 다 공개하고 공론화했다. 탈원전 반대론자들까지 포함한 산·학·연, 종교·환경단체 등이 참여한 원자력위원회를 구성, 찬반 토론을 거쳐 탈원전의 경제성, 국민의 전기료 부담, 대체에너지 개발 가능성 등을 충분히 논의하고 사회적 합의를 거쳤다. 독일경제연구소(DIW)는 탈원전을 하더라도 전력 공급에 문제가 없다는 보고서도 발표했다.

탈원전으로 에너지가 부족해 전기·가스 요금 부담이 늘고, 경제에 부정적 영향을 줄 것이라는 우려에 대해, 정치인들은 국민 부담이 따를 것임을 당당히 밝히고, 에너지 부족을 해소하기 위해 대체에너지 개발이 필요함을 역설했다. 실제로 전기료·난방비가 40%나 올라 국민 부담이 커졌다. 또 대체에너지 개발에 국민 세금이 많이 들어갔다. 독일연방감사원(BRH)은 가정용 전력 요금이 유럽 평균보다 43%나 높다고 지적하고, 가계와 기업, 나아가 국가 경쟁력을 위협할 수 있다고 경고했다.[105]

또 시장경제 체제에서 국가가 에너지 시장에 개입하여 원전 산업의 영업 선택권과 소비자의 자유를 제한한다는 비판도 제기됐다.[106]

이 문제는 장기간에 걸친 에너지 산업 재편으로 해소되었다.

둘째, 독일 국민은 탈원전에 대해 찬성 입장을 보여 왔다. 2014년 설문

조사 결과 '독일 국민의 92%가 탈원전을 포함한 '에너지 전환' 정책을 지지한 것으로 나타났다.[107]

최근까지도 독일 국민의 80% 이상이 탈원전을 이해하고 비용 분담에 동의하고 있다.[108]

안전과 환경을 중시하는 독일인들의 원전 사고에 대한 우려는 거의 병적이다. 독일은 1986년 소련 체르노빌 원전 사고 이후 원전 폭발 위험에 적극 대처하기 시작했다. 먼저 정부는 농작물을 모두 불태웠다. 방호복을 입은 소방관들이 인접 국가로부터 넘어오는 차들을 세척했고, 학교 운동장 모래도 모두 교체했다.[109]

가정마다 방사능 측정기를 장만하여 채소 가게에 갈 때도 들고 다녔고, 비만 오면 낙진 피해를 걱정해 두문불출하는 사람이 많았다.[110]

그러면 독일은 원전을 대체할 만한 에너지 조달 여건을 갖추고 있는가? 독일은 세계 최고 환경기술 선진국이다. 태양광, 풍력 발전 등 재생에너지 개발에 많은 투자를 해왔기 때문에 재생에너지 기술에서 우위를 확보하고 있다. 뒤에서 자세히 설명하겠지만 이미 재생에너지를 통한 발전량이 석탄을 통한 발전량을 추월하였으며, 지금은 전체 발전량의 거의 절반에 육박하고 있다. 대체에너지가 주력 에너지가 되어가고 있다.

또한, 독일은 유사시 탄탄한 에너지 방호벽을 갖추어 놓고 있다. 유럽연합(EU) 공동 전력망인 EU 통합 전력망(ENTSO-E)을 통해 인근 9개국과 송전선을 연결해 놓고 전기를 수출입하는 상호 의존적인 인프라를 갖추고 있다. 갑자기 정전 사태 등으로 전력난이 생기면 이들 주변 국가에서 바로 전기를 끌어 쓸 수가 있다는 얘기다.

그러나 2022년 2월 24일 러시아가 우크라이나를 상대로 전쟁을 일으키고 에너지 공급도 줄였다. 독일은 에너지의 상당 부분을 러시아에 의존하고 있었다. 2021년 당시 대(對)러시아 의존 비율을 보면 석탄 50%, 원유 35%, 천연가스는 55%나 됐다. 그러다 보니 전쟁 초기 에너지값이 폭등했다. 전쟁 6개월 후 독일에서 천연가스는 150%, 석탄은 85%나 올랐다. 이에 따라 산업 생산이 차질을 빚고 국민 부담이 늘었으며 경제가 큰 타격을 입었다.

결국, 독일은 탈원전 정책의 일부를 완화하고 에너지 정책을 대폭 조정했다. 2022년 폐기를 앞두고 있던 나머지 3개 원전을 겨울 전력난에 대비하기 위해 한시적으로 연장했다. 그리고 2023년 4월 드디어 위 3개 원전도 완전히 폐기했다. 1986년 탈원전 논의를 시작한 지 37년 만에, 그리고 2011년 탈원전을 결정한 지 12년 만에 탈원전에 마침표를 찍었다. 이로써 독일은 에너지 분야에서 새로운 역사를 쓰게 되었다. 원전을 5개 이상 가동한 국가 중에 완전한 탈원전을 이룬 국가는 독일이 유일한 나라가 되었다.

러시아 에너지로부터 독립하다

지금 지구는 점점 더워지는 온난화(溫暖化)로 인해 온 인류가 위기의식을 느끼고 있다. 탄소(온실가스, CO_2)가 그 주범이며, 탄소를 줄이지 못하면 지구는 금세기 내에 멸망할 것이라는 경고도 이어지고 있다. 급기야 전 세계는 2016년 11월 '파리기후변화협정'을 체결, 탄소 배출 감축에 합의했다. 이에 따라 모든 나라는 2021년부터 단계적으로 탄소 배출을 줄여야 한다.

그러나 아직도 세계 각국은 탄소를 엄청나게 배출하고 있다. 국가별 탄소 배출량을 집계하는 「글로벌 카본 아틀라스」에 따르면, 2021년 기준 전 세계 탄소 배출량 1위 국가는 중국(115억 톤), 2위 미국(50억 톤)이며, 인도·러시아·일본·이란이 그 뒤를 잇고 있다. 독일은 7위(6.7억 톤), 한국은 10위(6.2억 톤)를 차지하고 있다.

독일은 탈원전과 연계하여 '에너지 전환'(Energiewende) 프로젝트를 추진하고 있다. 장기적으로 화석 연료를 대폭 줄이고 이에 따른 에너지 부족분은 태양광·풍력 등 재생에너지로 충당하여 '탄소 중립'을 이룬다는 것이다. '탄소 중립'이란 탄소 배출량과 감축량을 상계하여 순(純) 배출량이 0이 되는 상태를 말한다.

독일은 2010년 9월 '에너지 구상'(Energiekonzept)을 시작으로 '에너지 전환' 정책을 계속 구체화하고 발전시켰다. 그리고 2022년 '에너지 전환 패키지'를 통해 '에너지 전환' 프로젝트를 확정했다. 이 계획에 따라 10여 년 전부터 '탄소 중립' 목표를 설정하여 실행하고 있다. 탄소 배출량은 1990년 대비 2012년에 24%를 감축했으며, 2020년에는 42%를 감축하여 목표치(40%)를 초과 달성했다. 앞으로 2030년까지 65%, 2040년까지 88%, 2045년까지 100% 감축을 달성하여 '탄소 중립'을 실현할 계획이다. 전력 생산에 투입되는 재생에너지 비중도 2020년에 이미 45%를 달성했으며, 앞으로 2030년에 80%, 2035년에 100%를 달성할 계획이다.

〈표 15〉 독일의 「에너지 전환」 프로젝트 (%)

구분	비교년도	실적		향후목표			
		2012	2020	2030	2035	2040	2045
탄소(CO_2) 감축	1990	△24	△42	△65		△88	△100
재생에너지 비중	2008	20	45	80	100		

* 자료: 독일연방환경부, *Energiewende im Ueberblick*, 2021,
　　　 Generationsvertrag fuer das Klima, Klimaschutzgesetz, 2021.5.

그러나 2022년 2월 러시아/우크라이나 전쟁이 발발하자, 즉각 에너지와 대외 안보를 망라한 '시대전환'(Zeitenwende)을 선언하고 에너지 주권을 강화했다.[111]

먼저, 단기적으로 가스 경매 제도를 도입하여 가스 소비를 줄였다. 2022년 3월 카타르에서 액화천연가스(LNG)를, 2023년 초에는 미국으로부터 대규모 LNG를 들여왔다. 폐쇄하기로 했던 화력발전소를 다시 가동하기 위해 대기시켜 놨다. 동시에 2022년 완공된 러시아↔독일 간 2차 가스관(노르트스트림2)의 허가 절차를 중단했다. 그리고 「가스 공급 비상계획」 중 2022년 3월에 1단계(조기 경보)를, 6월에 2단계(비상경보)까지 발령했다. 3단계(위급 상황)는 국가 개입 단계인데, 그런 상황까지는 가지 않았다.

동시에 「9유로 티켓」이라는 제도를 도입하여 2022년 6월부터 8월까지 한시적으로 시행했다. 9유로로 고속철을 제외한 기차와 전철, 버스 등 전국의 대중교통을 한 달간 무제한으로 이용할 수 있는 제도다. 이에 더하여 49유로(약 6만4천 원)로 전국 근거리 대중교통을 무제한 이용할 수 있는 「49유로 티켓」 제도를 도입하여 2023년 5월 1일부터 시행하고 있다. 자가용 이용자를 대중교통으로 돌려 에너지 절감과 물가 억제 효과를 가져왔다.

다음, 장기 대책으로 에너지 조달 체제를 전면 개편했다. 2022년 말 빌헬름스하펜(Wilhelmshaven)에 초대형 부유(浮游)식 LNG 터미널을 착공한 지 7개월 만에 완공했다. 축구장 3개 크기의 「특수가스선박」(FSRU)에서 기화된 가스가 이 터미널을 통해 육지로 공급된다. 또 4개의 대형 가스 터미널이 2023년 말 추가로 준공되어 2024년 초부터 순차적으로 가동에 들어갈 전망이다. 그리고 에너지 위기 여파로 파산 위기에 몰린 가스 대기업 유니퍼(Uniper)를 유럽연합 승인을 얻어 2022년 말 국유화해 버렸다. 좀처럼 시장에 개입하지 않는 독일 정부가 위기 상황에서는 어떤 일도 할 수 있음을 보여줬다.

위와 같은 발 빠른 조치로 인해 천연가스 가격은 전쟁 이전 수준으로 돌아갔다. 일각에서 2022년 겨울 가스 대란을 막은 것은 따뜻한 날씨 덕분이라는 주장도 있는데, 그 보다는 위기 시 독일의 뛰어난 역동성에 기인한다. 이제 러시아 에너지는 전략 자산으로서의 파워를 상실했다. 독일은 1년도 안 되어 러시아 에너지 의존에서 완전히 벗어났다. 올라프 숄츠 총리는 2023년 1월 18일 세계경제포럼(WEF) 특별연설에서 "독일은 러시아 가스 · 석유 · 석탄으로부터 완전히 독립했다."라고 선언했다.

이 '에너지 전환' 프로젝트는 전후 독일의 가장 큰 초장기 프로젝트다. 어느 나라도 가보지 않은 탈원전과 탄소 중립 프로젝트를 세계 최초로 착수하여 추진하고 있다.[112]

이제 약 10여 년이 지났으며, 앞으로도 2045년까지 20여 년 이상이 남았다. 그동안 러시아 위험 요인도 잘 넘기고, 에너지 안보와 에너지 주권도 강화했다.

이는 정책적 일관성과 투명성, 장기간 출혈을 감당할 수 있는 경제력, 고도의 환경 분야 기술, 국민적 합의 등이 종합적으로 조화를 이뤄야 가능한 일이다. 정치권은 정치 생명을 걸지 않고서는 해내기 어려운 과업이다. 독일 국내에서는 이 계획을 '위험한 실험', '정치 도박'으로까지 비유하고 있다. 독일은 거대한 프로젝트를 완성하기 위한 길을 가고 있다.

독일경제 침체가 탈원전의 업보인가?

최근 독일경제가 어려움을 겪고 있다. 경제 침체의 이유 중에 독일이 그동안 러시아 에너지와 중국 특수에 기대어 혁신을 지체했기 때문이라는 일부 주장도 나왔다. 메르켈 총리 시절 러시아 가스 의존도를 높여 결국 경제와 안보의 볼모가 되었으며,[113] 러시아·우크라이나 전쟁으로 경제 침체에 이르게 됐다는 것이다.[114]

한국에서도 탈원전에 반대하는 인사들이 그 논리로 독일의 탈원전을 거론하고 있다. 마치 독일은 메르켈 총리의 러시아 의존과 탈원전 때문에 망해가고 있는 것처럼 논리를 펴고 있으며, 메르켈 총리의 리더십도 재평가 받아야 한다고 주장하고 있다. 독일 탈원전이 정말로 문제를 안고 있는가? 구체적으로 살펴보자.

먼저, 독일과 러시아의 관계를 이해해야 한다. 독일과 러시아는 역사적·지정학적으로 불가분의 관계를 맺고 있다. 양국은 2차 대전 후 냉전 시절 적대적 상황에서도 경제 협력은 일정 수준을 유지했으며 에너지 조달도 오래전부터 있어 왔다. 1968년 서독의 루어가스(Ruhrgas)가 구소련과 천연가스 도입 계약을 체결하면서 본격적으로 구소련의 천연가스가 수입되었으며, 냉전 완화와 더불어 점차 확대되었다. 당시 서독으로서는 경제 발전을 위해 값싼 에너지를 조달하는 것은 국익상 당연한 일이었다. 미래의 러시아/우크라이나 전쟁을 예측하고 미리 공급을 줄일 수는 없었지 않은가? 그전에는 아무런 언급이 없다가 전쟁이 일어나고 나서야 과거의 정책에 대해 비판하는 것은 무책임한 처사다.

다음, 탈원전은 장기간에 걸쳐 국민적 합의를 거쳐 추진한 사안이다. 메르켈 총리 시절 갑자기 결정하여 추진한 것이 아니다. 애초 사민당과 녹색당이 주장하고 추진한 정책이다. 오히려 메르켈 총리는 탈원전에 반대를 해왔다. 그러다가 2011년 후쿠시마 원전 사고를 계기로 탈원전을 수용한 것이다. 사실상 한국과 달리, 당시 독일은 탈원전 여건이 성숙해 있었다. 석탄이 풍부해서 원자력발전을 높일 이유가 적었다. 또 대체에너지인 재생에너지 발전이 큰 비중을 차지하고 있었다. 최근 독일의 전력 생산 에너지 비중을 보면, 재생에너지가 45%로 거의 절반을 차지하고 있다. 천연가스 비중은 전쟁 전 2020년에 16%, 전후 2022년에 14%에 불과했다. 탈원전 때문에 에너지값이 높아진 것은 사실이나, 그전에도 독일의 전기료는 유럽에서 가장 높은 수준을 유지하고 있었다. 탈원전을 못 할 이유가 없지 않은가?

필자는 독일의 탈원전이 무조건 옳거나 문제가 있다고 생각하지는 않는다. 독일 국내에서도 물론 반대 의견도 상당하다. 그러나 이것 때문에 국론이 분열되거나 갈등이 일어나지는 않는다. 현 집권당인 사민당이 기민당의 메르켈 전 총리를 비판하지도 않는다. 사민당이 주장했던 사안이고 국민적 합의를 거쳤기 때문이다. 또 당시 세계 지도자 중에서 메르켈 총리만큼 푸틴 러시아 대통령에 강력하게 대응한 지도자도 없다. 그런데 독일·러시아의 역사적 배경, 독일의 친환경 수준과 현실, 탈원전 성숙 여건과 추진 과정 등을 무시한 채, 당장 나타난 일시적 현상만 보고 비판에 유리한 부분만 뽑아내 주장하는 것은 근본적인 해법이 되지 않고 바람직하지도 않다.

재생에너지가 화석 연료를 추월하다

독일의 환경 산업경쟁력은 세계 최고 수준이다. 최고의 기술력을 바탕으로 반세기 전부터 환경 산업에 집중적으로 연구·개발을 해오고 있다. 독일 국민도 환경에 관한 관심이 높고, 환경 개선이라면 높은 부담도 기꺼이 감수하는 성향을 가지고 있다.

독일은 자연을 훼손하지 않고 최대한 보존하면서 친환경 에너지를 얻고 있다. 1980년대부터 바람이 거센 북쪽 지방 중심으로 풍력 발전 기술을 개발하기 시작했고, 비교적 맑은 날이 많은 남쪽 지방에 태양광 산업 발전을 특화했다.

2000년에 재생에너지법을 제정하여 재생에너지 개발을 본격화하였으며, 이제는 재생에너지가 대체에너지 수준을 넘어 주(主) 에너지원으로 자리 잡고 있다. 태양광의 경우 이미 2011년에 화석 연료와 재생에너지의 단가가 같아지는 그리드 패리티(grid parity)를 달성했다. 2018년 상반기 전체 발전량 중 재생에너지로 만든 전력 비중이 36.3%로, 석탄

(35.1%) 비중을 추월하였다. 독일 역사상 처음으로 재생에너지가 화석연료 발전량을 뛰어넘은 것이다. 그리고 2022년에는 재생에너지를 통한 전력 생산비율이 45%로, 전력 생산의 거의 절반이 재생에너지에서 나왔다. 재생에너지가 석탄·가스 등을 앞지르게 되었다.

〈표 16〉 독일의 전력 생산 에너지원 비중 (2022년, %)

에너지원	천연가스	원전	석탄,갈탄	재생에너지					석유기타	계
				계	풍력	태양광	바이오	수력		
비중	14	6	30	45	23	11	8	3	5	100.0

* 자료: Agora Energiewende, 『Die Energiewende in Deutschland: Stand der Dinge 2022』, 2023.1.10, p.13.

앞으로 특단의 변화가 없는 한, 석탄을 사용하는 화력 발전은 2030년에 완전히 종료된다. 재생에너지원 비중도 2030년에 80%, 2035년에 100%까지 높아진다. 즉 2035년대에는 재생에너지로만 전력을 생산하게 되는 것이다. 이를 위해 풍력과 태양광 발전을 더욱 확충할 계획이다. 숄츠 정부는 2022년 초 '에너지 전환 부활절 패키지'에서 러시아 에너지 의존도를 탈피하기 위해 두 재생에너지원의 발전 설비 용량을 대폭 확대하기로 했다.

먼저, 풍력 발전 시설을 대폭 확대할 계획이다. 지상 풍력의 경우 매년 10기가와트(GW)씩 늘려 2030년까지 총 115GW 규모를 구축할 계획이다. 이를 위해 전 국토의 2%를 육상풍력 발전 개발 용지로 확보할 계획이다. 현재 육상풍력 개발 가능 용지는 0.8%이며 실제로 사용 중인 용지는 0.5%다. 이를 단계적으로 추진하여 2026년에 1.4%, 2032년에 2%로 끌어올리게 된다.

동시에 해상풍력 발전 시설도 확충한다. 2030년까지 30GW, 2035년까지 40GW, 2045년까지 70GW로 늘린다. 독일은 북해를 공유하고 있는 인접국인 덴마크, 네덜란드, 벨기에와 공동으로 북해 상에서의 풍력 발전을 확충, 2030년까지 65GW, 2050년까지 150GW 수준으로 키울 계획이다. 이는 2억 3천만 가구에 전력을 공급할 수 있는 막대한 용량이다. 지멘스, 에너콘, 노르텍스 등 세계 최정상 풍력 발전 회사들이 투자를 확대하고 있다.

태양광 발전 설비도 더욱 확충한다. 태양광 설비를 매년 22GW씩 늘려 2030년까지 215GW 규모로 늘릴 계획이다. 2030년이 되면 풍력과 태양광 발전 용량은 총 400GW나 된다. 1GW의 발전 용량이 원전의 원자로 1기와 같은 규모임을 감안하면 엄청난 발전 용량이다. 러시아 전쟁이 결과적으로 독일의 에너지 산업의 자립을 촉진하고 있다.

독일은 재생에너지 투자를 지원하기 위해 특수은행인 환경은행 (Umwelt Bank)을 설립 운영하고 있다. 1997년 환경기금, 환경 자산, 기타 소액주주 등이 2천만 유로를 투자하여 동남부 도시 뉘른베르크에서 설립했다. 이 은행은 태양광, 풍력, 생태적 건축물, 수력 발전, 바이오매스 등 재생에너지 사업자에 대출 지원을 하기 때문에 녹색은행(Gruene Bank)이라고도 한다. 투자 규모가 큰 사업에 대하여는 재건은행(KfW)과 연계하여 공동으로 지원한다.

환경은행은 직원 수 332명에 고객 수는 13만 명 수준이다. 자본금은 설립 당시 2천만 유로였으나 2020년 말에는 5억 4백만 유로로 25배 성장하였다. 재원은 민간 저축 및 투자, 환경기금 조성 등을 통해 마련한다. 대출 규모는 2008년 10억 유로에서 2022년도에 37억 유로(약 5조 원)로 증가하면서 매년 20% 정도의 신장세를 보이고 있다. 설립 시부터 2022년까지 총 지원 규모는 250억 유로(약 32조 원)에 이른다. 환경은행은 설립 시기도 짧고 규모도 적지만, 환경을 중시하는 독일인들로부터 큰 신뢰를 받으면서 성장하고 있다.[115]

〈표 17〉 독일 환경은행 개요 (2022년 말, 백만 유로)

조직		재무상태			
직원 수	고객 수	자산	총액 자본금	대출지원 규모	순 이익
332명	13만 명	5,988	504	3,703	31

* 자료: 독일환경은행, *Geschaeftszahlen im Ueberblick*, 2023.2.

자원 빈국이자 에너지 대소비국이 원전 등 주력 에너지를 포기하고 재생에너지로만 나라 경제를 운용하겠다는 것은 현실적으로 불가능에 가깝고 어찌 보면 무모해 보이기까지 한다. 그런데 내용을 들여다보면 충분한 이유와 합리적 타당성이 있어 보인다. 즉흥적 주먹구구식이 아니라 과학적 근거와 사실에 기반하여 구체적인 계획을 세워 추진해 나가고 있다. 현실적으로 가능한 범위 내에서 최적 대안을 찾아 사회적 합의를 거쳐 추진하고 있기 때문이다. 이렇게 독일은 조용히 '에너지 혁명'을 진행하고 있다.

소시지 생산을 중단하는 폴크스바겐

독일의 폴크스바겐 자동차 회사가 2021년 8월, 갑자기 소시지 생산을 중단한다는 발표를 했다. "아니, 이게 뭔 소리여?", "자동차 회사가 소시지까지 생산해 왔다고?". 폴크스바겐은 지난 50여 년 동안 공장 직원 점심 메뉴로 소시지를 생산했다. 폴크스바겐은 1973년부터 본사 공장 내에서 연간 700만 개의 소시지를 직접 생산해 왔다. 소시지는 독일의 대표적인 음식으로 통할 만큼 대중적이고 맛도 일품이다. 시내 거리에서 편하게 싼값에 한 끼를 때울 수 있다.

그런데 폴크스바겐이 이러한 소시지 생산을 중단하겠다는 이유가 뜻밖이다. 채산이 안 맞아서도, 직원들이 반대를 해서도 아니다. 탄소 배출을 줄이기 위해서다. 소시지 생산을 위해 소·돼지를 기르고 도축하는 과정에서 탄소가 배출된다. 독일에서는 탄소 배출을 줄이기 위해 회사가 운영하는 식당에서 일주일에 한 번 '고기 없는 날'을 시행하는 법안이 발의됐다. 그런데 폴크스바겐은 아예 이 기회에 소시지 생산을 접기로 한 것이다.[116]

그런데 뜻밖에도 이 계획은 여론의 거센 반발에 부딪혔다. 국민 자동차라는 이미지에 걸맞게 서민용 음식을 계속 생산하라는 것이다. 게르하르트 슈뢰더 전 총리도 "소시지는 노동자들에게 일종의 에너지다."라면서 계속 생산을 촉구했다. 어쨌거나 탄소 감축을 위한 몸부림이 서민용 음식에까지 미치고 있다.

다른 자동차 회사들도 탄소 감축 노력을 강화하고 있다. 유럽연합(EU)은 기존의 자동차를 전기차 · 수소차 등 친환경 차로 대체할 계획을 진행하고 있다. 2030년부터 휘발유와 디젤 엔진이 장착된 자동차에 대해 신규 등록을 없애려는 것이다. 벤츠도 그동안 축적된 내연기관 엔진 기술을 포기하고 2030년부터 모든 차종을 전기차로 전환할 계획이다. 그리고 2039년까지 화석 연료 사용을 완전히 중단하는 탄소 중립을 이룰 계획이다.

여기에 자동차 강국 독일이 반대 의사를 표명하고 있으나. 독일 국민도 환경 보호에 강한 면모를 가지고 있어, 앞으로 어떤 방법으로든 친환경 차 보급이 확대될 것으로 보인다. 탄소 배출 주범으로 비난을 받아온 자동차 회사들도 시대의 흐름을 거역하지는 못하는가 보다.

예치 단계의
소프트 파워

1장 | 윤리와 예치가 정착된 사회   179

2장 | 자유, 정의, 유대   227

3장 | 국가위기 관리 능력   275

Part II

예치 단계의
소프트 파워

1장 | 윤리와 예치가 정착된 사회

1. 법치에서 예치로 진화 중   180

　예치의 원천은 '일반화'된 신뢰

　정직에도 등급이 있다?

　메르켈 총리의 예치 수준은?   192

2. 배려와 관용의 사회

　자원봉사도 전문성이 있어야

　외국인을 포용하는 열린 사회

　한국에도 배려와 지원을 아끼지 않아

3. 기업의 윤리와 상생   209

　윤리 경영과 사회 공헌을 모두 이루다

　가족 기업이 지속 가능한 이유

　대기업과 중소기업도 상생 속에 발전한다

1. 법치에서 예치로 진화 중

예치의 원천은 '일반화'된 신뢰

법치(法治)는 신뢰 사회로 가기 위한 기본 필수단계다. 그러나 법치만으로는 신뢰 사회가 될 수 없다. 법치는 외적인 강제 규율로서 사회에 매우 중요한 필요조건이지만 충분조건까지 되지는 못한다. 모든 위법 사항을 법치만으로 다스릴 수가 없다. 엄청난 불법, 가짜 뉴스와 허위 정보를 법적 제재만으로 막는 데는 한계가 있다. 또 법만 그대로 지킨다고 하여다 해결되는 것도 아니다. 위법은 아니지만, 비윤리적이고 부도덕한 일도 많지 않은가. 법망을 교묘히 피해서 바르지 못한 일을 하는 것을 우리는 많이 본다.

법치 사회를 넘어 예치(禮治) 사회로 진입할 때 비로소 성숙한 선진 사회로 진입하게 된다. 예치란 내적인 자기 규율 즉 마음속에서 우러나는 사양지심이다. 기획재정부 장관을 지낸 박재완 성균관대 교수는 문명국의 조건을 단계적으로 법치 → 예치 → 덕치(德治)로 구분하고 있다. 예치는 신뢰 · 승복 · 관용 · 인내 · 절제 · 약속 등이고, 덕치는 칭찬 · 응원 · 포용 · 양보 · 배려 · 헌신 등이다.[117]

김우창 고려대 명예교수는 국가의 진화 단계를 힘의 국가 → 윤리 국가 → 심미(審美) 국가로 분류하고 있다.[118]

독일은 어느 단계에 와 있을까? 사람마다 견해가 다를 수 있지만, 현재는 법치와 예치의 공존 단계에 있으며, 일부 영역에서는 덕치 단계에 들어서고 있는 것으로 평가되고 있다. 장덕진 서울대 교수는 독일의 탈원전 결정 과정을 '심미 국가의 현현(顯現)'이라고 설명한다. '국가는 독단적 결정을 하지 않고 사람들의 자유의지가 발현될 수 있도록 공간을 만들어 줬고, 사람들은 자신의 자유의지로 공익에 동참했으며, 그것은 하나의 집단질서를 만들어 40여 년에 걸쳐 에너지 전환이라는 전대미문의 정책 실험을 할 수 있도록 했기 때문'이라는 것이다.[119]

이것은 사회적 신뢰가 축적되어 있었기에 가능한 일이었다.

신뢰는 확장성에 따라 두 가지 유형으로 분류된다. 하나는 '특수화'된 신뢰로써 가족, 지인, 내 집단, 내 조직원들에게만 주는 신뢰다. 이 신뢰는 선·후진국을 막론하고 비교적 높게 유지된다. 다른 하나는 '일반화'된 신뢰로써, 지인의 경계를 넘어 내가 알지 못하는 사람까지 신뢰하는 경우를 포함한다.[120]

독일인들은 '일반화'된 신뢰를 보인다. 서로 모르는 타인 관계, 익명, 비(非)대면 상태에서도 신뢰도가 높다. 그래서 나도 그에 반응하여 신뢰를 지키는 것을 당연하게 여긴다. 상대방이 나를 믿을 것으로 확신하니, 나도 상대방을 믿는다. 저 사람도 신호등을 지킬 것이 확실하니, 나도 그냥 지키면 된다. 국민이 법을 잘 지키니 내가 지키는 것도 억울하지가 않다.

독일 사회가 '일반화'된 신뢰 사회이다 보니, 신뢰가 일반적이고 불신은 예외다. 개인 각자의 신뢰는 너무 당연한 기본일 뿐, 이것이 곧 장점이나 플러스 요인까지 되지 않는다. 반면에 신뢰가 없으면 마이너스 요인으로 작용한다. 특히 정치인 같은 공인은 재기 불능의 결정타가 된다. 물론 독일 사회도 사람 사는 곳이니 신뢰 있는 사람만 있는 것은 아니다. 사기 절도 사건도 많이 일어난다. 그러나 한번 신뢰를 잃으면 정도의 차이에 따라 신뢰를 회복하거나 사회에 다시 편입되는 것이 매우 어렵다.

요즘 들어 가짜 뉴스가 판을 치고 저널리즘은 실종됐다는 비판이 많이 나오고 있다. 〈표 18〉은 세계 주요국의 인터넷 뉴스에서 가짜라고 우려하는 비율을 나타내고 있다. '일반화'된 신뢰 수준은 이 가짜 뉴스에서도 드러난다. 세계 40개 국가 중에서 독일은 3위를 차지하고 있다. 그만큼 '인터넷 뉴스도 사실일 것'이라는 기대와 믿음이 크다는 얘기다. 한국은 23위로 중간 수준이며, 미국은 36위로 하위권에 머물러 있다.

〈표 18〉 세계 주요국의 인터넷 뉴스 가짜 우려 비율 (2020년, %)

순위	1	3	6	11	17	23	30	36	40
국가 (40국)	네덜란드	**독일, 덴마크**	노르웨이	벨기에, 스웨덴	일본	**한국, 멕시코**	영국	미국	브라질
비율	32	**37**	42	49	54	**60**	63	67	84

* 자료: Reuters Institute, "Digital News Report 2020", 2020.1, p.18.

물론 독일에도 가짜 뉴스가 있다. 그래서 독일 정부는 가짜 뉴스를 근절하기 위해 강력한 조치를 하고 있다. 가짜 뉴스나 혐오 발언 등을 막기 위해 2018년부터 네트워크 시행법(NetzDG)을 발효했다. 이 법을 위반하면 최대 5천만 유로(약 650억 원)까지 벌금을 부과할 수 있게 했다. 이에 따라 2019년에 만하임(Mannheim) 법원은 '라인-네카(Rhein-Neckar) 블로그'라는 인터넷 매체가 '테러가 발생했다.'라는 가짜 뉴스를 유포한 혐의로 1만 2천 유로(약 1600만 원)의 벌금을 부과했다.[121]

같은 해 페이스북도 이 법 위반 혐의로 200만 유로(약 27억 원)의 벌금을 부과받았다.[122]

감히 함부로 가짜 뉴스를 터뜨렸다간 곤욕을 치른다.

정직에도 등급이 있다?

정직은 신뢰 사회의 기본 중의 기본 인프라다. 독일의 유명한 철학자 임마누엘 칸트는 정직을 '정직을 위한 정직'과 '타산적인 정직'으로 구분했다. 첫 번째 정직은 동기 자체가 선한 것이다. 두 번째 정직은 이면에 숨은 동기가 있다는 것이다. 정치인이 자신의 평판과 정치 생명을 위해 정직성을 갖추거나, 상점 주인이 신뢰를 쌓아 영업을 계속하기 위해 물건값을 속이지 않고 팔았다면 두 번째 정직에 해당한다. 칸트는 첫 번째 정직의 중요성을 강조한다. 옳은 일을 하는 이유는 그 자체가 옳기 때문이라야지, 이면에 숨은 동기가 있어서는 안 된다는 것이다.[123]

그런데 칸트가 분류하는 정직 중 첫 번째 정직은 지극히 어렵고 현실적으로도 불가능해 보인다. 거의 해탈한 성직자라면 모를까. 설령 두 번째 정직이라도 지킬 수 있는 사회라면 선진 사회가 아닐까?

또 칸트는 절대 해서는 안 되는 행동 중에서 대표적인 것은 거짓말이라고 주장한다. '가급적 안 하는 것이 좋다.'는 정도가 아니라, 어떤 상황에서든 절대로 해서는 안 되는 것이라고 설파한다.[124]

거짓말은 가장 치명적인 결함, 신뢰 상실로 이어진다. 히틀러는 "대중은 작은 거짓말보다 큰 거짓말에 더 쉽게 속는다."라며 국가를 파탄으로 몰고 갔다. 이는 사회 지도층 특히 정치인을 포함한 공직에서 더욱 강조되는 부분이다. 독일 사회에서 개인적인 실수는 용서가 되지만, 거짓말은 용서받지 못한다. 정치인의 거짓말이 드러나면 그것은 정치 생명의 끝을 의미한다. 이것은 다른 직종에서도 마찬가지다.

독일에서 지방 시골을 여행하다 보면 가끔 넓은 꽃밭을 지나게 된다. 꽃밭 입구에는 '무인(無人) 판매대'가 놓여 있다. 판매대에는 "Blumen zum Selber Schneiden"이라는 안내판도 눈에 띈다. 이는 영어로 'flower to self-cut'의 의미인데, 이것을 직역하면 '스스로 잘라가는 꽃'이라는 뜻이다. 안내판에는 꽃값이 열거되어 있다. 해바라기 0.2유로, 글라디올러스 0.7유로, 백합 1유로 등등. 그리고 안내판 옆에는 가위가 비치되어 있다. 고객은 꽃밭에 들어가 꽃을 꺾어가지고 나와 판매대에서 가위로 손질한 다음, 꽃값을 판매대 통에 넣으면 된다.

꽃밭에는 주인도 없고, 시골길이니 지나가는 사람도 아무도 없다. 폐쇄회로TV(CCTV)가 있을 리도 없다. 그러니 적당히 꽃을 꺾어서 그냥 가도 누가 뭐랄 사람도 없다. 그런데, 독일 사람들은 우직하게 꽃값을 제대로 치르고 사 간다. 우리나라 과일밭, 인삼밭이 하루 저녁에 통째로 도난을 당하는 것과 너무나 대비된다.

2019년에 미국과 스위스 연구진들이 세계 40개 국가에서 분실물 반환율을 실험했더니, 반환율 1·2위는 스위스·노르웨이였으며 덴마크·스웨덴·네덜란드 등 강소국이 3~8위, 독일이 9위를 차지했다. 캐나다 18위, 미국 22위, 이탈리아 25위, 중국이 40위를 기록했다. 한국은 조사 대상에서 빠졌다.

헨리 키신저(Henry Kissinger) 전 미국 국무장관은 2차 세계 대전 종전 후 미군 부사관으로 독일에 파견되어 나치 전범과 비밀경찰인 〈게슈타포〉(Gestapo) 요원들을 색출하는 임무를 부여받았다. 그는 많은 사람으로부터 그들이 〈게슈타포〉 요원이었다는 자백을 얻어냈다.[125] 키신저는 이들의 자존심과 복종성, 정직성을 이용해서 개가를 올렸다. 이들은 적발되면 처벌받을 것이 분명한데도 거짓말을 하지 않고 우직하게 자백해서 체포된 것이다.

독일 회사 직원들의 전화 요금 산정은 특이하다. 월별 전화 사용 명세서에서 개인 용도로 사용한 부분을 추려서 회사에 제출하고 요금도 개인이 지급한다.[126] "이렇게 쫀쫀하게 전화 요금까지 공사(公私) 구분을 해야 하나?" 하는 생각이 든다. 더욱이 전화 사용 시마다 공적 사적 구분을 명기해 놓아야 나중에 혼동되지 않고 구분 계리를 할 수 있을 테니, 시간 낭비와 불편도 이만저만이 아니다.

독일에서는 개인의 비밀정보 보호가 엄격해서 공적·사적 사용 여부를 회사가 조사할 수도, 수사기관에 의뢰할 수도 없다. 따라서 내가 대충 구분하여 작성해도 문제 될 일이 거의 없다. 그런데도 직장인들은 우직하게 제대로 구분하여 정산 작업을 한다. 2000년대 초 필자가 프랑크푸르트총영사관 재직 시절, 총영사가 독일의 공사 구분 제도를 준용하여 총영사 관저의 통신 요금 절반을 사적으로 쓴 것으로 간주하고 요금을 낸 것을 보았다.

물론 독일 국민이 100% 다 정직한 것만은 아니다. 거짓말, 사기 무고 죄로 형벌을 받는 사람들이 꽤 있다. 쾰른 상업연구소(EHI)와 독일상공인연합회(HDE)에 의하면, 2017년 기준 전국적으로 한 해에 약 2천6백만 건의 가게 물건 좀도둑질이 발생하고 있으며, 손실 금액도 20억 유로(약 2조 6천억 원)에 이르고 있다.[127] 이 중 동유럽 난민과 시리아 난민들에 의한 범죄가 상당한 것으로 알려졌다. 어쨌거나 위 도난 범죄는 예외적인 일이며, 국민 전체적으로 평균적 개념에서 보면 높은 정직성을 보이고 있다.

크베들린부르크 호텔 주인의 제안

2014년 5월 독일 여행 중에 동독 지역 작센안할트주(州)에 있는 아름다운 중세 도시 크베들린부르크(Quedlinburg)를 찾았다. 시내로 들어가다가 시내 초입에 눈에 띄는 호텔이 있어서 일단 안으로 들어섰다. 호텔 정문으로 들어서니 목조 건물 전체가 허름하고 앞쪽으로 갸우뚱하게 약간 기울어 있었다. 이 도시는 시가지 전체가 문화유산이어서, 보수가 금지된 채 유지·관리만 하는 낡은 건물들이 많다. 특히 목조 건물 중에는 이 호텔 정도의 낡은 건물은 수두룩하다. 따라서 이 목조 건물 호텔에서도 1박을 하는 데는 큰 무리가 없을 듯하였다.

그런데 뜻밖에도 주인의 말이 놀라웠다. 자기네 호텔은 시내 한복판에 있지도 않고, 좀 낡아서 불편할 수도 있다고 하면서 "그래도 괜찮겠냐?"는 것이었다. 필자는 "별문제가 없을 것 같다."라고 했다. 그런데도 이 주인은 시내 중심가로 들어가는 길을 자세히 일러 주면서 그곳에는 괜찮은 호텔이 있고 주차시설도 잘 갖추어져 있다고 친절하게 설명을 하는 것이 아닌가! "우리 호텔에서 시내 구경을 하려면 자동차로 움직여야 하지만, 도심 호텔에서는 충분히 도보 관광이 가능하다."라고 까지 일러주는 것이었다.

게다가 이 도시는 옛날 도시여서 시내 중심가는 도로 폭이 좁고 일방통행이 잦으며 주차장도 많지 않아 자동차로 이곳저곳 두루 구경하기가 쉽지 않다는 보충 설명까지 곁들였다. 더욱이 1박 정도의 시간으로는 구경할 여유가 많지 않으므로 시내 호텔을 추천한다고 하였다. 적이 놀랐다. 자기 호텔 말고 다른 호텔로 가라니! "이 주인이 지금 제정신인가?"

잠시 고민이 되었다. '이 주인 얘기대로 호텔을 시내로 옮길 것인가?' 아니면 '이 주인의 친절에 보답하는 뜻에서 그냥 이곳에서 1박을 할 것인가?' 그런데 사람이란 본시 순간의 이익에 참 간사한가 보다. 곧 이기심이 발동하여 시내 호텔로 옮기기로 하고, 이 호텔 주인에게 "고맙고 미안하다."라는 얘기를 하였다. "나중에 기회가 되면 다시 찾아오겠노라."라는 말과 함께. 이 주인 덕분에 시내 관광을 잘했다.

이 정도 수준이라면 칸트가 말하는 첫 번째 정직, 즉 '정직을 위한 정직'에 해당하지 않을까? 겨우 하룻밤 묵어가는 낯선 외국인 과객에게 굳이 신뢰를 쌓고 평판을 얻을 이유가 없는데도 호의를 베풀어 주었으니,

그야말로 동기 자체가 선한 정직이라고 생각된다.

메르켈 총리의 예치 수준은?

현시대 최고의 정치가로 평가받고 있는 메르켈도 정책적으로는 실수가 적지 않았다. 그런데도 독일에서 메르켈에 대한 사랑은 식을 줄을 모른다. 팝스타가 아닌데도 메르켈 얼굴이 각종 용품에 담겨 판매되고 머그잔과 티셔츠에 새겨져 있다. 메르켈 얼굴을 본뜬 케이크 틀도 나왔다. 이러한 메르켈 사랑의 원천은 무엇인가?

메르켈 총리는 재임 동안 한 번도 비리나 불미스러운 일이 없었다. 남편인 요아힘 자우어(Joachim Sauer) 화학 교수는 정치적인 일로 대중 앞에 서는 것을 극도로 피했다. 2005년 메르켈 총리 취임식 때에도 참석하지 않고 연구실에서 TV로 취임식 장면을 지켜봤다. 그런데 2018년 3월 메르켈의 마지막 4연임 째 취임식에는 참석했다. 그동안 취임식 불참이 계속 언론에 오르내리다 보니 부담이 됐던 모양이다. 그러나 눈에 잘 띄지 않는 먼 발코니에서 장모 메르켈 어머니와 함께 조용히 취임식을 지켜봤다.

메르켈은 검소하고 소박한 스타일의 대명사인 '슈바벤 아줌마'(Schwaebische Frau)로 통한다. 외모에 거의 신경을 쓰지 않는다. 독일이 통일되기 직전, 동독의 과도정부 수반 로타르 데메지에르가 메르켈 부대변인을 데리고 소련과 협상을 위해 모스크바로 떠났다. 그런데 메르켈은 샌들, 원피스와 헐렁한 바지를 입고 나타났다. 이 옷차림으로는 동독을 대표할 수가 없었다. 데메지에르는 메르켈에게 대놓고 말을 할 수가 없어서 비서를 통해 "좀 더 품위 있는 옷을 입으라"고 전했다. 그제야 좀 더 나은 옷으로 바뀌었다.[128] 통일 후 메르켈을 정치 무대에 발탁했던 헬무트 콜 총리도 자신의 여성 보좌관에게 "메르켈이 의상에 너무 무신경하니 관심을 좀 갖게 해보라"고 할 정도였다. 러시아 여기자가 물었다. "총리께서는 10년 전과 똑같은 옷만 입는데, 다른 옷은 없나요?" 메르켈은 "나는 패션모델이 아니라 국가 공무원입니다."라고 답변했다. 사진 기자가 메르켈의 구부러진 힐을 찍으려고 테이블 밑에 눕는 진풍경도 발생했다.[129]

메르켈은 총리 전용차에 탈 때 자기 짐을 트렁크에 직접 싣고 나서 뒷좌석에 오른다.[130] 메르켈은 동독 지역 브란덴부르크주(州) 우커마르크(Uckermark)에 옛 동독 시절에 지은 소박하고 허름한 목조 집을 가지고 있다. 총리 부부가 주말 휴식을 취하는 공간이다. 메르켈은 총리 시절 이곳에 관용차를 타고 오는데, 남편은 자신의 낡은 소형 폭스바겐 차를 몰고 왔다. 메르켈이 이탈리아로 휴가를 가기 위해 전용기를 탈 때, 남편은 따로 저가(低價) 항공기를 타고 가서 현지 휴가지에서 만났다.[131]

베를린 시내 슈프레강 변 '암 쿠퍼그라벤'(Am Kupfergraben) 6번지에 6층짜리 노란 건물이 있다. 19세기에 지어진 문화재 보존 건물인데 20가구가 입주해 있다. 이 건물 5층에 메르켈 전 총리가 살고 있다. 총리 이전은 물론 총리 시절에도 줄곧 이 건물에 월세로 살았다. 총리실 내에 총리 관저가 있는 데도 이 집에서 거주했다. 총리 시절 건물 입구와 주변에는 경호원은 안 보이고 경찰차 한 대만 덩그러니 주차돼 있었다. 관광객들이 호기심에 사진을 찍는 모습만 간간이 보일 정도였다. 이 건물 현관에는 입주민 20명의 이름과 호출 버튼이 부착되어 있다. 다섯 번째로 메르켈 남편 이름이 올라 있다. 일국의 통치권자였던 인사가 몸을 낮춰 시민의 일원으로 살았었고 지금도 살고 있다.

메르켈의 청렴성은 퇴임 후에도 그대로 이어졌다. 독일에서는 총리가 퇴임할 경우, 예우차원에서 사무실이 제공된다. 그런데 메르켈 전 총리가 사용하게 될 사무실이 너무 낡았다. 총리실이 예산 범위 내에서 수리하려고 했으나, 메르켈 전 총리가 이를 받아들이지 않고 그대로 사용하고 있다. 메르켈 전 총리가 부부 동반으로 네덜란드를 방문했다. 전 총리 부부 경비는 당연히 총리실 예산에 계상돼 있었다. 그러나, 남편 비용은 남편이 직접 지불했다. 세금을 한 푼도 허투루 쓰지 않으려는 의지가 엿보인다. 메르켈은 총리 시절 남의 말에는 수없이 경청을 했지만, 퇴임 후 전 총리로서 정당한 특전이 주어진다는 말은 받아들이지 않았다.[132]

메르켈은 공사 구분이 명확했고 선공후사(先公後私)를 실천했다. 자신과 가족에 엄격했다. 자신의 사생활을 대중으로부터 철저히 차단했다. 아무리 절친 인사도 메르켈의 사저에 초대를 받은 사람이 없다. 총리실 직원들에게는 침묵이 곧 충성이었다. 메르켈 개인에 대한 사적 정보 제공은 금물이었다. 총리와 친밀감을 자랑하는 사람은 그녀의 인명록에서 삭제됐다.[133] 2019년 4월 6일 메르켈 모친이 별세했다. 그런데 독일 내에서 아무도 이 사실을 모르고 있다가 장례가 끝난 4월 10일에야 〈수퍼일루〉(SUPER illu)라는 시사 주간지를 통해 세상에 처음으로 알려졌다.

친인척들도 총리 주변을 얼씬거리지 않았다. 메르켈은 남동생과 여동생을 한 명씩 두고 있다. 남동생 마르쿠스(Marcus)는 프랑크푸르트 대학 물리학 교수, 여동생 이레네(Irene)는 물리치료사다. 그런데 이들은 언론에 오르내린 적이 없고 국민도 잘 모른다. 2021년 초, 집권 마지막 해에 몇몇 신문에서 "메르켈에게 여동생이 있다는 사실을 알고 있나요?"라는 제목으로 이들의 근황을 소개하는 기사가 나올 정도다. 이들은 정치와는 철저히 담을 쌓고 살아왔다.[134]

그렇다면 메르켈은 피도 눈물도 인정도 없는 사람인가? 전혀 그렇지 않다. 부부애도 좋고 어머니에 대한 사랑도 지극했던 것으로 알려져 있다. 코로나 발생 초기에 여동생으로부터 병원 진료에 관해 누차 자문을 얻을 정도로 우애도 깊다. 다만, 사(私)를 철저히 버린 덕분에 집권 16년 간 총리실 밖으로 누설될 만한 사건이나 소문이 없었다. 이것이 외부의 추측성 왜곡과 음해성 악평으로부터 메르켈을 지켜준 방패가 됐다. 동시에 가족·친인척들의 자유도 지켰다. 이들의 메르켈과의 관계가 외부에 노출되지 않아, 마트에 장도 편히 보러 갈 수 있었고 언론의 추적이나 민원으로부터도 자유로울 수 있었다.

이러한 철저한 공사 구분과 청렴성 덕분에 "메르켈은 믿을 수 있다."라는 신뢰를 가져와 난민 수용, 코로나 대응 등 난제들을 해결하는 실마리가 되었다. 메르켈은 현대 정치에서도 법치를 넘어 예치가 가능함을 스스로 보여줬다.

2. 배려와 관용의 사회

자원봉사도 전문성이 있어야

독일은 자원봉사의 나라다. 연방통계청에 의하면 2021년 기준 국민의 20%인 1,700만여 명이 자원봉사 활동에 참여하여 나눔을 실천하고 있다. 자원봉사 층도 초등학생부터 청장년, 연금 생활자, 노인 등으로 다양하게 구성되어 있는데, 대부분 50세 이상이고 1/5이 70세 이상이다. 유휴 인력이 사장(死藏)되지 않고 효율적으로 잘 활용되고 있다. 자원봉사 분야도 양로원 · 보육원, 악기 · 노래 등 문화 활동, 두뇌 훈련, 사회복지, 보건 · 의료, 사고 · 구조, 전문 변호, 자연보호, 스포츠 활동 등 다양하다.

대표적 자원봉사 단체들로 개신교 중심의 봉사회인 디아코니(Diakonie),* 카톨릭 계열의 카리타스(Caritas) 연합, 노동자복지단체, 독일복지단체총연합 등이 있다. 이중 디아코니와 카리타스 연합이 가장 규모가 크다. 현재 디아코니를 통해 12만 명의 개신교인들이 난민을 돌보는 데 동참하고 있다.

---

* 디아코니(Diakonie)란 기독교(개신교)의 병자 간호, 빈민 구제 등 봉사단체를 말한다. 독일 내 장애인 시설의 절반 이상, 유치원의 1/4, 병원의 1/10은 디아코니에 의해 운영될 정도로 독일 복지시스템을 지탱하는 힘이 되고 있다.

자원봉사는 명예직에 원칙적으로 무급이며 기본수당과 필요한 비용이 지급된다. 자원봉사 희망자들이 워낙 많다 보니, 독일은 자원봉사 인력의 중복을 피하고 자원봉사를 효율적으로 지원하기 위해 2011년 7월 '연방 자원봉사제도'를 도입하였다. 연방 가족시민청이 자원봉사자 수를 배분하고 자원봉사 업무를 총괄한다. 자원봉사는 통상 6개월에서 24개월까지 전일제 활동을 원칙으로 이루어진다.

　그런데 자원봉사를 하고 싶다고 하여 아무나 할 수 있는 것은 아니다. 화재, 태풍, 대형 홍수, 질병 발생 등 긴급 재난의 경우 신속 대처가 중요하다. 필요하면 건물이나 댐, 제방 등을 직접 폭파하고 생명의 위험도 감수해야 한다. 책임 문제도 따를 수 있다. 그러니 '돕겠다'고 하여 그냥 도울 수 있는 단순한 노력 봉사 영역이 아니다. 자원봉사자들도 전문가 수준의 자질과 능력을 지녀야 하고, 총괄적으로 주관하는 기관도 필요하다. 기술지원단(THW: Technische Hilfs-werke)과 의용소방대가 바로 대표적인 예다.

　먼저, 연방기술지원단은 연방내무부 소속으로, 국민의 안전과 시설물을 보호·구조·재건하는 민관협력 재난 구조기관이다. 총인원 8만여 명 중 1,600명의 연방 공무원을 제외하고 98%인 7만 8,400여 명이 자원봉사자들이다. 기술지원단 본부는 조직 전체를 지휘·조정하고 국제지원 업무를 총괄한다. 전국에 668개 지방조직이 실제 구조 활동을 실행한다. 이들은 재난 재해가 발생한 곳이면 어디든 즉각 출동한다. 파손·유실된 건물, 상하수도, 도로, 전기·가스 공급 라인 등을 복구하고, 사고 현장을 신속히 수습한다. 붕괴 위험이 있는 건물은 아예 폭파하여 위험을 제거해 버린다.

2013년 6월~7월, 독일 전역에서 500년 만의 대홍수가 발생했을 때 6주 동안 기술지원단 소속 1만 6,000여 명의 자원봉사 인력들이 나섰다. 모래주머니로 둑을 쌓고 고성능 펌프로 물을 퍼 올려 물이 주택가로 번지는 것을 차단하였으며, 연료유 같은 독성 물질이 식수로 스며들지 않도록 했다.[135] 동독 지역 작센안할트주(州)에 있는 브라이텐하겐, 피시베크, 비터펠트 등 3개 도시가 수몰(水沒) 위기에 처하자, 인근 3개 호수의 제방을 폭파하여[136] 거대한 물길을 다른 곳으로 돌려 이 도시들을 구했다.[137]

2020~2021년 코로나 사태 때에도 눈부신 활약을 했다. 2년간 1만 4,396명의 자원봉사자가 투입되어 96만 3,406시간, 약 110년에 해당하는 시간을 코로나 사태 진정에 쏟았다. 이들은 임시병원을 짓고 긴급 진료소와 대형 백신 접종센터를 설치했다. 그리고 엄청난 물량의 의약품, 마스크, 소독제, 장갑 등 의료 물자를 전국 병원, 요양원, 학교 등에 수송했다. 동시에 검역으로 외부인 접근이 차단된 지역에 생필품까지 공급했다.[138]

이 기술지원단은 해외 재난 구조에도 적극적으로 참여한다. 외국에서 구조 요청이 있으면 6시간 내 출동이 가능하다. 공항 인근에 출동 장비가 항상 대기하고 있다. 이 때문에 해외로부터 지원 요청이 쇄도하고 있다. 2020년 8월 4일 레바논 수도 베이루트 대폭발 사고, 2022년 2월 튀르키예의 지진 사고 때, 기술지원단은 바로 다음 날 현지에 파견되어 사고 수습을 도왔다.

다음, 의용소방대는 전문 소방직 공무원들과 자원봉사자들인 의용소방대원들로 구성되어 있으며, 민관 협력체로 운영된다. 의용소방대원은 독일 전역에 약 130만여 명이나 된다. 이들이 해당 지역의 위험 방지, 인명 구조를 통해 국민의 안전을 담당하고 있다.

의용소방대원 희망자는 육체적 정신적 적합성 검사를 통과해야 하고, 지도자 자격증도 갖춰야 한다. 매년 80시간의 교육 훈련도 받고 모의 훈련까지 실시해야 한다. 이 교육 과정에는 소방기술, 소방차량과 도구에 대한 지식, 부상자 응급처치, 방사능과 화학물질 취급요령 등의 소방업무와 재난방지 활동을 위해 필요한 일반적인 지식까지 포함된다.

자원봉사자들의 활약이 이처럼 크니, 이들이 없으면 독일의 안전은 정지될 정도라고 해도 과언이 아니다. 정규직도 아닌 명예직 자원봉사자들이 위와 같은 고난도의 위험한 일들을 어떻게 완벽하게 처리할 수 있을까? 답은 전문성과 봉사 정신이다. 이 분야에서 평생 일하고 퇴직한 고도의 재난 전문가들이 다시 이 봉사단체에 들어온다. 이렇게 독일에서 자원봉사 활동이 활발한 것은 개인적으로는 여가 활용, 사명감과 보람, 사회적으로는 이웃에 대한 나눔과 배려를 통한 공동체 의식에 기인한다.

외국인을 포용하는 열린 사회

2013년 6월 23일, 에센(Essen)과 그 주변 지역을 운행하는 160번 노선 버스의 앞 좌석 유리창에 안내판이 붙었다. "이 좌석은 독일인 용(用)입니다." 이 말은 '외국인은 뒷좌석으로 가야 한다.'는 인종 차별을 의미하는 것이었다. 일부 승객은 외국인들을 향해 '뒷좌석으로 가라'고 직접 요구까지 하였다. 승객들은 매우 놀라고 당황하고 격앙되었다. 독일 승객들은 "이것은 있을 수 없는 일이다.", "나치 시대를 경험하였다.", "난 독일 사람이지만 저 뒤 외국인 자리에 가서 앉겠다."라고 거세게 항의하였다. 버스 회사에 항의하겠다는 승객, 안내판을 찢어버리는 승객까지 있었다.

상황이 심각하게 돌아가자, 승객 중 일행이 "우리는 서부독일 TV(WDR)의 몰래카메라 팀이다."라고 소개하고 양해를 구한 뒤, 승객들의 용기 있는 대응에 감사를 표했다. 이 몰래 카메라 팀은 종이컵에 구멍을 내고 카메라를 숨긴 다음에 버스 내부 상황을 촬영했던 것이다. 이 TV는 같은 시간에 슈퍼마켓, 대학 구내식당과 다른 운수회사 버스에서도 같은 실험을 했는데, 시민들의 반응은 다 똑같았다. 이 TV는 "이 실험에서 외국인에 대해 긍정적인 시각을 가지고 있는 시민의식이 확인되었다."라고 평가했다.[139] 대부분의 일반 시민들은 성숙하고 건전한 시민의식을 지니고 있음을 보여 주었다.

독일이 포용을 보여주는 대표적 사례가 난민 수용이다. 1990년대 초, 동유럽의 보스니아 · 세르비아 전쟁으로 인해 난민 70여만 명이 유럽으로 피난을 왔는데, 그중 독일행은 2/3에 육박하는 44만 명이나 됐다. 또 2015년 한 해에만 110만 명의 중동 난민 특히 시리아 난민이 독일로 유입되었다. 유럽의 많은 나라가 난민 수용을 주저하고 있을 때, 메르켈 총리는 이들을 다 받아들였다. 2022년 2월부터 2023년 1월까지 1년간 러시아와 우크라이나 간 전쟁으로 인해 발생한 우크라이나 난민 100만 명을 받아들였다.

난민 수용 과정에서 우여곡절이 있었지만, 일단 정부 정책으로 이들을 받아들이기로 결정이 나자, 수용 절차가 일사불란(一絲不亂)하게 진행되었다. 먼저 2016년에 통합법(Integrationsgesetz)을 제정했다. 연방정부와 주 정부는 전국에 천막촌을 만들고, 모텔을 난민 보호시설로 용도 전환하고, 기존 도시의 빈 건물들을 인수했다. 비행기 격납고, 학교 체육관, 빈 공장시설 등도 난민 수용 시설로 제공되었다. 그리고 주 정부는 인구와 조세수입 규모에 따라 난민들을 받아들였다. 숙박업소들도 침식을 제공했다.

후속 조치도 대충 시늉만 내는 것이 아니고, 난민들이 진실성을 느낄 정도로 했다. 베를린시는 난민 1인당 거주공간을 300제곱피트(약 8평)를 확보하고 있으며, 매월 평균 350유로(약 46만 원)의 생활비를 지급했다. 의료혜택도 주고, 난민 40명당 1명의 사회복지사도 배치했다. 거주 단지 내에 유치원도 설립하여 난민들의 어린 자녀 교육을 담당하고 있다.

여기에 자원봉사 의사, 간호사, 정신과 의사들이 배치되어 자기 전공별로 자원봉사를 하고 있다. 이 난민들을 도운 전문 요원들은 총 600~700만 명에 이른다. 우크라이나 난민에게는 팟캐스트, 소셜 미디어, 제1공영 TV(ARD) 웹사이트에서 우크라이나 언어 또는 자막 뉴스로 집 구하기, 교통시설 이용 등 정착에 필요한 정보를 제공하고 있다.

또한, 16세 이상 독일 국민의 절반이 난민들을 직·간접적으로 도왔다. 음식, 의류, 어린이 장난감 등 생필품을 기부하였다. 베를린 등 주요 도시에서 빈자들에게 음식을 제공하는 '타펠'(Tafel)이라는 식량은행도 난민들을 적극 도왔다. 기부 물품이 넘쳐나자 경찰이 "그만 가져와 달라"고 호소할 정도였다. 자원봉사자 200명 모집에 수천 명이 신청했다. 또 민간 자선단체들도 워크샵 룸, 도서관, 회합 장소, 독일어 교실을 열고 난민 대상 직업 훈련, 직업 자문 및 직업 중개업무 등을 개시하였다. 매우 드문 마법의 순간이었다.[140]

독일도 저출산 고령화로 인한 인구 및 노동력 감소, 이로 인한 경제력 축소를 피해갈 수 없다. 그렇다고 하여 유입된 난민이 노동력 부족 해소에 도움을 주지도 못한다. 세계 최고 브랜드를 지향하는 독일이 요구하는 노동력은 숙련공, 마이스터, 높은 수준의 인재다. 자국민을 인재로 양성하는 것도 어려운데, 오합지졸 외국 난민을 전문 인력으로 키우는 것이 얼마나 힘든 일인지 독일 스스로 잘 안다.[141]

그래서 경제 활성화를 위해 외국의 전문 인력을 대폭 받아들이는 정책으로 전환하고 있다. 독일은 외국인에 대해 상당 기간 동화주의[*]를 유지해 오다가, 1980년대부터 다문화를 수용하는 통합주의로 전환하였다. 2000년 국적 취득 요건을 완화하여 독일에서 8년 이상 체류하면 국적을 취득할 수 있도록 하고 취업기회도 대폭 확대했다. 2023년에는 체류 기간 요건을 5년으로 낮추고, 독일어 구사 능력, 학업 성과, 전문성 등이 인정되는 경우 3년으로 더 줄였다. 비(非) EU국가 국민에 대해 이중 국적을 허용하는 방안도 추진하고 있다. 계속 빗장을 걸어 잠그고 있는 이웃 유럽 국가들과 다른 행보를 보이고 있다.

현재 독일 전체 인구 8,320만 명의 20%인 1,640만 명이 이민족 배경을

---

[*] 외국 이주민들이 독일에서 살려면 자신의 전통과 생활 습관을 버리고 독일어와 독일 제도, 관습을 따름으로써 독일 사회에 동화되어야 한다는 주의다.

가지고 있다. 이들의 사회 진출도 활발해지고 있다. 베트남 입양아 출신 필립 뢰슬러(Philipp Roesler)는 보건부장관을 거쳐 부총리 겸 경제부장관, 자민당 대표까지 지냈다. 인도 출신 이민 2세인 아쇼크 알렉산더 스리다란(Ashock Alexander Sridharan)은 본 시장을 지냈다. 2020년 코로나 백신을 개발한 '바이오엔테크' 대표 우구르 사힌(Ugur Sahin)은 튀르키예 이민자 2세 출신이다. 2021년 9월 총선 결과 연방의원의 11.3%가 이민자 출신이다. 여기에는 한국인 이예원 의원(사민당)도 있다. 2023년 4월에는 시리아 난민 출신 청년 리안 알셰블레(Ryan Alsheble)가 바덴/뷔템베르크 주 오스텔스하임(Ostelsheim)시 시장으로 당선되었다. 독일은 이제 미국에 이어 세계 2위 이민 희망국가가 되었으며, 이민자들이 '저먼 드림'(German Dream)을 실현하고 있다. 독일은 인구 구성의 다양성을 추구하면서 이민자 대우 측면에서 도덕적 리더로서의 역할을 충실히 해내고 있다.

독일은 또한 정치 망명객 천국이다. 동유럽 벨라루스의 최초 노벨문학상 수상자이자 알렉산드르 루카센코 대통령 비판자인 스베틀라나 알렉세비치를 비롯한 유명 여성 정치인들이 정권 탄압을 피해 독일로 왔다. 2018년 홍콩 독립을 주장하던 활동가 2명에 이어, 2020년 10월에도 홍콩 민주화 시위에 참여했던 민주화 운동가들이 독일로 망명했다. 독일 헌법 제16a조 1항은 "정치적으로 박해받는 자는 피보호권(Asylrecht)을 갖는다"고 하여 독일로의 망명을 받아들이고 있다.

독일은 왜 이렇게 외국인에게 관용과 포용을 보이는 것일까? 세계 2차 대전 중 나치를 피해 조국을 떠나 망명한 독일인을 받아준 국제 사회에

빚을 갚기 위한 것이다. 나치 시절, 약 80만 명의 유대계 독일인들이 미국, 스칸디나비아, 중남미, 터키 등지에 망명하여 살아남았다. 아울러 유대인 학살을 일으킨 원죄에 대한 반성과 참회, 그리고 그러한 잘못을 다시는 반복하지 않겠다는 다짐이다. 여기에는 민간의 인도적이고 자발적인 협력과 배려가 큰 힘이 되고 있다.[142]

한국에도 배려와 지원을 아끼지 않아

독일은 한국에 대해서도 많은 배려를 하였다. 한국이 어려울 때 두 번의 결정적인 도움을 주었다. 박정희 대통령은 1961년 집권 후 미국 케네디 대통령에게 경제 발전을 위한 차관(借款)을 요청하였으나 군사정권이라는 이유로 거절당했다. 일본 역시 국교가 수립되어 있지 않아 돈을 빌릴 수가 없었다. 결국, 우리와 같은 분단국가인 서독에 호소하여 우여곡절 끝에 1962년 10월 1억5천만 마르크(약 1천억 원)의 차관을 받게 되었다.[143] 이 자금은 현금이 아니라, 헤르메스(Hermes)라는 해외 수출신용 보증제도를 활용하여 한국이 독일 제품을 구매하거나, 독일 기업이 한국에서 중화학 공업단지 건설에 참여하는 등의 형식으로 제공되었다.

한편 독일은 노동력 부족을 해결하기 위해 한국에서 광부와 간호사를 파견받았다. 1963년부터 1977년까지 광부 2만 명과 간호사 1만8천 명이 독일의 광산과 병원에 파견되어 일했다. 광부들은 1000m 지하 막장에서 석탄 가루를 마셔 가며, 간호사들은 병원에서 독일 중환자들의 시체를 닦고 자신의 눈물까지 닦아 가면서 극한의 고통을 견뎌냈다.

이들이 눈물로 벌어 한국에 송금한 돈은 1억 달러(약 1,150억 원)로 엄청난 규모였다. 더욱이 차관자금과 달리 갚을 필요가 없는 알토란같은 돈이었다. 이 돈은 동생을 가르치고, 집안을 일으키고 한국경제 발전의 밑거름이 됐다. 이들의 근면과 성실, 희생과 헌신은 서독 국민에게 깊은 감동을 주었고, 한국에 대한 신뢰를 높이는 계기가 되었다. 이는 그 후 2억 마르크(1,300억 원)의 2차 경제원조를 받는 데 결정적 역할을 하였다.

1964년 12월 서독을 방문한 박정희 대통령은 서독의 눈부신 경제 발전에 감명을 받고 차관 자금과 광부·간호사 송금, 대일 청구권 자금을 종잣돈으로 하여 '경제개발 5개년 계획'을 수립·추진했다. 독일의 아우토반을 모델로 하여 경부고속도로를 건설하고, 제철소를 만들고 자동차·정유·조선 분야의 중화학 공업을 일으켰다. 서독 방문 시 에르하르트 총리로부터 받은 조언을 상당 부분 그대로 실천에 옮겼다. 독일은 여기에다 5명의 경제고문까지 파견하여 경제 발전을 도왔다. 이렇게 서독의 경제 모델을 한국에 도입하여, 한 세대 만에 절대 빈곤을 탈피하고 1994년 국민소득 1만 달러를 달성했다. '라인강의 기적'에 이어 '한강의 기적'을 만들어냈다. 물론, 서독 차관은 상당액이 독일제 부품 수입 또는 공장 건설 수주를 위해 다시 독일로 들어갔으며, 결과적으로 독일 기업들도 상당한 이득을 봤다. 그렇다 하더라도 서독 차관이 한국의 경제 발전에 크게 기여한 것은 사실이다.

1997년 말 IMF 외환위기가 발생했다. 국가 신용도는 투자 부적격 수준으로 떨어졌다. 외환보유고는 바닥나고 나라가 부도 위기에 몰렸다. 1998년 1월, 우리 정부는 해외 채권단과 협상을 벌여, 금융기관 1년 미만 단기외채 240억 달러를 정부 보증하에 연장하기로 했다. 금리는 리보

(LIBOR) 금리에 가산금리 2.25~2.75%의 유리한 조건이었다.

그 이면에는 금리를 높게 받으려는 미국 은행들에 강력히 제동을 건 독일 은행들이 있었다. 이들은 "저금리로 한국을 도와 한국경제가 일어서야 대출금을 돌려받을 수 있다."라는 논리를 제시하여 협상 타결의 1등 공신이 되었다.[144]

그 당시 드레스너 은행, 베스트란데스 은행(WLB) 등 독일계 은행들은 한국 금융기관에 대한 채권을 많이 보유하고 있었다. 1998년에 총 13억 달러(약 1조5천억 원)에 이르렀다. 그러나 미국계 채권은행들과 달리, 대출 회수를 자제하고 실질적으로 지원도 많이 했다. 코메르츠 은행은 외환은행에 3,500억 원을 투자해 주었다. 이 투자는 한국경제에 대한 외국인의 회의적 시각을 바꿔놓는 계기가 되었다.[145] 독일 기업계도 한국에 증액투자를 했다. 화학기업 바스프(BASF)는 1억 달러를 투자했다.

독일은 한국에 지원을 하면서도 한국 정부의 불의(不義)에 대해서는 단호히 비판하고 대안을 제시했다. 1967년, 한국 중앙정보부는 서독 유학생과 교민들을 간첩 혐의를 씌워 납치해 한국으로 강제 송환한 후 간첩 혐의자 23명을 포함하여 66명을 검찰에 송치했다. 이 과정에서 관련자들을 감금·구타·고문하는 등 온갖 악행을 저질렀다. 이른바 '동백림(동베를린) 사건'이다.

이 사건은 양국 간 외교 문제로 비화하였다. 서독 정부는 대통령 특사까지 한국에 파견하여 원조 중단, 국교 단절 등 모든 조치를 하겠다고 초강경 입장을 밝혔다. 독일 언론과 예술인들도 한국 정부를 성토하고 관련자 석방을 촉구했다.[146] 한국 정보원들이 독일 영토 내에서 승인을 받지 않고 활동함으로써, 주권을 침해하고 국제법을 위반했으며, 관련자들의 송환이 강제성을 띄었다고 판단했기 때문이다.

결국, 한국 정부는 서독의 압력에 굴복하여 관련자들을 차례로 석방했다. 대법원 최종심에서 간첩 혐의로 유죄 판결을 받은 사람은 없었다. 없는 사실을 뒤집어씌운 당연한 결과였다. 그동안 광부·간호사들이 어렵게 쌓은 신뢰가 큰 타격을 받았다.

1970년대, 독일인 목사 슈나이스(P.H. Schneiss) 부부는 한국과 일본을 오가며 박정희 정권의 독재를 해외에 알리고 민주화 운동을 적극 지원했다. 전두환 정권 시절인 1980년 5월, 5·18 광주 민주화 운동 당시, 슈나이스 목사는 독일 제1공영 TV(ARD) 동경 특파원이던 유르겐 힌츠페터(Juergen Hinzpeter) 기자에게 이 사태의 취재를 요청했다. 힌츠페터 기자는 광주의 참상을 몰래 영상에 담아 극비리에 독일로 보냈으며, ARD의 타게스샤우(Tagesschau) 뉴스를 통해 처음으로 전 세계에 알려지게 되었다.

힌츠페터 기자는 본인의 유언대로 2016년 광주 망월동에 안장되었다. 2021년에는 '힌츠페터 국제보도상'이 제정되었다. 슈나이스 목사는 한국 정부로부터 '민주주의 발전 유공' 부문 국민포장을, 일본인 부인은 '광주 오월어머니집'으로부터 '오월어머니상'을 받았다.

1980년 11월, 김대중 대통령이 내란 음모 사건 혐의로 전두환 정권으로부터 사형 선고를 받았을 때, 독일은 김대중 구명운동에 적극 나섰다. 빌리 브란트 총리는 세계를 상대로 김대중 구명을 호소했으며, 연방의회 부의장이었던 리하르트 폰 바이체커 6대 대통령은 연방의회에서 김대중 구명 결의안을 채택하는 데 중요한 역할을 했다.

1960년대에 한국은 세계 최빈국이었다. 1964년 12월 박정희 대통령이 서독을 방문하려는 데 막상 타고 갈 장거리용 비행기가 없었다. 동남아행 단거리용 프로펠러 비행기 몇 대가 고작이었다. 한 나라 국가 원수가 해외 순방 시 타고 갈 장거리용 비행기 한 대가 없다니! 지금으로서는 상상하기 어렵지만, 그러나 그것이 그 당시 우리의 수준이었다. 할 수 없이 서독이 제공한 비행기를 타고 갔다.

그랬던 한국이 세계에서 유례가 없는 산업화를 이루고 세계 10대 경제 대국으로 도약했다. 1988년 올림픽과 2002년 월드컵도 훌륭하게 치러냈다. 2010년에는 'G-20' 정상회의도 성공리에 개최하였다. 2023년에는 우주 강국 대열에 합류했다. 지금은 한국산 TV가 독일 호텔 로비와 객실, 백화점의 가장 중요한 자리를 차지하고 있고, 독일 젊은이들은 삼성 스마트폰을 애용하고 있으며, 현대자동차가 아우토반을 질주하고 있다.

여기에는 독일의 도움이 큰 힘이 되었다. 한국이 어려워 외부의 도움이 절실할 때 어느 나라도 한국을 선뜻 지원하려 하지 않았다. 그러나 독일은 눈앞의 이해타산에 구애받지 않고 한국의 미래를 보고 기꺼이 도와주었다. 어려울 때 도와주는 친구가 진정한 친구다. 독일은 진정한 친구이자 우방으로서의 면모와 신뢰를 일찍부터 보여주었다.

독일에서 활약한 한국 유명 인사들

한국이 해외에 딱히 내세울 것이 없던 1980년대, 독일 프로 축구 리그인 '분데스리가'에서 차범근 선수가 폭발적 인기를 얻고 있었다. '한국' 하면 '차붐'으로 통용되었다. 처음 보는 독일인도 "한국에서 왔다"고 하면 바로 "차붐!" 하면서 반가워했다. 그리고 대화도 편하게 이어졌다. 차 선수는 주

파력, 공격력, 골 결정력 등을 다 갖춰서 유럽 선수들을 압도했다. 차 선수는 분데스리가의 프랑크푸르트 팀과 레버쿠젠 팀에서 활약했다. 1989년까지 분데스리가 308경기에서 98골을, 유럽 리그 통산 372경기에서 121골을 넣었다. 10여 년간 외국인 최다 득점 기록을 유지했다. 한국 선수로서의 이 기록은 30년 만인 2019년 손흥민 선수에 의해 경신되었다.

1988년 가을 어느 날, 전 유럽컵 대회(UEFA)에서 차 선수의 골 덕분에 차 선수 소속 '레버쿠젠' 팀이 우승하였다. 독일에서 난리가 났다. 시가행진이 벌어지고 차 선수는 환영 차량의 선두에서 환영 인파에 답례하느라 정신이 없었다. "독일도 이런 환영 행사를 하나?" 하고 의아해하던 참에, 갑자기 어떤 동양 여성이 무개차로 올라가 차 선수에게 키스하는 장면이 TV 화면에 크게 클로스업 되었다. 차 선수 부인 오은미 씨였다. 이 장면은 상당 기간 한인 교포사회에서 엄청난 화젯거리가 되었다.

차 선수는 독일에서 외국 선수로서 최고의 찬사와 예우를 받았다. '에카르트 헨샤이드'라는 시인은 '차범근 찬가'도 지었다.[147] 2016년 2월 국제축구역사통계연맹(IFFHS)은 '세계 축구 전설' 48명을 발표하였는데, 한국 선수로는 유일하게 차 선수가 포함되었다.[148] 2016년 벤츠 코리아는 유명 인사의 중고 벤츠 차를 옛 모습대로 복원해 주는 '클래식 카 복원 프로젝트'에 착수했는데, 그 첫 주인공이 차 선수였다. 차 선수가 30년 전 독일에서 탔던 '지-바겐'G-Wagen이 복원되어 2016년 4월 차 선수에게 인도되었다. 프랑크푸르트 중심가의 빌리 브란트역 승강장 기둥에는 지금도 프랑크푸르트 팀의 레전드(전설) 11명의 대형 포스터를 게재하고 있는데, 그중에 차 선수도 눈에 띈다. 차 선수는 2019년 독일 정부로부터 십자공로훈장을 받았다.

독일에서 활약하면서 양국 관계 발전에 기여한 한국인들이 많다. 문인으로는 한국 최초의 재독 소설가 故 이미륵이 있다. 일제 강점기인 1920년대에 독일로 건너가 박사 학위를 받고 창작 활동을 하면서 1946년 『압록강은 흐른다』라는 자전적 소설을 남겼다. 이는 한국의 풍습과 문화, 아픈 역사 등을 독일에 알리는 최초의 소설로, 독일 문단에서 큰 화제가 되었고 독일 중고교 교과서에도 실릴 정도로 주목을 받았다. 이로써 이미륵은 독일 지식인 사이에서 '동양의 현자'로 불렸다.

그 후 '불꽃같이 살다 간 여성'으로 평가를 받고 있는 故 전혜린이 있다. 전혜린은 1960년대 독일에서 활동하면서 이미륵의 『압록강은 흐른다』를 비롯해, 헤르만 헤세의 『데미안』, 루이제 린저의 『생의 한가운데』 등 여러 작품을 번역했으며, 저서로는 유고 수필집인 『그리고 아무 말도 하지 않았다』, 『이 모든 괴로움을 다시』 등을 남겼다. 천재 작가로서 많은 일화를 남겼으며, 32세의 젊은 나이에 자살로 생을 마감했다.

학자·연구인으로서는 故 백영훈 중앙대 교수가 있다. 독일 국비 장학생 1호이자, 1960년대 박정희 대통령 경제고문 및 통역관을 지내면서, 서독으로부터 차관 등 경제 지원을 받고 양국 간 우호를 증진하는 데 가교 역할을 했다. 한국산업개발연구원(KID)을 설립하여 국가 경제 발전에 기여했다. 또 동시대 인물로 故 김재관 인천대 교수가 있다. 뮌헨 공대 출신이자 한국과학기술연구원(KIST) 해외 유치 과학자 1호다. 독일 데마그(DEMAG) 철강회사 근무 경력을 살려 한국의 철강업, 중화학 공업 육성 기반을 마련했다. 1964년 서독을 방문한 박정희 대통령에게 『한국 철강공업 육성방안』이라는 보고서를 전달했다. 이것이 제철, 중기계, 조선 등 한국 중화학 공업 발전의 효시가 됐다. 김 교수는 상공부 초대 중공업 차관보, 한국표준연구소장을 지냈다.

차범근 선수가 독일에서 돌풍을 일으키기 전에 가장 유명했던 한국인은 본(Bonn) 대학 의대 이종수 종신교수였다. 1960년대 초 독일에서 의사 생활을 시작해 유럽 의학계 최고 간(肝) 이식 전문가가 되었으며 1975년에 종신교수가 됐다. 교수 종신직은 독일인 교수들에게도 매우 드문 최고의 영예다.

예술가로는 스투트가르트 발레단 수석 무용수를 지낸 강수진 현 국립발레단장이 있다. 발레계의 아카데미상인 '브누아 드 라 당스'(Benois de la Danse) 상을 받았으며, 최고 예술가 칭호인 '궁중 무용가'(Kammertanzerin)로 임명되었다. 스투트가르트 시내 화원에서는 강수진 난(蘭)이 판매되고 있다. 아시아인 최초로 종신 단원 자격을 얻었으며, 바덴뷔템베르크주(州) 정부로 부터 공로 훈장을 받았다. 그리고 세계적 피아니스트 손열음, 베를린 필하모닉 오케스트라 종신 단원 박경민, 베를린 슈타츠카펠레 종신 악장 이지윤, 베를린 콘체르트하우스 오케스트라 최연소 악장 김수연 등이 있다. 성악가 헬렌 권, 전승현, 연광철, 사무엘 윤은 독일어권 성악가 최고 영예인 '궁정 가수' 칭호를 받을 정도로 실력을 인정받았다.

화가로는 재독 간호사 출신 故 노은님 작가가 있다. 국립 함부르크 조형예술대학 정교수를 지냈다. 프랑스 중학교 교과서에 노 작가의 그림이 수록되었다. 독일 남부 도시 미헬슈타트 시립 미술관에는 노 작가의 작품을 전시하는 영구 전시관이 마련될 만큼 세계적 명성을 얻고 있다.

2000년대 기업가로는 한 · 독 경제 협력의 산 증인 양해경 전 삼성 유럽 총괄본부 사장이 있다. 양 사장은 1980년대에 독일로 진출, 한국이 가장 공략하기 어려운 유럽 시장 개척의 길을 열었다. 이후 30여 년간 독일에서 기업 경영을 하면서 한국 브랜드 인지도를 높이 끌어올렸다. 재독(在獨) 한국경제인협회 회장직을 지냈으며, 국내 재독 한국 기업인 · 금융인 · 외교관 · 언론인 출신 모임인 한독경제인회를 설립, 양국 간 경제 교류 및 친선 확대에 크게 기여했다. 한국 정부로부터 은탑산업훈장을, 독일 정부로부터 대십자공로훈장을 받았다.

3. 기업의 윤리와 상생

윤리 경영과 사회공헌을 모두 이루다

　미국의 윤리기업 연구기관인 에티스피어(Ethisphere Institute)는 매년 '세계에서 가장 윤리적인 기업'을 선정하여 발표한다. 2023년 선정한 135개 기업 중 미국 기업이 98개로 72.6%에 이른다. 아일랜드와 캐나다 기업 각 5개, 프랑스 3개, 스위스와 영국 각 2개로 영·미권이 강세다. 그런데 독일 기업은 하나도 없다. 종전에는 생활 및 산업용품 전문기업인 헨켈(Henkel)이 선정되곤 했는데 이번에는 그마저 없다.[149] 이것이 사실이라면 미국 기업들은 윤리 경영을 하는 데 비해, 독일 기업들은 그렇지 못하다는 얘기가 된다. 정말 그런가?

　이는 독일과 영·미권 간의 경제 제도와 기업 경영 구조를 전혀 고려하지 않은 데 기인한다. 미국의 자유시장경제 체제는 주주 자본주의를 추구한다. 직장은 돈 버는 일터이고, 동료들과의 관계는 사무적이다. 타인에 대한 존중과 배려보다는 효율과 이익 증대가 최대 목표다. 경영진은 주주 이익 증대가 최대 관심사이고, 그래서 단기 업적에 매달린다. 기업 경영에 윤리, 사회공헌, 환경 보호 등의 비(非)재무적 요소가 포함되어 있지 않고 외재적(explicit)이다. 따라서 윤리 활동을 약간만 해도 과대 포장되어 나타난다.

독일의 '사회적 시장경제'는 이해관계자 자본주의 체제다. 주주 이익보다는 사회 전체 이익에 중점을 두고, 경제적 이익 외에 사회에서 인정받는 명예를 중시한다. 기업들은 드러내지 않고 소리 없이 윤리 경영, 지역·사회 공헌, 환경 보호 등을 실현한다. 따라서 윤리적·비재무적 요소가 기업 경영에 내재적(implicit)으로 이미 많이 스며들어 있다. 이러한 윤리 경영 덕분에 반(反)기업 정서가 없고 기업이 존경을 받는다.

세계적으로 ESG 붐이 불면서 한국에서도 ESG가 경영의 화두가된 지 오래다. ESG란 환경(Environment)·사회(Social)·지배구조(Governance)의 약자로, 기업 경영에서 지속가능성(Nachhaltigkeit, sustainability)을 달성하기 위한 3가지 핵심 요소다. 기업은 환경 보호에 앞장서고 사회적 책임을 다하며, 지배구조를 투명하게 만들어야 한다는일종의 비(非)재무적 부문의 규약이다. 그런데 독일에서는 ESG 열풍이란 없다. 이미 오래전부터 기업 경영에 ESG 요소가 거의 다 반영되어 있기 때문이다.

독일은 기업의 지속가능성을 강화하기 위해 공급망 실사법(LkSG)을 제정, 2023년 1월부터 시행하고 있다. 이 법 적용 대상은 종업원 3000명 이상 기업이며, 2024년부터는 1000명 이상 기업으로 확대된다. 개별 기업은 매년 아동 노동, 강제 노동 등의 인권 침해와 유해 물질 사용 등 환경 훼손 여부를 실사하여 시정해 공시하고 연방수출관리청(BWAk)에 제출해야 한다. 인권을 포함한 윤리 경영이 그만큼 강화되었다.

윤리 경영은 직원 존중에서 출발한다. 기업은 경영 성과를 배분하여 종업원 임금, 근로 여건 개선, 복리 후생 등에 투자한다. 문구회사 파버 카스텔(Faber Castell)은 전 세계 기업 최초로 사내 의료보험 제도를 도입했다. 사택과 사내 유치원을 설립하여 직원 주거, 건강과 육아 부담을 100% 책임지고 있다. 모든 중요한 일을 직원들과 같이 협의하여 결정하고 추진한다. 노사 합의 내용인 '파버 카스텔 사회헌장'을 제정하여 실천하고 있다.

철강 그룹 크루프(Krupp)도 질병과 사망 보험제도, 연금제도를 자체 도입하고 종업원용 사택도 지어 공급했다. 비스마르크 총리가 1871년 독일을 통일한 후 1880년대에 세계 최초로 질병, 산재, 노령, 상해보험 등 사회보험을 실시했는데, 크루프는 그 전부터 이미 시행하고 있었다. 2차 세계 대전 후 오너 알프레트 크루프는 기업을 재기하면서 "종업원이 우선이고, 그다음이 기계다."라며 종업원 복지를 강조하고 이를 실천했다.

독일 기업들은 기업활동을 통해 창출한 부를 사회에 환원하고 공헌하고 있다. 정직 · 신뢰 · 진정성이라는 가치가 배어있는 기업의 사회적 책임(Corporate Social Responsibility, CSR)을 자발적으로 추진해오고 있다. 일부 기업은 공익재단을 설립하고 지역 사회를 위해 병원, 학교, 도서관 등을 건설하여 사회적 공헌을 구체적으로 실천하고 있다.

그동안에는 CSR이 개별 기업 수준의 도덕적 차원에 머물렀으나, 최근에 이를 체계적 효율적으로 투명하게 이행할 수 있도록 제도화하고 있다. 기업 연차보고서에 사회공헌 내용을 명시하고, 연금을 기관 투자할 때 '해당 기업의 윤리 · 사회 · 환경 등을 고려했는지'에 대해서도 공시하도록 하고 있다. 또 독일 정부는 2013년부터 비(非)정기적으로 CSR 수상 기업을 선정, 'CSR Made in Germany' 마크를 부여하고 있다. 2020년에는 음료 회사 람스브로이, 화학기업 바스프(BASF), 유통회사 게파(GEPA) 등 5개 기업이 선정되었다.[150]

자동차 부품회사 보쉬(Bosch)는 1886년에 창업하여 1900년대 초부터 공익재단을 통해 사회에 공헌을 해왔다. 1910년에 스투트가르트 대학에 1백만 마르크를 시작으로 튀빙겐 대학, 에슬링겐 대학에도 기부했다. 1915년부터 1936년까지 병원과 결핵 요양원 건립·운영에 총 890만 마르크를 기부했다. 이에 따라 병원 이름도 '로버트 보쉬 병원'으로 명명되었다. 1915년에 서민 주택 건설에 1백만 마르크를 출연했다. 영재 교육을 위해 2백만 마르크를 기부했다. 나치 시절, 유대인 탈출 자금 120만 마르크를 비밀리에 지원했다. 기업에서 나온 수익의 대부분을 사회에 환원했으며, 사회공헌은 오늘도 이어지고 있다.

바이엘(Bayer)은 아스피린으로 유명한 화학·제약회사다. 과학 분야를 중심으로 사회공헌 활동을 하고 있다. '바이엘 재단'을 통해 교육·건강·환경 보호 프로젝트에 매년 의약품과 현금을 기부하고 있다. 2022년에는 5천3백만 유로(약 700억 원)를 썼다.[151] 코로나 때문에 종전보다 다소 줄었다. 이 기부금은 사회적 기업과 아프리카 농가 의료 지원, 자연재해로 피해를 본 국가의 주택 복구, 보건소·교육 시설 확충 등 주로 후진국에 지원되고 있다.

바이엘은 독일에서 가장 큰 스포츠 후원자 중의 하나다. 지원하고 있는 스포츠 클럽이 22개, 특수클럽이 13개이며, 회원 수는 4만7천 명에 이른다.[152] 이중 대표적으로 '04 레버쿠젠' 프로 축구팀이 있다. 1904년 바이엘 본사가 있는 레버쿠젠에서 공장 노동자들과 시민들의 건강과 생활 개선 목적으로 축구팀을 창단했다. 발전에 발전을 거듭하여 이제는 세계적으로 유명한 프로 축구팀이 되었다. 한국의 차범근, 손흥민 선수도 한때 이 축구팀에서 활약했다.

바이엘은 문화 예술 후원도 활발히 하고 있다. 1901년 '바이엘 오케스트라'를 창단하여 지금까지 수준 높은 공연을 제공하여 오고 있다. 또 '바이엘 예술&문화' 기구를 창설하여 「stART」라는 음악 페스티벌 등 다양한 프로그램으로 지역 사회에 기여하고 있다. 이 예술 활동은 바이엘의 핵심 CSR로 자리 잡았다.

바스프는 2013년 사회적 가치 측정 프로그램(Value-to-Society)을 개발하여 자사의 사회적 가치를 평가해오고 있다. 2019년에는 기업의 사회적 공헌의 가치를 측정할 수 있는 모델을 만들기 위해 7개 글로벌 기업들과 공동으로 가치표준연합(Value Balancing Alliance, VBA)을 설립했다. 여기에는 독일의 보쉬, 도이체방크, SAP, 스위스 노바티스, 한국의 SK 등이 포함되어 있다.[153] 3년간의 연구와 테스트를 거쳐 가치 측정이 가능해지면 좀 더 효율적인 활동이 가능할 것으로 보인다.

한국 내 독일 기업들의 사회적 책임(CSR)

독일 기업들의 사회공헌은 한국에서도 이어지고 있다. 조상미 이화여대 교수가 2014년에 한국에서 영업 중인 다국적기업 중 매출액 순위 50위 이상 기업을 대상으로 '사회공헌 지출 규모'를 조사한 결과, 독일 기업들이 1위이고, 프랑스 · 일본 · 스위스 · 미국 · 영국 순으로 나타났다.[154]

'벤츠 코리아'는 2014년 '벤츠사회공헌위원회'를 출범한 이후 지속적으로 CSR을 강화하고 있다. 판매 차량 1대당 10만 원의 기부금을 조성하여 지역 사회에 기부하고 코로나 극복을 위해 18억 원을 기부했다. 7년간 누적 기부 금액이 330억 원을 초과했다. 어린이 교통안전 프로그램 '메르세데스-벤츠 모바일 키즈'를 통해 교통사고 예방 안전 교육을 하고 있다. '벤츠와 함께' 프로그램을 통해 임직원들이 장애복지시설 개 · 보수, 주거환경 개선 등 봉사활동을 펼치고 있다. '벤츠 모바일 아카데미'를 통해 벤츠의 기술력과 노하우를 국내 대학 자동차 학과에 직접 제공하는 산학 협동 프로그램을 운영하고 있다. 국내 유망 스타트업을 발굴 · 지원하는 '스타트업 아우토반 코리아'를 통해 30여 개의 기업을 발굴해 지원했다. 또 '기브앤드림' 장학사업을 통해 스포츠 유망주 중 기초생활 수급자, 저소득층 학생들을 지원하고 있다.[155]

BMW 코리아는 '어프렌티스 프로그램'을 통해 자동차 관련 고등학생 대학생들에게 서비스센터 현장 실습 기회와 장학금을 제공하고 있다. 졸업 후 BMW 아카데미에서 추가 교육을 받고 국내 서비스센터에 정규직으로 취업할 수도 있다. 지금까지 1,200여 명이 BMW 공식 판매 회사에 정식 입시했다. 2017년부터 국내 최초로 독일식 인재 양성 프로그램인 '아우스빌둥'(Ausbildung)을 실시하고 있다. 기업이 원하는 인재를 학교가 양성하고 이에 필요한 비용과 실습 환경을 기업이 제공하는 산·학 협력 프로그램이다. 2020년까지 400여 명의 학생이 이 과정을 마쳤고, 절반 이상이 서비스센터에 채용됐다.

물류 기업 'DHL 코리아'는 'Deliver DHL — Dream, Hope, Love'라 불리는 사회공헌 활동을 지속적으로 펼치고 있다. 양로원·보육 시설 방문, '봄 행복 충전' 프로젝트, 서울 SOS 어린이 마을 등이다. '2012 대한민국 세종 나눔 봉사대상', '2013 KOTRA 외국인투자기업 CSR 대상' 등을 수상했다. 이 밖에 바스프, 바이엘, 지멘스, 비브라운(의료기기), 머크, 뵈링거 잉겔하임(제약), 보쉬, 티센크룹(엘리베이터), 차이스(광학기기), 헹켈(Henkel) 등도 나름대로 CSR을 이행하고 있다.

일각에서는 이러한 독일 기업들의 한국에서의 기부 등 CSR 활동이 사업 전략일 뿐이며, 그나마도 경영 실적에 비해 미미하다는 견해를 편다. 일리가 있다. 그런데도 다른 국가 기업들보다 활발하게 사회적 책임을 다하려고 하는 점은 긍정적으로 평가할 수가 있다고 본다.

가족 기업이 지속 가능한 이유

독일 기업의 경영 구조를 보면, 전문경영인 체제보다는 소유주가 경영하는 가족기업 구조가 월등히 많다. 약 360만 개 기업 중 94%에 해당하는 340만 개 기업이 가족기업 형태다. 여기에는 자동차 회사 폴크스바겐과 BMW, 자동차 부품회사 보쉬, 유통그룹 슈바르츠(Schwarz), 슈퍼마켓 알디(Aldi), 제약회사 피닉스, 미디어 그룹 베텔스만 등 대기업도 있고, 미텔슈탄트라 불리는 중소기업도 수두룩하다.

현재 100년 이상 된 기업은 약 1만여 개가 넘는다. 이 기업들은 몇백 년의 장구한 세월 전쟁과 같은 숱한 어려움을 극복하고 선대의 경영 철학과 기술 노하우를 대대로 이어오고 있다. 가전회사 밀레(Miele)는 4대째, 문구회사 파버 카스텔은 8대째, 세계 최고(最古) 제약·바이오 기업 머크(Merk)는 13대째 가업을 이어오고 있다. 독일에서 가장 오래된 기업은 862년에 창업한 스타펠터 호프(Staffelter Hof) 와이너리(와인 제조사)다.[156] 우리의 통일신라 경문왕 때 일이다. 그로부터 1,160년의 세월이 흘렀다.

세계적으로 소유주 경영과 전문경영 중 어느 것이 나은지는 아직도 논란이 많다. 그런데 독일의 가족 기업들은 소유주 경영의 특장점을 보여주고 있다. 주주의 단기 이익 창출 요구에 신경 쓸 필요가 없이, 안정적으로 장기 비전을 가지고 경영계획을 입안하고 실천하고 있다. 소유주 경영은 불확실하고 급변하는 경영 환경에서 진가를 발휘한다. 실패의 위험을 무릅쓰고 신속하게 과감한 투자를 통해 기업을 회생, 유지, 성장시킬 수 있는 것이다. 우수한 재무성과와 높은 성장률·수익률을 창출하고 일자리를 만들어낸다. 그래서 그 누구도 가족 기업을 족벌 경영이라고 비판하지 않는다. 소유와 경영을 분리해야 한다거나, 전문경영인 체제를 도입해야 한다는 말은 나오지 않는다.

독일의 가족 기업들에게도 가업 또는 경영권 승계는 중요한 일이다.

몇백 년의 오랜 역사를 지닌 기업의 사활이 달려 있기 때문이다. 그래서 가업 승계는 부(富)의 대물림이 아닌 기술과 고용의 대물림으로 인식된다. 회사는 선대로부터 대대로 물려받은 것일 뿐 내 것이 아니다. 나는 잠시 회사를 맡아 관리를 하는 관리자에 불과하며, 성공적으로 관리하여 다음 세대로 물려줄 할 책임이 있는 것이다. 가업을 승계하지 못하면 자신이 책임으로부터 도망치는 것이다.[157] 따라서 가업 승계의 가장 중요한 기준은 경영능력이다. 장남 차남, 아들과 딸의 순위 구분은 의미가 없다. 여기에 최고 경영자가 되기 위한 조건이 매우 까다롭다. 소유주 일가라는 이유만으로 손쉽게 경영을 승계받는 경우는 거의 없다. 철저한 교육과 검증 과정을 거친다. 사례를 살펴보자.

밀레는 100% 가족 소유기업이다. 경영자가 되려면 상위권 대학 경영학이나 공학 등을 전공해 B 이상 성적을 받아야 한다. 여기에 한 개 이상 외국어를 자유자재로 할 수 있어야 하고, 다른 회사에서 4년 이상 경력을 쌓은 뒤 좋은 평가를 받아야 한다. 기본요건을 채우면 본격적으로 경영능력이 있는지 검증절차에 들어간다. 검증은 소유주 가문과 관련이 없는 6명의 심사위원에게 하루 동안 강도 높은 1차 면접을 받는다. 여기에서 통과하면 양 가문 60명으로 구성된 가족심사위원회의 2차 면접을 통과해야 한다. 세계 일류 기업 경영자가 되기 위해서는 혹독한 시험을 통과해야 하는 것이다.

머크는 자녀들이 18세가 되면 다른 인턴들과 동등한 인턴 자격으로 훈련을 받는다. 바로 정규 신입사원이나 중간 관리자로 고용되는 경우는 드물다. 회사에서 정식으로 일을 하려면 먼저 다른 회사에서 일을 하고 그 회사의 임원까지 올라가야 한다. 즉 외부에서 경영능력 인정을 받아와야 한다. 맥주 원료 홉 생산기업 요한 바르트&존(Johan Barth&Sohn GmbH), 귀금속 기업 헤레우스(Heraeus)도 마찬가지다. 일정 기간 다른 회사에서 근무하여 경영에 대한 경험을 쌓고 능력을 검증받아야 한다.[158]

파버 카스텔은 가족회의를 통해 회사 업무 경험과 능력이 있는 사람에게 경영을 맡긴다. 경영권 승계 과정에서 재산이나 경영권을 둘러싼 다툼은 없다. 가족회의 결정은 회사의 영속을 위한 최선의 선택이라고 생각하기 때문이다. 파이프 오르간 회사 클라이스(Klais)도 후계자 기준은 능력과 가족 간 우애다. 현재의 필립 클라이스 사장에게 여동생이 두 명 있었지만, 능력이 떨어진다는 이유로 경영에서 완전히 배제되었다. 그러나 경영권을 둘러싼 갈등은 전혀 없었다. 가족회의에서 결정되면 그것으로 끝이다.

가족 중에 능력자가 없으면 어찌하는가? 과감하게 외부 인사를 영입한다. 철강회사 크루프, 광학회사 차이스, 자동차 부품회사 보쉬, 미디어 그룹 베텔스만 등은 외부에서 경영인을 영입하여 세계적 기업으로 발전시켰다. 베텔스만의 소유주 라인하르트는 3명의 아들과 3명의 딸을 두었는데, "내 아들이라는 이유만으로 후계자가 될 수는 없다."라고 공언하였으며, 이를 지켰다. 스포츠카 회사 포르셰는 포르셰와 피에히 양 가문에서 3명씩 뽑아 개발팀을 구성했으나, 갈등과 권력 다툼이 생겼다. 결국, 피에히는 가족 전원을 해임하고 비(非)가족 기술자를 등용했다.[159]

BMW 자동차는 크반트(Quandt) 가문이 지분 47%를 소유하고 있는 가족 기업이다. 그러나 이 회사의 회장은 소유주가 아닌 전문경영인이다.

소유주는 경영 전면에 나서지 않고 유능한 전문경영인을 회장으로 앉히고 역량을 집중한다. 다만 감독이사회 임원직만 가지고 있다. 현재 두 소유주는 다른 회사에 평직원으로 입사해 10년 넘게 경영수업을 받았다. 누나 수잔느 크반트(Susanne Quandt)는 광고회사와 드레스너 은행에서 실무 경험을 익힌 다음, BMW에서 수잔느 칸트라는 가명으로 신분을 속이고 근무하면서 윤리 경영을 익혔다.[160] 수잔느는 사내 결혼을 했는데, 남자 친구도 사귄 지 7개월이 될 때까지 수잔느가 소유주 딸인지 몰랐다. 남동생 슈테판(Stephan)은 보스턴컨설팅, 데이터카드 등에서 경영을 익혔다. 그러나 직접 경영에는 뛰어들지 않고 주주로서의 권리만 행사했다. 100년 기업이 가족만 고수하는 것은 지속가능성에 도움이 되지 않는다.

가족 기업 '프륌'의 500년 장수 비결

① 단추와 바늘 만드는 중소기업

독일에서 장수 기업에 속하는 기업으로 프륌(Prym)이라는 가족회사가 있다. 중세 시대인 1530년에 창업하였으니 493년이나 되었다. 1517년 마틴 루터의 종교개혁 후 13년이 지난 시점이며, 우리나라 조선 왕조 초중반 11대 중종이 재위했던 시절이다. 100년도 긴 시간인데 이 시간을 다섯 번이나 견딜 만큼 장구한 세월을 견뎌낸 이 회사는 어떤 회사일까?

2015년 10월, 독일 서부 지역 아헨 근처 스톨베르크(Stolberg)라는 작은 도시에 있는 이 회사를 방문했다. 단추와 바늘을 만드는 조그만 구멍가게 회사로만 알고 갔는데, 회사의 규모에 깜짝 놀랐다. 3층짜리 고풍스러운 본관 외에 5~7층 규모의 대형 건물 여러 동이 큰 블록을 이루고 있었다. 정문으로는 수시로 대형 트럭들이 오갔다. 여느 중견기업 같은 분위기가 풍겼다. 헤디 엘렌(Hedi Ehlen) 상무이사로부터 회사의 500년 역사와 부침(浮沈)의 궤적에 관해 이야기를 들었다.

이 회사는 처음에 단추 · 바늘 · 핀 생산으로 시작하여 핸드백 · 가방 · 장신구 등에 붙이는 액세서리 로고로 확대하였다. 20세기 전반까지 거의 400년 동안은 창업 당시의 사업을 영위하는 데 별문제가 없었는데, 20세기 후반 들어 산업 구조가 급변하면서 회사 전략도 수정이 불가피해졌다. 그래서 창업 당시의 기본 사업은 그대로 지키면서 사업 다변화를 접목했다. 즉 자동차 부품과 전자 부품 생산으로 사업을 확대하였다. 그리고 글로벌화를 추구하여 시장을 확대했다.

2021년 기준 이 회사 직원은 약 3,500명인데, 스톨베르크 본사에 700명이 일을 하고 있다. 매출은 3억 8천만 유로(약 5천억 원)로 거액은 아니지만, 코로나에도 불구하고 단추, 바늘, 장신구 등을 팔아 이 실적을 올렸다. 전 세계에 35개 공장과 판매망을 구축하고 있다.

② 500년 지속의 비결: 기본을 지켰다

500년이면 세상이 몇 번씩 변하고 산업 구조도 수없이 바뀌는 장구한 세월이다. 역사적으로 전 세계에서 500년을 버틴 왕조가 드물다. 게다가 독일은 1차 · 2차 세계 대전을 겪으면서 사회가 초토화되었다. 그런데 이 회사는 어떻게 창업 당시의 전통 아날로그 사업을 유지하면서 생존할 수 있었을까? 헤디 엘렌 상무의 답변은 다음과 같았다.

첫째, 명품 전략이다. 혁신에 혁신을 거듭하여 세계 최고 제품을 만들어 냈다. 사업 확장한답시고 이것저것 손대거나 기웃거리지 않고 뿌리 산업인 금속가공업 한 우물을 팠다. 단기적 이익에 집착하지 않고 오래 버틸 수 있는 장기 경쟁력 강화에 집중했다. 지금은 100개 이상의 특허를 비롯해 지적 재산, 실용모델 및 디자인 등 400여 개 이상의 법적 보호권을 가지고 있다. 1만여 종의 제품 중 76종이 창의력 수공예 상을 받았다.

이 회사 제품은 타 회사보다 2~3배가 비싸다. 세계 유명 패션 디자이너들이 이 회사가 생산하는 단추와 바늘 및 핀 등을 사용한다. 샤넬·에르메스·루뷔통·프라다 등 명품 핸드백, 고급 지갑, 벨트, 가방 등은 이 회사가 만든 세련된 로고가 붙어야 비로소 시장에 출고되어 명품값을 한다. 자동차 부품과 전자 부품도 보쉬 및 콘티넨탈, 애플 등 세계 최고 기업에 납품한다.

둘째, 가족의 화목(和睦)이다. 오랜 세월이 흐르면서 가족들 간에 이견도 있었지만, 그때마다 "창업주는 기업을 세우고, 2세는 물려받고, 3세는 파괴한다."라는 독일 격언을 되새겼다. 그리고 '회사 우선(Firma Erste)'의 가훈 아래 입장이 정리되었다. 경영능력이 없거나 경영철학에 맞지 않는 가족은 스스로 회사를 떠났다. 경영권 갈등을 빚은 적은 없었다. 오랜 역사의 회사를 지켜야 한다는 책임감과 중압감이 각자 자중하고 최선을 다하는 요인이 된 셈이다.

셋째, 윤리 경영을 했다. 직원들의 복지 후생에 최선을 다했다. 직원들 역시 최고의 품질로 보답했다. 직원들은 오랜 역사의 회사에 대한 자긍심이 매우 크다. 그래서 이직이 없다. 회사에 입사하면 정년이 돼서야 나간다. 지역 사회에 공헌하고 신뢰를 지켰다. 그래서 프룀은 스톨베르크의 대표

브랜드가 되었다. 이것이 지금까지 회사를 유지하는 중요한 원동력이다.

헤디 엘렌 상무와 인터뷰 내내, 마치 타임머신을 타고 500년 전의 중세 시대로 거슬러 올라가는 듯한 느낌을 받았다. 단순히 중세 유적을 보는 것 이상으로 살아있는 역사 앞에서 가슴이 먹먹해지는 듯한 경험을 하였다. 이 회사의 브로셔에 적힌 모토는 '100년 프림의 단추'(100 Jahre Prym's Druckknopf)이다. 이 회사의 기본 시간 단위가 100년인 셈이다. 500년이라는 장구(長久)함에 대한 잔상(殘像)이 오랫동안 가시지 않았다.

대기업과 중소기업도 상생 속에 발전한다

기업은 소비자뿐만 아니라, 다른 기업과도 거래나 경쟁을 하면서 어떤 형태로든 협력 관계를 유지한다. 그 협력 형태가 상생 관계인지, 또는 갑을 관계인지 여부에 따라 경쟁 질서와 상도의(商道義)가 크게 갈린다. 독일의 경우 동일 규모의 기업 간은 물론, 대기업과 중소기업 간에도 상생과 협력이 잘 이루어지고 있다. 대기업과 중소기업 간의 관계는 갑과 을의 관계가 아니라, 대등한 관계이자 동반자 관계다.

따라서 대기업이 협력업체인 중소기업에 대하여 일방적으로 납품 단가를 후려치거나 대금 지급을 고의로 미루는 일이 없다. 거래 물량, 시기, 단가 조정 등이 대화와 협상을 통해 이루어진다. 중소기업이 원자재 상승 등 합리적인 사유를 들어 단가 인상을 요구하면 대기업은 이를 받아들인다. 대기업이 을의 입장에 놓이는 경우도 종종 생긴다. 이렇게 교과서에나 있을 법한 얘기가 독일에서는 현실로 작동하고 있다. 그 이유는 무엇인가?

i) 먼저, 역사적 배경에서 찾을 수 있다

독일 기업들은 서로 동업자로 생각하는 길드(Guild : 중세 유럽의 기능인 조합) 정신에 바탕을 두고 있다. 기업 간에는 신뢰와 상도의가 쌓여 있어서 긴밀한 협력 체계를 구축하고 있다. 또한, 오래전부터 중소기업 비중이 큰 데다, 대기업들은 2차 대전 후 승전국들에 의해 해체되었다. 이에 따라 대기업의 경제력 집중도나 영향력이 비교적 낮다. 게다가 대부분 중소기업은 특정 대기업에 종속되어 있지 않고 독립적이다.

중소기업은 전국 각지에 분산되어 있어 그 지역의 인재들을 끌어모은다. 임금도 대기업의 90%에 가깝고, 후생복지도 대기업보다 나은 기업이 수두룩하다. 중소기업이라고 하여 공급망이 국내에만 한정된 것이 아니라, 글로벌화하여 전 세계에 뻗어 있다. 그러니 지역의 우수한 인재들이 굳이 대기업을 찾아 고향을 떠나 먼 타지로 이전할 유인이 거의 없다. 그래서 양 기업군 간의 관계가 갑을 관계로 굳어질 소지가 작다.

ii) 법적, 제도적 토대가 마련되어 있다

태생적 성격상 대기업이 중소기업보다 경쟁에서 유리한 점은 어쩔 수 없다. 대기업은 탄탄한 자금력, 대규모 조직과 탄탄한 인력으로 경영과 위험을 관리할 수 있다. 즉 시스템에 의존한다. 이에 비해 중소기업은 개인 능력에 의존할 수밖에 없는 구조적 취약점을 지니고 있다. 이는 독일도 마찬가지다. 그래서 이러한 불균형을 법과 제도로 보완하고 있다. 경쟁제한방지법은 대기업의 독과점 폐해를 줄이고 중소기업이 성장하고 경쟁할 수 있도록 규정하고 있다. 대기업 집단이 기업 합병 등을 추진하는 경우에는 경제 행위자들 간 경쟁을 촉진할 수 있다는 것을 증명하지 못하면, 대기업이 여러 사업으로 확장하는 것을 원칙적으로 금지할 수 있다.[161] 그리고 대기업과 경쟁하는 중소기업에 대하여 협상력 제고를 위해 담합과 중소기업 구매조합 설립 등을 허용하고 있다.

두 기업군 간에는 소관 영역이 구분되어 있다. 대기업 업종은 자동차, 에너지, 복합, 무역, 화학, 통신, 오일 등 국가 경제 구조와 연결된 산업에 집중되어 있다. 중소기업은 틈새시장에 특화되어 있다. 대기업은 중소기업 영역을 침범하지 않는다. 예컨대 대기업들이 소모성 자재 분야, 빵집이나 카페 영업 등에 뛰어들지 않는다. 중소기업이 힘들면 대기업에도 영향을 미친다는 상생의 관행이 정착돼 있기 때문이다.

iii) 중소기업의 경쟁력이 막강하다

무엇보다도 독일 중소기업은 막강한 경쟁력을 가지고 있다. 대부분 단일 품목에 특화하여 집중하여 세계 최고 수준의 품질을 만들어내고 있다. 1846년 설립한 중소기업 카를 차이스(Carl Zeiss)는 세계 최고의 광학 기술을 가진 히든챔피언이다. 1969년 아폴로 유인 우주선이 인류 최초로 달나라에 착륙한 과정을 촬영하여 지구로 전송했던 카메라가 이 회사 제품이다. '반지의 제왕'이나 '향수'와 같은 헐리우드 대작들은 이 회사 렌즈로 촬영되었다. 세계 3대 자동차 경기 중의 하나인 포뮬러 1(Formular 1)에 참가하는 거의 모든 팀이 이 회사의 3차원 측정 기술에 의존하고 있다. 지금까지 36명의 노벨상 수상자가 차이스 현미경으로 연구하여 성과를 올렸다. 삼성전자가 최근 세계 최초로 양산에 들어간 3나노미터 반도체 제조용 핵심 기술인 극자외선(EUV) 노광기술도 차이스가 독점 공급하고 있다.[162]

자동차 부품 업체 보쉬, 콘티넨털, ZF 등 세계적인 기술력을 가진 기업은 벤츠, BMW, 폴크스바겐 등 완성차 못지않게 위상이 높다. 이러한 중소기업에 대하여 대기업도 함부로 어찌하지 못한다. 대기업들은 고품질을 계속 유지하기 위해 중소기업으로부터 고품질의 부품을 안정적으로 공급받아야 한다. 갑질을 했다가는 부품 공급선을 잃어 경쟁력 저하를 불러올 수 있다. 때에 따라서는 을의 입장에 놓이는 경우도 있다.

iv) 대기업과 중소기업은 자발적으로 상생한다

대기업과 중소기업은 연구 · 개발 분야에서 상생하고 있다. 시간과 돈이 많이 소요되는 연구 분야는 대기업이 맡고, 개발은 중소기업이 맡는다. 대기업이 좋은 아이디어를 제공하면, 중소기업은 이를 경쟁력 있는 솔루션으로 만들어 시장에 제품으로 내놓는다.

폴크스바겐 · 벤츠 · BMW 등 완성차 업체들은 2003년 중소기업인 부품 협력업체들과 공동으로 '자동차 공공파트너십'(AUTOSAR)을 구축하여 부품 호환성, 자동차 안전 문제 등에 공동 대처해 왔다. 부품 업체들은 특정 완성차 업체에서 벗어나 전체 시장을 염두에 둔 제품 개발이 가능해졌다. 이어서 코로나를 계기로 2021년에 자동차 데이터 공유 플랫폼인 「카테나-X」(Catena-X)를 구축하여, 완성차 업체와 협력업체가 일제히 참여하여 차량 제조와 관련된 데이터를 공유함으로써 경제위기와 탈탄소에 대처할 수 있도록 하는 실험을 진행하고 있다. 이렇게 중소기업들은 납품업체에 그치지 않고 '자동차 제조'라는 큰 공정의 한 부분을 함께 만들어가고 있다.

대기업은 인재 공급에서도 중소기업과 상생한다. 대부분 기업은 일·학업 병행 시스템인 '듀얼 시스템'을 통해 학생들을 현장에서 교육하고 있다. 특히 대기업은 필요 인력보다 더 많은 훈련생을 뽑아 교육한다. 교육 완료 후 초과 인력은 중소기업으로 소화된다.

그러나 대기업들은 이것을 비용으로 생각하지 않는다. 이 훈련생들이 어디서 일하든 회사에 대한 좋은 이미지를 가지고 기업 홍보요원과 고객이 되기 때문이다. 이러한 인재 육성을 윤리 경영, 사회적 책임(CSR)으로 인식한다. 중소기업들도 대기업에서 폭넓은 교육 훈련을 받은 사원들을 매우 긍정적으로 생각하고 채용에 적극적이다.

Part II

예치 단계의
소프트 파워

2장 | 자유, 정의, 유대

1. 인간의 기본권 보장이 최우선 가치   228

생명권에 앞서는 인간의 존엄성

총리 사퇴를 부른 언론 자유 탄압

여성의 기본권도 크게 신장되고 있어

2. 균형 속에 공정을 추구하는 사회   243

권력기관의 엄정중립(嚴正中立)

열린 능력주의와 기회균등

공평(公平)보다 공정(公正)에 무게

3. 소통과 유대로 사회통합을 이루다   260

소통으로 사회적 갈등을 해소한다

사회통합 연결고리 「페어라인」(Verein)

「시민 교육」에서 정신적 자양분을 얻다

1. 인간의 기본권 보장이 최우선 가치

생명권에 앞서는 인간의 존엄성

한국에서는 온 사방이 폐쇄회로TV(CCTV)에 둘러싸여 있다. 2021년 말 기준 전국에 1600만 대의 CCTV가 작동되고 있는 것으로 추산되고 있다. 2023년 9월부터는 병원 수술실에도 CCTV가 설치됐다. 이 CCTV의 효용성은 익히 잘 알려져 있다. 형사범 검거율 77%의 1등 공신은 CCTV다.

이에 비해 독일에는 CCTV가 거의 없다. 최근 공공테러 차단을 위해 늘어나고 있으나 매우 제한적이다. 고속도로에서도 예외적으로 특정한 곳에만 설치되어 있다. 독일 연방법원은 교통사고 시 블랙박스 증거 능력을 인정하지 않고 각 주(州) 법원의 판결에 맡겼다. 그러다가 2018년 5월에야 법적 증거물로 채택을 허용했다. 그마저도 차량 운행 중에 촬영된 것만 허용했다.

상대방과의 대화 녹취도 엄격하다. 상대방 동의 없이 몰래 녹취하는 것은 불법이다. 상대방이 동의하면 녹취는 가능하나, 그 의도를 명확히 설명해야 한다. 검찰·경찰과 같은 수사기관이 법원 허가 없이 민간인의 통신 자료를 무더기로 조회하여 개인 정보를 마구 뒤져 사생활을 침해하는 일은 상상할 수가 없다. 피의자의 신상정보도 철저히 보호되고 있다. 수사기관 입장에서는 답답할 노릇이나, 범죄에 대한 명백한 증거가 있다 하더라도 '인권 보호' 차원에서 얼굴 공개 등을 매우 예외적으로만 활용하고 있다. 나치의 〈게슈타포〉나 동독의 〈슈타지〉와 같은 비밀경찰의 사생활 침해로부터 얻은 교훈이다.

독일은 2020~2021년 코로나 대응 과정에서, 휴대 전화의 개인 정보를 활용하기 위해 한국 모델인 '개인 정보 중앙집중 방식' 도입을 추진했다. 이는 국가가 식당·카페 등 다중이용시설에서 출입 명부나 휴대 전화 QR 테스트를 통해 국민의 동선과 개인 정보를 추적·관리하는 방식이다. 이 방법은 코로나 확진자 경로를 쉽게 추적할 수 있어 코로나 확진자 추적 관리에 편리하다. 그러나 이 방식은 엄청난 반발과 저항에 부딪혔다.

결국, 독일은 한국 모델 도입을 포기하고, 독자 모델을 개발했다. 블루투스(BLE: Blue-tooth Low Energy)라는 분산형 자가관리 방식이다. 휴대 전화에 코로나 경보앱(CWA)을 저장한 사람들이 서로 1.5m 이내의 거리에 근접하면 임시 코드를 통해 근접 사실이 저장된다. 만일 확진자가 나오면 이 코드를 통해 접촉자를 찾게 된다.[163]

이 방식은 위성항법시스템(GPS)처럼 제삼자가 위치 정보를 추적하는 것이 아니라, 서로 접촉한 당사자들끼리 익명(匿名)으로 정보가 모인다. 이름, 전화번호, 주소, 접촉 지점 등은 아예 저장이 안 되고, 정보가 중앙으로 모이지도 않는다. 따라서 개인의 동선이나 신상정보 유출이 전혀 안 된다.[164] 그나마 14일이 지나면 모두 소멸한다.

그러면 독일은 왜 CCTV, 녹취, 개인 정보 중앙집중 등 손쉬운 방식을 활용하지 않고 있는가? 인간의 존엄과 자유 즉 기본권을 지키기 위함이다. 독일 헌법은 제1조에서 인간의 존엄과 인권을, 제2조에서 자유권을 기본권으로 규정하고 있다. 독일 철학자 칸트도 "인간의 존엄성은 어떤 것과도 바꿀 수 없다."라고 규정하고 있다.[165] 또 연방헌법재판소가 1983년 "정보의 자기 결정권은 인간의 존엄성을 지키기 위한 권리"라고 판결하면서 개인 정보도 기본권으로 인정받고 있다.[166] 한스 유르겐 파피어 (H.J. Papier) 전 연방헌법재판소장은 2020년 3월 "휴대전화 정보 추적은 정보의 자기 결정권을 침해하는 것이며, 이러한 디지털 감시 시스템은 팬데믹을 핑계로 하는 히스테릭한 파시스트 보건 국가시스템"이라고 비판했다.[167]

"아무리 그래도 그렇지, 코로나로 사람이 막 죽어 나가고 있는 데 웬 존엄과 자유 타령인가? 존엄과 자유가 사람 목숨보다도 더 중하다는 것인가?" 이렇게 개인 인권의 과도한 보호 때문에 사망자가 속출하고 있다는 비난이 쇄도했다.[168] 실제로 독일은 사람의 생명을 매우 중시한다. 생명권은 인간 존엄의 중요한 토대이며 모든 기본권의 전제다. 국가에 대하여 '생명을 보호하라'라는 명령도 이 생명권에서 나온다. 물론 생명이 사라지면 존엄성이 설 자리는 없다.

그렇다고 하여 생명권을 존엄성보다 더 위에 두면 전쟁 등 유사시 남자들을 징집하여 전쟁에 내보낼 수 없게 된다.[169] 군대란 전쟁 등 비상시에 나라를 지키기 위해 존재하는 것이고, 전쟁은 목숨을 걸어야 하는 것이 아닌가. 그래서 독일 헌법은 무조건적인 생명 보호가 아닌 인간의 존엄성을 최고의 원칙으로 하고 있다. 이러한 이유로 휴대 전화 위치 정보를 통해 국민의 동선(動線)을 추적하고 개인 정보를 관리하려는 시도가 격렬한 반대에 부딪힌 것이다.

독일은 코로나로 인해 많은 인명 피해를 냈다. 그런데 이를 감수하면서도 개인 정보와 사생활 보호 원칙을 지켰다. '이것이 가장 바람직한 최선의 방법인지'에 대해서는 독일 내에서도 계속 논란이 되고 있다. 그러나 국가위기 상황에서도 개인의 자유, 기본권을 지키려는 노력은 흔들림 없이 이어지고 있다.[170]

한국은 코로나 방역에 성공한 국가로 평가받고 있다. 그런데 이는 의료진과 국민의 희생의 대가였다. 마스크 착용, 사회적 거리 두기, 백신 접종 등 방역수칙을 잘 따르며 고통을 견뎌냈다. 그러나 무엇보다도 국민의 자유를 저당 잡히고 방역독재 결과 얻은 성과였다. 정부 기관이 휴대 전화 기록, 카드 사용 기록, CCTV 등을 통해 확진자는 물론 전 국민의 이동 정보를 환히 꿰뚫고 조종했다. 물론 코로나라는 전대미문의 사건에 대응하기 위해 어쩔 수 없는 부분이 있었지만, 사생활 침해로 인한 자유가 심하게 훼손된 것이다. 이것은 조지 오웰의 『1984』에서 빅 브러더의 침입성을 의미하는 것이며, 따라서 서구의 사생활 보호 기준과는 맞지 않는다.[171]

현재도 한국에는 헌법의 자유민주주의에서 '자유'를 떼어 내려는 세력들이 존재하고 있다. 평시에도 이렇게 자유를 지키기가 어려운 데 만일 전쟁, 독재자 출현, 코로나 이상의 재해 같은 일이 발생한다면, 우리는 과연 소중한 자유를 지킬 수 있을까?

총리 사퇴를 부른 언론 자유 탄압

2020년 초 전 세계 대부분의 나라가 코로나 대응을 위해 전력투구하고 있을 때, 독일은 마스크 착용, 이동 제한, 접촉 금지 등의 조치들이 개인의 자유를 억압하고 기본권을 제한한다는 비판에 직면했다. 시위도 많이 일어났다. 그런데 우선 사람을 살려야 하는 긴급 상황인데도 개인의 자유를 제한할 근거와 수단이 명확하지 못했다. 결국, 연방헌법재판소(BVG)는 "정부의 방역 조치가 타인의 생명 보호와 개인의 자유 제한 간 '비례의 원칙'에 부합한다."라고 판결하여 논란을 잠재웠다.

메르켈 총리도 3월 18일, 다음과 같은 대국민 연설을 통해 자유의 일시적 제한이 불가피함을 피력하고 이를 지킬 것을 호소했다. 그리고 같은 해 12월 9일, 연방하원 연설에서 다시 한번 "방역수칙을 지켜달라."라며 간곡히 호소했다.

> … 2차 세계 대전 이후 우리에게 이보다 더 큰 도전은 없었습니다.
> (제가 동독에서 자라고 살았기 때문에) 여행과 이동의 자유를
> 제한하는 것이 얼마나 어려운지 잘 알고 있습니다.
> 그러나 먼저 사람을 살려야 합니다. 그래서 제한은 불가피합니다.
> 사랑하는 이들을 얼마나 잃을지는 우리 손에 달려 있습니다….[172]

〈그림 8〉 메르켈의 호소

* 메르켈 총리가 2020년 12월 9일
연방하원 연설에서 두 손을 모아
국민들에게 호소하고 있다.

어느 나라나 마찬가지겠으나, 독일 국민 역시 자유를 매우 소중하게 여긴다. 국가 권력에 의해 자유가 침해받는 것에 관해 거의 알레르기성 반응을 일으킨다. 마스크 착용도 개인 자유 침해라며 엄청난 저항에 부딪혔다. 2022년 4월에는 60세 이상 국민에 대해 백신 접종 의무화 계획이 연방하원에서 부결되어 무산되었다. 이렇게 국민이 자유 제한에 민감하게 반응하는 것은 20세기 전반 바이마르 공화국이 헌법을 수호하지 못하고 나치에게 넘겨줌으로써 자유를 상실하고 처절한 고통을 경험하였기 때문이다.

그래서 나치에 대한 반성과, 다시는 그런 일이 발생하지 않도록 헌법적 규정과 제도적 장치를 마련하여 시행하고 있다. 헌법 제2조 2항은 '인간의 자유는 침해할 수 없다.'라고 규정하고 있다. 언론 출판, 학문, 집회·결사의 자유 등 자유민주적 기본질서를 파괴할 목적으로 남용한 경우에만 제한된다. 자유민주적 기본질서를 수호하기 위해 연방내무부 산하에 연방헌법수호청(BfV)을 설립·운영하고 있다. 헌법수호청이 수호하는 핵심 사항은 인간의 존엄과 가치, 정치적 참정권의 인정, 법의 지배, 사법권의 독립, 폭력과 자의적 지배의 배제 등이다. 이를 위해 파시즘과 같은 극단주의 출현을 막고, 반헌법적 세력과 인물을 감시·추적한다.

　그런데 그러한 독일에서 국가 권력에 의해 자유가 침해되고 총리가 사임하는 일이 발생했다. 이른바 시사 주간지 〈슈피겔〉(DER SPIEGEL) 언론 탄압사건이다. 1962년 서독의 콘라드 아데나워 초대 총리 시절, 〈슈피겔〉은 '팔렉스(Fallex) 62'라는 암호명의 나토 기동훈련 내용을 보도했다. 많은 국방비를 쓰고도 소련에 대한 방어 능력이 부족하다는 국방부의 극비 문건이었다. 이에 서독 정부는 군사기밀 누설과 국가반역죄 혐의를 씌워 〈슈피겔〉지 사무실을 압수 수색하고 담당 기자와 발행인을 체포·구속했다.
　이 〈슈피겔〉 사건은 독일 사회에 큰 반향을 일으켰다. 언론 탄압이고 언론 자유 훼손이라며, 전국적으로 시위와 저항 운동이 일어났다. 시위대는 '슈피겔은 죽었다. － 자유도 죽었다.'(SPIEGEL tot －Freiheit tot)라고 외쳤다. 나라를 세운 건국 총리로 국민의 추앙을 받던 아데나워 총리는 결국 이 사건 때문에 불명예 사퇴하고, 차기 유력한 총리 후보로 거론되던 슈트라우스 국방장관도 물러났다.[173]

　그로부터 반세기가 지나 또 언론 탄압사건이 터졌다. 2015년 7월 하랄트 랑게(Harald Range) 검찰총장은 독일 인터넷 보도 매체인 〈네츠폴리틱〉(Netzpolitik) 소속 기자 2명을 국가 반역죄로 수사하겠다고 발표했다. 이 기자들이 '연방헌법수호청이 온라인 감시 강화를 위해 예산을 확대한다.'는 내용의 기밀문서를 입수해 보도했기 때문이라는 것이다. 이

를 두고 독일 내에서는 '언론 보도에 대한 재갈 물리기'라는 비판 여론이
쏟아지고 검찰을 규탄하는 집회까지 열렸다. 결국, 메르켈 총리는 2015
년 8월 랑게 총장을 해임했다.

독일의 언론 자유 수준은 매우 높다. 「국경없는 기자회」(RSF)가 발표한
2020년도 세계 180개 국가의 언론자유지수를 보면, 독일은 11위다. 한국
42위, 미국은 45위다. 독일이 언론 자유를 어떻게 지키는지 살펴보자.
먼저, 국가 권력으로부터 언론 자유를 지킬 수 있도록 장치를 마련해놓
고 있다. 헌법 제5조 1항에 의거 언론 자유가 보장받고 있다. 국가는 극
히 예외를 제외하고는 공영방송에 대해 감독권을 행사하지 않는다. 공영
방송의 최고 의사결정 기구인 방송위원회는 사회 각계각층 인사들로 구
성되어 있다. 사장은 이 위원회에서 선출한다. 정권 인사를 낙하산으로
내려보낼 가능성이 작다.

〈표 19〉 세계 주요국의 언론 신뢰도 & 언론자유 지수 순위 (2020년)

	핀란드	네덜란드	덴마크	독일	일본	미국	영국	한국
언론자유 지수 (180국)	2	5	3	11	66	45	35	42
언론 신뢰도 (40국)	1	4	9	10	22	29	34	40

* 자료: 1. RSF, *The World Press Freedom Index*, 2020.4.
  2. Reuters Institute, 『Digital News Report 2020』, 2020.1, p.14.

다음 재정 독립이다. TV는 정부의 재정적 도움을 받지 않고 시청료를
받아 운영한다. 제1공영 TV(ARD)의 경우 예산의 80% 이상을 시청료 수

입으로 충당한다. TV 시청료는 가정마다 월 18.35유로(약 2만4천 원)로 상당히 큰 금액이다. 한국 2,500원의 무려 10배에 가깝다. 독일에서 교육비도 무료이고 공공 서비스료도 대부분 매우 저렴한 것에 비하면 큰 부담이다. 또한, 기업으로부터 광고 협찬이나 후원 등도 엄격히 제한하고 있다.

이렇게 시청자들이 거액의 시청료를 내는 것은 방송이 정부나 외부의 영향을 받지 않고 프로그램을 독립적 자율적으로 운영하도록 하기 위한 것이다. 이것은 정권 창출이나 유지에 방송이 동원될 수 없음을 의미한다. 따라서 정권이 바뀌어도 언론의 객관적이고 중립적인 논조(論調)는 그대로 유지된다.

물론 독일도 언론 자유가 무제한 허용되지는 않고, 취재윤리(정당한 정보 수집 및 사생활 보호) 안에서만 허용된다. 헌법 제5조 2항에 따라 일반 법규, 청소년 보호 규정, 개인적 명예권은 침해할 수 없다. 대형 사고에 대해서는 정보 공개보다 인명과 건강 보호를 우선으로 한다. 따라서 피해자들에게 마이크를 마구 들이밀어 곤경에 빠뜨리는 인터뷰는 거의 없다. 알 권리 제공 명분으로 처참한 사건 현장을 마구 휘젓고 다니며 보도하거나 방영하는 일도 없다. 사고 현장에서 피해자 영상을 찍어 유포하면 형사처벌 받는다. 그 외에 내부 자율규정이나 협약 등을 통해 저널리즘 원칙을 지켜나가고 있다.

독일 언론은 자유를 향유하는 만큼 그에 비례하여 높은 신뢰로 보답하고 있다. 위 표에서 세계 40개국의 언론 신뢰도를 보면, 독일은 10위를 차지하고 있다. 한국은 40위로 꼴찌다. 마인츠 대학이 2020년에 독일 언론기관 신뢰도에 대해 설문 조사한 결과, '전적으로 신뢰한다'가 56%, '보통이다' 28%, '불신한다'가 16%로 나타났다.[174]

뉴스는 항상 사실(fact)에 충실하다. 내용이 객관적이고 공정하고 정확하다. 뉴스의 고품질을 최우선으로 하고 있다. 정권 편향적이지 않고 중립적이다. 오보가 확인되면 바로 수정하여 보도한다. 공영방송의 경우 시청률을 의식하는 유흥 위주의 연예·예능 프로가 거의 없다. 일부 독자나 시청자 기호에 영합하는 흥미 위주의 뉴스를 내보내지 않는다. A 신문사가 특종을 하면, 다른 신문사들은 그것을 그대로 인용해서 보도하는 일이 당연하게 일어난다. 타 언론기관을 존중하고 배려하는 언론인으로서의 자세가 엿보인다.

68세 아나운서 전설의 아름다운 퇴장

2020년 12월 14일, 독일 제1공영 TV(ARD)의 저녁 8시 뉴스인 타게스샤우(Tagesschau) 뉴스에서 여느 때처럼 얀 호퍼(Jan Hofer) 아나운서 실장이 뉴스를 진행했다. 뉴스가 끝나갈 무렵 옌스 리바(Jens Riewa) 아나운서가 등장하여 "오늘 얀 호퍼 실장이 방송을 떠난다."라는 말과 함께 화면에는 얀 호퍼의 과거의 뉴스 진행 장면들이 스치다시피 하면서 소개되었다. 그리고 마지막으로 다시 얀 호퍼가 날씨 뉴스를 전한 다음, 오늘이 자신의 마지막 방송임을 설명하고, 시청자와 방송사 관계자들에 대한 감사의 얘기와 함께 끝을 맺었다. 그리고 뉴스 진행 때마다 상징적으로 맸던 넥타이를 풀어 자신의 마지막 방송임을 알렸다. 이때에는 스스로도 감정이 북받쳐 오르는 듯 목까지 잠겼다. 정말 감동적인 장면이었다.

1952년생인 얀 호퍼 실장은 1985년에 이 공영방송에서 첫 뉴스 방송을 시작하여 2020년까지 36년을 아나운서로 재직하였으며, 그중에서도 특히 뉴스 진행에 주력했다. 인생의 절반을 뉴스 프로와 함께 한 것이다. 정권 교체가 자주 일어나지 않는 독일에서도 그의 36년은 기민당(헬무트 콜) → 사민당(게르하르트 슈뢰더) → 기민당(앙겔라 메르켈)으로 바뀔 만큼 긴 세월이었다.

필자가 1980년대 후반 독일 본(Bonn) 대학에서 수학할 때 청년 얀 호퍼 아나운서의 뉴스를 들으면서 어학 공부를 했고, 2000년대 초반 프랑크푸르트총영사관 재경관 재직 시에는 중년이 된 얀 호퍼 실장의 뉴스에서 단초를 얻어 독일의 정치 · 경제 · 사회 관련 자료를 실시간으로 검색 · 확보하고 이를 토대로 심층 보고서를 작성할 수 있었다.

얀 호퍼 실장은 독일 아나운서 계의 전설로 통한다. 그는 정파나 이념에 치우치지 않고 사실(fact) 위주로 뉴스를 전하는 공정한 뉴스 진행자였다. 북독일 TV(NDR)의 요아힘 크누트(Joachim Knuth) 방송국장은 "얀 호퍼는 저녁의 신뢰받는 동반자."라고 회고한다. 많은 시청자는 그를 '미스터 타게스샤우'(Mr. Tagessschau)라고 부르면서 그의 업적을 높이 평가하고 있다.[175]

타게스샤우는 1952년에 첫 방송을 시작하여 70여 년의 역사를 가지고 있으며 아직도 높은 시청률을 자랑하는 전통의 뉴스 프로이다. 현재 독일 인구 8천3백만 명 중 TV 시청자는 약 3천 3백만 명이고, 그 중 타게스샤우 시청자는 1천5백만 명으로 45%의 점유율을 차지한다.

비결은 간단하다. 타게스샤우는 공정성을 최고의 덕목으로 여기고 한결

같이 사실과 진실만을 제공하기 위해 최선을 다하기 때문이다. 여기에 가짜 뉴스, 편향된 이념, 음모론, 정치권의 압력 등은 끼어들 여지가 없다. '타게스샤우 뉴스는 사실이고 진실'이라는 믿음이 시청자들에게 인식되어 있다. 이것이 곧 타게스샤우의 명성이고 자산이다.

여성의 기본권도 크게 신장되고 있어

독일은 연방 국가이자 열린(개방된) 나라이며, 여성적인 나라다. 이 덕분에 독일은 이 지구상에서 가장 선진적, 도덕적, 현명한 국가가 되었다는 주장도 나오고 있다.[176] 두 번씩이나 세계 대전을 일으킨 축구와 맥주의 나라가 여성적이라니? 그런데 독일을 좀 자세히 들여다보면 여성의 나라임이 실감 난다.

지금은 국가(國歌)의 지위를 잃었지만, 독일 국가 2절에는 신의(信義), 와인, 노래 등과 함께 여성을 칭송하는 내용이 들어 있다. 독일어에 명사(名詞)는 남성 여성 중성 등 3개 성으로 구분되어 있다. 사회 모든 분야에서 여성에 대한 배려가 당연시되어 있다. 연방정부에도 우리나라처럼 여성부가 있다. 정확히는 가족 · 노인 · 여성 · 청소년부다. 저출산 · 고령화 · 인구 문제를 종합적으로 풀기 위해서다.

독일은 양차 대전을 겪으면서 전장에서 많은 남성이 돌아오지 못했다. 여성이 가장으로서 생계를 책임져야 했고, 산업계도 이끌어갔다. 여성들이 파편 잔해를 치우고 밭을 갈아 농사를 짓고 벽돌을 날라 집을 지었다. 그래서 이 여성들을 '파편 부인'(Truemmerfrau)이라 불렀다. 라인강의 기적을 일구는 데 여성들의 기여가 컸다.

그런데도 그동안 독일은 남성 위주의 사회였으며, 아직도 그 잔재가

남아 있다. 여성 근로자 임금은 남자의 82%로, 남녀 간의 임금 격차가
EU 국가 중에서 높은 편이다. 은폐된 성폭력과 성차별 문제가 미투 운동
으로 드러나기도 한다. 상위 30개 상장 기업 가운데 여성 이사가 2명 이
상인 곳은 한 곳도 없다. 메르켈 총리도 여성 문제에 대해서는 16년간의
재임 기간 내내 침묵 속에 중립을 지켰으나, 2021년 9월에야 처음으로
자신이 페미니스트(여성주의자)임을 밝혔다.[177]

　이러한 독일도 이제는 성 평등 실현 노력을 많이 하고 있다. 독일 헌법
제3조 2항은 "남녀는 동등한 권리를 가진다, 국가는 남녀평등의 실질적
실현을 촉진하고 현존하는 불이익의 제거에 노력해야 한다."라고 규정하
여 여성의 기본권을 보장하고 있다. 이를 위해 연방남녀평등법, 고위직
여성보장법이 시행되고 있고, 2021년 7월 연방성평등재단을 설립하여,
여성의 지위 향상을 도모하고 있다.
　이에 따라 남녀 간 평등 수준이 상당히 높아졌다. 세계경제포럼(WEF)
의 2023년 세계 주요국 '성(性) 격차지수'를 보면, 146개 국가 중 독일은
6위로 상위권에 올라 있다. 미국은 43위이며, 한국은 105위로 중하위권
에 머물러 있다. 또 세계은행이 분석한 190개 국가의 '남녀 간 경제 격차
지수'를 보면, 독일은 100점으로 1위인데 한국은 85점으로 65위의 낮은
순위를 보이고 있다. 뒤 261쪽 〈표 22〉의 영국 킹스 칼리지의 '2021년도
갈등보고서'를 보면, 세계 28개 국가 중 독일의 남녀 간의 갈등 순위는 4
위로 비교적 갈등이 적음을 알 수 있다. 반면 한국은 28위로 남녀 간 갈
등이 매우 높음을 시사한다.

　독일 연방정부 부처는 2025년까지 관리직 남녀 비율을 50% : 50%로

동등하게 달성하도록 할당제를 시행하고 있다. 2020년 8월 기준, 관리자 중 여성 비율은 46%였으며, 조만간 동률을 이룰 것으로 보인다. 연방정부 지분 50% 이상인 공기업의 경우 임원이 2명 이상이면 적어도 1명은 여성으로 채우도록 하고 있다. 현재 고위직 여성 비율은 34%다.

이러한 여성 고위직 할당제는 민간기업에도 적용된다. 2021년 8월부터 직원 2,000명 이상인 상장 기업의 이사회 임원이 3명 이상일 경우 최소한 1명의 여성을 반드시 포함하도록 하고 있다.[178] 즉 임원의 30% 이상을 여성에게 배분해야 한다. 2020년 말 주요 상장 기업의 여성 임원 비중은 16% 수준이다.

여성은 출산과 독박 육아 부담에서 벗어나 사회 활동을 할 수 있다. 산모는 출산 전 6주, 출산 후 8주 출산휴가를 받을 수 있고, 남편도 출산 후 8주 유급 휴가가 주어진다. 산모가 원하면 1년~3년까지 복직이 보장된 유급 휴가를 받을 수 있다. 특히 출산 시 해고도 까다로워, 출산해도 직장 잃고 경력 단절로 이어지는 일은 드물다. 임신·출산 관련 의료 서비스는 전부 무료이고, 산모는 출산 수당, 부모수당, 자녀수당 외에 각종 세제 혜택도 받는다. 사교육비도 없으니, 아이를 낳아 키우는 데 아무런 문제가 없다. 2021년 합계출산율은 1.57명을 기록했다. 한국 0.78명의 두 배나 된다.

여성의 정계 진출도 활발하다. 2021년 9월 총선 결과, 연방의회 전체 의석 736석 중 여성 의원이 257명으로 35%를 차지했다. 또 내각의 16개 장관 자리 중 8명이 여성으로 채워졌다. 독일 역사상 최초로 남녀 동수(同數) 내각이 된 것이다. 그런데 장관 자리를 보면 그냥 구색 갖추기가 아니라 내무, 외교, 국방, 건설주택 장관 등 요직을 여성이 차지했다. 숄츠 총리는 독일 인구 절반이 여성이기 때문에 여성도 절반의 힘을 얻어야 한다고 취지를 설명했다.

여성의 고위직 인사를 보면, 안네마리 렝거(A. Renger), 리타 쥐스무스(R. Suessmuth)가 연방의회 의장(우리의 국회의장)을 지냈으며, 현재 사민당 베르벨 바스(B. Bas)가 세 번째 여성 의장으로 활약하고 있다. 녹색당 에카르트(G. Eckardt) 의원은 부의장을 맡고 있다. 소수당인 대안당과 좌파당 대표도 여성이다.

그 외에 안드레아 날레스(A. Nahles)는 사민당 대표를 지냈으며, 카렌 바우어(A.K. Karrenbauer) 기민당 대표는 국방장관을 역임했다. 노동장관·국방장관을 지낸 폰데어 라이엔(Von der Leyen)은 현재 유럽연합(EU) 집행위원회 위원장으로 활동하고 있다.

지방 정치인으로는 라인란트팔츠주(州) 주지사 말루 드라이어(M. Dreyer), 메클렌부르크 퍼포먼주 주지사 슈베시히(M. Schwesig), 잘란트주 주지사 렐링거(A. Rehlinger)가 있다. 그리고 동독 출신으로 여성가족부 장관을 지낸 프란치스카 기파이(F. Giffey) 베를린 시장(우리의 서울시장)이 있다. 이렇게 여성의 적극적 사회 진출로 사회적 안정과 국가 발전에 크게 기여하고 있다.

2. 균형 속에 공정을 추구하는 사회

권력기관의 엄정중립(嚴正中立)

한 나라의 권력기관은 그 나라를 지탱하는 마지막 보루이자 자존심이다. 권력기관이 부패하거나 무너지면 헌법 질서는 붕괴하고 나라가 망하는 길로 들어선다. 독일의 경찰과 사법(司法) 시스템 등 이른바 권력기관은 국민으로부터 매우 높은 신뢰를 받고 있다. 독일 여론조사기관 GfK가 2017년 발표한 세계 주요국의 국내 12개 기관에 대한 신뢰도 순위를 보면, 독일의 경우 경찰이 1위, 사법 시스템이 2위를 차지하고 있다. 한국은 각각 6위, 9위로, 권력기관에 대한 신뢰도가 낮다. 사유를 살펴보자.

〈표 20〉 독일과 한국의 자국 내 기관에 대한 신뢰도 순위 (2017)

	경찰	사법 시스템	행정 관청	비영리 단체	통화 (通貨)	언론	교회	인터넷	정당
독일	1	2	3	5	6	7	8	10	12
한국	6	9	7	1	2	3	10	4	12

* 자료: GfK, Global Trust Report 2017 – a GfK Verein Study, 2017.2. 재구성

먼저, 경찰에 대한 신뢰가 매우 높다. 그 이유는 간단하다. 법 집행에 엄정하기 때문이다. 경찰은 최고 권력에 아부하고 공권력을 휘두르는 두려운 기관이 아니다. 그러면서도 청렴하고 국민에 대한 봉사자로서 국민을 지켜주는 친근한 이웃 아저씨다. 경찰이 되려면 인성과 지식에 대한 검증을 통과해야 한다. 그렇게 해서 경찰 후보생이 되면 2년 6개월간 자유민주주의, 윤리, 경찰 역사 등 교육을 이수해야 한다. 옛 나치수용소를 방문해서 당시의 악행을 돌아보고 생존자를 찾는 일도 해야 한다.[179] 자제력, 극기, 흥분 가라앉히기 등을 배워 시위 진압 시 난폭성을 줄인다. 경찰관은 1등 신랑감·신붓감이다.

이러한 독일 경찰의 오늘날의 모습은 2차 세계 대전 당시 나치 경찰의 악명에서 벗어나기 위한 처절한 몸부림의 결과다. 나치 정권의 비밀경찰 〈게슈타포〉(Gestapo)는 권력의 중심에 서 있었다. 시민들을 감시·구금하고 정적을 제거하고 유대인을 추방하고 살해했다. 그 후 동·서독이 분단되면서 동독에서는 〈슈타지〉(Stasi)라는 비밀 첩보기관이 출현하여 악행을 자행했다. 독일은 이러한 부끄러운 역사를 끊어내야 했다.

다음, 법원과 검찰 역시 신뢰를 받고 있다. 경제협력개발기구(OECD) 36개 회원국의 2020년 사법 시스템 신뢰 지수에서 독일은 9위를 차지하고 있다. 한국은 34위로 거의 최하위다. 독일의 사법 시스템은 우리와 좀 다르다. 법원이 독립되어 있지 않고 검찰과 같이 법무부 소속으로 되어 있다. 따라서 법원과 검찰을 통칭하여 사법 시스템이라고 한다. 기관별로 살펴보자.

<표 21> OECD 회원국의 사법 시스템 신뢰 지수 (2020년 기준)

순위	1~4	5~8	9	15	19	22	34
국가 (36국)	노르웨이, 핀란드, 덴마크 등	스웨덴, 네덜란드, 룩셈 등	**독일**	일본	미국	프랑스	**한국**
점수	81~91	75~78	**70**	65	59	53	**22**

* 자료: OECD, 『Government at a Glance 2021』, 2021, p.225.

첫째, 독일 검찰의 수사 능력은 탁월하다. 정권에 휘둘리거나 이념 편향이 문제가 되는 일도 없다. 검찰이 엄정중립을 지키다 보니 특별 검사, 공직자부패수사처(공수처), 중앙수사청 같은 별도의 기형 조직이 필요 없다. 실제로 정치적 사건이나 대형 비리 사건이 거의 없으니 검찰이 언론에 오르내리는 일도 없다. 그래서 검찰은 평소 있는지 없는지 모를 정도로 국민 관심에서 벗어나 있다.

둘째, 법원은 높은 전문성을 자랑한다. 독일은 연방정부에 분야별로 노동법원, 행정법원, 사회법원, 재정법원 등을 두고, 산하에 1심 주(州)법원을 두고 있다. 최종심으로 우리의 대법원에 해당하는 일반법원을 두고 있다. 그리고 한 법관이 같은 법원에서 장기간 근무한다. 대부분 정년까지 근무하고 퇴직한다. 이는 판사는 전지전능하지 않으며, 따라서 전문 분야에 특화되어야 한다는 논리에서 출발한다.[180] 그만큼 하나의 사건에 깊은 분석과 판단을 할 수 있어 판결 오류를 최소화할 수 있다. 여기에 법관의 독립이 잘 지켜지고 있다. 이념에 따라 친(親)정부 성향의 판사를 중용하거나 반(反)정부 판사를 좌천시키는 따위의 일은 없다.

셋째, 판검사들의 청렴성이 매우 높다. 독일 헌법에는 양심 규정이 없다. 헌법 제97조는 "법관은 독립적이며 오직 법률에만 기속된다."라고 규정하고 있다. "법과 양심에 따라 심판한다."라는 우리 헌법과 대조된다. 따라서 판사들이 법을 자의적으로 해석해 유전무죄 무전유죄의 고무줄 판결을 내릴 수가 없다. 퇴직 후 법무법인(로펌)이나 기업에 취업하여 재직 시 업무와 관련된 일을 맡는 것도 엄격히 제한하고 있다. 그러니 애초부터 전관예우(前官禮遇) 문제가 발생할 일이 없다. 또 실제로 변호사로 개업하는 예가 극히 드물다. 그만큼 부패 사슬에 연계될 가능성이 작다.

넷째, 연방헌법재판소에 대한 신뢰가 대단히 높다. 연방헌법재판소는 헌법에 대한 최종 해석을 통해 헌법을 수호하는 기관으로 최종심이자 최고의 법원이다. 재판관은 16명으로, 연방하원과 연방상원에 의해 각각 8명씩 임명된다. 그러나 구성원의 정치적 배경에 따라 의견이 나뉘지는 않는다. 그들은 전문적이며 현인(賢人)이라는 평판을 받고 있다.[181] '천당 밑에 헌법재판소, 그 밑에 총리'라는 말도 있다. 연방헌법재판소는 신뢰와 함께 최고의 권위를 인정받고 있다. 헌법재판소 판결이 비난을 받는 경우는 드물다. 헌법재판소가 한번 결정을 내리면 그것으로 끝이다. 모든 것이 정리된다.

한국 경호원과 독일 경찰의 한판 승부

한국 대통령 방독(訪獨) 행사 지원

1989년 11월 중순, 베를린 장벽이 무너진 지 얼마 안 되어 서독 전체가 들떠 있을 때, 노태우 전 대통령이 유럽 순방차 헬무트 콜 총리를 방문했다. 당시 수도 본(Bonn)에 있던 한국 대사관에 대통령 방독 준비팀이 꾸려져 행사를 주관했다. 필자도 공무원 신분인 관계로 경호원과 수행원들의 짐 (수하물) 관리팀장으로 활동을 하였다. 경호원과 수행원들의 짐을 공항 → 숙소 → 행사장 → 숙소 → 공항으로 안전하게 옮기는 것이 임무였다.

순방 마지막 날, 숙소에서 '쾰른–본 공항'으로 이동, 다음 행선국인 헝가리로 가기로 되어 있었다. 이날 우리 팀도 숙소에서 짐을 챙겨 경호원들과 같이 공항으로 출발했다. 차량 이동, 공항에서 짐 검색 및 기내 반입 등 시간 소요를 감안하여 충분한 여유를 두고 대통령 전용기가 이륙하기 5시간 전쯤에 공항으로 출발하였다. 물론 대통령과 핵심 수행원들은 본에서 정상회담 등 일정을 소화하고 나중에 공항에 도착하게 되어 있었기 때문에, 우리는 따로 먼저 움직여야 했다.

그날따라 유독 아우토반(고속도로) 정체가 심했다. 보통 1시간이면 충분한 거리인데도 꽉 막혀 차량이 도무지 움직이지 않았다. 이쯤 되면 한국 대통령 일행에 대한 예우 차원에서 경찰의 사이드카 호위가 있을 법도 하건만, 대통령과 대통령을 가까이서 보좌하는 주요 인사들 행렬에만 독일 측 경호팀이 수행했고, 우리처럼 별 볼 일 없는(?) 수하물 팀은 찬밥 신세였다.

꿈쩍도 안 하는 독일 운전기사

아우토반이 꽉 막혀 차들이 꼼짝을 못 하는데도, 갓길(노견)로 달리는 차를 한 대도 볼 수가 없었다. 모든 차량이 마냥 정지 상태에서도 크랙션 소리 한 번 들리지 않았다. 독일에서는 일반적이고 자연스러운 일상이지만,

우리 경호원들에게는 참 신기했던 모양이다. 그런데 고속도로 정체가 풀릴 기미가 없자 경호원들은 초조감을 표출하기 시작했다. 짐이 제때 도착하지 못하면 대통령 전용기의 이륙이 늦어지는 초유의 경호 사고가 발생할 수도 있었다.

상황이 이쯤 되니 경호원 중 한 사람이 필자에게 말하였다. "우리 차량이 갓길로 달리도록 독일 운전 기사에게 얘기하라."는 것이었다. 원칙을 중시하는 독일인들에게 이런 말이 먹혀들지 않으리라는 것을 알면서도, 사태가 급박하니 일단 부탁을 하였다. 독일 운전사는 한마디로 거절했다. "법에 위반된다."라는 것이었다. 몇 번의 요구에도 운전사는 요지부동이었다.

그러자 경호원 중 한 사람이 갑자기 "이 X X야, 갓길로 가란 말이야!"라고 소리치는 것이 아닌가! 필자도 무척 놀랐지만, 독일 기사 역시 흠칫 놀랐다. 무슨 말인지 알아듣지는 못했겠지만, 경호원의 일그러지고 험악한 표정과 몸짓에서 모든 것을 다 읽고 있었다. 이렇게 실랑이를 하는 사이에 거의 세 시간이 걸려 결국 공항에 도착하였다. 다행히 대통령 일행은 아직 오지 않았다.

한국 경호원, 독일 경찰에 완패

일이 이렇게 끝나는 줄 알았는데 또 돌발 상황이 발생했다. 공항 경찰이 화물을 전용기에 옮겨 싣기 전에 다 점검하겠다는 것이었다. 우리 경호원들이 그냥 순순히 응할 리가 없었다. "이 짐은 한국 대통령 일행의 짐이니, 서독 경찰이 검색할 필요도 권한도 없다"고 주장했다. 그러나 서독 경찰은 일고의 가치도 없다고 하면서 "비행기를 띄우고 싶으면 짐을 다 풀어라, 여기는 서독 헌법이 적용되는 서독 영토다."라는 주장과 함께 "토론은 없다"(Keine Diskussion)는 말만 되풀이하였다. 사실 이때 서독은 노 대통령을 최고의 국빈으로 대우하고, 경호도 '갑호 1호'로 격상하는 등 예우를 갖췄다. 그렇다고 하여 안전을 위한 검색까지 생략한 것은 아니었다.

곧 대통령이 도착하면 바로 이륙해야 하는데, 시간은 초조하게 흐르고 있었다. 결국, 우리 경호원들이 백기를 들었다. 그 많은 짐을 공항 바닥에 풀어 제치고 경찰과 경찰견들이 일일이 다 검색했다. 11월 초겨울 저녁, 독일 특유의 음산하고 싸늘한 날씨가 불쾌지수를 더욱 높였다. 여기저기서 경호원들의 욕설이 튀어나왔다. 그러나 독일 경찰들은 전혀 아랑곳하지 않고 짐 검색에만 충실했다. 이 검색만 끝나면 독일 순방 일정은 마무리될 참이었다.

아! 그런데, 이게 웬일인가! 불상사가 또 터졌다. 경호원 짐에서 독일제 쌍둥이 칼 세트가 무더기로 나온 것이다. 당시에는 외제물품 수입이 엄격히 제한되던 시절이어서, 한국 여행객들에게 독일제 쌍둥이 칼이 무척 인기가 좋았다. 이 칼은 경호원들이 가족 친지들 선물용으로 산 것이다. 그런데 그 양이 많다 보니 공항 경찰은 선물용이 아닌 판매용으로, 그리고 세금 포탈로 보았다. 게다가 날카로운 칼을 대통령 전용기에 다량 실으면 안전에도 문제가 있다는 것이었다.

여기서 문제가 해결이 안 되면 정말 큰 일이 날 것만 같았다. 다른 일도 아니고 그 날카로운 칼 때문에 언론에 알려지기라도 한다면? 필자가 나서서 적극 해명을 했다. "이것은 판매 목적이 아니고 가족 선물용이다. 또 칼을 객실로 반입하지 않고 화물칸으로 싣기 때문에 안전에도 이상이 없다"고 설득에 설득을 하였다. 그렇게 밀고 당기고 실랑이를 하다 보니 또 귀중한 시간이 흘렀다. 결국, 공항 경찰은 우리 경호팀장에게 "앞으로 각별히 주의를 하라."라는 훈계(?)를 하고 화물칸에 싣도록 허락을 하였다. 전용기가 헝가리를 향해 이륙하고 나서야 "휴! 끝났다."라는 안도감에 마음이 깃털처럼 가벼워졌다.[*]

위 경찰관들은 고위직도 아니고 일선에서 일하는 평범한 공무원들이다. 각자 엄정한 법 집행으로 자신에게 주어진 임무를 충실히 수행하는 시민이다. 기본에 충실한 이들이 권력기관의 신뢰를 높이고 독일을 최고의 스마트 파워 국가로 만들고 있는 것이다.

열린 능력주의와 기회균등

우리 사회에는 학벌이나 배경 · 연줄 등이 없어도 능력(실력)만 있으면 출세할 수 있는 사회를 만들어야 한다는 주장이 확산되어 있다. 그래서 학벌 요소를 없애자는 주장, 심지어 '서울대를 없애자.'라는 주장도 있어 왔다.

그러나 과도한 능력(실력)주의는 또 다른 차별을 낳는다. 부유층 자녀가 과외나 사교육을 통해 실력을 갖춰 명문대 진학에 유리한 위치에 서는 것이다. 이들은 이미 승자가 되어 그 지위가 변하지 않고 그대로 사회로 이어져 승자독식(勝者獨食)을 가져온다. 능력(실력)주의가 역으로 학력 경쟁을 유발하고 학벌주의를 심화시키는 결과를 낳는 것이다. 외형적 능력만 중시한 부유층만의 '닫힌 능력주의'다.

---

[*]   이 글은 2014년 4월 《한독경제인회》사이트에 게재했던 내용을 축약 · 정리한 내용이다.

독일은 이를 어떻게 해결하고 있는가? 독일도 능력주의 사회다. '메이드 인 저머니' 브랜드를 만들어내기 위해서는 완벽주의가 필요하고, 이는 필연적으로 능력주의를 유발한다. 그러나 개인 능력에 보충의 원리를 더하여 '열린 능력주의'와 기회균등을 지향한다. 독일 헌법 제3조(법 앞의 평등)를 구체화하기 위해 2006년 일반평등대우법(AGG)을 제정하여 인종, 성별, 종교, 장애, 나이 등을 이유로 한 차별을 금지하고 기회균등을 보장하고 있다. 이에 따라 개인의 성취에 대한 기대감 즉 열심히 노력하면 그만큼 보상을 받고 계층 상승을 할 수 있다는 믿음이 정착되어 있다.

능력주의는 기회균등에서 출발한다. 먼저 교육 기회가 균등하다. 대학에 진학하는 데 사회적 장애 요인이 없다. 대학 학비가 없으니 누구라도 열심히 공부하면 대학 진학의 길은 열려있다. 대학 서열도 없으니, 수도권 대학이나 상위권 대학에 가려고 부모 경제력을 이용해 사교육을 받을 필요가 없다. 오히려 교육이 출신에 따른 불평등을 막고 기회균등 역할을 한다. 다만, 대학 입학 후 졸업 비율은 매우 낮은 데, 이는 개인의 능력과 노력 여부의 문제일 뿐 기회균등과는 상관이 없다.

물론 독일에도 교육 격차는 있다. 인문계 중고등학교인 김나지움 출신 부모의 자녀가 실업계 출신 부모의 자녀보다 대학 진학률이 높다.[182]

고학력자가 사회 지도층이 될 확률도 높다. 출세한 사람 중에서 좋은 집안 출신이 많다. 독일연방의회 의원의 83%가 대졸 출신이다. 메르켈의 2013년도 내각은 15명의 장관 중 9명이 박사 학위 소지자였다.

그러나 이것이 크게 사회 문제가 되지 않는다. 대학 졸업 여부에 따라 인생의 승패가 갈리는 것이 아니기 때문이다. 대학은 좀 더 나은 인생을 위한 진로 선택의 한 방편일 뿐, 그것이 전부는 아니다. 개개인의 적성과 희망에 따라 인생을 설계하기 위해 실업계를 선택할 수 있다. 실업계 출신도 전문성을 길러 얼마든지 능력을 발휘할 수 있는 길이 열려있고 대기업가로 성공할 수도 있다. 이렇게 되는 과정에 직업의 귀천도 없다. 가방끈의 길이가 곧 인생의 승패로 이어지지 않는다. 뒤 261쪽 〈표 22〉에서 영국 킹스 칼리지의 '2021년도 갈등보고서'에 의하면, 세계 28개 국가 중 대졸과 비(非)대졸 학력 간의 갈등 순위에서 독일은 24위다. 갈등이 적다는 얘기다. 이렇게 능력주의가 학벌주의로 확산되지 않는다. 한국은 1위다.

기회균등은 정치권에서도 잘 나타난다. 정치 대물림이 없다. 누구든지 처음부터 원점(0)에서 시작한다. 여기에 혈연의 연결고리를 찾아볼 수 없다. 정치 초년생들은 기초의회부터 시작하여 주의회를 거쳐 연방의회로 진출하고 성장한다. 공천도 당 중앙이 일방적으로 찍어 누르는 하향식이 아니라, 지방의회에서 능력자를 추천하는 상향식이다. 여기에 연동형 비례대표제를 시행하고 있어, 지역구에서 1위를 하지 않아도 소속 정당이 지지율을 확보하면 비례의석을 받아 연방의원이 될 수 있다. 그러니 1등을 하기 위해 사생결단식의 목숨을 걸 필요가 없고, 패자와 승자가 바뀌었을 경우 보복을 하는 악순환도 없다.

그런데 기회가 균등하다는 독일에서도 빈부 격차는 발생한다. 2018년에 빈곤선 이하에서 생활하는 사람 비율이 전 인구의 16%인 1,300만 명에 이른다. 이 중에서 44%는 지난 4년 동안 계속 저소득층을 벗어나지 못하고 있다.[183] 이러한 불평등 문제를 보완하기 위해 사회적 시장경제의 연대의 원리, 보충의 원리가 작동한다.

먼저 '연대의 원리'를 보자. 모든 사람은 각자가 능력과 능률이 똑같을 수가 없다. 따라서 노력만으로는 해소하기가 어려운 불평등이 필연적으로 형성된다. 이 경우 사회 공동체 유지를 위해 사회가 책임을 나누어 부담하여 균형을 이루도록 하고 있다. 소득과 능력에 따른 세금이나 보험료 차등화 등이 이에 해당한다.

다음, '보충의 원리'다. 연대의 원리로도 해결하기 어려운 극빈층과 취약계층에 대해 최소한 인간다운 생활과 행복을 추구할 수 있도록 지원해주는 원리다. 사회보장, 실업수당(하르츠 4) 등 사회안전망이 그 예다. 존 롤스(John Rawls) 하버드대 교수도 사회적 약자에 대한 최우선 배려가 정의에 부합한다며 '차등의 원리'[184]를 주장하고 있다. 독일은 이러한 조치들 덕분에 빈부 격차가 어느 정도 해소되고 있다. 소득 불평등 정도를 나타내는 지니(Gini) 계수를 보면, 인구 5천만 명 이상 국가 중에서 독일이 가장 낮다.

자유민주주의, 시장경제 체제에서 완전한 평등이란 있을 수도 없고 바람직하지도 않다. 공산주의나 사회주의와 같이 국가가 주도하는 결과적 평등은 자유를 훼손한다. 정의를 가장해 사회적 공익성과 공정성을 훼손하는 평등주의는 정의의 가치를 파괴한다. 또 인센티브가 없어 발전과 성장을 기대할 수 없다. 적절한 수준의 불평등은 오히려 발전의 동기를 부여하고 성장을 촉진한다. 다만, 능력자가 시장에서 거둔 과실을 그 능력을 내세워 독점하게 내버려 두는 것은 정의에 맞지 않는다. 독일은 이러한 점들을 감안하여 '닫힌 능력주의'가 아닌 '열린 능력주의'를 실현하고 있다.

공평(公平)보다공정(公正)에무게

"독일은 정의로운 사회인가?" 독일통계청의 2019년 자료를 보면, 독일인들의 40%가 "정의롭다", 58%가 "그렇지 않다"라고 응답했다. 독일은 정의로운 사회가 아니라는 것인가? 다른 나라와 비교하면 어떤가? 독일미디어 그룹 싱크탱크인 베텔스만 재단이 2019년 발간한 「EU와 OECD 사회정의」 지수 보고서를 보면, 세계 41개 국가 중 독일이 10위를 차지했다. 북유럽, 네덜란드 등이 1위~9위, 한국 34위로 나타났다.[185] 독일 국민의 체감과는 달리, 국제적으로는 비교적 높은 수준의 사회정의를 실현하고 있는 것으로 평가되고 있다. 독일은 외형적으로 매우 불공정한 사회처럼 보인다. 그런데 공정이 사회적으로 이슈화되는 경우는 거의 없다. 총리나 지도층 인사들이 나서서 '공정' 운운하는 일도 없다. 그러나 법과 정책 집행 과정에서 자의와 재량이 아닌 시스템, 즉 일관된 잣대를 통해[186] 실질적 공정이 실현되고 있다.

먼저 교육 측면을 보자. 어느 사회에서나 능력(실력)을 가장 객관적으로 평가할 수 있는 쉬운 방법은 시험이다. 그중에서도 공정성 시비에 휘말리지 않는 시험은 객관식 시험이다. 그런데 김나지움은 반대의 평가방법을 고수하고 있다. 전부 주관식 논술형이고 절대 평가제다. 교사의 재량이 미칠 수 있어 공정을 기하기가 어려울 것 같은데도 불공정 시비는 없다. 김나지움 졸업시험인 아비투어(Abitur) 시험을 예로 들어보자.

주(州) 교육부가 시험문제와 모범답안을 출제하여 각 학교에 배부한다. 학생들이 시험을 치른 후 답안지는 2~3명의 교사가 채점한다. 첫 번째 교사가 답안지의 각 문장이나 단원마다 자신이 준 점수와 그 이유를 기입하고 마지막으로 합산한 점수를 쓴다. 두 번째 교사는 다른 색깔로 같은 방식으로 채점한다. 그런데 두 교사의 채점 점수 차이가 3점 이상 날 경우, 교육청은 답안지를 제3의 학교로 보내서 세 번째 교사가 채점한다. 학생별로 논술형 시험 답안지가 10~15페이지에 달하니, 교사들은 채점에 진을 다 뺀다. 그래서 교사들은 채점을 마칠 때마다 며칠간의 휴가를 받는다.[187]

그러면 독일은 쉽고 편한 객관식 시험 대신에 굳이 왜 이렇게 어려운 주관식 정성적(定性的) 평가 시스템을 고집하는가? 답은 간단하다. 그것이 바로 교육의 진정한 목표이기 때문이다. 동시에 형식적 공정이 아닌 실질적 공정이 실현되기 때문이다. 단순한 암기식 주입식 교육을 통한 기계식 정답형 인간이 아니라, 창의력과 주관적 설계 능력을 길러 미래에 국가의 진정한 인적 자본으로 양성하기 위한 대의에 맞기 때문이다.

다음, 독일 기업이나 공공기관은 인력 채용 시, 간헐적으로 공고를 내서 뽑는 수시 채용 방법을 쓴다. 한날한시 한 장소에서 시험을 치르는 공개경쟁 채용이 아니다. 그래서 채용 비리가 개입될 소지가 있어 보인다. 한마디로 불투명하고 불공정해 보인다. 그러나 그것은 기우다. 인력 채용의 중요한 평가 지표는 직무 적합성 즉 전문성이다. 응시자의 학력, 전공, 교육 훈련 경력 등이 업무와 얼마나 연관성이 높은지 여부가 관건이다. 연구직의 경우 학점이나 박사 학위, 연구실적 등 연구 능력, 지도교수의 연구 성향 등이 핵심이다. 이러한 정성적 요소가 반영되어 매우 공정한 채용이 이루어지고 있다. 2017년 문재인 정부가 공공기관, 연구기관 등에 응시자 정보를 알 수 없는 블라인드(blind) 채용을 했는데, 독일에서는 이러한 깜깜이 채용은 상상할 수가 없다.

독일의 정부 기관, 민간 조직에는 장관, CEO나 임원 등 고위직에 십수 년씩 꿰차고 근무하는 사람들이 수두룩하다. 여러 사람이 골고루 3년씩 공평하게(?) 나눠 먹는 한국에 비하면 매우 불공평해 보인다. 메르켈 총리는 16년간 독일을 통치했다. 그런데도 누구도, 심지어는 야당도, 메르켈을 불공평한 장기 독재자라고 비난하지 않는다. 그 자리에 가장 잘 맞는 능력자가 그 자리를 지키는 것이야말로 공정에 부합한 것이다.

독일 사회는 모든 사람이 과실을 일률적, 산술 평균적으로 똑같이 n분의 1씩 나눠 갖는 기계적 공평(equal)을 강조하지 않는다. 이 공평에 '올바름'이라는 가치가 더해져, 노력과 업적, 기여도만큼 성과를 나누고 보상을 받는 공정(fair)을 지향하는 사회다. 능력에 비례하여 차등 원리가 작동하는 합리적 불공평 사회다.

공정은 세대(世代) 간에도 실현되고 있다. 윤리 측면에서 가장 강조되는 공정은 세대 간 공정이다. 민간채무의 경우 빚을 얻어 쓴 사람과 갚을 사람이 동일인이지만, 국가채무의 경우에는 빚을 얻어 쓴 사람과 갚을 사람이 다르다. 현세대가 나랏빚을 내서 써 버리면, 후손들은 꼼짝없이 그 빚을 다 갚아야 한다. 아직 인식 능력도 투표권도 없는 청소년, 어린이, 심지어는 태어나지 않은 미래의 후손들은 아무런 죄도 없이 선대가 진 빚을 갚아 나가야 한다. 이 얼마나 불공정한 일인가?

독일 신학자 겸 반(反)나치 운동가였던 디트리히 본회퍼(Dietrich Bonhoeffer)는 "후세를 가난하게 하는 사회는 가장 부도덕한 사회"라고 설파했다.[188] 메르켈 총리는 2006년 1월 '다보스 포럼' 연설에서 "우리는 끊임없이 빚을 져 미래를 희생해서 살고 있다. 이는 미래 세대의 투자와 발전 여력을 빼앗는 것이며, 도덕적으로 무책임한 일이다."라고 했다.[189] 메르켈 총리는 2019년 7월 하계 기자회견에서도 "젊은 세대가 미래 세대의 부채 부담을 짊어질 수는 없다."라며 세대 간의 공정을 주장했다.[190] 나랏돈을 펑펑 쓰거나, 덜 내고 많이 받는 연금 구조는 우리 아이들을 상대로 하는 사기 행위다. 이것은 부모에 대한 효도가 아니라, 부모가 자식 등골 빼먹는 패륜 행위다.

이러한 주장과 철학은 국가 정책에 그대로 반영되고 있다. 2000년대 초 슈뢰더 총리는 연금 개혁을 통해 더 내고 덜 받고, 그것도 늦게 받는 구조로 전환하여 연금의 장기 건전성을 확보했다. 어느 나라 국민이든 덜 내고 더 받는 것을 원한다. 이는 독일 국민도 마찬가지다. 이를 거슬렀기 때문에 리스터 노동부 장관은 일찍 물러났고, 슈뢰더 총리는 정권을 잃었다. 메르켈 총리는 2009년 국가채무 제동장치를 도입하여 미래 세대의 부담을 줄였다. 그밖에 독일은 국토와 자연보전, 환경 보호, 자원 절약 등을 통해 현세대와 미래 세대 간의 공정을 기해 나가고 있다. 공정을 위한 개혁은 말이 아니라 실천으로 지키는 것이다.

고지식한 독일 교수의 추천서

독일에서 불공정의 대표 사례가 대학교수의 추천서다. 독일의 기업체나 연구원 등에서 취업이나 어려운 문제 해결에 교수 추천서 한 장이면 거의 해결이 된다. 공정하다는 독일 사회에서도 교수 추천서는 청탁의 대명사이며 보증수표다. 왜 그런가? 교수는 학문적 인격적으로 권위를 인정받고 있고 사회적으로 존경도 받는다. 그만큼 교수 추천서는 그 교수의 얼굴이고 자존심이다. 따라서 아무한테나 아무렇게나 써 주지 않는다. 써 주더라도 그 내용이 사실(fact) 나열에 가깝다. "이 학생은 품행이 방정하고 학업성과도 뛰어날 뿐만 아니라, 장래가 촉망…." 이러한 미사여구(美辭麗句)는 없다.

1989년 4월, 필자가 BONN 대학에서 수학할 때다. 다음 학기는 연수 기간 2년이 끝나는 마지막 학기였다. 당시 공무원들의 해외 연수 기간은 통상 2년이었다. 그러나 비(非)영어권의 경우 어학의 어려움을 감안하여, 학업 성과가 있고 지도교수 추천을 받으면 6개월 연장을 받을 수가 있었다. 필자도 지도교수인 노이만(Neumann) 교수님께 연장에 필요한 추천서를 써 달라고 요청을 하였다. 그랬더니 조교인 루프트(Luft) 씨가 먼저 자신이 쓴 추천서 초안을 필자에게 보여줬다.

'… 양○○은 Neumann 교수의 경제성장 강의를 듣고 세미나에 참석하였습니다….'

이것은 우리 기준으로 볼 때 추천서가 아니라 그냥 사실(fact) 확인서에 불과했다. 필자가 오히려 당황했다. 이러한 식의 추천서로는 도저히 총무처(당시 공무원 유학 주관부처, 지금의 행정안전부)에서 연장 허가를 받을 수가 없었다. 조교에게 재고해 달라고 부탁을 했는데, 초안과 크게 다르지 않았다. 보완되었다는 것이 고작 다음과 같은 정도였다.

'… 양○○은 Neumann 교수의 경제성장 강의를 듣고 세미나에 참석하였습니다. 이와 관련하여 추후 임금과 고용정책에 대한 리포트를 제출할

예정입니다…. '

필자는 다시 "성과가 컸다는 점을 강조해 써 달라"고 수정 요청을 하였다. 그러자 이 조교는 '그렇게 하면 사실을 과장하는 것이 되고, 또 교수님 허락도 받을 수가 없다'고 하였다. 그러면서 "일단 말씀은 드려 보겠다"고 하였다. 그렇게 몇 번 실랑이를 거쳐 나온 내용이 다음과 같다.

'…그동안의 연구 결과에 비추어 보아, 다음 연구도 긍정적으로 평가할 수 있으며… 성과를 가져다줄 것으로 보입니다.'

공정은 말로 '공정을 실현하자'고 해서 실현되는 것이 아니다. '공정'을 외친다고 해서 공정이 저절로 실현되는 것이 아니라는 것이다. 법과 원칙, 제도가 제대로 이행되는 과정에서, 그리고 진실이 그대로 반영되는 과정에서 자연적, 결과적으로 나타나는 것이다. 아리스토텔레스가 설파한 바와 같이, '같은 것은 같게, 다른 것은 달리 대우한다.'라는 준칙이 공정의 의미로 정착되어 있기 때문이다.

3. 소통과 유대로 사회통합을 이루다

소통으로 사회적 갈등을 해소한다

독일도 사람 사는 사회이니 당연히 사회적 갈등이 존재한다. 특히 철
도 · 도로 · 공항 건설, 핵폐기물 처리장 등 전국적으로 파급효과가 큰 대
형 국책사업에서 갈등이 많이 표출된다. 이러한 갈등 문제는 사회가 성
숙하였다고 해서 해소되는 정적(靜的) 현상이 아니고, 성숙하면 성숙한
대로 그에 맞춰 새로운 양상으로 발전하는 동적(動的) 현상이다.

그러나 아무리 갈등이 심한 사안이라도 일단 결정이 내려지면 모두 깨
끗이 승복한다. 어제까지만 해도 비판하고 요구하고, 지지고 볶고 했던
일도 '언제 그랬냐?'는 듯이 잠잠해진다. 갈등은 가라앉고 결정된 대로
대동단결한다.

영국 킹스 칼리지가 2021년 세계 28개 국가를 대상으로 조사한 갈등
순위를 보면, 독일은 각 분야에서 사회적 갈등이 상대적으로 적다는 점
을 알 수 있다. 한국은 거의 최하위권에 머물러 있다. 위와 같이 독일 사
회가 갈등이 적은 이유 중의 하나로 소통 능력이 꼽힌다. 독일은 자유와
공정에 대한 필요를 현실화하기 위해 적극적으로 소통하는 방법을 활용
한다. 소통을 통해 상대방에 대한 이해도가 높아지고 이에 따라 수용 가

능성도 향상되기 때문이다.

〈표 22〉 세계 28개국 중 독일과 한국의 갈등 순위 (2021년 기준)

	이념간	남녀간	학력간	지지 정당간	빈부간	사회 계층간	도농간
독일	6	4	4	4	11	9	1
한국	28	28	28	28	27	27	26

주/ 순위가 낮을수록 갈등 수준이 낮음
* 자료: Rebecca Benson, Bobby Duffy, *Culture wars around the world : how countries perceive divisions*, The Policy Institute, KINGS COLLEGE LONDON, 2021.6. 재구성

독일의 소통 능력은 어디에서 나오는가? 첫째, 토론 문화에서 나온다. 독일 대학의 석사 · 박사 과정은 거의 세미나와 토론으로 진행된다. 세미나는 18세기 중후반 세계 최초로 독일 대학에서 도입되어 지금까지 이어지고 있다. 세미나, 정부 정책 토론, TV 시사 토론 등은 물론, 초등학교 학부모 모임이나 이런저런 크고 작은 모임에서도 토론이 펼쳐진다. 따라서 정치인들은 물론 일반인들도 토론에 능숙하다.

이러한 토론 능력은 인문계 중고등학교인 김나지움의 고학년 때 길러진다. 학교에서 수업시간의 상당 부분을 토론과 세미나에 할애한다. 이때 민주주의, 자유 · 정의 · 공정 등 핵심 가치에 대한 주제가 다루어진다. 토론 수업에서 한 학생이 주제를 발표하면 다른 학생들은 찬반 토론을 통해 자신들의 견해를 밝힌다. 이때 논리가 정연해야 한다. 억지 주장이나 비논리적인 공격은 감점 요인이다. 학생들은 토론 수업을 통해 생각하는 힘과 주관적 판단력을 기른다. 또 나와 다른 견해가 얼마든지 있

을 수 있음을 인정하고 상대방 의견을 존중하고 경청과 소통, 양보, 나아가 대화와 타협을 하는 법을 배운다. 특히 김나지움 졸업시험(Abitur) 네 과목 중 한 과목은 말하고 토론하는 구술시험이다. 한국에서는 입시 과목 암기가 대학 입학의 지름길이지만, 독일에서는 토론 능력이 대학 입학을 좌우한다. 최근 들어 전 세계 많은 중고등ㆍ대학에서 인공지능(AI)을 악용한 부정행위가 늘고 있지만, 독일 내 학교에서는 그럴 가능성이 거의 없다.

학생들은 토론 능력을 배양하기 위해 독서를 엄청나게 한다. 이러한 토론 학습 경험은 사회에 나와서도 실생활에 그대로 응용된다. 토론 결과에 승복하고 합리적인 결론을 도출하여 갈등을 최소화하는 일에 아주 익숙하다. 진정한 민주 시민으로서 성장하는 것이다. 독일이 왜 토론 학습을 중요시하는지 알 수 있다.

둘째, 갈등 해결을 위해 비(非)사법적 제도를 활용한다. 예컨대 변호사 화해제도, 분쟁 해결제도, 조정관 제도 등을 통해 자율적으로 합의를 도출하고 있다.[191] 공공 프로젝트의 경우 계획 단계에서부터 투명하게 공개하고 주민도 참여하도록 하여 국책사업의 필요성에 대한 이해를 높이고 인식을 바꾸는 데 주력하고 있다. 사법적 제도는 최후 마지막 보루다. 그 단계까지 가기 전에 대부분 해결책을 모색한다.

셋째, 다층적 의사소통 시스템으로 「시민 대화」(Buergerdialog)를 운용하고 있다. 연방교육연구부는 2002년부터 매년 시민들의 관심 사항을 선정하여 일반 시민과 양방향 의사소통을 하고 있다. 이 대화를 통해 혁신적인 아이디어를 얻는 것은 물론, 공동체의 소속감을 고취하고 서로 간의 이해 폭을 넓혀 갈등 해소에 기여하고 있다. '신 첨단기술 전략'(HTS 2025)이 대표적인 예다. 시민들이 이 전략 프로그램에 참여하여 제품 개발의 초기 단계에서부터 제품을 테스트해 보고 의견을 제시할 수 있도록 하여 혁신 아이디어를 얻고 있으며, 참여 의식을 높이고 국민적 공감대를 확대하고 있다.

독일에서 갈등을 겪은 대표적 국책사업으로 「스투트가르트 21」(S21)이라는 초대형 도시개발 사업이 있다. 바덴-뷔르템베르크주(州) 주도인 스투트가르트의 중앙역과 주변 도시를 고속철로 연결하는 대형 철도시설 사업인데, 중앙역을 지하로 옮기고 그 자리에 상권, 문화 시설과 휴식 공간을 만드는 대형 도시개발 사업이다. 이 사업은 1994년에 계획이 수립되었으나 여론을 충분히 반영하지 않았으며, 문화재인 중앙역을 훼손한다는 등의 이유로 갈등이 심했다. 시민사회와 환경단체의 반대, 시민 수만 명의 거리 시위 등으로 인해 공사가 백지화될 위기로까지 몰렸다.

이 여파로 계획이 수립된 지 15년만인 2011년 주 선거에서 녹색당이 기민당을 누르고 승리하면서 이 주 사상 최초로 녹색당 출신 주 총리를 배출하게 되었다. 기민당은 뿌리 깊은 지지 기반인 이 주를 58년 만에 잃는 이변을 낳았다. 이 녹색당 주 정부는 중재 절차를 통해 주민을 설득하고 갈등을 완화하기 위해 노력을 쏟았다. 그 결과 2011년 11월 주민투표에서 59%의 찬성을 얻어 이 사업을 계획대로 추진하고 있으며, 2024년에야 완성될 전망이다.

「S21」 사업은 단지 하나의 사건에만 국한되는 특수한 현상이 아니라 오늘날 독일 사회의 전반을 보여주는 사례가 되었다. 또 갈등 해소를 위해서는 단발적 대처가 아닌 종합적 대처가 필요하다는 점을 인지시켰다는 점에서, 갈등 해소의 반면교사로 적시되고 있다. 이 사업을 계기로 독일의 모든 공공사업에 대한 환경영향평가와 추진 과정의 투명성이 강화되고 시민들의 참여도 의무화되었다.[192]

사회통합 연결고리 '페어라인,(Verein)

독일인들은 개인의 사생활을 매우 중요하게 여기고 남에 의해 방해받는 것을 극도로 꺼린다. 이렇게 독일 국민은 개인의 가치 즉 개인의 존엄과 자유를 기본으로 하지만, 그렇다고 하여 꽉 막힌 닫힌 사회는 아니다. 이웃과 소통, 배려와 양보, 책임과 연대도 중시하는 깨어 있는 사회다. 서울대 사회발전연구소가 2015년 OECD 30개국의 공익성, 공정성, 공민성, 공개성을 종합한 공공성을 분석한 결과, 노르웨이 · 핀란드 · 룩셈부르크 · 스위스 등 강소국이 1~10위를 차지하였으며, 독일이 11위로 강대국 중 1위였다. 한국은 30위로 최하위를 기록했다.[193]

필자가 소소한 일로 독일과 한국에서 자주 차이를 느끼는 것이 우체국에서 소포 부칠 때이다. 독일인들은 스카치테이프(접착제)를 사용한 후 그 테이프 끝을 약간 오므려 접어 놓는다. 그러면 다음 사람이 쉽게 테이프 끝을 찾아 쓸 수 있다. 아주 어려운 일도 아니다. 이 조그만 배려가 다음 사람을 편하게 해 준다. 그런데 한국 우체국에서는 테이프 끝을 오므려 접어놓는 사람을 본 적이 없다. 테이프를 사용하고 나서 그냥 가버리니까, 다음 사람이 테이프 끝을 찾아서 펼쳐 쓰느라 애를 먹는다.

독일은 이웃에 대한 배려 문화를 바탕으로 시민의식이 고양돼 있고 시민사회도 활성화되어 있다. 즉 자율적 공동체 문화가 잘 발달해 있는 것이다. 이는 성숙한 공동체 의식(Gemeinsinn)에 기인한다. 독일의 경제사학자 베르너 아벨스하우저(Werner Abelshauser)는 "독일인들은 개인의 욕심보다는 공동체에 주목한다"고 주장한다.[194] 이 공동체 문화가 갈등을 줄이고 사회통합을 이끌고 있다. 공동체 문화를 이어가는 데 크게 두 가지 요소가 있다. 하나는 「페어라인」(Verein)이라고 하는 지역 클럽이고, 또 하나는 「시민 교육」이다.

먼저 「페어라인」이 무엇인지 살펴보자. 이것은 민간의 자생적 조직인데 통상 클럽(Club)이라고도 불리고 있다. 한국의 동호회 · 친목회 · 동아리와 같은 성격이다. 차이가 있다면, 한국에서는 학연 · 지연 · 혈연으로 얽혀 집단적 · 배타적 성격이 강한 반면, 독일에서는 자율적 · 개방적 성격이 강하다. 가입 및 탈퇴가 자유롭다. 그래서 결속력이 떨어지는 점도 있다. 이러한 클럽이 전국 거의 모든 지역에서 활성화되어 있다. 클럽의 종류도 독서, 음악, 합창, 브라스 밴드, 체조, 심지어는 애견, 우표 수집, 토끼사육 클럽 등 매우 다양하다.

이 클럽은 1960년에는 8만 6천여 개였는데, 계속 증가하여 2016년에는 전국적으로 40만 개가 넘었다. 전 국민의 거의 절반에 가까운 44%가 최소한 한 개의 클럽에 가입되어 있다. 이러한 클럽이 전국 거의 모든 지역에서 활성화되어 있다. 회원 수도 전 인구의 35%에 해당하는 2,750만 명이나 된다. '독일인들은 세 명만 모이면 클럽을 만든다.'(Drei Deutsche, ein Verein)는 말이 있을 정도다.

이 클럽 운영은 완전히 자율적이지만, 그래도 의무사항이 있다. 구성원이 최소한 7명 이상이어야 하고 정관(회칙)과 목적도 명기해야 한다. 회비도 거의 무료일 정도로 저렴하다. 규모도 제각각이다. 독일에서 가장 큰 클럽은 「全독일자동차클럽」(ADAC)인데 회원이 2천만 명이 넘는다. 자동차 사고나 고장 신고를 하면 신속하게 달려와 견인, 응급조치 등을 해 주는 매우 유용한 클럽이다. 이 클럽이 발행하는 〈ADAC〉라는 잡지에는 자동차, 여행에 관한 소중한 정보가 가득 들어있다. 이 잡지의 발행 부수는 1천만 부가 넘으며, 독일의 모든 출판물 중에서 최대 규모를 자랑한다.

독일인들은 이 클럽들을 통해 취미 · 여가 활동, 건강 증진과 함께 이웃 간의 친교의 무대로 활용하고 있다. 이를테면 사랑방이다. 다른 배경과 다양한 직업을 가진 사람들이 공동 관심사를 교환한다. 나아가 각자 물적 · 인적 여유 자원을 나누는 기회로 활용한다. 자연스레 사회통합을 위한 순기능을 하고 있다. 독일인들은 소기의 목적을 달성하는 데 클럽이 지속 가능하고 적절한 수단이라는 것을 터득하고 있다.[195]

「페어라인」 중에서 가장 활발한 것이 스포츠 클럽이다. 어느 동네나 곳곳에 축구장, 수영장, 탁구 배드민턴 등 체육시설이 갖춰져 있다. 걸어서 10분이면 이러한 체육시설을 접할 수 있다. 저렴한 비용으로 남녀노소 아무나 참여하여 운동을 즐길 수 있다. 이른바 생활 체육이 매우 활성화되어 있다. 이 생활 체육 클럽은 스포츠 선수를 양성하기 위한 것이 아니다. 건강 증진과 친목 도모가 목적이다. 엘리트 선수가 아닌 평범한 사람들을 위한 스포츠가 활성화되어 있다. 그래서 운동을 즐기는 사람과 잘하는 사람 사이에 격의가 없다. 독일에서도 운동이 보약이라는 인식이 강해, 스포츠를 통해 풍요로운 삶을 이어가고 있다. 이 클럽 운영은 자율적이다. 강사나 훈련 트레이너들은 모두 동네 자원봉사자들이다. 이들은 자신들이 받은 혜택을 대가 없이 돌려주는 방식으로 사회 참여 활동을 하고 있다.

시민들은 「페어라인」 활동을 통해 이웃 간의 소통과 친교를 넓히고 배려와 양보, 협동과 봉사를 실천하고 있다. 나아가 지역 사회를 통합과 화합으로 이끌고 있다. 독일에는 많은 이주민이 살고 있다. 사회 불안의 요인으로 작용할 우려도 있다. 따라서 이들을 독일 사회에 흡수할 장치가 필요한 데, 국가가 나서서 강제할 수는 없다. 또 그렇게 하려고 해도 성공하기 어려울 것이다. 「페어라인」 활동이 이를 해결하고 있다. 공동체주의, 나아가 사회통합은 국가의 강제가 아닌 개인의 자율에 의해 실현되고 있다.

독일 전차 군단, 동네 축구에서 시작한다

독일은 축구 강국이다. 2014년 '브라질 축구 월드컵' 우승에 이어 '2016년 브라질 리우 올림픽'에서 준우승의 위업(偉業)을 달성했다. 역대 월드컵에서 우승 4회, 준우승 4회의 기록을 세웠다. 물론 2018년 러시아 월드컵에서는 한국에 2:0으로 패하면서 예선 탈락하고 2022년 카타르 월드컵에서도 예선 탈락하는 수모를 겪기도 했지만, 장기적으로 안정적이고 저력 있는 플레이를 한다. 그런데 이 축구팀에는 세계적으로 뛰어난 선수가 별로 없다. 즉 펠레, 마라도나, 호날두, 메시 같은 세계적 스타가 없다. 그런데 어떻게 독일 전차(戰車) 군단이라는 명성을 유지하고 있을까?

독일의 「페어라인」에서 가장 활발한 것이 스포츠 클럽, 그중에서도 축구 클럽(Fussball Club : FC)이다. 독일인들은 축구를 좋아한다. 많은 사람이 축구를 생활화하고 있어서 자연히 축구 인구의 저변이 넓다. 이 축구 클럽은 전국에 약 3만여 개가 있고 회원 수도 650만 명쯤 된다. 따라서 함께 축구를 즐기다가 수준에 따라 자연스럽게 선수가 되고, 이 중에서 뛰어난 세계적인 축구 선수도 나온다. 물론 독일에도 엘리트 체육 시스템이 갖춰져 있지만, 엘리트 코스를 밟지 않은 동네 축구인도 재능에 따라 프로 리그인 분데스리가(Bundesliga)까지 올라갈 수 있다. 이 동네 축구가 뛰어난 선수 배출 창구 역할을 톡톡히 하고 있는 것이다.

분데스리가는 약 18개의 프로 축구팀으로 구성되어 있는데, 사설(私設) 구단들이 운영한다. 구단 지분의 51%는 클럽 팬과 회원들이 소유하고 있다. 특정 기업이 독점함으로써 발생하는 상업화와 지나친 경쟁을 막고, 팬과 회원들이 평등하게 구단 경영에 참여하자는 취지다. 이 점이 독일 축구의 경쟁력을 떨어뜨리고 있다는 비판도 있다. 그러나 구단들은 스포츠 정신을 망각하지 않고 건전하게 운영하고 있다. 구단들은 스타 선수들을 사오는 대신, 내부 선수들을 잘 길러 대성시킨다. 큰돈 들이지 않고도 선수들을 훌륭하게 길러낸다. 이들의 탄탄한 조직력과 협동성이 독일 전차 군단을 만들어내고 있다. 한 명의 스타에 의존하는 것이 아니라, 모든 선수가 같이 노력하고 협력하고 기여하기 때문이다. 1980년대 독일 분데스리가에서 활약했던 차범근 선수도 언론 인터뷰에서 "독일 축구의 강점은 조직력과 협동심"이라고 했다.

독일은 스포츠 민족주의를 배격한다. 과거 나치의 스포츠 민족주의에 대한 반성이기도 하다. 체육계에 국가가 정기적으로 지원해 주는 것이 별로 없다. 연금이나 노후를 책임지는 일도 없다. 다만 국가대표 선수 기간에 경기 수준에 따라 월정금 형태의 지원금이 제공되고, 올림픽 등에서 메달을 따면 약간의 포상금을 주는 정도다.[196] 2021년 동경 올림픽의 경우, 한국 금메달리스트는 국가에서 받는 포상금만 6천300만 원에 이르고, 선수 소속 기업체나 재단, 각종 스포츠 관련 기관에서 보너스를 두둑이 받았다. 게다가 병역 면제 혜택까지 받았다. 반면 독일 금메달리스트는 2만4천 달러(약 2천600만 원)가 전부다.[197] 굳이 특혜를 든다면 평생 맥주 쿠폰을 지급하는 정도다. 금메달이 평생을 보장하는 보증수표가 아닌 것이다. 그만큼 늘 자기 관리를 철저히 해야 한다.

오래전에 모 개그맨이 TV 개그 프로에서 "1등만 기억하는 이 더러운 세상!"이라고 읊어 유명한 대사가 되었는데, 독일은 1등 지상주의가 우리에 비해 강하지 않다. 은메달 동메달 선수들에게도 그 흘린 땀에 대해 똑같이 박수와 격려를 보낸다. 독일 국민은 일부 특출한 선수만 환호하지 않는다. 언론도 메달 색깔에 차이를 두지 않고 보도를 한다. 프로 선수들을 제외하고 대부분 운동선수는 운동과 학업을 병행한다. 학업을 포기한 채 운동에만 전력을 기울이는 경우는 드물다. 스포츠를 스포츠로 즐긴다.

일각에서 스포츠 경쟁력이 마치 국력인 것처럼 주장하고 있지만, 꼭 맞는 말은 아니다. 독일통일 전 동독은 1976년부터 1988년 서울 올림픽까지 내리 2등을 했다. 1등은 항상 소련이었다. 스포츠 강국이라던 이 두 나라는 지도에서 사라져 버렸다. 스포츠 민족주의를 내세워 체제 선전용 엘리트 선수들만 육성하였을 뿐, 그 자체가 국가 경쟁력은 아니었다. 지금도 러시아·중국 등 스포츠 강국은 선진국으로 간주되지 않는다. 특히 두 나라는 지금도 각각 도핑과 편파 판정으로 불신을 받고 있다.

「시민 교육」에서 정신적 자양분을 얻다

독일에는 「시민 교육」이 활성화되어 있다. 이를 「정치 교육」이라고 하는데, 명칭이 정치 교육이지만 정치를 가르치거나 정치인을 양성하는 교육이 아니라, 일반 국민을 대상으로 시민의식을 고양하기 위한 시민 참여(Engagement) 교육이다.

「시민 교육」은 과거 전쟁과 나치의 과오를 반성하고 자유민주주의 체제를 확립하고 발전시키기 위해 시작되었다. 독일은 두 전체주의적 대중 독재, 즉 나치의 우익 독재와 동독 공산당의 좌익 독재를 겪었다. 이러한 대중 독재에 대한 비판 의식을 고취하고 자유민주주의 이해, 시민의식 고양, 나아가 자기중심적 이익 추구에서 벗어나 공동체에 책임을 지고 참여할 수 있도록 「시민 교육」의 필요성이 제기된 것이다.

「시민 교육」은 학교의 모든 교육 과정에서 제도 교육으로 뿌리를 내렸으나, 지금은 오히려 학교 밖에서 더욱 활성화되어 있다. 학교에서 이론으로 배운 자유민주주의와 시민의식을 일상생활을 통해 직접 체화할 수 있고, 학교 교육에서 미진했던 부분을 교차적으로 학습하고 보완할 수 있어, 현실 적응에 매우 효과적인 제도이다.

주요 「시민 교육」 관련 기관으로 연방정치교육원(BpB), 주(州)정치교육 원, 민간 교육기관 등이 있다. 연방정치교육원은 명칭에서 정치 냄새가 물씬 풍기지만, 정치 교육을 직접 담당하는 기관은 아니고 「시민 교육」을 지원하는 중추적 기관이다. 연방정치교육원은 연방내무부 산하기관으로 국가의 예산 지원을 받고 있다. 중장기 교육 계획 수립, 교육 콘텐츠와 프로그램 개발 외에 세미나 · 포럼 · 학술대회 개최, 교육 전문 강사 양성 등의 일을 한다.

주정치교육원은 「시민 교육」을 구체적으로 실시한다. 자유민주주의 홍 보, 시민의 참여 촉진, 「시민 교육」 담당자 교육, 「시민 교육」 관련 자료 · 정보 제공 등을 담당한다. 시민들이 고답적인 교육에서 벗어나 실제로 민주주의를 체득하고 실천할 수 있도록 살아 있는 교육을 실시한다.

이밖에 교회, 노동조합, 크리스챤 아카데미, 비영리단체(NGO) 등과 같은 민간 조직과 정당의 재단에서도 「시민 교육」을 실시한다. 그러나 이 기관들의 「시민 교육」은 그 자체가 주목적은 아니다. 예컨대 정당의 재단 들은 정권을 취득하기 위해 미래의 꿈나무를 양성하는 것을 주된 목적으 로 하고 있어서, 순수 「시민 교육」과는 거리가 있다.

「시민 교육」 기관들은 정치적 중립성과 교육 내용의 독립성을 지키고 있다. 이념과 정치적 편향성이 없이 시민의식 고양을 위한 교육을 실시 한다. 정부는 교육 내용에 일절 관여하지 않는다. 다만 교육 여건을 만들 어 주고 필요한 사항을 지원하는 데에 그친다. 교육은 위에서 주어진 것 이 아니라, 아래에서부터 만들어가는 것이다.

「시민 교육」 전문가들은 현실 정치에 참여하는 일이 없다. 어느 날 갑자 기 정계나 관계로 진출하여 나라를 휘젓는 등의 일은 일어나지 않는다.

오직 끝까지 「시민 교육」의 내실을 기하는 데만 전념한다.

「시민 교육」의 기본 내용은 인간의 존엄, 인권, 자유, 민주주의, 법치주의 등 기본법에 입각한 사항들이며, 시대에 따라 내용도 변화하고 있다. 1950~60년대에는 과거사 정리, 전체주의 이해, 사회 변혁 등이 주류를 이루었고, 70년대에는 경제 문제, 동방정책, 테러리즘이 부각되었다. 80년대에는 환경·평화·안보 등이, 90년 통일 이후에는 동·서독 국민의 사회 심리적 통합, 유럽 통합 등이 중요한 주제가 되었다. 오늘날에는 인구 감소, 인권, 이민·난민 등 다문화, 지속 발전 등이 주요 이슈로 떠오르고 있다.[198]

「시민 교육」에서 교육 방향이 되는 중요한 기준으로 〈보이텔스바흐 협약〉(Beutelsbacher Konsens)이 있다. 이는 김나지움 교사가 자신의 정치적 신념을 강의에 반영하거나 개입하면 안 된다는 합의다. 독일 교육도 1960년대에는 냉전 속에서 좌파와 우파 간 이념 갈등이 심했다. 그래서 「시민 교육」 기관들은 정치적 도구화에서 벗어나 중립적 입장을 견지할 필요성이 제기되었다. 이에 따라 1976년 보수와 진보 등 정치적 입장을 달리 하는 정치가, 교육자, 학자들이 독일 남부 도시 보이텔스바흐(Beutelsbach)에 모여 논의를 거쳐 합의를 도출해낸 것이다. 이 〈협약〉 내용을 요약하면 다음과 같다.

ⅰ) 학생 또는 수강생들에게 특정한 의견을 주입해서는 안 된다.
ⅱ) 논쟁이 되고 있는 사안은 수업에서도 그냥 논쟁으로 남겨두어야 한다.

iii) 학생(수강생)들은 자율적으로 분석력과 결론 도출능력을 갖추어야
한다.

학생들은 논쟁이 되고 있는 다양한 이슈에 대해 자신이 스스로 결론을
도출하고 상대방을 설득하고 타협하는 능력을 배우면서 민주 시민의 자
질을 배양한다. 2019년 한국 인헌고등학교 사태에서 보듯이, 전교조 교
사들이 정치 집단화하여 학생들을 대상으로 의식화 발언 등 좌 편향적
내용을 주입 시킴으로써 교권이 무너지고 사회적으로 불신을 받고 있는
것과 크게 대비된다.

독일 국민은 「시민 교육」을 통해 법치를 학습하고 독재와 공산주의 비
판 능력을 배양했다. 이 결과 자유민주주의를 공고히 하여 더욱 성숙한
사회를 만들 수 있었다. 특히 1970년대부터 동·서독 통일 관련 내용을
추가하여 통일시 혼란을 최소화할 수 있도록 하였으며, 1990년 통일 후
에는 동독 주민들을 자유민주주의와 시장경제 체제에 동화시키고 양측
주민 간의 사회 심리적 틈을 최소화하여, 안정적 통일국가로 이끌 수 있
었다.[199]

예치 단계의
소프트 파워

3장 | 국가위기 관리 능력

1. 미래 위험에 준비된 나라   276

　세월호는 국가위기감이 아니다

　국가위기에 대비한 경제 방어벽

　국가위기 관리 훈련 모델: 「뤼켁스」(LUEKEX)

2. 평화 국가의 안보 대응   289

　분단 시대에 주적(主敵)에 엄정했다

　동독에 무분별한 퍼주기 없었다

　신의 외투 자락을 잡다

　평화 국가가 재무장을 하게 된 이유

3. 탄탄한 보건 · 의료 경쟁력   310

　감염병에 대비한 「뤼켁스 2007」 훈련

　방역 · 의료가 준비된 국가

　코로나 역설

1. 미래 위험에 준비된 나라

세월호는 국가위기관이 아니다

위기란 미래에 찾아오는 무형의 위험을 말한다. 현실화하지 않은, 아직 일어나지 않은 미래의 사고 위험이다. 불확실하고 볼 수도 없고 측정할 수도 없다. 사전에 예고하고 찾아오는 것도 아니다. 위기는 인지적 특성과 경험에 의해서만 이해하고 확인할 수 있다. 한 마디로 현재가 아니라 미리 알 수 없는 '미래의 위험'이 위기의 특징이다. 독일 사회학자 울리히 벡(Ulrich Beck)에 의하면, 이러한 위험은 산업화가 진행될수록 줄어드는 것이 아니라 더 확산된다. 따라서 위험에 대한 의식은 현재가 아니라 미래에 맞춰져야 한다.

또 인류의 힘으로 어찌해 볼 수 없는 사태이거나, 상대적으로 발생 확률은 낮지만 한번 발생하면 예상을 뛰어넘는 엄청난 파국과 재앙을 몰고 오는 사건, 이른바 「X-이벤트」(Extreme Event)도 종종 발생한다. 2002년 미국 뉴욕의 9·11 테러와 같은 대형 테러, 핵폭발, 원전 붕괴, 대지진, 대홍수, 1997년 한국을 포함한 아시아의 외환위기, 2008년 글로벌 금융위기, 국가 부도, 2020년~22년 세계를 초토화한 코로나를 비롯해 메르스·에볼라 같은 대(大)유행 전염병(Pandemie, pandemic) 등이 이에 해당한다.

독일은 위기의 난이도와 파급력 등에 따라 그 처리 기관을 달리하여 운용하고 있다. 1차적 재난(일상적 위기, 재난, 응급 상황 등)은 기초 지방자치단체가 관리한다. 기초 지자체 능력 범위를 벗어나는 2차적 재난과 안전관리 법령 입법, 계획 수립·집행 등은 주(州)정부가 관리한다. 화재, 선박, 치안, 교통사고 등이 이에 해당한다.

연방정부는 전국적 재난, 즉 주(州)와 지자체 능력을 벗어나는 국제재난 및 전시 시민 보호, 「X-이벤트」에 해당하는 재난을 총괄한다. 전국에 걸치는 경제 침체, 국제 테러, 기상 악화, 대홍수, 유행성 전염병, 외국의 사이버 공격 등이 이에 해당한다. 연방 내무부 산하 「독일연방 국민보호 재난지원청」(BBK)이 국가위기 관리를 총괄하고 있다.

따라서 웬만한 재난 사건은 거의 주 정부와 지자체 선에서 다 끝난다. 한국에서 1994~95년 삼풍백화점과 성수대교 붕괴, 2014년 세월호 침몰은 나라가 휘청거리고 정권 붕괴의 단초가 될 정도로 큰 인재(人災)이자 국난(國難)이었다.

그러나 이러한 류의 사건들은 독일에서는 위기도 아니고 국난 축에 끼지도 못한다. 일개 안전 관련 기관이나 주 정부 차원에서 충분히 해결할 수 있는 일회성 사고에 불과하다. 연방정부가 나설 만한 정도의 감이 아닌 것이다. 2010년 '독일판 세월호 사건'[200]이 발생했을 때도, 연방교통부 산하 '하바리 코만도'라는 해난구조대가 사고 수습을 맡아 승무원과 승객 전원을 무사히 구조했다.

그렇다면 어느 정도 사건을 국가위기 급(級)이라고 하는가? 1945년 2차 세계 대전 종전 후 독일은 완전히 파괴되었다. 패전국 책임으로 동서 국토 분단을 당했으며, 다시는 재건을 못 하게 주요 산업 시설과 공장, 연구소들이 폐쇄됐다. 그 후 동서 냉전 속에 공산권의 위협에 시달렸다. 1948년 소련의 서베를린 봉쇄, 1961년 동독의 베를린 장벽 설치, 1975~76년 소련 핵미사일의 동독 배치, 1989년 베를린 장벽 붕괴 사건이 바로 그것이다.

국내 사건으로는 1968년 6·8 혁명, 1976년 루프트한자 항공기 납치 사건이 있었으며, 자연재해로는 2002년에 100년 만의 대홍수, 2013년에 500년 만의 대홍수, 2021년 1천 년 만의 대폭우를 겪었다. 2000년대 초 경제 침체 소위 「독일 병」을 겪었다. 2014~2015년에는 대규모 시리아 난민이 유입되었다. 2020년~2022년까지 코로나로 어려움을 겪었다.

어느 나라나 국가위기를 당할 수 있다. 이것을 완전히 피하기는 어렵다. 중요한 것은 위기를 극복할 수 있는 해결 능력이 있는지 여부다. 독일은 평소 느림을 추구하지만, 위기에 처하면 대처 능력이 뛰어나다. 위기에 처하면 놀라울 정도로 신속히 해결한다. 독일은 게걸음으로 가는 국가다. 그러나 미래를 향해 독일이라는 국가를 만들어가기 위해서는 빠른 속도로 움직이는 나라다.[201] 실제로 대부분 위기를 성공적으로 극복했으며, 예외적으로 2021년 대폭우는 실패한 사례로 남았다. 이 부분은 후술한다. 그런데 위기 극복한다는 이유로 국가비상사태를 남발하거나 기본권을 저해하는 행위를 하지 않는다. 국가비상사태가 발령된 때는 2013년 독일 역사상 최악의 대홍수 때가 유일하다.

위와 같은 독일의 강건성과 복원력은 국가 신용도에 그대로 나타나고 있다. 세계 3대 국제신용평가기관(S&P, Fitch, Moody's)의 국가 신용평가를 보면, 독일의 신용등급은 모두 최고 수준인 트리플A(AAA, AAA, Aaa)를 유지하고 있다. 이 수준은 1980년대 이후 지금까지 변함이 없으며, 2000년대 초 '독일 병'을 앓았을 때에도 마찬가지였다. 한 번도 아래 등급으로 내려간 적이 없다. 독일의 저력이 얼마나 막강한지 보여주는 사례다. 2023년 기준 3개 기관 모두 트리플A를 유지하고 있는 국가는 독일, 네덜란드, 룩셈부르크, 스위스, 덴마크, 노르웨이, 홍콩, 싱가폴 등 8개국에 불과하며, 강대국 중에서는 독일이 유일하다. 한국은 더블A (AA, AA−, Aa2) 수준으로 비교적 높은 편이나, 독일보다 2~3단계씩 낮다.

독일의 위기관리 능력의 원천은 무엇인가? 자유민주 질서의 원활한 작동, 수준 높은 정치, 건전한 재정에 더하여 기본의 충실함 즉 어떠한 위기에도 버틸 수 있는 튼튼한 방어벽, 그리고 평소 철저한 사전 대비와 반복적 훈련이다. 이 위기관리 과정을 경제, 안전, 안보, 의료 분야별로 소개한다.

국가위기에 대비한 경제 방어벽

독일은 2000년대 초반 과도한 복지, 통일 후유증 등으로 심각한 경제위기를 겪었다. 성장률이 2001년에 1.7%, 2002년 0%, 2003년에는 마이너스 0.7%였다. 실업률 14%, 실업자는 500만 명에 이르렀다. 그러나 2000년대 후반에 화려하게 부활했다. 성장률이 2006년에 3.7%, 2007년에 3.3%의 높은 성장률을 시현한 것이다.

2008~2009년 글로벌 금융위기 때 미국을 비롯하여 대부분의 선진국

들이 초토화되었다. 독일도 큰 피해를 입어 성장률이 마이너스 5.6%까지 떨어졌으나, 다음 해 바로 회복하여 4.1%를 시현했다. 통일 이후 최고의 성장률이다. 이러한 경제위기를 극복하고 부활한 요인은 탄탄한 경제 방어벽이다. 한국과 대비하여 살펴보자.

첫째, 나라 전체의 채무 구조가 건전하다. 먼저 국가의 총 채무 구성을 보자. 국가채무는 한 나라의 흥망을 좌우하는 중요한 요소다. 역사적으로 나랏돈 흥청망청 쓰다가 망한 나라가 어디 한둘이던가! 따라서 신용평가에서도 국가채무가 가장 핵심적인 평가요소다. 독일의 2022년 말 국가채무는 GDP의 66.2%다. 2019년까지 60% 수준이었는데 코로나 피해 기업 보상지원 때문에 증가했다. 엄청난 통일 비용을 지불하고도 이 정도를 유지하고 있다. 만일 통일 비용을 쓰지 않았다면 국가채무가 거의 없을 것이라는 추산이 나온다. 독일은 공기업이 대부분 민영화되어 공기업 채무가 별로 없다. 숨은 국가채무가 없다는 얘기다. 다음, 민간 채무는 87.0%로 양호한 편이다. 국가채무와 민간채무를 합한 총 채무는 153.2%로, 독일경제가 충분히 감내할 수 있는 수준이다.

독일이 최고의 신용등급을 유지하는 데는 국가와 민간채무의 철저한 관리가 결정적 역할을 하고 있다. 미국은 세계 최고의 패권 국가인데도 불구하고 S&P와 Fitch의 평가에서 독일보다 한 단계씩 낮다. 과도한 국가채무 때문이다.

〈표 23〉 독일과 한국의 총채무 비중 비교

(2022년 12월 말, GDP 대비 %, 차이 %p)

구분	국가 채무(a)	민간	채무 (b)		총계 (a+b)
			가계	기업	
독일 (A)	66.2	87.0	48.4	38.6	153.2
한국 (B)	49.4	223.6	104.6	119.0	273.0
차이(A-B)	16.8	△136.6	△56.2	△80.4	△119.8

* 자료: 독일연방은행, 『Monatsbericht August 2023』, 2023.8,
　　　기획재정부, 『월간재정동향』, 2023.8,
　　　한국은행, 『금융안정보고서』, 2023.6. 재구성

한국의 국가채무는 GDP의 49.4%다. 독일의 66.2%나 OECD 국가들보다 양호하다. 한국의 신용등급이 높은 이유다. 그러나 공기업 채무 361조 원(GDP 대비 17.3%)까지 합치면 70%에 육박하여 독일을 넘어선다.

민간채무는 이미 위험 수위를 넘어섰다. 가계부채와 기업부채 모두 GDP 수준을 넘어 각각 104.6%, 119%에 이른다. 민간 부문에서 거품이 터지고 금융위기가 발생하면 국가위기로 번진다. 1998년 IMF 외환위기로 나라가 부도 직전까지 몰리고 기업의 무더기 도산, 대량 실직, 이로 인한 가정 해체로 이어졌을 때, 가계부채와 기업부채는 각각 46.1%, 108.6%로 총 154.7%였으며, 국가채무는 13.3%에 불과했다. 지금은 모든 부문에서 그때보다 훨씬 열악하다. 곳곳에서 경고음이 들리고 있다.

둘째, 대규모 대외 자산을 보유하고 있다. 2022년 말 기준 대외채권에서 대외채무를 차감한 대외 순(純)자산 규모가 2조 9,780억 달러(약 3,574조 원)로, 일본에 이어 세계 2위다. 미국은 마이너스 16조 달러(약

2경 원)를 기록하고 있는데, 대외채무가 그만큼 많다는 의미다. 한국은
7,710억 달러(약 925조 원)로 8위의 양호한 수준을 보이고 있다.

〈표 24〉 세계 주요국의 대외 순(純)자산 규모 (2022년 말, 10억불)

순위	1	2	3	5	6	8	–
국가	일본	**독일**	중국	노르웨이	싱가폴	**한국**	미국
금액	3,156	**2,978**	2,978	1,182	822	**771**	△16,172

* 자료: IMF, *International Investment Position by Indicator: Net International Investment Position(with Fund Record)*, 2023.9. 재구성

　셋째, 전략 자산도 상당량 보유하고 있다. 먼저 금 보유량을 보면 2022
년 말 기준 3,355톤으로, 전 세계 보유량(3만 5,588톤)의 9.4%에 해당하
며, 미국(22.9%)에 이어 2위를 차지하고 있다. 금은 기축통화 가치가 흔
들릴 때 대체 가능한 안전 자산이자 전략 자산이다. 한국의 금 보유고는
104톤(0.3%)으로 38위, 독일의 1/30에 불과하다.

〈표 25〉 세계 주요국의 금 보유고 (2022년 말, 톤, %)

순위	1	2	3	7	9	13	38	100개국 합계
국가	미국	**독일**	IMF	중국	일본	ECB	**한국**	
보유량	8,134	**3,355**	3,355	2,050	846	507	**104**	35,588
비율	22.9	**9.4**	7.9	5.8	2.4	1.4	**0.3**	100.0

* 자료: World Gold Council, *World official gold holdings*, 2023.4.

독일은 식량 안보도 잘 관리하고 있다. 영국 이코노미스트 EIU가 발표한 2022년도 113개 국가의 '세계 식량안보지수'(GFSI)를 보면 독일은 19위로 비교적 상위권에 위치해 있다.[202]

곡물류 자급률은 112%(2017년 기준)에 이른다. 반면 한국의 식량안보지수는 39위로 중위권에 속해 있지만, 실질적 식량 안보는 매우 취약하다. 세계 7위 곡물 수입국이며 곡물 자급률은 22%(2018년 기준)에 불과하다.[203] 전쟁, 기상이변 등으로 각국이 식량 주권(主權)을 강화하면 식량 위기가 에너지 위기보다 더 큰 위협이 될 것이다.

독일은 자원 빈국이지만 석탄·갈탄, 형석(螢石), 리튬 등이 상당량 매장되어 있다. 갈탄은 세계 생산량의 17.3%를 생산하는 최대 생산국이다. 다만 낮은 채산성, 환경 보호, 자원 보존 정책 등으로 인해 광물 생산을 자제해 온 것이다. 독일은 2022년 초 러시아·우크라이나 전쟁을 계기로 2023년 1월 광물 원자재 전략을 수정하여 핵심 광물 원자재 수입선을 러시아·중국 등 비민주주의 국가에서 칠레·호주·캐나다 등으로 바꾸고, 국내 광물 채굴도 확대하기로 했다. 이에 따라 27년간 휴면 상태의 형석 광산이 먼저 문을 열었다.

중국의 공급망 교란에 대해 대응에 나서다

독일은 공급망 분야에서 막강한 경쟁력을 가지고 있다. 2023년 5월, 서울대 국가미래전략원은 '수출 권력'과 '수입 취약성'이라는 공급망 지배력 개념을 도입하여 경제안보지수를 개발했다. '수출 권력'은 수출 제품의 지배적 위치를 통해 글로벌 공급망을 통제할 수 있는 능력을 말한다. 그리고

'수입 취약성'은 특정 국가에 대한 수입 의존도가 높아 공급망 교란으로 인해 피해를 입을 가능성을 말한다. 이를 각각 20개 국가에 적용한 결과, 수출 권력에서는 중국이 1위, 독일이 2위를 차지했다. 미국 3위, 일본 7위였으며 한국은 11위에 올랐다. 수입 취약성에 있어서는 한국이 1위로 가장 취약한 것으로 나타났다. 일본 2위, 미국은 11위였으며, 독일은 순위에 없었다.[204]

이러한 독일도 대(對)중국 무역 의존도 심화, 중국의 무차별 공습에 대한 우려가 커지고 있다. 2022년 기준 독일의 중국 수출 비중은 전체의 6.8%로 4위, 수입 비중은 12.8%로 1위를 기록했다. 희토류 등 혁신 산업에 필요한 원자재를 중국에 크게 의존하기 때문이다. 이에 따라 중국발 위기를 근본적으로 막기 위해 2023년 7월 「대(對)중국전략」을 발표했다. 중국을 경쟁자이자 체제적 라이벌로 간주하고 산업 공급망 분야에서 중국 의존도를 낮춰 위험을 축소(De-Risking)하는 동시에, 중국 정보기관의 첩보 활동과 방해 공작에 대해서도 강력히 대응하겠다는 것이다. 독일이 특정 국가에 대한 대응방침을 대외적으로 밝힌 것은 이번이 처음이다.

국가위기 관리 훈련 모델 : 「뤼켁스」(LUEKEX)

세상에 싸면서도 질까지 좋은 것은 없다. 안전에 대한 대비도 마찬가지다. 경제 논리가 통하지 않는 분야다. 0.1%의 낮은 확률에 불과하던 위기가 현실화하는 순간 경제적 효율은 무용지물이 된다. 비용은 몇 배로 더 들고, 그동안 쌓아온 신뢰 또한 한순간에 날아가 버린다. 공짜나 싼값으로 쉽게 얻을 수 없는 것이 안전이다.

독일은 안전에 대한 갈구와 실천이 사회 문화로 정착되어 있다. 이를 요약하면 ①위기 의식 공유, ②사전 준비, ③현장 중심, ④반복 훈련이다. 늘 사전 준비와 대비상태를 유지한다. '사전 대비는 후속 조치보다 낫다.'(Vorsorge ist besser als Nachsorge). 대비가 수습보다 효율적이고 경제적이라는 독일판 유비무환(有備無患) 속담이다. 그리고 정작 사건이 발생했을 때는 평소 익힌 대로 사고 수습 절차를 거친다. 독일 정부나 민간기업들은 위기를 예방하기 위해 소요되는 돈은 소모적 비용이 아니라 장기 투자로 인식하고 거액을 쏟아붓는다. 안전이야말로 신뢰로 귀결되기 때문이다. 이에 따라 만일에 있을 재난이나 전쟁에 대비하여 방어를 위한 노력을 계속하고 있다. 구체적으로 살펴보자.

먼저, 국민은 안보수칙을 철저히 준수한다. 16세~65세의 전 국민을 대상으로 10시간 안전·안보 교육을 실시하고 있다. 이 교육에는 미사일·핵 공격 대처 방법이 포함되어 있다. 각 가정은 평소 마스크, 장갑, 손전등, 라디오, 체온계, 배터리, 상비약 등이 담긴 「응급구조 키트」를 구비하고 있다. 지하 창고에는 최소한 3개월 이상 버틸 수 있는 생수와 비상식량을 비축하고 있다. 일부 가정은 벽장이나 침대 밑에 방탄조끼까지 비치해 놓는다. 연방내무부는 최근 코로나와 러시아/우크라이나 전쟁을 계기로 대정전(大停電)에 대비하여 시뮬레이션(가상실험)을 실시했으며, 병원·소방서 등 공공기관들은 정전 상태에서도 며칠간을 버틸 수 있는 시스템을 구축하고 있다.[205]

둘째, 집이나 사무실에서 반경 100m 이내에 대피 시설을 제공하고 있다. 각 대피소에는 11일간 버틸 수 있는 비상식량과 물, 환기 장치 등이 갖추어져 있다. 이는 방사성 물질, 화재, 파편, 미사일, 핵, 생화학 공격 등의 비상 상황에 대비하기 위한 것이다. 인구 5만 명 이상의 도시에서 건물을 신축할 때에는 지하에 대피소를 마련해야 한다. 대피소 수용 인원은 1인당 면적 1.98㎡의 기준을 적용하고 있다. 대피 상황에서도 쾌적성을 유지하면서 최소한의 의식주를 해결할 수 있는 수준이다. 한국은 0.8㎡로 독일의 절반이 안 된다.

셋째, 지자체는 핵전쟁이나 원전 사고 시 대처 요령을 팸플릿으로 만들어 배포하고 있다. 여기에는 경고앱 깔기, 창문 차단, 지하실 대피, 방송 청취 등의 주의사항이 정리돼 있다.[206] 또 핵 공습 대피 훈련의 일환으로 핵 경보 사이렌을 발령한다. 독일은 매년 9월 둘째 주 목요일을 재난·공습에 대비한 「경보의 날」(Warntag)로 지정하고 연방·주·지자체 합동 경보 훈련을 실시하고 있다.[207]

독일은 국가 차원에서 위기를 극복하기 위한 범(汎)국가위기 관리 훈련을 실시하고 있다. 이를 「뤼켁스」(LUEKEX)라고 한다.* 이 훈련은 2004년에 시작하여 2년 주기로 실시하다가, 어느 정도 정착하면서 3년 주기로 완화하여 실시하고 있다. 여기에는 연방정부, 주 정부, 지방자치단체 등 정부 기관 외에, 공항, 재난 구조기관, 에너지 기업, 안전협회 등 재난 유관기관들도 참여한다. 훈련 시마다 훈련 주제를 바꿔 가면서 실시한다. 훈련 결과 문제점을 점검·개선하고 국가위기 관리에 반영하여 미래 위험을 최소화하고 있다.

---

* 「뤼켁스」(LUEKEX): Laender-uebergreifende Krisenmanagement Exercise. 직역하면 주(州)를 초월하여 전국에 걸치는 위기관리 훈련이라는 뜻이다. 즉 범(汎)국가위기 관리 훈련이다.

〈표 26〉 독일의 「뤼켁스」(LUEKEX) 훈련 개요

훈련명, 시기	훈련주제
1. LUEKEX 2004	기상 악화 → 2개주 대정전(2주간), 2개주 테러 피습
2. LUEKEX 2005	국제 테러 위협, 2006 독일 월드컵 대비
3. LUEKEX 2007	大유행성 전염병(Pandemie, pandemic) 발병
4. LUEKEX 2009	화학 방사선을 통한 테러 위협
5. LUEKEX 2011	정보통신 안전 위험(조직범죄, 정전, 생물학적 피해 등)
6. LUEKEX 2013	비정상적 생물학적 위기 발생
7. LUEKEX 2015	독일 북해 연안의 해일(海溢) 발생
8. LUEKEX 2018	남부 독일의 에너지(가스) 부족, 고갈 사태 발생
9. LUEKEX 2023	정부에 대한 사이버 공격

* 자료: 「독일연방 국민보호 재난지원청」(BBK) 재구성

독일은 지금까지 「뤼켁스」 훈련을 9회 실시했다. 그동안의 훈련 내용을 보면 대정전(大停電, Blackout), 대유행성 전염병, 비정상적 생물학적 위기, 정보통신 안전 위협, 해일 발생, 에너지 고갈과 같은 자연재해 성격의 훈련과 함께, 테러 피습 등 인재 대비 훈련도 포함하고 있다.[208] 2021년에는 9차 훈련으로 정부에 대한 사이버 공격에 대비한 훈련이 예정되어 있었으나, 코로나 때문에 연기하여 2023년 9월 실시했다.

이 훈련 내용은 훈련 시점에서는 현실화하지 않았지만, 미래 언젠가는 나타날 수 있는 위험 요소들이다. 그런데 훈련 내용 일부는 실제 현실로 나타났다. 2004년, 2005년 테러 대비 훈련 이후 2016년 베를린 트럭 테러 등 테러 사건이 발생했다. 2007년 전염병 대비 훈련 이후 12년만인 2019년에 코로나가 발생했고, 2018년의 에너지(가스) 부족 사태 대비 훈

런 이후 2022년에 러시아/우크라이나 전쟁으로 에너지 특히 가스 부족 사태가 발생했다. 이러한 사태 수습에 「뤼켁스」훈련이 큰 도움이 되었음을 말할 것도 없다. 이 「뤼켁스」훈련은 지금까지 다른 나라에서 볼 수 없는 독일의 독창적 국가위기 관리 모델로 평가받고 있다.

2. 평화 국가의 안보 대응

분단 시대에 주적(主敵)에 엄정했다

독일은 1945년 2차 세계 대전의 패전국으로써 엄청난 대가를 치렀다. 국토는 동·서로 분단되고, 동독에 위치한 베를린은 동·서 베를린으로 나뉘었다. 승전국 중 미국·영국·프랑스는 서베를린을, 구소련은 동베를린을 점령했다. 서베를린은 서독 영토이면서도 동독 땅으로 에워싸여 있는 '내륙의 섬'이자 절해고도(絕海孤島)가 된 기현상이 벌어진 것이다. 이후 본(Bonn)이 서독의 임시 수도로 결정되고, 동베를린은 그대로 동독 수도가 되었다. 이렇게 서독과 동독은 서로 주적(主敵)이 되고, 세계도 자유 세계와 공산권이 대립하는 동서 냉전 시대로 접어들었다.

위 냉전 기간 소련과 동독은 줄곧 서독과 서유럽을 위협했다. 1948년 6월 소련이 서베를린을 봉쇄하면서 서베를린으로 들어가는 육로가 완전히 차단됐다. 이에 따라 생필품·전력·석탄 공급이 전면 중단되고, 서베를린 시민들은 완전히 고립됐다. 소련은 미·영·불 전승 3국으로 하여금 서베를린을 포기하도록 시도한 것이다. 당연히 물가가 폭등하고 시민들은 혼란에 빠졌다. 그러나 전승 3국은 서베를린을 철저히 지켰다. 독일이 공산화되는 것을 방치할 수 없었던 것이다. 미국과 영국은 식량·식료품·의약품, 석탄·연료 등을 항공기를 통해 서베를린으로 실어 날랐다. 380대의 항공기가 28만 번의 비행을 통해 서베를린을 사수했다. 미국은 "만약 소련이 수송기를 공격하면 핵전쟁도 불사하겠다"고 강경한 태도를 보였다. 결국, 소련은 봉쇄를 푸는 수밖에 없었다.

1961년 8월 13일, 동독은 베를린 장벽을 설치하여 동독 주민의 서독행을 완전히 차단했다. 수많은 동독인이 이 장벽을 넘으려다 동독 군인의 총격에 희생됐다. 이때부터 1988년까지 자유를 찾아 서독으로 넘어온 동독인은 60만 명이나 된다. 1989년 베를린 장벽 붕괴, 1990년 독일통일과 함께 공산권이 무너지면서 동서 냉전은 45년 만에 막을 내렸다.

동독은 냉전 기간 내내 간첩 활동을 통해 서독 사회를 교란하고 분열과 파괴를 시도했다. 동독의 스파이 활동은 상상을 초월한다. 1950년대 초 이후 동독 비밀 첩보기관인 〈슈타지〉(Stasi)의 간첩 2천여 명이 서독 각계각층에 침투하여 공작 활동을 했다. 슈타지 내 대외정찰총국(HVA)은 소련 정보기관(KGB)이나 미국 중앙정보국(CIA)도 혀를 내두를 정도의 뛰어난 능력을 보였다. 마르쿠스 볼프(M. J. Wolf)는 현대 첩보사에서 가장 치밀한 공작을 행한 인물로 평가되고 있다. 그는 33년이나 신분을 속인 채 대외정찰총국의 수장으로 재직하면서 〈슈타지〉를 지휘했다. 통일 후 볼프의 자서전 『회고록』은 베스트 셀러가 됐다.

〈슈타지〉는 거대한 스파이 제국이었다. 서독에서 〈슈타지〉의 마수가 미치지 않은 곳이 없었다. 서독 의회, 군부, 언론, 노조, 대학, 교회, 연구기관, 심지어는 연방정보기관에까지 간첩을 침투시켜 기밀을 빼냈다. 서독연방정보원(BND)의 대(對)소련 작전 책임자 하인츠 펠페(Heinz Felfe)

는 소련의 2중 첩자로 밝혀졌다. 〈슈타지〉는 서독 인사들의 약점을 들춰 내 협박하여 첩자나 정보원으로 만들어 서독 사회를 교란했다. 서독 사회에서 〈슈타지〉에 협력한 정보원도 2만~3만여 명에 이르렀다. 총리 보좌관, 여당 원내 총무, 차관도 포섭되었다. 〈슈타지〉에 포섭된 의원만으로도 원내 교섭단체를 구성할 정도였다.

동독은 정상적인 국가가 아니었다. 신뢰와 인륜이 없이 위협, 모략, 테러, 살해가 주업이 된 전체주의 공산국가였다. 포섭된 첩자들은 인륜을 저버리는 일도 마다하지 않았다. 농업전문가 쿠리오는 자신의 스승인 콘라드 메르켈 베를린대학 교수에 관한 정보까지 수집해 슈타지에 보고했다. 학업뿐만 아니라 개인사까지 돌봐준 아버지 같은 사람에게 비수를 들이댄 것이다. 위와 같은 〈슈타지〉의 정보 수집과 공작 덕분에 호네커 동독 서기장은 책상에 앉아서 서독의 동태와 정치를 훤히 꿰뚫어 볼 수 있었다.

빌리 브란트 총리 시절인 1974년 서독이 발칵 뒤집히는 사건이 발생했다. 이른바 '기욤 사건'이다. 동독인 귄터 기욤(G. Guillaume)은 가족과 함께 서독에 위장 귀순했다. 그리고 사민당에 들어가 업무능력을 인정받고 빌리 브란트 총리 비서실에 발탁되어 총리 개인 비서관이 됐다. 그는 13년간 수천 건의 극비 정보를 빼돌렸다. 여기에는 미·소 군축 회담, 서독과 나토의 군사력 현황, 군비 충원 계획 등이 포함되었다. 첩보 영화에나 나올 법한 얘기가 실제로 발생한 것이다. 기욤이 간첩이라는 사실이 확인되자 브란트 총리는 사임했다. 이 사건은 '권력의 그늘'이라는 제목의 영화로 제작되었다.[209]

이 사건보다 2년 전인 1972년 4월, 사민당과 자민당 연정이 다수 의석을 잃자 제1야당인 기민당은 정권 탈환을 위해 총리 불신임안을 제출했다. 투표 결과 찬성 247표, 반대 249표였다. 2표 차로 불신임안이 부결됐다. 브란트 총리의 퇴임을 우려한 〈슈타지〉가 기민당 일부 의원을 매수, 불신임안에 반대표를 던지도록 공작한 사실이 나중에 드러났다.

〈슈타지〉는 '로미오 작전'이라고 불리는 미남계까지 활용했다. 가브리엘레 가스트(Gabriele Gast)라는 서독 여성은 동독 꽃미남 간첩에 포섭된 후 서독연방정보원에 채용되어 콜 총리에게 정세 보고를 올리면서 주요 기밀을 몰래 동독으로 빼돌렸다. 그 외에도 총리실과 정당 내 많은 여비서들이 포섭되어 기밀을 유출했다.

동독은 동독 공산정권에 비판적이거나 저항하는 서독 인사들을 무력화시켰다. 1960년대 후반 기민당의 3대 게오르그 키싱거 총리 시절, 〈슈타지〉는 당시 뤼브케 대통령을 끌어내리기 위해 공작을 펼쳤다. "뤼브케 대통령은 나치 부역자로서 많은 유대인을 살해한 부도덕한 인물"이라는 것이다. 〈슈피겔〉, 〈슈테른〉 등 서독 언론도 〈슈타지〉 공작에 놀아나 뤼브케 스캔들 확산에 힘을 쏟았다. 이쯤 되니 여론도 부정적으로 돌아섰다. 연방정부와 대통령실에서 "사실이 아니다."라고 아무리 주장을 해도 소용이 없었다. 결국, 뤼브케 대통령은 임기 3개월을 남겨놓고 사임했다.

위와 같이 동독 간첩이 서독 사회 전반에 깊숙이 침투해 있었는데도 서독은 모르고 있었으며, 통일 후 〈슈타지〉 문서를 파악하고 나서야 비로소 알게 됐다. 이토록 서독이 동독에 농락을 당한 것은 양독 간의 개방성의 차이에서 나온다. 양독 간에 언어 · 문화 · 생활 방식이 같아서 기본적으로 상호 침투가 쉬운 측면이 있었다. 폐쇄 사회 동독에서는 스파이 활동이 어려웠던 반면, 서독은 스파이 활동에 제약이 없을 정도로 개방되어 있었다. 게다가 서독 사회의 안보 의식이 느슨했다. 1960년대 이후 서독 지식인 사회에서 동독 정권을 인정하고 좋은 관계를 맺고자 하는 분위기도 공존했다. 어쨌거나 선의를 저버린 동독의 흑심을 간파하지 못한 것은 서독의 실수였다.

동독의 끊임없는 서독 흔들기에도 서독은 흔들리지 않았다. 서독은 베를린 장벽 설치 3개월 후인 1961년 11월, 동독의 악행 기록과 인권 탄압 사례를 수집 · 보존하기 위해 동서독 국경 지역 소도시 잘츠기터(Salzgitter)에 「중앙기록보존소」를 설치하여 통일 시까지 운영했다. 30여 년 가까이 축적한 자료가 4만여 건이나 된다. 이 자료는 통일 후 동독 내에서의 범죄행위 가담자 처벌, 피해자 복권 및 보상 등의 근거 자료로 활용되었다.

그리고 서독은 동독의 정치 억압과 비(非)인도성, 기본권 부정에 대해 반복해서 비판하고 개선을 요구했다. 여기에 진보 보수가 따로 없었다. 진보 사민당의 브란트 총리는 인권 보호를 동 · 서독 관계의 고리로 걸었으며, 헬무트 슈미트 총리도 동독의 인권 유린을 문제를 반복해서 언급했다. 보수 기민당 헬무트 콜 총리는 호네커 동독 서기장 앞에서 동독 국민의 자유와 자기 결정권을 역설하며 국민의 기본권 존중의 필요성을 강조했다.[210]

결국, 소련과 동독은 지도에서 사라지고 말았다. 값비싼 대가를 치르

긴 했으나, 공산 사회주의는 패망했으며, 불의와 비정상은 파멸에 이른
다는 교훈을 남겼다. 여기에는 「시민 교육」을 통해 쌓은 서독 국민의 성
숙한 시민의식, 자유민주 체제에 대한 굳은 의지, 정치 지도자들의 의연
하고 일관성 있는 대(對)동독 정책에 기인한다. 서독의 대동독 대응 과정
에서 실패와 성공 사례는 한국에 훌륭한 반면교사다. 분단 상태의 한국
이 주적(主敵)에 어떻게 대비해야 하는지 분명한 메시지를 던져 주고 있
다.

'핵에는 핵', 헬무트 슈미트 총리

'정치 현인'이라 불리는 5대 헬무트 슈미트 총리는 '안보 총리'로 불린다.
진보 사민당 출신이면서도 안보에 대해서는 좌우 이념 논리에 매몰되지
않았다. 그가 집권하던 시기(1974년~1982년)는 동서 냉전으로 세계 안보
불안이 심각했던 시절이다. 그러나 그는 동서 데탕트(긴장 완화)를 통해 서
독의 안보 위기 해소와 유럽 전역의 평화 질서 확산을 위해 노력했다. 특히
자국의 안보는 절대 양보하지 않았다. "안보는 스스로 지켜야 한다."는 소
신을 굽히지 않았다.*
  1975~76년 소련은 동독과 동유럽에 중거리 핵미사일 「SS-20」을 배치했
다. 이 핵무기는 사거리가 5천km로 서독을 포함한 전 서유럽을 사정권에
둔, 핵탄두를 3개 탑재할 수 있는 공포의 무기였다. 당시 소련과 미국은 전
략무기제한협정(SALT)을 통해 서로를 겨냥하는 대륙간탄도미사일 등 전
략무기 사용을 자제하고 있었으나, 이 협정 내용에 서유럽은 빠져 있어 사

---

* 이 글은 『월간조선』 2020년 1월호에 게재된 " '20세기 균형 있는 진보 정치
인' 헬무트 슈미트 총리" 일부를 축약하여 정리한 내용이다.

실상 서유럽 전체가 무방비 상태에 있었다. 이 무기가 언제 서독 상공에 떨어질지 모를 절체절명의 위기에 직면하였다. 소련은 이미 1948년에 베를린을 봉쇄하고 지속적으로 위협을 가하였으며, 1962년에 쿠바에 핵미사일 배치를 추진하면서 미국과 일촉즉발(一觸卽發)의 전쟁 직전까지 몰고 가는 등 끊임없이 문제를 일으키고 공포 분위기를 조성하고 있었다. 때문에 유럽인들은 소련의 유럽 핵미사일 배치에 불안을 감추지 못하고 있었다.

슈미트는 이 위기를 타개하기 위해 고군분투했다. 소련에 대해 지속적으로 핵 감축을 요구하는 동시에, 서방측에는 재무장 카드를 내밀었다. 그는 서방국가 방어 기구인 나토(NATO)에 「이중 결정」(Doppelbeschluss) 카드를 제시했다. 「이중 결정」이란 '동유럽에 배치된 소련 핵무기가 폐기될 때까지는 서유럽에도 같은 수준과 규모의 핵무기를 배치한다.'라는 의미다. 나토는 슈미트의 제안을 받아들여 4년 이내에 상호금지에 이르지 못하면 서유럽에 「퍼싱 II」 핵미사일을 전면 배치하기로 했으며, 슈미트는 이를 서독 영토에 허용하는 결단력을 보였다. 「퍼싱 II」는 7분 만에 모스크바를 타격할 수 있는 가공의 무기다.

이 「퍼싱 II」 배치 계획은 서독 내 평화주의자와 환경주의자들의 극렬한 반대를 불러왔다. 반전(反戰) 반핵(反核) 단체들과 일부 극좌 대학생들은 연일 시위를 벌였다. 이들은 "소련과 동독은 핵전쟁을 일으키지 않을 것"이라면서 슈미트를 전쟁광이라고 비난했다. 동독의 〈슈타지〉는 비밀공작을 통해 서독 내 반핵 운동을 성공적으로 조종했다. 심지어는 슈미트 자신의 정치 기반인 사민당 내에서도 강렬한 반대에 직면하였다. 이런 반전 분위기에 편승하여 1980년에는 당내 환경주의자와 평화주의자들이 녹색당을 창당하기에 이르렀다.

그러나 슈미트 총리는 흔들리지 않았다. 그는 "나토의 「이중 결정」 없이는 소련을 협상 테이블로 불러낼 수 없다."라면서 당원들과 당내 인사들을 설득하고 국민에게 호소했다. 서방의 재무장을 위해 의회 불신임도 불사하겠다는 의지도 보였다. 실제로 소련은 대화에 응하기는커녕 오히려 1979년 11월 아프가니스탄을 침공하여 국제 사회의 긴장 완화 노력에 찬물을 끼얹었다. 미국·서독·캐나다 등 자유 진영도 소련에 대응하여 1980년 모스크바 올림픽에 불참하면서, 국제 정세는 냉전을 이어갔다.

슈미트는 핵의 서독 배치 계획에 대한 국내외 반발에도 불구하고, 서독 국민의 강한 안보 의식, 자신에 대한 높은 신뢰도 등에 기반을 두어 1980년 총선에서 사민당의 승리를 끌어냈다. 이로써 「퍼싱 II」의 서독 배치에 대한 당위성과 정치적인 추진동력을 갖게 되었다. 그 후 1982년 기민당으로 정권이 교체되어 헬무트 콜 총리 시절인 1983년에 서독에 「퍼싱 II」가 실전 배치되었다. 물론 이것은 레이건 미국 대통령의 전폭적인 지지가 있었기에 가능한 일이기도 했다. 어쨌거나 정권이 바뀌어도 독일의 국가 안보 정책은 지속적으로 일관성 있게 추진된 것이다.

그동안 꿈쩍도 하지 않던 소련이 「퍼싱 II」 배치에 놀라 양보를 하면서 초강대국 간의 긴장이 완화 기조로 돌아섰다. 결국, 미국과 소련은 1987년 중거리핵미사일폐기협정(INF)을 체결했다. 이로써 서독과 서유럽은 소련의 핵 위협 공포에서 벗어날 수 있었다. 서독은 비록 미국 핵을 빌리기는 했지만, '핵에는 핵'으로 맞서 승리했다. 슈미트는 패전국 핸디캡을 딛고 전략적 결단과 특유의 뚝심으로 미·소 강대국을 상대로 중재자 역할을 성공적으로 수행하여 서독의 안보를 지켰으며 서유럽의 평화 정착에 기여하게 되었다.

동독에 무분별한 퍼주기 없었다

서독은 동방정책에 따라 동독과 교류하기 위하여 통일 직전까지 지속적으로 동독을 지원했다. 1949년 서독 건국부터 1989년 베를린 장벽 붕괴 시까지 약 40여 년 동안 금전적인 지원 규모는 총 914억 마르크(457억 유로, 약 60조 원)에 이른다. 그러나 동독에 대하여 무조건 호의적이지 않았고 동독의 요구를 일방적으로 들어주지도 않았다. 지원 주체와 방법, 대상별 내용을 살펴보자.

i) 서독 정부의 지원

먼저, 서독 정부의 동독 정부 지원을 보면, 3만 3,755명의 정치범(반체제 인사)과 25만 명의 가족을 서독으로 데려오면서 34억 마르크를 지급했다. 이것을 '자유 구매'(Freikauf)라고 한다. 공산정권 치하에서 고통받는 정치적 박해자를 구하겠다는 인도적 목적이 배경이다. 이때도 정부가 바로 나서지 않고 교회나 변호사 등 민간의 물밑 접촉을 통해 실행했다. 이 사업이 노출될 경우 동독 정부가 중단할 경우를 고려해 유연하게 대처한 것이다. 또 서독 국민이 동독 국경을 통과하는 대가로 78억 마르크, 인프라 투자(24억 마르크), 도로 이용료(5억 마르크) 등 총 141억 마르크를 지원했다.

지원 방법에 있어서도 현금을 지급하지 않고 물품을 조달하여 지원하였다. 초기에는 바나나 등 식품 위주였으나, 시간이 지나면서 원유 · 구리 등을 수입하여 지원하는 방식으로 전환되었다. 이 물품 지원정책은 1963년부터 1989년 베를린 장벽 붕괴 시까지 27년간 정권 교체와 무관하게 실행됨으로써 일관성을 유지했다.

　다음, 서독 정부는 동독 주민에 대해 환영금 지원, 의료 지원 등 25억 마르크를 지원했다. 이렇게 하여 서독 정부를 통해 지원된 규모는 총 166억 마르크였다.

ii) 서독 주민의 지원

　먼저, 동독 정부에 대하여는 도로 이용료(12억 마르크), 서독 주민의 여행에 필요한 최소 1일 강제전환액(45억 마르크), 비자 발행료(7억 마르크) 등의 방법이 활용되었다. 총 66억 마르크가 소요되었다.

　다음, 동독 주민에 대하여는 연대 부조 형식으로 진행되었다. 우편·소포(450억 마르크)를 통한 지원이 큰 비중을 차지하였다. 그리고 동독 내의 서방 제품을 외화로 판매하는 인터숍(Intershop)에서 외화 물품을 사서 동독 친지들에게 전달해 주는 형식의 지원(100억 마르크), 물품 전달, 면세점을 통한 물품 구매 등 다양한 수단이 활용되었다. 626억 마르크가 지원됐다. 이렇게 하여 서독 주민들을 통한 지원액은 총 692억 마르크에 달했다.

iii) 서독 교회의 지원

　서독 교회도 동독 주민 지원에 큰 역할을 하였다. 동독 정부에 대한 직접적 지원은 없었으나, 동독 주민에 대한 물자 제공, 면세점, 교회사업 등 간접적 방법을 통해 56억 마르크를 지원했다. 서독 교회의 동독 교회 지원은 동독 교회 활동을 활성화하여 민주화 혁명의 근거지가 되는 데 크게 기여했다.

이렇게 전방위적으로 동독과의 접촉면을 확대하기 위한 노력이 이어지면서 동독의 서독에 대한 이해를 넓혔다. 동독에서 정치적 박해자를 받아들이고 동독 내 인프라 구축에 경제적 지원을 아끼지 않았다. 이산가족의 고통 완화, 동독 주민의 삶의 질 향상에 기여함으로써 자유민주주의의 우월성을 느끼도록 했다. 그리고 동독 정부를 움직여 국경 통행 장애 완화, 접경지역에 설치한 살상 무기 제거 등의 협조도 끌어냈다. 그리고 장기적으로 통일을 향한 화해 분위기 조성에도 한몫했다.

〈표 27〉 서독의 동독 지원 내역 (1949~1989년)

(단위: 억 마르크, %)

	서독 정부		서독 주민		서독 교회		총계
對동독정부	정치범 석방대가[1]	34	도로 이용료	12			
	통행료[2]	78	강제전환금[6]	45	—	—	
	도로 인프라[3]	24	비자 발행료	7			
	도로 이용료[4]	5	기타 징수금	2			
	소 계	141 (15.4)	소 계	66 (7.2)	—	—	207 (22.6)
對동독주민	환영금 지원[5]	20	우편 · 소포	450	물자지원	25	
	의료 지원	5	인터숍[7]	100	면세점	3	
			물품 전달	50	교회사업	28	—
	—	—	면세점[8]	26	—	—	
	소 계	25 (2.8)	소 계	626 (68.5)	소 계	56 (6.1)	707 (77.4)
	합 계	166 (18.2)	합 계	692 (75.7)	합 계	56 (6.1)	914 (100.0)

주 1/ 자유 구매(Freikauf)로 알려진 동독의 정치범 석방 및 이산가족 재결합 대가.
2/ 서독 주민들이 서독과 서베를린 사이를 통행하면서 개별적으로 지불하던 도로 사용료,
   비자 발급료 등을 1972년 통행 협정을 체결하면서 일괄 지급.
3/ 자동차 도로 신축·확장, 철로 건설, 수로 개통·확장, 환경시설 개선 등.
4/ 1979년부터 베를린 이외 지역에 대한 자동차의 도로 이용료를 일괄 지급.
5/ 연방정부와 주정부 차원에서 서독을 방문하는 동독 주민에 환영금 지불.

6/ 동독을 방문하는 서독 주민에게 여행 경비 최소 1일 강제전환액을 지정.
7/ 동독 내 서방 제품을 외화로 판매하는 업소인 인터숍(Intershop)에서 서독 주민들이 동독
   친지들에게 물품을 사 주는 수단으로 활용되었음.
8/ 면세점(Genex): 동독이 외화 획득을 위해 해외에서 운영한 면세점으로, 서독 주민들이 동독에
   있는 친지들에게 물품을 보내는 수단으로 사용되었음.

* 자료: 현대경제연구원, "독일 사례를 통해 본 통일 기반 여건 조성방안",
       현안과 과제, 2013.10.2., 재정리

　　여기서 우리가 유의할 점은 서독은 동독에 퍼주기 식의 무분별한 지원을 하지 않았다는 것이다. 총 지원 규모 914억 마르크 중 서독 정부 차원의 지원은 166억 마르크로 전체의 18.2%에 불과했으며, 그나마 동독 주민 지원분을 제외하고 순수하게 동독 정부에 지원한 규모는 141억 마르크로 15.4%에 불과했다. 나머지 81.8%는 민간(서독 주민, 교회)이 지원한 경우이며, 이 중에서도 대부분(68.5%)은 서독 주민이 동독 주민에게 물자지원, 물품 구매 형태로 지원한 경우다.

　　그리고 모든 지원에 조건을 달았다. 조건 없는 일방적인 지원은 하지 않았다. 지원 사유가 분명하고 동독 측으로부터의 확실한 대가가 있을 때만 실행을 했다. 철저히 동독의 인권 문제와 연계하여 '좋은 행동에 보상'하고 '나쁜 행동에 응징'하는 철저한 상호주의(대가 주의)를 고수했다.

　　지원 절차도 투명하게 했다. 즉 ① 동독이 먼저 요청할 때 ② 반드시 대가를 받은 후 ③ 동독 주민들이 서독의 지원 사실을 인지할 수 있게 하였다. 지원 수단도 현금이 아닌 현물 제공 형식이었다. 비밀리에 거액의 경

협자금을 제공하거나, 대가 없이 일방적인 퍼주기식 지원은 없었다.

이렇게 하여 동독 공산정권이 서독 지원 자금으로 정권 유지 강화, 무기 개발 등에 악용될 가능성을 원천적으로 차단했다. 빌리 브란트 총리가 동방정책을 통해 동서 긴장을 완화한 기여로 노벨 평화상을 받았지만, 실익 없는 평화 쇼를 벌인 적이 없으며, 한 푼도 동독 정권에 대가 없이 제공한 적은 없었다. 이로써 동독의 행동을 변화시키는 것을 목표로 하였다.

신의 외투 자락을 잡다

1980년대 후반 들어 동유럽에 개혁의 바람이 불었다. 고르바초프 소련 공산당 서기장의 개혁과 개방 추진이 기폭제가 되어 개방과 민주화 물결이 확산되었다. 1989년 5월, 헝가리와 오스트리아 간 국경이 열리고 매일 수백 명의 동독 주민들이 이 국경을 넘어 서독으로 탈출했다. 그해 9월에는 체코 및 폴란드 주재 서독 대사관, 동베를린 서독 대표부를 통해 수많은 동독인이 서독 땅을 밟았다. 그리고 드디어 1989년 11월 9일 동서 냉전의 상징이던 베를린 장벽이 무너졌다. 이날 하루에만 무려 20만 명이 서독으로 몰려 왔다. 이렇게 하여 1989년부터 1990년 상반기까지 약 60만 명이 서독 땅을 밟았다.

베를린 장벽 붕괴는 워낙 갑작스러운 사건이어서, 이후 역사가 어디로 어떻게 흘러갈지 한 치 앞을 내다보기가 어려웠다. 이미 인간의 힘으로 어찌해 볼 수 있는 상황이 아니었다. 헬무트 콜 총리는 이 천재일우의 기회를 놓치지 않고 동독 주민 탈출, 시위 사태 등 정세 변화를 통일로 연결하면서 역사적 물꼬를 돌려나갔다.

우선 서독 정부는 동독 주민들을 조건 없이 다 받아들였다. 이는 동독의 거센 항의를 유발했음은 물론, 서독 내에서도 비판을 받았다. 사민당은 동독과 관계가 악화될 것이라면서 반대를 했다. 주 정부도 정착금 지원 부담 때문에 동독 주민 수용을 제한하라고 요구했다. 서독 국민도 동독 이주민 대거 유입에 호의적이지 않았다. 이러한 상황에서 콜 총리가 동독 탈출자 전원을 수용키로 한 것이다. 정치 생명을 건 어려운 결정이었다.[211]

동독 이주민은 베를린과 기센(Giessen)에 있는 긴급수용소에 임시로 수용되어 일정한 절차를 거쳐 각 주로 분산 배분된 후 정착하는 과정을 거쳤다. 주 정부는 직업 전환 교육, 직업 훈련 등을 통해 이들이 경제적 자립을 할 수 있도록 지원했다.

서독은 1949년 건국 이후 1961년 베를린 장벽 설치 때까지 340만 명, 베를린 장벽 존속 기간 중 60만 명 등 베를린 장벽 붕괴 이전에 이미 총 400만여 명의 동독 주민을 받아들인 경험을 가지고 있었다. 그래서 이들의 수용과 지역별 배치, 의식주 제공, 단계별 정착금 지원, 직업 훈련 등 인프라와 노하우를 구축하고 있었다.

이러한 인프라 덕분에 베를린 장벽 붕괴 이후 일시적으로 쏟아진 이주민에 대해서도 사회적으로 큰 혼란 없이 위기를 잘 넘길 수 있었다. 공산 독재 정권에서 신음하고 있던 같은 민족을 모두 받아들여 서독 사회에 동화시키는 인도주의를 실천했다.

동시에 콜 총리는 「독일과 유럽 분단 극복을 위한 10개항 프로그램」을 제시하여 통일 논의를 공식화했다. 그러나 서독은 2차 대전 전범국이자 패전국으로서 주권의 제약을 많이 받았다. 통일을 하려면 승전국인 미국·영국·프랑스·소련의 동의가 절대로 필요했다. 미국의 적극적 지지를 바탕으로, 초기에 반대했던 프랑스와 영국으로부터도 동의를 끌어냈다. 대신 이들 국가의 요구를 받아들여 독일 마르크(DM)화와 독일연방은행을 폐기하고 유로화와 유럽중앙은행(ECB)을 신설했다.

소련은 통일에 가장 강력한 반대 입장을 고수했다. 2차 대전시 2천만 명이 사망한 악몽 때문에, 강한 독일은 소련에 늘 위협이었다. 게다가 동독은 안보의 최일선 방어선이었다. 그래서 불가능한 조건을 내세워 통일을 노골적으로 방해했다. 콜 총리는 고르바초프 소련 서기장의 동의를 끌어내기 위해 고르바초프와 친교를 쌓고 수차의 정상회담 등 노력을 끈질기게 이어갔다. 콜 총리는 "독일 문제는 독일 민족이 풀어야 한다."라는 '자결권'을 주장했다. 그리고 "신의 발소리가 들리면 그의 외투 자락을 잡아야 한다."라는 비스마르크 총리의 말을 고르바초프에게 들려주면서 "지금이 통일의 적기"라고 설득했다.[212]

결국, 1990년 2월 10일 코르바초프로부터 "독일의 자결권을 존중할 것"이라는 확인을 받은 데 이어 7월 16일, 통일에 대한 고르바초프의 완전한 지지를 받아냈다. 끝까지 첨예하게 대립한 통일 독일의 나토 귀속과 병력의 동독 지역 주둔도 동의를 얻었다.

콜 총리도 소련의 요구 조건인 핵무기·생화학 무기의 제조·보유 포기, 통일 독일 병력 축소 등을 받아들였다. 여기에 동독에 주둔하고 있는 소련군 철수, 철수 군인의 주택건설·직업 전환 등 정착, 일부 군대의 한시적 주둔 비용, 차관자금 등 총 150억 마르크(약 10조 원)를 지원하기로 했다. 이렇게 하여 소련군이 분쟁이나 마찰 없이 완전히 철수할 수 있는 명분을 제공했다. 그리고 동독과 폴란드를 가르는 오데르/나이세 강 동쪽 땅의 소유권을 폴란드에 양보했다. 이 땅은 수백 년 동안 독일인들이 살고 있던 동프로이센과 슐레지엔 지역으로, 양국 간에 오랫동안 소유권 논란이 되어온 땅이다. 이 땅의 양보는 국토의 1/4을 포기한다는 의미다. 그런 땅을 독일이 포기한 것이다. 독일이 통일을 위해 얼마나 많은 것을 양보했는지 가늠할 수 있는 대목이다.

동서독 화폐 교환비율은 1:1로 결정했다. 동독 지역의 임금 인상, 기업 경쟁력 약화 등 부작용이 우려되었지만, 동독 주민을 안심시키고 통일 열기를 확산시키기 위한 정치적 판단에서 이를 관철했다. 그리고 10월 3일 드디어 독일 국민의 염원인 통일을 성취했다. 1945년 2차 세계 대전 종전 후 실로 45년 만의 일이다.

베를린 장벽 붕괴 후 통일까지는 겨우 329일, 1년도 채 안 되었다. 그 짧은 시간에 상황은 긴박하게 돌아가고 긴박한 순간도 많았지만, 수많은 협상과 합의 등 모든 일을 차분하면서도 치밀하게 이끌어갔다. 그리고 군사충돌 사고 없이 평화 통일의 대업을 이루었다. 이 과정에서 콜 총리는 부시 미 대통령과 8회, 미테랑 프랑스 대통령과 10회, 고르바초프 소련 서기장과 4회 만나 설득하고 양보하여 통일을 성사시켰다.

이렇게 하여 독일 통일은 유럽의 세력 구도를 재편하고 세계 정치 지형을 바꿔놓았다. 그래서 독일 통일은 거대한 도박이자 위대한 업적으로 평가받고 있다.[213]

그동안 독일 통일이 가능했던 배경으로 여러 분석을 종합하면, 동방 정책의 지속 추진, 승전국 및 주변국과의 신뢰 구축으로 인한 불안 해소, 미국의 확고한 지지, 서독의 강한 경제력과 성숙한 민주주의, 동독 주민의 통일 의지, 콜 총리의 강력한 리더십과 외교적 노력 등이 결합하여 나타난 성과라고 평가되고 있다. 독일은 통일을 예측하지 못해 사전 대비도 못 했지만, 갑자기 다가온 기회에 대해서도 순간적 복원력을 갖추고 있음을 보여줬다.

평화 국가가 재무장을 하게 된 이유

독일은 지난 세기에 세계 대전을 두 번이나 일으킨 나라다. 그런데 이전범 국가 독일이 지금은 세계평화지수 1, 2위를 다투는 평화 수호 국가가 돼 있다. 2차 대전 후 '독일은 너무 강해서는 안 된다.'라는 것이 패전국 독일 처리의 기준이었다. 동시에 공산국가와 대적하기 위해서는 너무 약해서도 안 되었다. 독일이 견제와 균형추가 된 셈이다. 이 공식은 지금까지 유지되고 있다. 독일은 유럽연합(EU)이나 서방국가 방어 기구인 나토(NATO)같은 집단안보체제의 통제를 받으면서 주변국과 견제와 균형을 이루고 있다.

독일 스스로도 과거 원죄가 있어 눈에 띄지 않으려고 큰 노력을 하고 있고, 지나치게 강해지는 것을 스스로 원하지 않는다. 이에 따라 그동안 국가 안보도 방어 차원에만 머물러 있었다. 독일은 2011년에 징병제를 모병제로 바꾸고 병력도 단계적 지속적으로 축소했다. 통일 전 50만 명(서독)에서 통일 후 35만 명으로 감축되었으며, 2022년 현재 18만 명에 불과하다.

그러나 이런 단순한 방어 노력만으로는 안보와 평화를 지키기가 어렵다. 독일은 이미 러시아로부터의 전쟁 위협에 노출되어 있고, 안보상의 취약점도 드러나고 있다.

먼저, 러시아의 사이버 해킹, 테러, 방해 공작 등 사이버 범죄에 시달리고 있다. 러시아는 군사 정보기관인 그루(GRU)를 통해 대외 사이버 범죄를 자행하고 있다. 독일 연방정부, 공공기관, 기업, 특히 정치인들이 집중 공격 대상이다. 그루는 독일연방의회 선거에도 개입했다. 2015년에는 독일연방의회를 공격하여 의정활동 정보를 탈취하고 많은 의원을 공격했다. 그중에는 메르켈 총리도 포함되어 있다.[214]

게다가 러시아는 가짜 뉴스와 심리전, 여론전을 동원한 혼성(하이브리드) 전쟁을 벌이고 있다.[215] 작센안할트주(州)의 안할트 비터펠트(A.Bitterfeld)시는 2021년 7월 독일 역사상 최초로 '사이버 공습 재난지역'으로 선포되기도 했다. 독일은 사이버 범죄에 대응하기 위해 2009년에 세계 최초로 연방국방부 내에 76명의 군인으로 구성된 사이버 부대를, 2017년에 '사이버 정보 사령부'(Kdo-CIR)를 창설했다. 이 사령부는 초기 260명의 군인으로 출발해 2021년 말에는 1만 3,500명까지 확충했다.[216]

다음, 실질적 안보도 위협을 받고 있다. 국방력이 취약하다. 2022년도 국방비 지출은 GDP의 1.5%, 군사력은 세계 16위에 불과하다. 그동안 "독일은 미국에 기대어 안보 무임승차를 하고 있다."라고 비판을 받아왔다. 유럽은 독일을 향하여 "국방력을 강화해서 유럽을 지켜라."라고 주장해 왔다. 미국도 유럽에서 한 발 빼면서 독일에 부담을 넘기려 하고 있다. 그러나 독일은 소극적으로 대응해 왔다. 이러한 느슨한 틈을 타고 푸틴은 2014년 우크라이나 크림반도를 장악하고 2022년 2월 24일 우크라이나를 침공했다.

이를 계기로 독일의 국방 정책에 일대 전환을 가져왔다. 올라프 숄츠 총리는 바로 「시대전환」(Zeitenwende)을 선언하고 국방력 강화에 나섰다. 군사력 증강에 1,000억 유로(약 130조 원)를 배정하고, 국방비를 매년 GDP의 2% 이상 증액하기로 한 것이다. 단번에 미국 중국에 이어 세계 3위의 군사비 지출 국가로 올라서게 되었다. 이로써 수십 년간 지켜오던 '군사력 동결'이라는 금기(禁忌)를 깼다.[217] 그리고 우크라이나에 무기를 제공하면서, '분쟁지역에는 인명 살상용 무기를 보내지 않는다.'라는 평화주의 전통도 뒤집었다. 이제는 미국 안보의 그늘에서 벗어나 독자적 국방력을 갖추겠다는 것이다.

이어서 독일 정부는 2023년 6월, 평화 속에 자유를 지키기 위한 국방력 강화, 자유민주적 가치를 지키기 위한 복원력 유지, 기본 생활 여건을 지키기 위한 지속 가능성 등을 담은 「종합 국가안보 전략」을 사상 처음으로 발표했다. 결국, 푸틴이 잠자는 독일을 깨우고 대외 정책 혁명을 일으키는 명분을 줬다.[218] 이로써 독일은 과거의 원죄를 털고 자연스럽게 재무장(再武裝)의 길을 열었다. 역사는 돌고 도는 것인가?

독일은 현재 핵을 보유하고 있지 않다. 대신에 나토의 '핵 공유' 전략을 활용하고 있다. 이는 미국이 회원국에 핵 억지력을 제공하고, 회원국은 자국 공군기로 핵 공격을 할 수 있는 제도다. 그러나 일각에서 독일의 핵무장론이 제기되고 있다. 정치학자 크리스티안 하케(C. Hacke)는 2018년 "독일은 더 이상 미국 핵무기로 보호받기 어렵다."라면서 자체 핵무장

론을 제기했다.[219]

또 트럼프 전 미국 대통령이 2024년 선거에서 재집권할 경우 미국의 핵우산 정책에 변화가 있을 것이며, 유럽은 이에 대비해야 한다는 주장도 나오고 있다.[220] 물론 정치권에서는 독자 핵무장에 대해 거의 금기시하고 있다. 올라프 숄츠 총리는 2022년 4월 시사 주간지 〈슈피겔〉과의 대담에서 "핵전쟁은 절대 발생해서는 안 된다."라고 강조하고 있다.[221] 그러나 핵무장 논의는 앞으로 국제 정세 변화에 따라 언제든 수면 위로 올라올 수 있는 폭발성을 지니고 있다.

위와 같은 독일의 재무장에 대해 일각에서는 우려의 시선을 보내고 있다. 독일은 내부 힘이 강해졌을 때마다 그 힘을 주체하지 못하고 밖으로 분출하면서 불행을 낳은 경험이 있기 때문이다. 이른바 「독일 딜레마」다. 일부 유럽 국가는 "독일은 겉으로만 두려워할 뿐 겸손을 위장하고 있으며, 결국 예전의 독일은 죽은 적이 없고 다만 잠들어 있을 뿐"이라고 의구심을 품고 있다.[222] 독일은 평소에 잘 통제되고 절제된 모습을 보이지만, 유사시에는 숨긴 힘을 분출한다는 것이다. 그런데도 독일은 옛날과 달리 군사 대국화, 민족주의로 가거나 패권을 행사하는 일은 없을 것이라는 의견이 지배적이다.

역사는 말한다. 대비도 없이 대의명분만을 앞세워 허풍을 떨거나, 거짓 「평화 쇼」에 속으면 재앙을 맞는다는 것을. 1938년 9월 독일 뮌헨에서 독일·영국·이태리·프랑스 총리들이 「평화협정(뮌헨협정)」을 체결했다. 영국 챔벌린 총리는 영국 국민에게 "평화를 지켰노라"고 자화자찬했다. 그러나 1년 후 히틀러는 2차 세계 대전을 일으켰다. 그로부터 80년 후, 미국이 나토에서 한 발 빼고 독일이 패전국 프레임에 갇혀 소극적으로 일관하는 사이에, 푸틴은 전쟁을 일으켰다.

막연한 평화주의로는 평화를 지키지 못한다. 평화는 겉치레 「평화 쇼」가 아니라 힘으로 지키는 것이다. 힘이 있는 자만이 나라를 지키고 평화를 지킬 수 있다. 나라는 본래부터 있는 것이 아니다. 애써 지키고 정성 들여 돌보지 않으면 사라지는 인공(人工)의 소산(所産)이다.[223] 이것이 국제질서. 호전적인 공산 독재국가 북한과 대적하고 있는 한국이 유념할 일이다.

3. 탄탄한 보건·의료 경쟁력

감염병에 대비한 「뤼켁스 2007」 훈련

독일은 대(大)유행성 감염병 이른바 판데믹(Pandemic, Pandemie) 발병 가능성을 염두에 두고 국가 차원에서 사전 준비를 해왔다. 그 대표적인 예가 「뤼켁스 2007」이다. 이것은 앞에서 설명한 「뤼켁스」(LUEKEX)라는 범(汎)국가 위기관리 훈련의 일환으로, 2007년도에 실시했다. 그 내용을 살펴보자.

「뤼켁스 2007」 (LUEKEX 2007) 훈련 개요

ⅰ) **훈련 기관**: 11개 연방정부 부처, 7개 주정부, 질병관리연구소(RKI), 50여개 기업, 구조단체, 의료협회 등 3천여 명이 참여함.

ⅱ) **훈련 시나리오**: 독일 전역에 大유행성 전염병이 발생하여 국민 33%(약 2,700만 명)가 감염될 전망임.

⇒ 이에 따라 10만 명이 사망하고, 40만 명이 입원할 것으로 보임. 노동력의 50%가 소실되고, 교통·통신이 마비될 것으로 보임.

1차 전염병	2차 전염병
○ 독일과 유럽에서 발생하여 세계적인 위기로 확산됨 ○ 정부는 공공/민간 보건 기구를 최대한 가동하기로 결정 ○ 연방·주정부의 위기관리 수준 격상	○ 아시아에 미치고 서쪽으로 확산 ○ 1차 전염병의 후속 간호 및 추가 예방조치 실시 ○ 긴밀한 국제협력 시행

연방재난지원청(BBK)은 위 훈련 결과를 토대로 다음과 같이 문제점을 도출하고 개선방안을 모색했다.[224]

i) 의료·보건 분야

○ 의료진의 책임과 의무가 법적으로 불확실함.

○ 의약품 생산 공급 시 어떤 사태가 발생하는지 확인이 불충분함.

○ 대유행성 전염병에 대한 지식이 결여되어 있음.

⇒ 보건 분야에 대한 학문적 연구가 필요함.

○ 전염병 발병 시 신고 내용, 절차, 관련 정보 활용 등에 대한 기준이 미비함.

⇒ 현행 비상정보체계(deNIS)를 전염병 대처에 맞게 특화할 필요가 있음.

○ 의사·간호사 등 의료 인력 확보, 예방접종 전략모델 구축이 필요함.

ii) 비(非)의료 · 보건 분야

○ 교통 · 물류 (도로, 철로, 수로, 항공 등) 분야에서 운전사 · 기관사 · 조종사 인력이 부족함. 이 때문에 기초 식량, 생필품, 의약품 조달 공급에 애로가 발생하였음.

⇒ 대체인력 확충이 필요함. 육로 대신 항만 컨테이너를 활용할 필요가 있음.

○ 전염병 대응 과정에서 심리적 요인을 고려해야 함.
⇒ 불안한 심리 상태를 확인하고 스트레스 극복 과정을 교육훈련과 연계할 필요가 있음.

○ 기업은 재택근무 전환에 우선순위를 둘 필요가 있음.

필자가 2010년대 초 이 훈련 내용을 접하고 놀라지 않을 수 없었다. 과학기술이 발달한 현대 문명 사회에서, 국민의 1/3인 2,700만 명이 감염되고 10만 명이 사망한다는 시나리오가 너무 무모한 것이 아닌가 하고 말이다. 그리고 2019년 말 코로나가 발생하고 오래 지속하면서 그 시나리오가 현실이 되어가는 데 다시 한번 놀랐다. 2022년 상반기에 시나리오 수준을 넘어서더니, 12월 말에는 확진자 3,740만 명, 사망자 16만 명으로 시나리오상의 전망치를 훨씬 넘어선 것이다.

물론 독일은 '코로나'라는 전대미문의 감염병을 정확히 예측하고 「뤼켁스 2007」 훈련을 한 것은 아니다. 그래서 이 훈련이 바로 완벽한 코로나 차단으로 이어지지는 못했다.[225] 그러나 위 훈련 결과를 토대로 대유행성 전염병 발병의 가능성을 열어두고 의사 등 의료진, 병상 수, CT, 인공호흡기 등 의료시설을 충분히 확충하였다. 당시 의료시설 확충이 과잉 투자라는 비판도 있었지만, 미래에 딱 한 번 있을 수 있는 만일의 위기에 대처하기 위해 비판을 감수한 것이다. 비록 사망자 수를 크게 줄이지는 못했지만, 위와 같은 사전 대비 덕분에, 다른 나라에 비해 비교적 안정적인 상황에서 코로나에 대처할 수 있었으며, 영국 · 이태리 · 프랑스 등 인근 국가들을 지원할 수 있었다.

방역·의료가 준비된 국가

현재 세계 최고 의료 선진국은 미국이라고 평가되고 있다. 바이러스 감염병 관련 학자와 논문이 가장 많고, 연구 · 개발(R&D) 투자도 가장 활발한 국가다. 감염병 연구 · 개발 예산만 연 30억 달러가 넘는다. 특히 미국질병통제예방센터(CDC), 하버드대학, 존스홉킨스 대학 등이 세계 최강의 연구 · 개발 및 진료 능력을 갖추고 있다.

코로나 감염병이 발발한 직후인 2020년 미국 시사 주간지 〈뉴스위크〉가 글로벌 조사기관인 스타티스타(Statista)와 함께 의료 연구, 치료 능력, 환자 만족도 등을 조사하여 발표한 「2020 세계 100대 최고 병원」에 미국 병원이 18개가 올랐으며, 게다가 1위(메이요 클리닉), 2, 3, 6, 15위 등 상위권을 휩쓸었다. 반면 독일이 10개(5위 샤리테 등), 한국(37위 아산병원 등) · 프랑스 · 이탈리아가 7개, 일본 · 영국 6개 순이었다.

또 한국제약바이오협회와 한국보건산업진흥원의 분석에 의하면, 2020년 기준 세계 의료시장 규모 1조 6천억 달러(제약 1조 2천억 달러, 의료기기 4천억 달러) 중 미국이 7,245억 달러(45.3%)로 압도적인 1위를 차지하고 있다. 그 뒤를 중국(11%)·일본(7.5%)·독일(5.6%)이 잇고 있다. 한국은 1.4%에 불과하다.

그런데 정작 코로나 사태가 발생했을 때 미국은 전혀 능력을 발휘하지 못했다. 진단검사에 애를 먹었고, 인공호흡기와 마스크 등 기초 의료 자재도 부족하여 초동 대처는 물론 지속적인 대응에 실패했다. 결국, 1억 명이 넘는 확진자와 1백만 명이 넘는 사망자를 냈다. 훌륭한 연구·개발 시설과 의료 시스템을 갖췄다는 미국에서 왜 이런 사태가 빚어졌을까? 과학 학술지 '네이처'는 대학과 병원 그리고 감독기관 등이 유기적이지 못하고 따로따로 대처했기 때문이라고 분석했다.[226]

독일도 코로나 발병 초기 큰 어려움과 시행착오를 겪었다. 그러나 전반적으로 코로나로 인한 충격을 탄력적으로 흡수함으로써 놀라운 대처 능력을 보여줬다. 그러면 독일은 어떻게 국민 건강을 지키고 코로나에 대응했는지 살펴보자.

먼저 독일은 한국과 같이 유상(有償) 공공 의료보험 체계를 갖추고 있다. 한국의 경우 국민건강보험공단이 독점 체제에서 보호를 받는 데 비해, 독일은 완전 경쟁체제를 갖추고 있다. 공적 보험이 5개(AOK, TK, IKK, DAK, Bermer)나 된다. 따라서 의료의 양적 질적 수준이 매우 높게 형성되어 있다. 검진과 선별검사, 환자 상담 등 예방 서비스는 물론, 입원 및 외래 환자 치료, 치과, 물리 치료, 검안, 재활, 호스피스, 소아과,

백신 접종, 암 검진, 병가 보상 등 거의 모든 서비스가 포함된다.

특히 빈곤층에 대한 의료 보장 수준이 높다. 소득이 없는 부양가족은 소득 기준이 충족될 때까지 무료로 보험 서비스를 받을 수 있다. 18세 미만 아동 청소년의 보험료는 면제된다. 따라서 암, 난치병, 희소병과 같은 큰 병이 났다고 하여 집 팔고 가세가 기우는 일은 없다. 국민일보 특별취재팀이 2014년에 조사한 바에 의하면, 독일인이 심근경색으로 입원하여 수술을 받는 데 총 280유로(약 36만 원)가 들었다. 똑같은 의료 서비스를 한국에 적용해 보니 576만 원이 나왔다. 각종 검사비, 선택 진료비, 간병비를 제외한 액수인 데도 이 정도 거액이 나온 것이다.[227]

다음, 의료시설 인프라가 균형 있게 잘 갖추어져 있다. 독일의 병원은 의료진, 병상 수, 검사 장비, 환기 시설, 개별 보호장비 등 의료시설을 고루 갖추고 있다. 코로나가 발발한 2019년 기준 38개 OECD 국가의 의료 인프라 중 독일 상황을 보면, 일반 병상 수는 1천 명당 7.9대로 4위, 의사 수는 4.4명으로 7위, 간호 인력은 13.9명으로 5위 수준이다. 성인 중환자용 집중치료 병상은 인구 10만 명당 28.2대로 4위다.

이렇게 의료진 상황이 비교적 좋은데도 불구하고, 카를 라우터바흐(Karl Lauterbach) 연방보건부장관은 2023년 1월 "의대 정원을 5천 명 정도 늘려야 한다."라고 주장했으며, 이에 대해 독일의사협회도 환영의 뜻을 나타냈다. 이에 따라 현재 의대 정원 증원 계획이 진행 중이다. 한국의 경우 의사와 간호사 수가 크게 부족한 데도, 의사들은 증원에 극력 반대하고 있어, 독일과 크게 대비된다.

<표 28> OECD 주요국 의료 인프라 순위 (2019년 기준)

국가 (38국)	일본	한국	독일	오스트리아	노르웨이	미국	영국
병상 수 (대)	1	2 (12.4)	4 (7.9)	5	22	30	35
의사 수 (명)	34	25 (2.5)	7 (4.4)	2	4	33	30
간호사 수(명)	9	23 (7.9)	5 (13.9)	15	2	8	22

주/ ( ) 내: 1천 명 당 숫자임
* 자료: OECD, 「Health at a Glance 2021」, 2021, pp.31, 139~221. 재구성

응급의료 시스템도 잘 갖춰져 있다. 대부분 종합병원은 응급구조 헬리콥터 착륙장을 갖추고 있다. 2022년 기준 독일 전역에 110여 대의 응급의료 전용 헬기(닥터 헬기)를 운용하고 있다. 「전독일자동차클럽」(ADAC)이 50대, 「독일항공구조대」(DRF)가 50대, 독일 적십자가 각각 11대를 보유하고 있다. 그리고 모든 의료장비를 다 갖춰서 '달리는 중환자실'이라 불리는 대형 「특수 구급차」(ITW, MICU)가 80여 대가 넘는다. 한국의 경우 2022년 기준 닥터 헬기는 8대, 「특수 구급차」는 서울에 딱 2대에 불과하다.

응급환자가 발생하여 긴급구조 번호 112(우리나라 119)를 누르면 앰뷸런스가 즉각 달려온다. 앰뷸런스에 탑승한 의사나 응급 구조사는 환자가 중증(重症)인지 경증(輕症)인지 파악하여 그 지역 컨트롤 타워인 「중앙구조센터」(Rettungszentrum)로 전달한다. 따라서 구급차 의사가 수많은 병원에 일일이 전화를 해서 환자 수용 가능성 여부를 물어 찾아 헤매는 일은 없다.

「중앙구조센터」 상황실은 관할 지역 전 병원의 응급실 상황을 한눈에 파악하고 있기 때문에, 환자의 상태에 따라 가장 적합한 병원으로 안내한다. 중증 환자는 대형병원, 경증 환자는 동네 소형 병원으로 분산하여 대형병원으로의 집중을 막고 있다. 구급차가 현장에 도착하여 환자를 싣고 병원에 도착하기까지 총 20여 분이 걸린다. 그동안 구급차 탑승 의사는 기도 확보, 심폐 소생 등 응급조치를 취하여 위험한 상황을 최소화할수 있다.

아우토반에서 응급환자가 발생하면 닥터 헬기가 즉각 출동하여 바로 환자를 싣고 병원 착륙장으로 직행한다. 닥터 헬기나 앰뷸런스에 응급 의사가 직접 탑승하여 현장에서 또는 병원 이송 중에 응급의료를 바로 시행한다. 해외 환자를 독일로 수송하면서 치료하는 앰뷸런스 제트기 항공기도 24시간 대기하고 있다. 덕분에 생사를 다투는 중증 응급환자를 골든 타임 내에 거의 살려낸다. 유방암, 자궁암, 대장암과 같은 가장 보편적인 질병 환자의 생존율은 산업 국가 중에서 최고 수준을 보이고 있다.[228]

1981년 말 독일에서 일하던 한국 광부 송준근 씨가 프랑스를 여행하다 교통사고를 당했는데, 프랑스 병원에서 제대로 응급조치를 받지 못했다. 독일 쾰른 대학병원은 경비행기를 프랑스로 즉각 급파하여 송 씨를 독일로 이송하여 신속히 치료를 받도록 했다.[229] 2020년 발발한 코로나에 대해서도 비교적 신속히 대응할 수 있었다. 2022년 초 하루 확진자가 20여만 명 이상 발생했지만, 큰 동요 없이 환자들을 모두 감당해 냈다. 코로나 치료를 받지 못한 환자 비율이 22개 EU 회원국 중 가장 낮았다. 나아가 이태리, 스페인 프랑스 환자들까지 돌보고, 외국인들이 고향으로 돌아갈 수 있도록 전세기까지 제공했다.

독일은 코로나가 발생하자 바로 헬스케어(건강관리) 시스템을 혁신했다. 2019년 말 디지털 헬스케어법(DVG)을 제정하여 감염병에 신속 대처하고 의료 서비스 시스템을 개선했다. 보험회사는 2021년부터 고객에게 전자 환자기록을 제공하도록 했다. 그리고 환자가 의사, 병원, 약국 등에 의료, 중재 및 약물 관련 데이터를 요구하면 제공하도록 했다.

2020년 4월 디지털건강앱규칙(DiGAV)을 제정하여 건강보험 급여 대상에 이 건강앱을 포함시켰다. 이 건강앱을 통해 편두통, 다뇨증, 공황장애 등의 질병 예측과 원격 치료를 지원하고 있다. 세계 최초로 온라인 건강앱을 통한 디지털 원격 처방 의료를 시행한 것이다. 이에 따라 우울증, 고혈압, 비만 등 다양한 질병군에서 수많은 디지털 치료앱이 탄생하고 있다. 정부 정책 수립·시행 속도가 느린 디지털 후발 주자 독일이 코로나에 대응하여 신속하게 의료 디지털 헬스케어 혁신을 이루는 속도가 놀랍다.

코로나 역설

독일은 2019년에 발생한 코로나로 인해 엄청난 규모의 피해를 기록했다. 2022년 말 기준 확진자는 3700만 명, 사망자는 16만 명을 기록했다. 서방의 다른 주요 선진국들보다는 비교적 선방했다는 평가를 받고는 있으나, 한국(확진자 2900만 명, 사망자 3만2천 명)과 비교하면 아주 나쁜 결과다. 결코, 성공했다고 볼 수 없다.

의료·방역 선진국이라는 독일이 이렇게 엄청난 희생자를 많이 낸 데 대해 의외라는 반응들이 나오고 있다. 그리고 "서구에 대한 환상이 깨졌다.", "서구도 별것이 아니다."는 반응도 나온다. 메르켈 정부가 코로나 대응에서는 제대로 잘 대처하지 못했다는 비판도 있고, 드디어 동양이 서구를 앞질렀다는 평가도 보인다.

〈표 29〉 세계 주요국의 코로나 환자 동향 (2022.12.31. 현재, %)

국 가		확진자 (백만명)	사망자 (천명)	인구 대비 (명/천명)	
				확진자	사망자
서양	**독일**	**37.4**	**161**	**445**	**1.7**
	미국	102.5	1,118	306	3.1
	핀란드	1.4	8	259	1.4
동양	**한국**	**29.1**	**32**	**566**	**0.5**
	타이완	8.8	15	370	0.3
	베트남	11.5	43	116	0.4
세계 총계		664.8	6,697	85	0.8

* 자료: Worldometer, Reported Cases and Deaths by Country,
   Territory or Conveyance, 2023.1. 재구성

그렇다면 여기에서 의문이 생긴다. 의료·방역 시스템도 완벽하게 갖추고 있고 대유행성 전염병에 대비하여 대대적인 「뤼켁스 2007」 훈련까지 치렀다는 독일에서, 왜 이렇게 많은 사망자를 낸 것인가? 독일의 소프트 파워도 허구인가? 여기에 독일도 구조적인 문제를 안고 있다. 구체적으로 살펴보자.

첫째, 동양인과 서양인 간에 유전적인 차이다. 2021년 2월, 서울대와 서울대병원 연구팀은 "한국인은 코로나에 감염되지 않아도 코로나를 퇴

치하는 중화항체를 생성하는 면역세포를 이미 갖고 있다는 사실을 확인했다."라고 발표했다.[230] 우리 몸에 이미 코로나와 싸워 이기는 유전자가 있다는 것이다. 2021년 4월, 미 애리조나대 데이비드 에너즈 교수 연구팀은 "동아시아인들은 수만 년 전 코로나와 비슷한 전염병에 감염돼 코로나에 잘 대응하도록 유전적으로 진화했다"고 발표했다.[231] 한국, 대만, 베트남 등 아시아인들의 사망자 규모, 치사율, 인구 대비 사망률이 적은 것도 이와 같은 논리를 뒷받침하고 있다.

둘째, 독일을 포함한 유럽인들의 아시아에 대한 편견과 오만이 코로나 확산을 부추겼다. 유럽인들은 오래전부터 마스크에 대한 거부감을 가지고 있다. 마스크는 평소 환자들이나 사용한다는 인식이 강하다. 전문가들마저도 "마스크가 감염 위험을 줄여준다는 과학적 증거가 없다."라며 마스크 착용을 터부시했다. 이것이 코로나의 급속한 확산의 요인이 되었으며. 많은 사망자를 낸 다음에야 마스크의 효용을 인정했다. 일부 언론은 한국의 성공적 방역 시스템을 소개하고 "독일은 마스크를 기피하여 문제를 낳았다.",[232] "아시아에 대한 유럽인들의 치명적 오만 때문에 수많은 죽음을 막지 못했다."는 비판도 제기했다.[233]

셋째, 유럽 개방으로 인한 구조적 취약성이다. 유럽연합(EU)은 1985년에 셍겐(Schengen) 조약을 체결, EU 내 국경을 개방하고 장벽을 철폐하여 검문·검색을 없앴다. 따라서 사람과 물자 이동이 자유로워졌다. 게다가 2002년부터는 유로화라는 단일 통화를 사용하면서 단일 경제권인 '하나 된 유럽'이 되었다. 이 점이 평소에는 경제 활성화를 가져오지만, 코로나와 같은 감염병에는 취약점으로 작용한다. 유럽 국가 중에서 노르웨이 · 핀란드 등 북구 국가들이 높은 코로나 대응력을 보이고 있는 점도 이를 시사한다.

넷째, 서양의 가치관 때문에 코로나 확산을 막지 못했다. 독일인을 비롯한 유럽인들은 자유와 자기 결정에 목숨을 건다. 인간의 기본권인 자유를 너무 강조하다 보니, 마스크 착용, 휴대 전화를 이용한 '개인 정보 중앙집중 방식' 도입, 다중이용시설에서 출입 명부나 휴대 전화 QR 테스트 등의 강력한 방역 조치가 불가능했다. 반면에, 한국을 비롯한 아시아인들은 자유보다는 손익을 중요시하고, 타인으로부터 받는 '동조 압력'(peer pressure)에 쉽게 순응한다.[234] 이러한 점이 코로나 차단에 유리하게 작용했다. 개방과 자유화, 민주주의 발전이 높을수록 코로나 저지에 취약하다는 이른바 「코로나 역설」이다.[235]

어쨌거나 코로나를 통해 독일을 비롯하여 서방 선진국의 취약점이 드러난 것은 분명하다. 어디 이것뿐이랴! 예나 제나 동서양을 막론하고 인간은 「X—이벤트」 앞에 나약한 존재일 뿐이며, 자연 앞에 겸허해야 한다. 코로나로부터 얻은 값비싼 교훈이다.

Part III

독일 모델
넘어서기

1장 | 독일 모델은 접목이 가능한가   325

2장 | 독일 모델 도입은 실패했다   349

3장 | 독일 모델 넘어서기   371

독일 모델
넘어서기

1장 | 독일 모델은 접목이 가능한가

1. 독일 모델의 실체   326

　　디테일과 생각의 힘의 결합

　　독일 모델의 비호환성

　　독일 모델도 완벽하지는 않다

2. 독일 모델 접목의 장애 요인   338

　　국가 시스템이 미국 편향적이다

　　인적 · 사회적 구조의 차이

　　소프트 파워의 격차

1. 독일 모델의 실체

디테일과 생각의 힘의 결합

독일이 1990년 통일을 이루고 국력도 더욱 강해지면서 전 세계적으로 독일을 배우려는 열풍이 불었다. 정치 제도, 제조업, 과학기술, 환경, 안전, 디자인, 현대 미술 등 여러 분야에서 독일 모델(Modell Deutschland, German model)을 벤치마킹하려는 나라가 급증했다. 기업이나 연구소, 환경 관련 기관마다 각국으로부터 인터뷰, 견학, 방문이 쇄도하고 있고, 유명 기업의 성공 사례가 경영학 연구 교재로 소개되고 있다. 특히 히든 챔피언은 성공비결을 알려 달라는 압박에 시달리고 있다. 이제는 독일 모델이라는 단어가 보통 명사로 쓰이고 있다.

그러면 독일 모델이란 무엇인가? 유감스럽게도 한마디로 정의된 것은 없다. 통상 정치 · 경제 · 사회 분야의 유형적인(explicit) 물질적 제도와 문명 즉 하드 파워를 '독일 모델'이라고 칭하고 있다. 쉽게 말해 연동형 비례대표제, 건설적 불신임제도, 연정(聯政), 사회적 시장경제, 일 · 학습 병행제도(Duales System), 도제 제도, 공교육, 환경, 가족 기업, 히든챔피언 등이다. 그러나 이것은 좁은 의미로 독일 모델의 한 축에 불과하다. 독일 모델의 다른 축은 사회자본이라 불리는 무형적인(tacit) 정신문화 즉 소프트 파워다. 이 두 파워의 결합인 스마트 파워를 독일 모델이라고 하는 것이 나름대로 다듬어진 정의가 될 것이다. 구체적으로 살펴보자.

먼저 하드 파워 경쟁력은 디테일(detail, 세밀함, 섬세함)에 있다. 독일은 세계적인 과학자, 예술가, 문학인, 정치가들을 숱하게 배출했다. 그래서 게르만 민족은 매우 우수하다는 주장도 공존했다. 그렇다면 독일인들은 정말 우수한가? 여기에는 학문적 실증적 분석이 필요하겠으나, 필자가 곁으로 봤던 독일인들은 그리 명석해 보이지 않는다. 손재주도 무디다. 요금 계산도 서비스도 느려 터졌다. 체격은 우람한데 행동은 나약하고 소심하고 쩨쩨해 보인다. 초등학교 학부형 회의에서 운영 회비 "5유로(6,500원)냐?", "10유로(13,000원)냐?"를 놓고 두어 시간을 격론을 벌인다. 음식점에서도 한국인과 달리 호기롭게 한턱 쓰는 일도 없이 제 밥값만 계산한다. 맥주 한 잔을 놓고 저녁 내내 토론한다. 그런데 어떻게 벤츠·BMW, 아스피린, 밀레를 만들어내고 신뢰 사회를 구가하고 있는가?

독일은 그 쩨쩨함과 느림 속에 디테일을 지니고 있다. 한마디로 작은 것들에 성실하고 강하다. 여기에서 기본이 닦여 큰 성취의 바탕이 된다. 국가 정책이나 제도는 모호한 구석이 없고 매우 구체적이다. 특히 끝마무리가 매우 철저하여 대충 소홀히 넘어가는 일이 없다. 자동차 엔진, 거대한 시설물에서부터 조그만 단춧구멍, 설거지 행주, 안 보이는 지하 매설물까지 애초 설계대로 제작하고 시공한다.

그래서 법규나 제도를 하나 만드는 데 엄청난 노력이 들고 시간도 오래 걸리지만, 한번 만들면 오래 간다. 제품의 수명도 마찬가지다. 제도든 제품이든, 오랜 세월이 지나 봐야 「메이드 인 저머니」(Made in

Germany) 브랜드의 진가가 나타난다. 이에 대한 비결은 "느리지만 확실하게"(langsam aber sicher)가 거의 전부다. 매우 보편적이고 평범한 말이지만, 이것이 바로 독일의 디테일의 힘이다.

독일은 넓고 얕은 지식을 보유한 지도자형의 제너럴리스트(generalist)보다는 좁고 깊은 전문가형의 스페셜리스트(specialist), 나아가 최고 수준의 프로(professional)를 지향하는 나라다. 너도나도 우두머리가 되겠다는 출세 지향보다는 특정 분야에서 구체적으로 전문가로서 입지를 굳히겠다는 성향이 강하다. 이 스페셜리스트의 정확함과 세밀함에 제너럴리스트의 넓은 시야와 균형감이 결합하고 축적되어 막강한 하드 파워를 창출하고 있다.

다음, 소프트 파워는 독일 국민의 사고력과 신뢰에서 나온다. 독일 국민은 생각하는 힘이 강하다. 사색의 여유를 통해 철학적 사고력을 강화하고 합리성과 논리성을 갖추게 된다. 독일에서 칸트, 헤겔과 같은 수많은 세계적인 철학자와 사상가를 배출한 것도 이러한 사색과 사고의 힘 덕분이다. 독일인의 상상력, 창의력, 기획력이 뛰어난 것도 이러한 사색과 생각의 힘이 크기 때문이다.

여기에 윤리 도덕적 이성이 수반된다. 독일 국민은 "왜?"라고 묻는 철학적 통찰을 모든 학문에 접목해 기술과 실제 응용 분야에서의 기본을 강화했다. 이러한 사고의 틀을 정치 · 경제 · 사회 교육 등 국가 운영 체계에 도입해 시스템화에 성공했다.[236] 그래서 독일을 '생각의 대국', '사상, 문학, 철학의 대국'이라 한다. 이들은 매사에 너무 깊게 생각하다 보니, 변화에 대처하는 능력이 부족하다는 지적도 나온다. 이러한 개인적 사고력에 사회적 신뢰가 더하여 소프트 파워를 형성하고, 이 소프트 파워는 법치 단계를 지나 법치와 예치 공존 단계로 진입하고 있다.

이 하드 파워와 소프트 파워 내에서 수많은 톱니바퀴가 서로 의지하고 맞물려 영향을 주고받으면서 결합하여 스마트 파워를 창출하면서 국격을 격상시키고 문명국가 조건을 채워 나가고 있다.* 즉 독일 모델은 디테일(외장)과 생각(내장)의 결합, 물질문명과 정신문화의 결합이다.

독일 모델의 비호환성

그동안 많은 나라에서 도입한 독일 모델은 작동을 잘하고 있을까? 그러나 안타깝게도 대부분 실패했다.[237] 실제 성공한 사례는 최고의 국가 경쟁력을 자랑하는 스위스나 덴마크 정도다. 일·학습 병행제도도 독일·오스트리아·스위스 등 독일어권에서만 성공리에 운영되고 있다. 그 이유는 독일 모델 안에 담긴 소프트 파워의 고유성, 비대체성(非代替性), 비호환성(非互換性) 때문이다. 구체적으로 살펴보자.

먼저, 마이스터(Meister) 즉 장인(匠人)들에 내재된 노하우다. 독일에는 중세부터 도제 제도를 바탕으로 한 장인 정신이 이어져 내려오고 있다. 최고 수준의 전문성을 중시한다. 이 독보적 기술과 노하우는 마이스

---

* 《조지프 S. 나이》 미 하버드대 석좌교수는 국가의 힘을 '하드 파워와 소프트 파워로 분류하여 설명하고 있다. 하드 파워는 군사력·경제력 등과 같은 유형적 힘을, 소프트 파워는 강제나 보상보다는 사람의 마음을 끄는 힘으로 원하는 것을 얻는 능력이라고 설명하고 있다. 즉 부드러운 설득, 명령이 아닌 자발적 동의에 의해 얻어지는 힘을 말한다. 그리고 이 두 파워를 결합하여 성공적인 전략을 도출하는 능력을 스마트 파워로 지칭하고 있다.(양돈선, 2017). 본 저는 이해의 편의를 위해 《나이》교수의 분류 방법을 활용하되, 스마트 파워를 '독일 모델'로 지칭하여 설명하고자 한다.

터 개인의 머리와 기능 속에 존재한다. 문헌이나 매뉴얼, 도면에는 기술의 기본적인 사항만 표시되어 있고, 구체적인 세부사항은 마이스터의 머리와 근육 속에 개인화되어 있다.[238] 그러니 세상에 알려져 있지도 않고 학교에서도 배울 수도 없다. 독일에는 유명한 경영대학원이 거의 없고, 국내외 경영대학원 학력을 가진 기업인도 찾아보기 어렵다. 세상에 다 알려진 것을 가르치는 경영대학원은 독일에서는 크게 중요하지 않다.

둘째, 직업에 대한 소명의식이다. 독일은 어느 분야에서든 전문가가 대우받는 실용 사회다. 직업에 귀천이 없다. 독일인은 무슨 직업이든지 소명의식을 가지고 신성한 천직으로 여긴다. '사〉농〉공〉상'이 아니라, '사=농=공=상'의 개념이다. 굴뚝 청소부도, 미장공도, 공장 기술자도, 푸줏간 아저씨도 빵집 아줌마도 다 그 분야 최고 장인인 마이스터 출신이다. 사회적으로 인정받고 존중받으면서 여유롭게 살아갈 수 있다. 이것이 바로 독일의 제조업과 과학기술을 견인했고, 세계 최고 브랜드의 원천이 된 것이다.

셋째, 개인보다는 단체에 강한 연대성, 공동체성이다. 조직과 팀워크에서 경쟁력을 보인다. 성악도 독창보다는 합창이, 기악도 독주보다는 오케스트라가 유명하다. 축구에서도 화려한 개인기의 뛰어난 선수는 많지 않지만, 팀플레이를 통해 세계적 축구팀으로 환생한다. 정치에서도 계파 보스 중심보다는 협치(協治)의 연정으로 뛰어난 조화력을 발휘한다. 과학기술 연구·개발도 기업·대학·연구소가 공동으로 연구하는 산·학·연 3축 시스템이 보편화되어 있다. '함께 가면 멀리 간다.'는 격언처럼 위와 같은 연대성이 자원 부족의 핸디캡을 극복하고 효율을 극대화하고 있다.

넷째, 독일 모델의 자율성이다. 모델의 태동이 자연 발생적이다. 독일 모델은 짧게는 수십 년, 길게는 수백 년에 걸쳐 선조의 창업정신과 가족 화합이라는 핵심 가치를 물려받아 키우면서 진화하고 축적해 온 것이다. 국가의 강제력보다는 자생적인 발전과 성장에 의해 결과적으로 나타난 것이다. 어떤 시기에도 「메이드 인 저머니」를 인정하거나 인정받기 위한 행정적 기준이나 절차가 없었다. 「메이드 인 저머니」는 이미 그 자체로써 객관적 기준을 가지고 있었다. 특히 듀얼시스템은 지방에서 먼저 시작하여 국가 프로그램으로 발전된 제도, 즉 아래에서 위로의 상향식 (bottom-up) 혁신 프로그램이다.[239]

위와 같은 독일 모델은 하룻밤 사이에 나온 것이 아니다. 장구한 세월 깎이고 다듬어져 온 관습이고 전통이며, 문화이다. 역사적 경험이며 그 결과물이다.[240] 미텔슈탄트(Mittelstand)라 불리는 중소기업 특히 히든챔피언은 학교와 기업, 자본과 노동, 도제 제도와 장인 정신의 관계가 정교하게 어우러지고 결합하여 나온 것이다. 그래서 독일 모델을 그대로 모방하는 것은 어렵다는 것이 중론이다.[241] 사례를 들어보자.

프랑스는 독일이 제품을 만드는 동안 대량 생산을 했다. 독일은 디테일(detail)에 강한 전문가인 스페셜리스트를 길렀지만 프랑스는 보통 선수인 제너럴리스트만 양산했다. 조금씩은 다 하지만 잘하는 것이 없다는 얘기다. 결국, 세계 시장에서 독일은 선도적인 '가격 결정자'가 되었지만, 프랑스는 끌려가는 '가격 수용자'가 되었다.[242] 영국도 19세기 이후 독일 모델을 배우려고 노력했지만, 성공에는 한계가 있었다.[243] 유럽 국가들은 역사적 배경, 정치·사회·문화 제도 등에서 독일과의 동질성이 비(非)유럽 국가들보다 훨씬 크다. 그런데도 독일 모델 도입에 어려움을 겪었다.

하물며 비유럽 국가들이 독일 모델 접목에 어려움을 겪는 것은 어찌 보면 지극히 당연하다. 전 세계 어느 곳에서도 이와 똑같은 모델이 만들 어졌거나, 모델 도입에 성공한 예가 없다. 미국·중국 등에서도 독일의 도제 제도, 듀얼시스템 등을 도입하려 했으나 실패했다.[244] 특히 중국은 막대한 돈을 쏟아부어 독일의 히든챔피언을 인수하고, 독일 설계도를 베 끼고 독일 상품을 모방하려고 노력했지만, 번번이 실패했다.[245]

이렇게 대부분의 나라가 독일 모델 접목에 실패한 이유는 독일 모델의 역사나 배경, 문화 등을 도외시하고 하드 파워만 도입하였으며, 국가가 일방적으로 주도하여 위에서 아래로 내려찍는 하향식(top-down)의 정 책을 썼기 때문이다. 나라마다 정치·경제·사회 제도가 다른데, 제도만 접목한다고 하여 성공하는 것이 아니다.

140년 역사 벤츠의 진화

벤츠 자동차는 100만 ㎞를 타야 엔진 길들이기가 끝난다는 말이 있다. 과장이지만, 벤츠 엔진의 내구성이 강하다는 점을 압축해서 나타내는 말 이다. 필자가 프랑크푸르트 총영사관 근무 시절 탔던 중고 벤츠는 1985년 에 출고된 차로 1999년 인수 당시 이미 15년이나 지났다. 그러나 재임 중 머플러와 타이어, 일부 소모품만 교체했을 뿐 성능에 아무런 문제가 없었 다. 2003년 초 귀임 시 운행 거리는 40만㎞가 넘었다. 폐차 비용을 걱정했 는데, 카센터에서 오히려 값을 되받았다. 아마 그 차는 수리를 거쳐 한참을 더 유럽을 누비고 다녔을 것이다.

2014년 10월, 스투트가르트 인근의 신델핑겐(Sindelfingen)이라는 소도시에 있는 벤츠 자동차 회사를 방문했다. 회사 정문에 큼직한 삼각별 벤츠 로고와 함께 건물 정면에 "Center of Excellence"라는 문구가 들어왔다. 직역하면 "탁월의 중심" 정도가 되는데, '최고를 지향한다'는 자신감 넘치는 이미지다. 건물 안은 무척 깨끗했다. 공장 내부에는 컨베이어 벨트도 없고, 사람도 거의 보이지 않았다. 로봇들만 부지런히 부품들을 여기저기에서 물어다 옮기면서 자동차를 만들어내고 있었다. 직원들은 대부분 장기 근속자들이었고 40년 근무한 직원들도 수두룩했다.

이들은 명차를 만든다는 자부심이 대단했다. 38년째 근무하고 있다는 생산 라인의 슬라프 토흐(Slaf Toch) 씨는 "내 심장은 벤츠를 위해 뛰고 있다. 차에 혼을 심고 있다"고 자랑스레 말했다.

공정의 대부분이 자동으로 진행되지만, 가장 중요한 엔진은 마이스터의 손끝을 반드시 거쳐야 완성된다. 이들은 고도의 기술력과 혼신의 힘을 쏟아부어 만든다. 회사 안내를 담당했던 빌슨 바실릭(Vilson Vasilic) 산업팀장은 "고성능 차의 경우 엔지니어 한 명이 엔진 하나를 처음부터 끝까지 책임지는 '1인 1엔진' 시스템을 운용하고 있다."라고 설명하였다. 차량의 엔진 윗부분에는 'AMG' 로고와 함께 담당 엔지니어 이름이 새겨진다. 이는 최고의 품질을 보증한다는 뜻이며, 담당 엔지니어의 자부심이자 명예다.

벤츠도 1886년 세상에 처음 나왔을 때는 속도가 시속 12km에 불과했다. 그러나 현재는 독일 모델의 전형이다. 140여 년간 수많은 시행착오와 실패 경험, 끊임없는 자체 연구·개발, 장인 정신, 벤츠에 부품을 공급하는 히든 챔피언들의 뛰어난 금속 뿌리 기술, 그리고 연구기관의 과학기술 지원 등이 융합되어 명품으로 빚어진 것이다. 벤츠가 세계 최초로 취득한 자동차

특허 서류는 유네스코 세계 기록유산으로 등재돼 있다.

벤츠는 계속 진화하고 있다. 2020년 9월 '벤츠 팩토리 56'이라 불리는 스마트 팩토리를 열었다. 여기서는 완전히 다른 구동계의 최고급 모델인 벤츠 S클래스, 마이바흐, 전기차 ESQ 등을 하나의 생산 라인에서 동시에 생산하고 있다. 모든 생산 과정이 디지털로 모니터 되고 있으며, 세계 곳곳의 협력업체들과도 디지털로 연결되어 재고 현황 등 필요한 사항들이 모니터 되고 있다.

지금은 한국에서도 벤츠가 흔한 시대가 되었지만, 아직도 많은 나라 국가 원수들이나 세계적 부호들이 가장 선호하는 차는 벤츠다. 2025년부터는 자율주행, 내비게이션, 엔터테인먼트 등 차량이 스스로 운전자에게 맞는 기능을 제공하는 자체 운용시스템(MB.OS)을 탑재할 계획이다.

독일 모델도 완벽하지는 않다

앞서와 같이 독자성을 구축한 독일 모델은 완벽한가? 전혀 그렇지 않다. 문제점도 많다. 막강한 브랜드 이미지 때문에 그 이면이 가려져 있는 부분이 있다. 독일경제연구소(DIW) 마르셀 프라츠셔(Marcel Fratzscher) 소장은 "독일경제에 세 가지 환상이 존재하고 있다"고 하면서 다음 사례를 들었다. i) 지금까지 해온 대로 하면 독일경제가 잘 풀릴 것이라는 낙관론, ii) 독일경제에 유로존이 중요하지 않다는 생각, iii) 유로존 국가들이 오직 돈만 밝히며, 유로를 살리느라 독일 납세자들이 희생자가 됐다는 인식이다. 그러면서 "잘못된 통계 뒤의 진실을 들여다보고, 오만에서 벗어나라"고 조언하고 있다.[246] 이러한 프라츠셔 소장의 의견에 독일 내에서 많은 공감을 하고 있다.

독일 모델의 문제를 보자. 먼저, 독일 내 지역 간 불균형이 크다. 경제 발전의 혜택이 전국에 골고루 배분되지 않고 있다. 동독 지역의 그리벤(Grieben) 같은 농촌은 인프라 부족, 교육 의료 등 공공 서비스 미진, 인구 감소 등으로 고전하고 있다.[247] 그동안 동·서독 간 격차는 많이 좁혀졌는데, 이제는 남·북독 간 격차가 벌어지고 있다.[248] 동독이 포함된 북독일이 남독일에 비해 저소득 지역으로 재편되고 있다. 이 지역의 겔젠키르헨(Gelsenkirchen)이라는 도시는 실업률이 무려 14.7%에 이르고 있다.[249]

둘째, 기업들의 역동성 부족도 지적되고 있다. 독일 기업들은 모험을 기피하고 안정 위주로 경영을 한다. 기업가 정신을 고취할 수 있는 벤처캐피털이 발달하지 못했다. 그래서 애플, 구글이나 페이스북 같은 거대 기업이 나오기 어렵다는 지적을 받고 있다. 2021년 말 기준 '2022 포천 글로벌 500대 기업' 중 1위 중국은 136개(27.2%), 2위 미국은 124개(24.8%)를 차지했지만, 4위 독일은 28개(5.6%)에 불과했다. 독일 증시(DAX)에 상장된 30대 기업의 시가총액이 애플 한 기업보다도 적다.[250] 미국 기업 분석회사 CB Insight에 따르면 2023년 5월 기준 세계 100대 글로벌 유니콘 기업(기업 가치 10억 달러 이상인 신생기업) 중 독일 기업은 3개에 불과하다. 독일은 기계·화학 분야에서 경쟁력을 지니고 있지만, IT나 바이오 분야에서는 뒤처져 있다. 이러한 위기의식이 독일 내에서 제기되고 있다.

셋째, 사회간접자본(SOC) 투자가 부족하다. 정부가 균형 재정을 강조하면서 이 분야 투자가 저조하여 경제 발전과 안전을 위협하고 있다. 교량의 12.5%, 고속도로의 20%, 국도의 40%가 부실하다. 이것을 보수 · 유지 · 확장하려면 매년 100억 유로(약 13조 원)의 재원이 필요한 실정이다.[251] 시사 주간지 〈슈피겔〉은 "독일이 SOC 투자 결함으로 인해 서서히 꺼져가고 있다."라고 혹평했다.[252] 독일은 이를 감안하여 2020년 710억 유로, 2021년 620억 유로 등 2024년까지 5년간 총 2,770억 유로(약 360 조 원)를 투입하여 투자 결함을 해소할 계획을 세웠다.[253]

베를린은 독일의 수도다. 그런데 동 · 서 분단 시절에는 동베를린과 서 베를린으로 나뉘어 있었으며, 공항도 각자 따로 가지고 있었다. 1990년 통일과 함께 동 · 서 베를린도 통합이 되었으나, 공항은 분리되어 있어서 통일 독일 수도 공항 기능을 하지 못했다. 1992년부터 베를린 신공항 (BER) 건설을 구상, 2006년에 착수하였다. 그러나 기술적 결함, 부실시공 등으로 건설이 많이 지체되었다. 이를 두고 '독일 공학의 붕괴'라는 조소가 쏟아졌다. 결국, 엄청난 시행착오와 추가 공사비를 들인 끝에 14년 만인 2020년에야 완공하였다.

넷째, 자연재해 앞에서는 속수무책인 경우가 있다. 2021년 7월 노르트라인베스트팔렌(NRW)주(州) 서부에 폭우가 집중적으로 쏟아져 사망 134명, 재산 손실 300억 유로(약 39조 원)의 피해가 발생했다. 독일은 평소에 치산치수(治山治水)에 철저하다. 그러한 독일이 이번 폭우 재해를 막지 못했다. 기상학자가 '1천 년 만의 대홍수'라고 평가할 만큼 단시간에 집중적으로 쏟아졌다. 재해 현장을 찾은 메르켈 총리는 "피해 상황을 독일어로 표현할 단어가 없다."라고 말할 정도로 충격이 컸다.[254] 홍수를 제때 막지 못해 '전원 꺼진 사이렌', '재앙 공화국'이라는 비아냥까지 나왔다.[255]

다섯째, 독일도 선진국답지 않게 후진적 요소가 많다. 집 월세 계약, 은행 계좌 개설, 신용카드 발급 등의 절차가 의외로 복잡하고 오래 걸린다. 밤 8시만 되면 마트나 백화점은 다 문을 닫고 음식점만 연다. 식사 배달이나 로켓 배송은 아예 기대를 접어야 한다. 소파나 가구를 사려면 2~3개월을 기다려야 한다. 시골 음식점이나 숙박업소는 신용카드를 받지 않는다. 그래서 독일을 서비스 사막이라고 부르기도 한다.

독일도 각종 범죄에 노출돼 있다. 유엔의 「마약 및 범죄기구」(UNODC)의 사기범죄 통계를 보면, 2020년 기준 독일은 인구 10만 명당 970건으로, 일본(24건), 미국(34건)은 물론 한국(683건)보다도 많다.[256] 이는 신용카드 관련 소액 사건들이 사기범죄로 간주되면서 전체 건수가 높게 나타난 데 기인하나, 어쨌거나 범죄가 많이 발생한다는 사실이 놀랍다.

이렇게 독일도 많은 문제점을 안고 있다. 독일 사회 안으로 조금만 들어가 보면 허점이 많이 보인다. 독일 모델이라고 하여 완벽하지 않음을 보여준다.

2. 독일 모델 접목의 장애 요인

한국도 다른 나라들과 마찬가지로 독일 모델을 많이 도입했다. 특히 2010년대에 들어와 독일 열풍이 불었다. 우리 정치인, 경제인, 연구기관 전문가들은 독일을 배우겠다고 열심히 독일을 드나들었다. 숱하게 관련 제도를 도입하고 없애고 다시 접목했다. 한국은행 프랑크푸르트 사무소에는 독일 중소기업의 경쟁력 비결을 묻는 일이 많았다. 그래서 금방이라도 독일을 따라잡을 수 있을 것처럼 바람을 잡았다. 마치 선진국이 다 된 분위기였다. 그러나 대부분 실패로 끝났다. 무엇이 문제인가?

국가 시스템이 미국 편향적이다

지난 세기와 금세기 들어 세계를 지배하고 있는 나라는 미국이다. 미국은 명실공히 세계 최고의 패권국이자 세계 최대 경제 대국이다. 2차 세계 대전을 승리로 이끌었고 공산권에 대응하여 유럽과 일본을 부흥시켰다. 인류 역사상 가장 막강한 군사력을 보유하고 있으며, 자유 진영의 최후 보루 역할을 하고 있다. 이러한 미국이 사회주의 국가도 독재국가도 아닌 자유민주주의 국가라는 것은 그야말로 인류의 축복이다.

반면에 문제도 많다. 수출보다 수입이 많다. 엄청난 재정적자와 무역 적자 즉 '쌍둥이 적자'를 내고 있다. 미국이 대외에 진 채무는 무려 18조 달러(약 2경 원)를 넘는다. 나라를 빚으로 꾸려가고 있다. 부의 불평등은 세계 최악이다. 사회복지는 매우 열악하고 치안은 불안하다. 지난 2008년~2009년 글로벌 금융위기, 2020년 코로나 사태 때 미국도 문제가 많음이 드러났다.

그런데도 미국은 큰 문제가 되지 않는다. 미국은 독보적 기축통화 국가다. 막강한 달러화 주조 권력으로 돈을 무제한 찍어 대외 빚도 갚고 모든 것을 자체 해결할 수 있는 특권을 가지고 있다. 국민이 절약을 안 하고 풍요를 누려도, 나라가 부도가 나도 염려할 필요가 없다. 지스카르 데스탱 전 프랑스 대통령은 재무장관 시절 미국의 달러화 발권 능력을 '터무니없는 특권'이라고 비판한 바 있다.[257] 최근 그 세력이 예전 같지 않지만, 여전히 막강한 달러 패권을 누리고 있다. 세계 외환보유액의 60%가 달러이며, 국제 결제의 44%가 달러로 이루어지고 있다. 금 보유량도 세계 전체의 1/4을 차지하고 있다. IMF 보유분까지 하면 1/3에 육박한다. 부존자원 등 천혜의 자연조건을 갖추고 있어 '에너지 안보지수'는 세계 1위다. 어떤 문제가 생겨도 자체 치유력이 강해서 금방 회복할 수 있다.

그러나 한국은 미국이 아니고, 미국의 속주도 아니다. 강대국도 아니고 자원도 없다. 인구(미국의 1/6), 면적(1/98), 경제력, 자원, 자체의 큰 시장, 글로벌 리더십 등에서 미국과 비교가 되지 않는다. 국가위기 시 자체 복원력이나 치유력이 취약하다. 그런데도 한국은 마치 미국의 일부인 것처럼 흉내를 내고 있다. 사회 지도층은 물론이고 대학이나 연구기관들도 거의 미국 유학파들이 장악하고 있고, 정부 정책의 상당 부분이 미국 제도 일색이다. 우리 현실에 맞게 다듬지 않고 미국 것을 그대로 옮겨놓은 것 같다. 몸에 옷을 맞추는 것이 아니라, 옷에 몸을 맞추는 격이다.

학문 분야에서도 폐해가 나타나고 있다. 미국 유학파들은 새로운 것을 연구하는 것이 아니라, 유학 시절 연구했던 주제와 내용 즉, 이미 세상에 나와 있는 것들을 그대로 한국에 가져와 써먹고 있다. 이것이 노벨상이 나오지 않는 이유 중의 하나로 지목되고 있다.[258]

물론 미국은 여러 분야에서 최고의 경쟁력을 지니고 있어, 우리가 배워야 할 점이 많다. 그리고 우리의 최고 우방국으로서, 정치 · 경제 특히 안보 면에서 긴밀한 협력과 우호 관계를 유지해야 함은 틀림없다. 우리가 최빈국에서 오늘의 발전을 이룬데 미국이 큰 기여를 한 것도 사실이다. 그렇다고 하여 미국의 모든 시스템이 곧 그대로 우리 것이 될 수는 없다. 한국이 미국일 수는 없으며, 또 그렇게 될 수도 없는 것이다.

한때 우리가 벤치마킹할 나라로 핀란드, 스웨덴 등 북유럽 국가들이 거론되곤 했으나, 이 나라들은 인구 500만~1,000만 명 안팎의 소국이다. 문화적 배경과 부존자원, 경제 규모 등에서 한국과 공통된 면을 찾기 어렵다.

반면에 서방 선진국 중에서 외형상 한국과 공통점을 가장 많이 가진 나라는 독일이다. 두 나라 모두 전쟁으로 인해 잿더미가 되었으나, 인적 자원에 의존하여 각각 '라인강의 기적'과 '한강의 기적'을 이루었다. 양국 모두 국토 분단의 고통도 겪었다. 통일의 교훈을 얻을 수 있는 유일한 나라도 독일이다.

그리고 양국 모두 자원 부족과 수출 비중이 높은 개방경제 구조이며 제조업 강국이다. 독일은 기계 산업에, 한국은 정보통신 산업에 경쟁력을 가지고 있다. 독일은 유럽에서, 한국은 아시아에서 각각 혁신 허브를 지향하고 있다. 따라서 경제 협력 동반자로서도 독일이 선진국 중에서 가장 높은 상호 보완적인 생태 구조를 가지고 있다. 여기에 남북한이 통일되면 국토 총면적 22만㎢(현재 9.9만㎢)에 인구 7천5백만 명(현재 5천만 명)이 되어, 국가 규모도 독일에 근접해진다.

독일은 미국·중국·러시아·인도·인도네시아처럼 광활한 국토나 대규모 인구를 가지고 있지 않다. 게다가 특별한 자원도 없고 기후나 토양 등 자연환경도 척박하다. 모든 국력을 군사력에 쏟아붓지도 않고 패권을 지향하지도 않는다. 그래도 독일은 최고의 스마트 파워 국가로서 국가 발전의 롤 모델로 평가받고 있다. 자유민주주의를 지키며 번영을 구가하고자 하는 많은 나라에 희망과 용기의 메시지를 보내주고 있다. 이것이 우리가 독일로부터 배워야 하는 이유다.

인적·사회적 구조의 차이

서방 세계 중 독일이 우리와 공통점이 가장 많다고 하지만, 그렇다고 양국 간에 차이가 없는 것은 아니다. 여러 분야에서 이질적 요소가 많다. 어떤 차이가 있는지 살펴보자.

첫째, 정치·경제 제도의 차이이다. 독일은 내각 책임제의 연방제 국가로서 권력이 분산되어 있고 협치의 연정(聯政)을 하는 나라다. 경제 시스템은 사회적 시장경제 시스템이다. 효율성과 형평성의 조화를 목표로 한다. 경제 정책에도 인간의 존엄성을 중요시한다.

　반면에 한국은 권력이 대통령에 집중된 대통령제 국가다. 실제로는 보스 중심의 계파 정치를 하고 있다. 경제 시스템은 신자유주의에 바탕을 둔 영·미식 자유시장경제 시스템이다. 효율이 우선시된 반면 인간의 존엄은 도외시되어 왔다.

　둘째, 역사적 배경, 사회·문화의 차이다. 독일은 중세 시대부터 오늘날까지 전문가가 우대받는 마이스터, 즉 장인(匠人) 사회다. 한 자리에서 거의 평생을 일한다. 그래서 개개인이 디테일에 강하고, 세계적으로 뛰어난 전문가 고수들이 수두룩하다.

　반면에 한국은 사농공상(士農工商) 사회였다. 전문성과 생산성을 가진 중인이나 상놈 계급은 지배층을 위해서만 존재했다. 기술과 산업이 발달할 수가 없었고 전문가 그룹이 생성될 수가 없었다. 오늘날 많이 개선되었지만, 아직도 사농공상 계급 질서의 잔재가 남아있어 각 분야에서 전문가 그룹이 약하고 최고의 고수들이 많지 않다.

〈표 30〉 독일과 한국의 인적·사회적 구조의 차이

	독일	한국
국민성	이성적, 정의, 정직, 우직	감성적, 정(情), 사랑, 한(恨)
사회 구조	공동체 중심, 연대, 집단성	개인 중심, 혈연·지연·학연
생활 방식	정적(靜的), 법치, 청렴, 실용	역동적, 요령, 임시변통, 허세
문제 해결	합리주의, 장기적, 지구전	정파주의, 즉흥적, 속도전

　셋째, 국민성에서도 큰 차이를 보인다. 독일인은 이성적이다. 정직하고 우직하다. 즉흥이나 일시적 기분에 잘 흔들리지 않는다. 냄비가 아니

라 가마솥이다. 늦게 달궈지고 늦게 식는다. 감정 노출이 심하지 않고 허세나 과시형이 없다. 자신의 전략과 패를 잘 드러내지 않는다. 실제 가지고 있는 것보다 늘 더 적게 보이려고 카드 하나를 덜 꺼낸다.

반면에 한국인은 감성적이다. 정과 사랑이 많고 따뜻하다. 장점도 많다. 그러나 일시적 감정에 많이 좌우되고 즉흥적이다. 냄비처럼 끓어올랐다가 금방 식어버린다. 디지털 시대에는 이러한 성격이 잘 맞는다는 주장도 있으나, 국가 기밀이나 중요한 협상 전략이 잘 새어 나간다. 과시형에 허세도 심하다. 벤츠 고급 모델 판매량이 독일보다 더 많다. 또 개인적으로는 뛰어나지만, 팀의 구성원으로 활동하면 만족해하지 않는다. 세계적인 솔로 성악가는 나오지만, 팀 구성원으로서의 스타가 나오기는 어렵다는 것이다.

넷째, 후천적 시민의식의 차이다. 독일인들은 사물의 진위를 파악하는 데 객관적이다. 가짜 뉴스나 음모론에 쉽게 휘둘리지 않는다. 긴 호흡으로 사색하고 생각하는 힘이 크기 때문이다. 이는 독서에서 나온다. 버스, 전철, 기차 안에서도 휴대전화보다는 책을 보는 사람이 훨씬 많다. 또 「시민 교육」을 통해 건전하고 합리적 판단능력을 기르고 시민의식을 고양한다. 소위 아날로그 방식에서 생각하는 힘을 얻고 축적한다.

반면에 한국인들은 책보다 인터넷이나 스마트폰에 익숙하다. 이 매체에서 토막 지식을 얻는다. 짧은 지식이 전체 맥락과 연계되지 못하고 종합 지식으로 축적되지 못한 채 내 생각으로 굳어 버린다. 대학 입학 수능시험에서 제1 법칙은 '생각을 해선 안 된다.'라는 것이라고 한다. 생각이 없으니 가짜 뉴스, 선동과 여론 조작에 쉽게 말려든다. 결국, 팬덤 조직이 생겨나고 사회적 갈등이 증폭된다.

다섯째, 독일은 기록의 나라다. 2023년 기준 독일의 유네스코 세계 기록유산은 베토벤의 교향곡 9번(합창), 구텐베르크 성경 등 24개로 세계 최다 보유국이다. 기록의 관행은 근현대에 와서도 지속되고 있다. 국가 기관, 연구기관, 대학, 기업 등 대부분 조직이 성공 사례는 물론 실패와 시행착오까지 모든 것을 기록·보관하고 축적한다. 기록은 역사가 되고, 힘을 창출한다. 기록에서 교훈을 얻고 생각하는 힘과 창의력을 키우기 때문이다.

마트에서는 서류철 가방이 인기 판매 품목이다. 가정마다 이 속에는 선대로부터의 출생신고서, 세례 증서, 매 학기 성적표, 계약서, 영수증, 품질 보증서, 연금 증서, 유언장 등 모든 기록물이 다 들어 있다. 이 서류철은 그 집안의 역사이자 가보(家寶)다. 불이 나면 한국인은 금괴를 들고 나오지만, 독일인은 서류철을 들고 나온다는 우스갯소리도 있다.

한국도 과거에는 기록을 많이 남겼다. 세계 기록유산은 조선왕조실록, 승정원일기 등 16개로 세계 5위 수준이다. 조선 시대에는 사관(史官)이 왕의 언행을 사실대로 모두 기록하였으며, "기록하지 말라."는 왕의 엄명까지도 기록할 정도의 결기가 있었다. 그러나 근세기 들어 이러한 기록 문화는 사라지고 말았다. 따라서 실패와 시행착오 등 과거 경험을 쌓아 놓지 못하고 다 흘려보내고 있다.

이정동 서울대 공대 교수는 한국과 선진국의 10년 차 엔지니어의 차이를 재미있게 설명한다. 즉, 한국에서는 그냥 10년 차 엔지니어인데, 선진 국에서는 110년 차 엔지니어라는 것이다. 선진국에서는 과거 100년의 축적에 내 경력이 추가된 것이다.[259] 그러나 한국에서는 과거 축적된 것이 없으니 그냥 내 엔지니어 경력 10년 차가 전부다.

이는 우리 사회 전반의 문제이기도 하다. 퇴임 정권은 신정권에 자료와 경험을 물려주지도 않거니와, 신정권도 전 정권과 다르다는 것을 보여주려고 전 정권의 정책을 폐기하고 완전히 새로 시작한다. 그러니 과거의 실패와 경험이 축적되지 못하고 늘 도돌이표 제자리다.

소프트 파워의 격차

한국은 국민총생산(GDP) 세계 10위권대, 수출은 6~7위권대를 자랑하고 있다. 선진국 클럽인 경제협력개발기구(OECD) 회원국, 국민소득 3만 달러 이상이자 인구 5천만 명 이상 국가 모임인 '30/50 클럽' 7개 회원국 중의 일원이기도 하다. 2021년 7월 유엔무역개발회의(UNCTAD)는 한국을 개도국에서 선진국 그룹으로 격상시켰다. 해외에서도 한국의 발전을 높이 평가하면서 '한국은 아시아의 독일'이라고 찬사를 보냈다.[260] 2022년 6월에는 인공위성 발사에 성공해 세계 7대 우주 자립국이 됐다. 삼성전자가 2022년 글로벌 브랜드 1위로 등극했다. 이렇게 하드 파워는 괄목할 만한 성과를 이루어냈다.

그러면 소프트 파워도 하드 파워에 비례하여 발전하고 있는가? 『강대국의 흥망』의 저자 폴 케네디 미 예일대 교수는 2009년 한국을 방문하여 "한국이 독일 프랑스 영국 등을 경제적으로 추격하는 것은 어렵지 않겠지만, 그들의 정치적 문화적 위세를 누리기는 어려울 것"이라는 전망을 했다. 이에 대해 임현진 서울대 교수는 "국력과 달리 국격(國格)은 시간이 해결해 줄 수 있는 성격이 아니다."라는 해석을 덧붙이고 있다.[261] 이재열 서울대 교수는 "선진국들은 경제성장을 해서 사회 품격이 높아진 것이 아니라, 이미 사회 품격을 갖추었기 때문에 더 성장할 수 있었고 복지 국가를 만들 수 있었다."라고 설명한다.[262]

영국 '레가툼(Legatum) 연구소'는 매년 「레가툼 번영지수」를 발표한다. 이 지수는 경제력보다는 사회 안전, 개인의 자유, 통치 구조, 사회자본, 투자 및 기업 여건, 인프라, 생활의 질, 건강, 교육, 자연환경 등 12개 부문을 종합하여 삶의 질을 평가하는 글로벌 지수다. 2023년에 167개 국가 중 독일은 9위, 한국은 29위다. 이중 사회적 신뢰를 포함하여 소프트 파워를 나타내는 사회자본의 경우 독일은 20위인데, 한국은 107위로 완전히 저개발국 수준이다. 독일 국민은 실제로 생활의 질에 만족을 표시하고 있다.[263]

또 그동안 동양은 정신 중심의 '문화사회'인데 비해, 서양은 물질 중심의 '문명사회'라고 했다. 한국은 집단의식이 강한 '공동 사회'(Gemeinschaft)인데, 서구는 개인주의가 강한 '이익사회'(Gesellschaft)라고도 했다. 그래서 동양은 '사람'에 대한 신뢰가 높고, 서양은 '제도'에 대한 신뢰가 높다고 했다. 그러나 요즘에는 독일이 오히려 사회적 신뢰가 축적된 '공동 사회'이고 한국은 신뢰가 결여된 '이익사회'로 변하고 있는 것처럼 보인다.

이러한 소프트 파워의 차이는 독일과 한국의 경제 발전 추이를 통해서도 입증되고 있다. 독일이 국민소득 1만 달러에 도달한 해는 1979년이다. 그러나 독일은 이때 이미 막강한 소프트 파워를 갖춘 선진국이었다. 1945년 패전 후 잿더미에서 일어나 1960년대 초에 이미 라인강의 기적을 이루고 최고의 선진국 반열에 올랐다. 그리고 45년 만에 베를린 장벽을 무너뜨리고 통일을 이룩했다. 조지프 나이 미 하버드대 명예교수는 2021년 10월 "베를린 장벽을 무너뜨린 것은 포화가 아니라, 서구의 소프트 파워."라고 설파했다.[264]

이에 반해 한국의 경우 정신보다는 물질이 지배하는 사회가 되었다. 성수대교와 삼풍백화점 붕괴, IMF 외환위기, 세월호 침몰, 대통령 자살·탄핵·구속 등 대형 사건·사고들이 끊이지 않았다. '법과 원칙'은 무시되고 윤리와 도덕은 격상되지 못했다. 여전히 부패, 거짓과 불신, 요령과 편법이 난무하고 음모론이 횡행한다. 자살률, 교통사고 사망률, 낙태율, 고아 수출, 전세 사기율은 세계 최상위다. 고독사(孤獨死) 위험군이 150만 명을 넘고, 실제 고독사도 연간 3,500여 명에 이른다. 2018년에 3만 달러 시대를 열었지만, 조만간 소프트 파워가 개선될 기미는 보이지 않는다.

〈표 31〉독일 · 한국의 1인당 국민소득, 위기 진행 추이 (달러=$)

독 일

연 도	1979	1989	1990	1995	1998	2004	2007	2018
소 득	1만$	→	2만$	3만$	＼2만$	／3만$	4만$	5만$
사 건	나토 이중 결의	베를린 장벽 붕괴	통 일	통일 5년차	독일병			

한 국

연 도	1994	1995	1997	2006	2009	2014	2017	2018
소 득	1만$	→	→	2만$	→	→	→	3만$
사 건	성수 대교 붕괴	삼풍 백화점 붕괴	IMF 외환 위기	북한 최초 핵실험	노무현 대통령 사망	세월호 침몰	박근혜 대통령 탄핵	이명박 대통령 구속

　우리는 여기에서 중요한 교훈을 얻게 된다. '압축 성장'은 가능해도 '압축 성숙'은 불가능하다는 것이다. 하드 파워는 경제력의 함수다. 경제력이 상승하면 하드 파워도 같이 상승한다. 그러나 경제력이 커진다고 하여 그에 비례하여 소프트 파워도 자동으로 높아지는 것은 아니다. 독일도 경제력 때문에 소프트 파워가 격상된 것이 아니라, 역으로 소프트 파워 덕분에 경제 대국으로 성장했음이 이를 입증한다. 경제가 중요하기는 하지만, 그렇다고 모든 것은 아니다. 독일 모델 도입이 성공하기 위해서는 외적 환경 외에 소프트 파워를 독일 수준에 맞춰 호환성을 높여야 한다.

독일 모델
넘어서기

2장 | 독일 모델 도입은 실패했다

1. 하드 파워만 베낀 일회성 이벤트   350

　보여주기식 즉흥적 포퓰리즘만 난무

　간판만 바꾼다고 독일연구소 되지 않아

2. 한국에서 왜곡 · 변질된 독일 모델   359

　연동형 비례대표제 도입 막장 드라마

　사멸된 경제민주화, 한국에서 환생하다

　독일에서도 한물간 노동이사제

1. 하드 파워만 베낀 일회성 이벤트

보여주기식 즉흥적 포퓰리즘만 난무

일류 맛집에서 레시피를 받아 그대로 요리를 한다고 해서 바로 그 맛이 나는 것은 아니다. 오랫동안의 실패와 시행착오 끝에 얻은 손맛의 비법까지 쉽게 얻어지는 것이 아니다. 내가 고생해서 얻어야 가능한 것이다. 「귤화위지」(橘化爲枳). 귤이 회수(淮水)를 건너면 탱자가 된다는 중국 고사(古事)다. 이는 귤 탓이 아니라 남과 북의 토양과 기후가 다르기 때문이다. 독일 잔디 좋다고 뗏장만 살짝 떼어내 한국에 옮겨 심는다고 하여 잘 자랄 리가 없다. 모판이 다른데 모만 가져와 심는다고 하여 잘 자란다는 보장이 없다. 한국이 도입한 독일 모델 중에는 성공한 것도 있다. 1960년~70년대 고속도로 건설, 포항제철 건설, 중화학 공업 육성, 독일 의료보험 제도 등은 성공한 사례로 꼽힌다. 그러나 그 후에는 대부분 일회성 이벤트로 끝났다.

이명박 정부는 독일의 듀얼시스템(Dual system)을 벤치마킹해 특성화고 마이스터고(高) 등 실업계 고교를 설립했다. 학생들이 일주일의 절반을 학교에서 공부하고, 나머지 절반을 산업 현장에서 실습하는 '일 · 학습 병행' 교육 제도다. 기술 명장을 양성하여 중소기업에 제공하겠다는 취지다. 그런데 졸업생의 취업률은 2020년부터 3년째 30%를 밑돌고 대학 진학률은 증가하고 있다. 2020년 고졸 청년 고용률은 63.5%로 OECD 34개국 중 32위로 최하위권이다. 2022년에는 서울 소재 직업계고의 72%가 정원에 미달했다. 독일과 달리, 한국 중소기업은 보수나 근로 여건, 경쟁력 면에서 대기업보다 열악하다. 부침(浮沈)도 심해 한 세대를 넘기기가 어렵다. 가업을 이어가지 않고 정계로 진출하거나 다른 길을 가는 사례도 많다. 전문성보다 학벌을 따지는 우리 사회 인식도 문제다.

이런 환경에서 마이스터고 학생들이 자신의 기술과 전문성을 천직으로 여길 수 있을까? 내 직장이 언제 문 닫을지도 모르는 데 평생직장으로 여기고 일할 수 있겠는가? 국민 절반이 대졸 출신인 이 나라에서, 이들은 더 큰 성공보다는 더 이상의 나락으로 떨어지지 않기 위해 대학 진학을 하고 살길을 찾고 있다. 열악한 사회적 여건은 그대로 두고 마이스터고만 설립한다고 해서 저절로 성공할 수 있는 것이 아니다. 직업계고의 중요성은 충분히 인정되고 있는 만큼, 제대로 된 마스터 플랜을 만들어 운영해야 한다.

문재인 정부는 독일을 따라 탈(脫)원전에 이어 탄소 중립까지 추진하겠다고 발표했다. 2030년까지 탄소 배출량을 2018년 대비 40% 감축하고 2050년에 탄소 중립을 이루겠다는 것이다. 한국은 독일보다 에너지 여건이 열악하다. 게다가 바람과 햇빛이 약해 재생에너지 생산에 유리한 환경도 아니다. 전력 부족이나 대(大)정전시 에너지를 끌어쓸 주변국도 없다. 여차하면 공장이 문을 닫고 일자리가 날아가고 나라가 일거에 무너질 수도 있다.

따라서 탈원전과 탈탄소를 하려면 실현 가능성을 충분히 따져 보고 반대 의견도 경청하고 전기료 인상, 탄소 대체용 바이오 나프타 생산 등 비용에 대해 국민 동의도 구하고, 사회적 합의도 얻었어야 했다. 그러나 소요 비용도 숨기고 필요한 절차와 과정도 모두 없애버렸다. 관료들은 한술 더 떠 탈원전 근거를 만들기 위해 경제성 평가를 조작하고, 증거 인멸을 위해 관련 문건을 파기까지 했다.

벌써 부작용과 폐해가 나타나고 있다. 국민 반발을 의식해 전기료를 묶어놓은 바람에 한국전력의 적자가 눈덩이처럼 커지고 있다. 2021년에 6조 원, 2022년에 32조 원의 엄청난 적자를 냈다. 2023년 상반기에 한전의 부채는 200조 원을 넘어섰다. 재생에너지용 태양광을 무분별하게 설치하면서 저수지가 태양광 패널로 뒤덮여 생태계를 위협하고, 산이 흉물스럽게 마구 파헤쳐지면서 환경이 파괴되고 있다.

그밖에도 독일 제도 도입 실패 사례는 수두룩하다. 김대중 정부 시절, 독일의 「동방 정책」을 모방한 「햇볕 정책」은 북한의 인권 문제와 연계시키지 못하고 북한 정권에 자금 지원을 하여 핵무기 개발을 촉진한 결과만 낳았다. 이명박 정부 시절 정책금융을 활성화한다고 독일의 재건은행(KfW)을 모델 삼아 산업은행에서 정책금융기능을 분리하여 정책금융공사를 설립했으나, 박근혜 정부 시절 폐기되고 기능만 다시 산업은행에 흡수됐다.

2016년 10월, 故 박원순 서울시장은 등록금 없는 독일 대학을 따라 서울시립대에 등록금 전액 면제를 추진했다가 학생들의 반발로 무산됐다. 환영을 해야 할 학생들이 왜 반대를 했을까? 이미 반값 등록금 시행으로 학교 재정이 바닥나고 교수진, 교육 시설 투자를 못해 교육의 질이 떨어졌다. 전액 면제를 하면 더 떨어질 것이라는 우려 때문이었다. 재원 대책도 없는 대표적인 선심 정책 포퓰리즘 사례로 지적되고 있다.

중소기업 정책만 해도 '글로벌 강소기업', '월드클래스 300', '명문(名門) 장수기업 확인제도', '월드클래스 300', '한국형 히든챔피언 육성'…. 숱한 정책을 쏟아냈다. 이쯤 되면 히든챔피언이 쏟아져 나와야 하는 것이 아닌가? 그런데 여전히 중소기업은 허덕이고 있다.

이렇게 독일 모델 도입이 실패한 원인은 지정학적 외적 환경의 차이를 고려하지 않고, 눈에 보이는 하드 파워 중 결론 부분만 베꼈기 때문이다. 게다가 국가가 일방적으로 주도하여 위에서 아래로 내려찍는 하향식 (top-down)의 정책을 썼기 때문이다.

독일 제도를 그대로 옮겨 온다고 하여 우리 것이 되는 것이 아니다. 히든챔피언을 베낀다고 해서 곧 히든챔피언이 되지 않는다. 독일 정치인 몇 명 만나 독일 경험 몇 마디 들었다고 해서, 독일 회사나 공장 몇 군데 둘러보고 관계자 몇 명 만났다고 해서, 독일 전문가 불러다 세미나 몇 번 열고 덜렁 책 한두 권 읽었다고 해서 독일 기술이나 제도의 이면까지 저절로 배워지는 것이 아니다. 노사 화합의 상징인 독일 노사 제도를 그대로 옮겨온다고 하여 노사 화합이 되지 않는다.[265] 눈앞에 보이는 하드 파워만 고려해서는 독일 모델을 성공적으로 접목할 수가 없다.

이렇게 성공하기 어려운 제도들을 무분별하게 마구 도입하면서도 정작 도입해야 할 제도에는 눈을 감았다. 정치인들의 협치(協治), 채무제동장치, 재정준칙, 연금 개혁, 노동 개혁, 저출산 대책 등 정말 시급하고 중요한 제도 개혁은 외면했다. 지금 당장 생색나는 일에만 부지런하고, 훗날 나라의 번영과 성공을 위한 장기 비전을 세우는 데는 아무런 관심이 없었다.

간판만 바꾼다고 독일연구소 되지 않아

한국은 과학기술 투자에 엄청난 투자를 하고 있다. 2021년에 연구·개발(R&D) 투자액은 102조 원으로 100조 원을 돌파했다. 총액 기준으로는 세계 5위, GDP 대비 투자비율은 5%로 세계 2위다. 최근 15년간 SCI(국제과학논문 인용 색인)급 논문 수와 특허 건수는 각각 10위, 4위로 나타났다. 기초과학 연구·개발 성공률도 90%가 넘어, 30%에 불과한 독일에 크게 앞선다. 눈부신 성과다. 그런데 아직 노벨상 수상 소식이 없다. 왜 그런가?

첫째, 연구 문화의 주객이 전도되었다. 정부 R&D 프로젝트가 시작되면 일단 우선 연구 단지부터 짓고 '이를 어느 지역에 유치하느냐?'에 진을 다 빼버린다. 예산을 먼저 따는 일이 급선무이고, '무엇을 연구할 것인지'는 그 다음이다.[266] 2020년 10월, 산업안전보건공단은 삼성전자로부터 기탁 받은 반도체 백혈병 기금 500억 원 중 390억 원을 건물 사는데 써버렸다. 좋은 취지로 기탁된 기금이 공단의 몸집 불리기에 악용될 소지가 크다는 지적이 나왔다.

기초과학 연구가 취약하다. 연구기관들은 성공하기 쉬운 단기 과제만 골라서 조금 개량하는 수준에서 연구하고, 성과를 기대하기 어려운 과제는 아예 도전조차 하지 않는다. 거의 같은 내용의 주제를 조금씩 이름만 바꿔 연구실적으로 올리거나, 외국에서 오래전에 개발한 기술을 가져다가 포장만 바꾸는 일도 많다. 실패는 감추고, 실패할 것 같으면 아예 처음부터 접어 버린다. 특허 건수는 세계 최고 상위 수준인데, 상용화될 만한 특허는 거의 없고, 쓸모없는 깡통특허 장롱특허가 대부분이다. 이렇게 해서라도 성공률을 높여야 신분상 불이익을 당하지 않고 정부 예산을 딸 수 있기 때문이다.

둘째, 정권이 바뀔 때마다 연구기관장과 연구 프로젝트가 바뀌고, 그동안 축적된 경험과 전문가들은 적폐청산 대상으로 전락한다. 그러다 보니 오랜 시간이 걸리는 기초 연구는 도외시하고 정부 입맛에 맞는 단기 성과에만 집중한다. 실제로 이명박 정부에서는 에너지 · 자원 분야가, 박근혜 정부에서는 창조경제, 문재인 정부에서는 탈원전 · 탄소 중립 연구가 유행했다. 정권에 따라 어느 정도의 정책의 변화는 어쩔 수 없다고 하지만, 과학기술 연구까지 유행을 타는 것은 큰 문제다. 최적의 연구 능력은 오랜 경험과 시행착오가 바탕이 되고 축적되어야 나온다. 실패도 중요한 자산이다. 그런데 실패를 용인하지 않고 기다려 주지 않는다.

2016년 6월, 세계적 과학 학술지 〈네이처〉가 "한국이 세계에서 가장 많은 돈을 R&D에 쓰는 이유."라는 글에서 한국의 GDP 대비 R&D 투자는 세계 1위지만, 노벨상 수상자는 단 한 명도 나오지 않았다고 지적했다. 연구 환경이 열악하기 때문이라는 것이다. 연구실에서 토론이 활발하지 못하고 장기적 안목이 없으며, 또 한국의 과학기술 정책이 주먹구구식이라는 것이다. 처우도 안 좋고 연구 환경도 개선되지 않기 때문에 한국의 우수 인재들이 해외로 유출되고 있다고 했다.[267]

셋째, R&D 자금 관리도 문제가 있다. 정부의 R&D 지원금은 30조 원에 이르는데, 자금 배분 방식은 정부가 과학기술 정책에 대한 큰 그림 없이 지원금을 연구 주체별로 나눠주는 하향식(top-down)이다. R&D 자금은 일부 소수 대학과 기업, 정부출연 연구기관이 나눠 먹는 눈먼 돈이 되어버렸다. R&D 자금이 줄줄 새다 보니, R&D 보고서를 대필(代筆)해 주는 민간 컨설팅사도 성업 중이고, "정부 지원금 받게 해 주겠다."라는 R&D 브로커도 활개를 치고 있다. 연구원들의 낮은 신뢰도 역시 문제다. 상당수 연구원이 연구비 횡령, 외유성 출장, 성폭력, 강력범죄 등에 연루되고 있다. 특히 과학기술 출연 연구소들은 비리백화점으로 알려져 있다.

넷째, 과학기술 인재의 의료계 편중도 심각하다. 이과 계통 수재들이 이공계를 기피하고 의대로 몰리고 있다. 심지어는 학원에서 초등학생들을 대상으로 의대 반이 성행할 정도로 의대 광풍이 불고 있다. 그런데도 의대 정원은 2006년 이후 지금까지 3058명으로 묶여있다. 독일 1만 1752명의 1/4에 불과하다. 의사 수는 인구 1천 명당 2.5명으로, 독일 4.4명, OECD 평균 3.7명에 한참 못 미친다.

인터넷 강국, 의료 선진국이라는 한국에서 응급환자 관리시스템은 매우 원시적이다. 한시가 급한 데 구급차는 병원에 일일이 전화를 걸어 환자 입원 가능 여부를 확인하고 있다. 119 출동 후 1시간 이내에 병원에 도착하지 못한 채 구급차를 타고 떠도는 '뺑뺑이 환자'가 한 해에 20만 명이나 된다. 환자가 구급차 안에서 사망하는 사례도 발생하고 있다.

의료 인력 배분 상태도 매우 불균형적이다. 힘든 내외산소(내과 · 외과 · 산부인과 · 소아과)에는 의사 부족으로 붕괴 위기를 맞고 있는 반면,

피안성(피부과 · 안과 · 성형외과)은 성황을 이루고 있다. 한쪽에서는 아까운 생명을 살리지 못하고 있는 데, 다른 쪽에서는 한가하게 여성 얼굴이나 뜯어고치며 큰돈을 벌고 있는 것이다. 이 세상에 이런 나라가 또 있을까? 병을 치료하는 의료계가 심한 의맥(醫脈) 경화증에 걸려있다.

그렇다면 치료법, 의약품, 백신, 의료장비 등을 연구 · 개발하여 인류를 바이러스와 질병으로부터 구할 수 있는 의(醫)과학 기술은 발달해 있는가? 한국의 의과학자는 전체 의사의 1%에 불과하다. 세계 의료시장 규모 1조 6천억 달러 중 한국 점유율 1.4%에 의과학자들이 기여한 바는 거의 없다. 세계적으로도 한국 의과학자의 존재감은 미미하다. 미국 비영리 학술 사이트 〈리서치.콤〉(research.com)이 전 세계 의과학자들의 영향력, 수상 경력, 기여도 등을 지수화하여 발표한 「2023 최고의 의과학자」를 보면, 2000위 안에 미국이 1,163명이 압도적으로 많고, 2위 영국(207명), 3위 독일(89명) 순인데, 3000위 안에 한국인은 없다. 한국에서 1위인 서울대 의대 방영주 교수가 3,315위, 2위 강영호 교수 4,063위, 3위 김동현 교수가 4,259위다.

두뇌가 한쪽으로만 쏠리면 나라를 먹여 살릴 과학기술 인재가 부족하고, 스티브 잡스나빌 게이츠 같은 혁신가를 배출하기가 어려워진다. 동시에 인적 자원의 불합리한 배분으로 나라의 근간이 흔들린다.

한국은 2011년 독일 막스플랑크연구소를 모델로 하여 「기초과학연구원」(IBS)을 설립했다. 그래서 「한국판 막스플랑크」로 불린다. 지난 10여 년간 투입된 예산만도 1조 7천억 원이나 된다. 전문 학술지에 논문을 게재하는 등 성과도 많이 냈다. 그런데 비판도 많이 나오고 있다. 이 연구소 자체가 정치적 고려에 의해 탄생했고, 정치적 압력과 관료주의 속에서 불안정한 운영을 하고 있다는 것이다.[268] 정부 입맛에 맞는 주제만 골라 연구를 하고, 그러다 보니 노벨상을 받을 만한 연구는 애초부터 기대하기 어렵고, 연구원들의 횡령, 허위 견적 등 비리가 심각하다는 보도도 잇따른다.

아무리 연구 단지를 멋지게 만들고 연구소 명칭과 외관을 독일식으로 바꾼다고 하여 바로 일류 연구소가 되는 것이 아니다. 이왕 설립했으면 최적의 연구 환경을 조성해 주어야 한다. 오직 연구에만 매진할 수 있도록 신분과 자율성을 보장하고, 줄줄 새는 R&D 자금을 돌려 처우도 개선해 주어야 한다. 그리고 대승적 차원에서 의대 정원 확대, 의료 과목별 의사 재배치 등을 포함하여 과학기술 인력의 불균형을 바로 잡아야 한다. 동시에 연구원들의 높은 윤리도 전제되어야 한다. 노벨상은 그저 생기는 것이 아니다.

2. 한국에서 왜곡·변질된 독일 모델

도입된 독일 모델 중 일부는 한국 사회에 심각한 부작용을 낳고 있다. 독일 제도 도입 과정에서 본래의 기능이 왜곡·변질되어 운영되는 경우가 있고, 독일에서는 이미 수명이 끝나 없어졌거나 기능이 약화된 제도가 한국에서 버젓이 시행되고 있다는 것이다. 연동형 비례대표제, 경제민주화 및 노동이사제 등이 그것이다.

연동형 비례대표제 도입 막장 드라마

2020년은 한국 선거제도 개편 역사상 최악의 해로 기억될 듯하다. 당시 집권 여당인 더불어민주당이 국회의원 선거에 독일식 비례대표제인 연동형 비례대표제를 도입하면서 온갖 몰상식과 추태를 동원하였기 때문이다.

독일의 연동형 비례대표제가 생소하다고 느끼는 독자가 있을 수 있어 간단히 소개한다. 독일의 연방의원 선거제도는 1인 2표제다. 투표용지 왼편에는 지역구 후보자를 뽑는 제1 투표, 오른편에는 지지 정당에 투표하는 제2 투표로 구성되어 있다. 그런데 의석수 산정은 다소 복잡하다.

먼저, 제2 투표(정당 투표) 결과 정당별 득표율에 따라 의석수가 결정된다. 각 정당은 의석수 범위 내에서 제1 투표에서 최다 득표자에게 자리를 우선 배정하고 나머지는 비례대표로 채운다. 특이한 점은, 제1 투표에서 지역구 의원이 나오지 않더라도 제2 투표에서 정당 지지를 얻으면 그 비율만큼 비례대표 의석을 배분받을 수 있다는 것이다.

이 제도를 통해 승자독식(勝者獨食) 구조를 차단하고 사표(死票)를 최소화할 수 있다. 또 유권자들이 정당과 인물을 구분하여 투표하므로(정당은 정책, 후보는 인물), 민의(民意)를 최대한 반영할 수 있다. 거대 양당은 비례대표 의석을 덜 얻지만, 반면에 군소 정당도 의회 진출이 가능하여 거대 양당의 양극화로 인한 폐해를 막을 수 있다. 독일의 자민당이 대표적인 사례다. 따라서 매우 합리적인 선거제도로 평가되고 있다.

그러면 이렇게 복잡한 제도를 왜 도입했으며, 도입 과정에서 본래의 제도가 어떻게 변질되었는지 살펴보자. 더불어민주당은 당시 제1야당인 미래통합당(현 국민의힘)의 격렬한 반대에도 불구하고 선거법을 개정, 2020년 4월 치를 국회의원 선거에 연동형 비례대표제를 적용했다. 이는 민주당과 정의당의 정치적 거래가 그 배경이었다. 민주당은 공수처법 통과를 위해 정의당의 도움이 필요했고, 정의당은 당세 확장을 위해 연동형 비례대표제가 절실했다.

이렇게 날치기를 당한 미래통합당은 연동형 비례대표제를 무력화하기 위해 미래한국당이라는 위성(衛星) 정당을 만들었다. 위성 정당에서 정당 득표율을 올려 비례대표 의석을 확보하고, 자당(自黨)은 지역구 의석을 넓히기 위해서였다. 처음에는 이를 강력히 비판하던 더불어민주당도 질세라 위성 정당인 더불어시민당을 창당하였으며, 한술 더 떠 제2 위성 정당인 열린민주당까지 만들었다.

선거 결과 비례대표 의석 총 47석 중 더불어시민당 17석, 열린민주당 3석, 미래한국당 19석, 정의당 5석, 국민의당 3석으로 나타났다. 대표성과 비례성을 높이고 양당제 폐해를 줄이겠다는 명분은 사라지고, 군소 정당의 의석수는 오히려 줄었다. 선거가 끝나자 열린민주당을 제외한 나머지 위성 정당들은 각각 원래 정당에 흡수되었다. 비례의석을 노린 하루살이 정당이었음이 여실히 드러났다.

이렇게 정략적 이해타산에 따라 꼼수가 나오고 거기에 또 꼼수로 응수하면서, 이 제도의 본질과 의미 자체가 사라져 버렸다. 연동형 비례대표제가 아니라 불(不)연동형 불(不)비례제라는 비판을 받고 있다. 이 제도의 원조인 독일에도 이러한 위성 정당은 없다. 독일 정치인들이 들으면 한국 정치꾼들의 비열한 창의력(?)에 깜짝 놀랄 것이다.

연동형 비례대표제는 원천적으로 우리 현실과 풍토에 맞지 않는다. 첫째, 정치 제도의 차이다. 독일은 분권형 연방제 국가로서 의원내각제 국가다. 이미 권력이 분산돼 있고 다당제(多黨制)가 보편화되어 있다. 제1당이 과반수 의석을 얻지 못해도 야당(또는 제1야당)과 연정(또는 대연정)을 해나가는 구조다. 즉 총리가 권력을 독식하는 일도 없고, 국정 책임을 혼자 지는 것도 아니다. 야당과 나눠 가지는 협치(協治) 구조다.

반면에 한국은 대통령제 국가다. 국민이 대통령에게 권력을 준 것이다. 이 권력을 야당과 나눠 가지는 구조가 아니다. 근본적으로 협치가 어렵다. 진보와 보수 간 정책이 극과 극을 달릴수록 더욱 어려워진다. 야당과 전문가들은 대통령에게 "통합과 협치를 하라"고 요구하지만, 실현 가능하지 않다. 대통령의 특단의 의지가 없으면 안 되게 돼 있다.

그러면 독재를 하란 말인가? 아니다. 법과 원칙, 즉 법치에 따라 통치를 해야 한다. 법치는 협치의 일부분이지만, 법치만 잘해도 성공한 대통령이 될 수 있다. 연동형 비례대표제를 도입하면 오히려 국론은 분열되고 대립의 정치가 일상화된다. 대통령은 국정 동력을 확보하기가 어려워진다. 대통령제와 연동형 비례대표제는 맞지 않는 조합이다.

둘째, 정당 공천 제도의 차이다. 독일에서는 의원 선출 절차가 투명하고 공개적이다. 주(州)별로 후보 명단을 작성하여 주민들의 비밀투표를 통해 선출한다. 당 지도부가 공천권을 행사하지 않는 상향식 구조로써 공천 비리가 없다. 또한, 분야별로 유능한 전문가들이 국회에서 다양한 목소리를 대변하고 있어 비례대표제의 본래 취지를 잘 살리고 있다.

한국의 경우, 당 지도부나 계파 보스가 공천권을 쥐고 하향식 밀실 공천 관행을 이어가고 있다. 특히 비례대표제가 비리의 온상이다. 그나마 지역구 후보자는 투표라는 과정을 거쳐 한 번이라도 걸러지는데, 비례대표 후보자는 그러한 과정조차 없다. 돈이 공천 기준이었다. 함량 미달 인사도, 전과자도 정치헌금을 내고 공천 받아 국회의원이 됐다. 이제는 위성 정당이 비리 정치꾼들의 신분을 세탁해주는 통로가 되고 있다. 물론 전문성과 실력을 갖춘 비례대표 의원도 있지만 극소수다.

그동안 일부 학자들이 연동형 비례대표제를 도입하면 마치 선진 정치가 이루어질 것처럼 주장했다. 독일을 좀 안다는 독일 유학파들도 양국의 정치 환경, 정치 제도, 정치인 수준의 격차를 고려하지 않고 연동형 비례대표제를 도입해야 한다고 주장했다.

그러나 협치(脅治), 부패와 불신에 찌든 우리 정치 토양에 이 제도만 달랑 옮겨 심는다고 해서 금방 정치가 발전할 리가 없다. 그나마 이 제도가 다소라도 성공하려면 다른 정치 제도의 선진화도 병행되어야 한다. 당 지도부가 공천권을 내려놓고, 개방적이고 민주적인 투명한 상향식 공천 제도를 도입해야 한다. 무엇보다 정치인들의 신뢰가 선행돼야 한다.

사멸된 경제민주화, 한국에서 환생하다

우리나라에서 오랫동안 경제민주화가 화두가 되어있다. 진보 보수, 정치권의 여야 할 것 없이 경제민주화에 몰입되어 있다. '경제민주화가 곧 시대정신'이라는 주장까지 나왔다. 이 제도는 독일에서 도입된 제도인데, 그럼 독일에서는 어떻게 정의되고 운영되고 있으며, 한국에서는 어떻게 도입되어 지금에 이르고 있는지, 문제는 무엇인지 살펴보자.

독일의 경제민주주의는 오래전에 사회주의적 기원을 토대로 정립된 개념이다. 경제민주주의는 1920년대 사회민주주의와 노동조합의 이론적 논의에서 기원하였다. 1928년에 독일노동총연맹(ADG)의 프리츠 나프탈리(Fritz Naphtali)가 사회주의 이행 프로그램의 일환으로 경제민주주의 이론을 정립하였다. 그는 "사회주의와 경제민주주의는 최종 목표이며 분리될 수 없이 상호연결되어 있다."라고 밝혔다.[269] 그는 경제민주화와 경제민주주의를 구분하여 경제민주화는 경제민주주의로 향하는 과정으로 정의했다.[270] 이 경제민주주의는 기업을 넘어 모든 경제행위에 대한 참여와 통제가 목표다. 사회주의 이행을 추구하여 궁극적으로는 노동자가 주인이 되는 사회주의 세상을 건설하자는 것이다.

그러나 시간이 흐르면서 경제민주주의는 사라졌다. 진보 사민당(SPD)은 1920년대 후반 경제민주주의를 채택하였으나, 1959년 '고데스베르크 강령'에서 사회주의적 계급적 정강을 버리고 '사회적 시장경제'를 수용하였다. 그 후 2007년 '함부르크 강령' 이후 사실상 경제민주주의를 폐기했다. 이렇게 진보 정당까지 경제민주화를 배제하고 기업 경쟁력 강화를 최우선으로 하고 있다. 현재 독일 내에서 경제민주주의 주창자들은 극좌 노선의 좌파당(Die Linke)과 일부 노조가 유일하다. 그리고 아직 남아 있는 경제민주주의 흔적은 「공동결정제도」(Mitbestimmung) 정도다.

그러나 경제민주화는 사회적 시장경제와 상반되고 대립된 개념이며 양립할 수 없다.[271] 더욱이 독일 헌법(기본법)은 어떠한 경제 질서도 규정하고 있지 않다. 현재 경제 시스템인 '사회적 시장경제' 조차도 헌법에 관련 조항이 없다. 1990년 7월 1일, 동·서독 통일 과정에서 「동·서독 간 통화·경제·사회 통합 조약」에 '사회적 시장경제' 운용의 근거를 담은 것이 전부다. 사회주의 색채의 경제민주주의를 헌법에 도입하는 것은 상상할 수도 없다.

현재 경제민주화는 자본주의 비판이나 사회주의 세계를 위한 유토피아 이론으로서의 의미 이상은 없다.[272] 또 재벌 개혁과의 관계도 없다. 독일의 경제 발전은 경제민주화에 기인한 것이 아니다. 자율과 책임을 바탕으로 한 시장경제 덕분이다. 최장집 고려대 명예교수도 "민주주의는 정치적 민주주의로 한정되는 게 필요하다."라고 주장한다.[273]

현재 거의 모든 선진국은 경제민주주의를 시대에 뒤떨어진 사회주의 개념으로 인식하고 받아들이지 않고 있다. 경제민주주의를 가장 잘 시행하는 나라는 베네수엘라다. 한때 부국이었던 베네수엘라는 이제는 생지옥으로 변해 있다.

그런데 독일에서 사멸(死滅)된 경제민주주의가 한국에서 환생했다. 오래전부터 일각에서 경제민주화를 추진하면 각종 재벌의 폐해나 양극화 문제가 해결되고 사회 정의가 실현될 것이라는 주장이 제기됐다. 이에 따라 1987년 헌법 개정 시 119조 2항에 경제민주화 규정이 삽입됐다. 독일 헌법에는 일언반구 언급이 없는 데 한국 헌법에서 이를 규정한 것이다.

대한민국 헌법 제119조 ② 국가는 균형 있는 국민경제의 성장 및 안정과 적정한 소득의 분배를 유지하고, 시장의 지배와 경제력의 남용을 방지하며, 경제주체 간의 조화를 통한 **경제의 민주화**를 위하여 경제에 관한 규제와 조정을 할 수 있다.

그러나 이 경제민주화 조항은 입법 당시 입법 주역 간에 경제민주화의 개념 정의에 대한 합의나 일치된 견해가 없이 삽입되었다. 당시 헌법개정안 기초소위원회 위원장이었던 현경대 의원은 경제민주화를 독재 시절의 관치경제에서 민간 주도로 경제 운영을 바꾸자는 의미로, 즉 관치 극복을 통한 경제자유화로 설명하고 있다.[274]

반면에 이 조항을 추진한 김종인 당시 헌법개정특위 경제분과위원장은 "재벌의 탐욕이 근본적 문제이며, 재벌 개혁을 위해 경제민주화가 필요하다."라고 주장하고 있다.[275] 그러나 경제민주화가 무엇인지, 자유시장경제의 한국에서 왜 사회주의적 요소가 강한 경제민주화를 도입해야 하는지에 대하여, 이론적 토대를 제시하지 못하고 있다.[276]

경제민주화가 일단 헌법에 규정되고 나니 정부의 시장 개입의 근거가 되었으며, 심각한 시장 왜곡 문제를 드러내고 있다. 신규 출자 금지, 일감 몰아주기 규제, 전속고발권 폐지, 중기 적합업종 지정 등이 추진되었으며, 2022년에는 독일의 공동결정제도에 해당하는 노동이사제가 추가되었다. 이제는 경제민주화 논란을 접고 그동안의 관련 정책도 폐기하거나 조정해야 한다. 중장기적으로 관련 헌법 조항도 개정해야 한다.

독일에서도 한물간 노동이사제

2022년 초 문재인 정부는 독일의 「공동결정제도」(Mitbestimmung)를 벤치마킹하여 노동이사제를 도입하였다. 소수 경영진의 방만 경영과 전횡을 막고 경영 투명성을 높이기 위함이라는 것이다. 그런데 보수 진영도 이 제도에 반대를 하지 않았다. 2022년 5월 출범한 윤석열 정부도 대선 과정에서 이 제도 도입에 찬성하면서 추진이 급속히 진행됐다. 이에 따라 130개 공공기관은 2022년 8월부터 노동이사 1명을 이사회에 참여시키도록 의무화되었다.

그러면 여기서 노동이사제의 모델이 된 독일의 「공동결정제도」가 어떤 제도인지 살펴보자. 이 제도는 기업의 2원(元)적 지배구조 체제를 갖추고 있다. 즉 기업 내에 경영이사회(Vorstand)와 감독이사회(Aufsichtsrat)를 두어 견제와 균형을 이루도록 하고 있다. 경영이사회는 사내 이사로 구성되며, 기업의 일상 경영 업무를 주관한다.

감독이사회는 노사 합의 기구로서 직원 500명 이상 기업에 설치하고 노사 양측에서 파견된 이사로 구성한다. 이사 수는 노사 양측 1:2의 비율로 하되, 2000명 이상 기업은 1:1 동수로 한다. 양측이 합의에 이르지 못하면 회사 측을 대표하는 의장이 두 표의 의결권을 행사한다. 경영이사회에 대한 감독 기능을 갖지만, 경영에 참여할 수는 없다.[277] 즉 노조측은 감독 기능만 가질 뿐, 경영에는 참여할 수 없다.

그런데 이 「공동결정제도」는 당초 노동자가 요구하여 만든 것이 아니다. 2차 대전 후 전승국들이 독일의 군수(軍需) 산업을 견제하기 위해 광산과 철강 산업에 도입하도록 강제한 것이다. 이것이 그 유명한 「몬탄공동결정법」이다. 그러다 보니 도입 당시부터 논란이 되어왔으며, 기업계에서는 여전히 반대 입장이다. 시급한 사안에 타이밍을 놓칠 수 있고, 기업 경영이 비효율적이라는 이유에서다. 일례로 2022년 8월 폭스바겐의 헤르베르트 디스(Herbert Diess) 회장이 전기 차 전환, 비용 절감, 인력 감축 등 혁신을 추진하다가 노조와 갈등을 빚고 물러났다. 감독이사회의 절반을 차지하고 있는 노조 출신의 반대가 그 배경으로 분석되고 있다.

수십만 개의 독일 기업 중 이 제도의 적용을 받는 기업은 2002년 767개로 정점을 찍은 후 점점 감소해서 2018년에는 945개에 불과했다. 이 제도를 회피하는 기업도 늘고 있다. 2018년 도입 기업 945개 중 32.5%인 307개 사는 도입하지 않고 있다. 유럽주식회사(SE)로 전환하여 도입 의무를 회피하고 있는 것이다. 2021년 현재 유럽주식회사로 전환한 독일 기업은 424개 기업에 이른다. 따라서 이 제도를 전체 독일 기업 지배구조의 전형적인 특징으로 보기는 어렵다.[278] 이 제도는 이미 한물간, 결빙

(結氷)된(eingefrorene) 제도다.[279]

　이와 같은 문제에도 불구하고 독일에서 이 제도가 그런대로 운용되고 있는 것은 노사간의 신뢰 때문이다. 노사 관계는 사회적 동반자(Sozialpartnerschaft) 관계다. 노사 양측은 임금 등에서 대립하면서도 기업 경쟁력 강화라는 공통의 이해를 가지고 있다.[280] 노사 관계는 단순히 고용주와 노동자 간의 사무 관계가 아니라, 사람과 사람 간의 신뢰 관계다. 이는 상호의존 관계를 형성하고 있으며, 사회적 시장경제의 기반이 되고 있다.[281]

　노조원들은 회사에 대한 귀속감과 책임감이 크다. 회사가 무너지면 그 책임은 상당 부분 자신들의 몫이라고 생각한다. 경영위기 시에는 임금동결이나 반납도 기꺼이 수용한다. 공공 노조는 독일 병을 앓던 2000년대에 10년간 스스로 임금을 동결했다. 임금상승률이 매년 약 1.1%에 불과했다. 인플레이션을 감안하면 오히려 4.5% 정도 떨어졌다. 2008년~2009년 글로벌 금융위기를 잘 넘길 수 있었던 것도 이러한 노사 간 상호신뢰 때문이다.

　노동이사제도를 한국에서 실시할 경우 많은 문제를 일으킨다. 먼저, 우리의 경제 시스템과 맞지 않는다. 독일의 경제 제도는 사회적 시장경제 시스템이다. 독일 기업들은 자금 조달을 주로 은행을 통해 해결한다. 자본시장에서 조달하는 주식회사 비율이 전체 기업의 1%에 불과하다. 경영자·노동자·은행 등 이해관계자 자본주의 시스템이다. 따라서 독일에서는 그나마「공동결정제도」가 논리적 설득력을 조금이라도 갖는다.

반면에 한국의 경제 제도는 자유시장경제 체제다. 자금 조달을 주로 자본시장에서 하고 있으며, 주식회사 비율도 95%로 매우 높다. 주주 이익을 중시하는 주주 자본주의 체제다. 따라서 사회주의적 기원을 가진, 그래서 독일에서도 한물간 노동이사제도를 도입한다는 것은 주주 자본주의, 나아가 자유시장경제에 정면으로 배치되는 결과를 초래한다.

둘째, 기업 지배구조 측면에서도 문제가 크다. 한국 기업은 단일 이사회 제도다. 여기에 노동이사제를 도입하면 이는 바로 노조의 경영 참여를 의미한다. 경영에 참여하지 않는 독일 노조보다 한 발 더 나가는 셈이다. 또 독일에는 산업별 노조만 있어, 노조가 개별 기업에 관여할 수 없는 데 반해, 한국 노조는 기업별로 조직되어 있어서 노조가 단체교섭을 통해 이미 인사 등 경영 문제에 관여하고 있다. 굳이 추가로 노동이사제를 도입할 이유가 없다.

셋째, 한국의 노사 관계는 상호 신뢰가 아니라 대립 관계다. 한국 노조의 호전성·폭력성·비(非)타협성은 세계적으로 악명이 높다. 노조 동의 없이는 공장 하나 제대로 짓지 못한다. 이런 상황에서 노동이사제를 도입한다고 해서, 지금까지 없던 신뢰가 갑자기 생길 리 만무하다. 오히려 경영 악화를 촉발할 가능성이 크다. 이 제도가 민간기업으로까지 확대될 경우 부작용은 더욱 심화할 것으로 보인다. 영국 시사 주간지 〈이코노미스트〉는 '독일의 교훈'이라는 기고에서 한국에서는 적대적인 산업 관계 때문에 독일 시스템이 한국에서 그대로 재현되리라고 보기는 어렵다고 피력하고 있다.[282]

독일 모델
넘어서기

3장 | 독일 모델 넘어서기

1. 소프트 파워 격상   372

    선진화 벽을 돌파해야

    사회 지도층의 「노블레스 오블리주」

    망각이라는 고질병을 고쳐야

    국민의식 구조 개선이 시급하다

2. 소프트 파워는 교육에서 시작한다   392

    인성 교육 개혁이 유일한 해법

    「시민 교육」도 활성화해야 효과가 나온다

1. 소프트 파워 격상

선진화 벽을 돌파해야

앞장에서 본 바와 같이 독일 모델을 도입하여 성공적으로 정착시키는 일은 매우 어려운 일이다. 그렇다면 왜 굳이 이 어려운 독일 모델을 도입하고자 하는 것인가? 독일 모델은 우리 사회가 지향하는 가치인 사회적 신뢰와 높은 국격(國格)이라는 소프트 파워를 지니고 있기 때문이다. 그럼 독일 모델을 성공적으로 접목하려면 어떻게 해야 하는가?

소프트 파워를 높여 호환성을 갖춰야 한다. 선박이 운하(運河)를 운항할 때 수위(水位)가 다른 구간을 통과하기 위해서는 갑문(閘門)에서 수위를 맞춰야 한다. 독일 잔디를 가져다 심으려면 우리의 기후와 토질, 재배 기술 등도 고려해야 한다.

마찬가지로 독일 모델을 받아들일 수 있도록 우리의 수용 여건을 독일 수준에 근접하게 맞춰야 한다.[283] 우리 사회가 독일의 소프트 파워를 받아들이고 끌어당길 수 있는 역량을 갖춰야 한다. 그러려면 독일 모델을 우리 사회가 스스로 받아들일 수 있도록 선진화해야 한다.[284]

우리는 그동안 산업화에서 민주화로 오는 과정에서 하드 파워를 구축했다. 이 과정은 선진국이 먼저 갔던 길을 배우고 따라가던 과정이었다. 이미 있던 길이자 눈에 보이는 것들이었고 구체적이었기 때문에, 별생각 없이 모방만 잘하고 따라가기만 하면 됐었다. '어떻게'(how)만 생각하면 됐었다.

이제는 민주화에서 선진화로 가는 길목에 서 있다. 이 길은 새로운 발견과 발명, 즉 소프트 파워 구축의 길이다. 가는 길 자체가 초행길이고 신세계다. 그러니 목표가 미리 정해져 있지 않다. 지도도 없고 길을 안내하는 내비게이션도 없다. 없는 길을 새로 내면서 스스로 헤쳐 나가야 한다. 여기에서 '왜'(why)에 대한 답을 내놓아야 한다. 스스로의 창의적인 생각과 깊은 고뇌, 즉 생각의 힘이 없으면 불가능하다.

노벨상이 대표적인 예다. 과학·의학·경제학 분야 노벨상은 아직 세상에 알려지지 않았거나 없었던 것, 남이 생각하지 못한 독창적인 것을 발견하고 발명하는 창의적인 과학자와 경제학자에게 주어지고 있다. 이 기준으로만 보면 강대국인 G-7 국가만 선진국이 아니다. 단지 GDP만 높다고 해서 선진국이 될 수도 없다. 선진국 대열에 올라있는 강소국도 많다. 노벨상 수상자를 보면 스위스·오스트리아 각 25명, 네덜란드 22명, 덴마크·노르웨이·호주 각 14명에 이른다.

이 선진화로 가는 길은 멀고도 험난하다. 산업화에서 민주화로 왔던 난이도와는 비교도 안 된다. 최진석 서강대 교수는 "산업화에서 민주화로 오는 데 '5'라는 노력이 들었다면, 민주화에서 선진화로 가는 데는 '5만'의 노력, 즉 1만 배의 노력이 필요하다."라고 주장한다.[285] 이것이 바로 중진국 함정(陷穽)이자 선진화 벽(壁)이다. 1800년대 산업 혁명 이후 중진국 함정에 갇혔다가 빠져나온 나라가 없다. 대부분의 나라가 이 벽을 넘지 못하고 주저앉고 말았다. 한국도 경제적으로는 선진국으로 평가되고 있으나, 아직 이 선진화의 벽을 넘지 못하고 있다.

소프트 파워의 중심은 신뢰다. 신뢰야말로 국격을 높이는 결정적 힘이자 선진국이 되기 위한 필요조건이다. 옛날이나 현재나, 또 선·후진국을 막론하고, 어느 정치 경제 체제에서든 공통으로 필요한 것은 신뢰다. 아무리 체제가 다른 경우라도 신뢰가 높으면 그 체제 상당 부분의 가치를 접목할 수가 있는 것이다. 공자는 "나라를 지키기 위해서는 무기(국방)와 식량(경제)과 신뢰가 필요하다."라고 했다. 그중에서 "아무리 위급한 상황에서도 절대 포기해서는 안 될 것은 신뢰."라고 하였다. 백성의 신뢰가 없으면 나라는 존립 기반이 없어진다(民無信不立)는 것이다.

미국 정치학자 프랜시스 후쿠야마 교수는 선진국과 후진국의 차이는 신뢰 자본에 있다고 했다. 1996년에 "건전한 자유민주주의 시장경제가 발전하기 위해서는 사회 구성원 간의 신뢰가 바탕이 되어야 한다."라고 하고, 신뢰가 높은 국가로 독일·미국·일본을, 낮은 국가로 한국·중국·이탈리아를 들었다. 모멸감을 느끼는 주장이나, 거의 30여 년이 흐른 지금도 이 주장에 반론하기도 어려운 것이 현실이다.

그런데 신뢰가 중요하다는 것을 모르는 사람은 없다. 윤리 도덕책, 각종 철학 서적, 신문 칼럼이나 사설에도 '신뢰'라는 단어는 수없이 나온다. 그런데 우리 사회는 진정한 신뢰 사회로 나아가지 못하고 있다. 왜 이렇게 어려운가? 사회적 신뢰의 공익성 때문이다. 하드 파워는 공익과 사익이 겹친다. 그래서 하드 파워를 높이는 일은 상대적으로 쉽다. 그러나 소프트 파워는 다르다. 정직, 배려, 관용 등 신뢰를 포함한 소프트 파워를 높이면 공익은 증진되지만, 내게 돌아오는 사익은 크지 않다. 법을 준수하고 질서를 지키면 사회적 안전성은 높아지지만, 내가 포기하는 편익에 비해 돌아오는 이득은 별로 없다. 사고만 안 낸다면, 신호 위반으로 인한 편리함과 짜릿함은 신호를 지켜 얻는 이득보다 훨씬 크다. 그래서 어려운 것이다.

또한, 신뢰는 겉으로 잘 보이지 않을 뿐만 아니라, 통계에도 잡히지 않고 지표에도 나타나지 않는다. 돈 있다고 편리하게 빌려 쓸 수 있는 물건도 아니다. 주변에 CCTV나 지켜보는 사람이 없어도 당연히 신호등을 잘 지키는 것을 어떻게 거래를 통해 얻을 수 있겠는가? 신뢰의 비법을 가르쳐 달라고 해서 배워지는 것도 아니고, 더욱이 가르쳐 줄 수도 없다. 내가 직접 고생해서 체험하고 스스로 닦고 쌓고 되풀이하여 몸에 체화되어야 내 것이 된다. 이것이 선진화 벽이다.

신뢰 사회를 등친 한국 유학생

1988년 겨울 필자의 본(Bonn)대학 수학 시절, 한국 유학생들의 신뢰가 땅에 떨어지는 일이 발생했다. 당시 독일은 이미 사회보장 제도가 잘 갖춰져 있어서, 저소득층은 시청에서 주택보조금과 양육수당을 받았으며, 이러한 혜택은 외국인에게도 그대로 적용되었다. 그러니 한국 유학생들도 당연히 이러한 혜택을 최대한 누렸음은 물론이다. 필자도 매월 주택보조금 150마르크(DM), 양육수당 300마르크 등 총 450마르크(225유로 = 약 30만 원, 현재 환율)를 받았다. 당시 필자의 월 공무원 봉급이 27만 원이었으니 봉급보다 더 큰 금액을 받은 셈이다.

그런데 유학생이 한국에서 송금받는 생활비 즉 소득은 대부분 독일 정부가 책정한 보조금 기준 한도를 넘어섰기 때문에 원칙적으로는 보조금을 받을 수가 없었고, 받더라도 소액이었다. 하지만 요령과 융통성이 뛰어난(?) 한국 유학생들이 소득을 대폭 축소 신고하여 보조금을 계속 받았다. 또 당시만 해도 한국이 개발도상국으로 분류되고 있었고, 유학생들도 선진국에서 보조금을 많이 받는 것이 국익을 위해서도 당연한 관행으로 인식되곤 했으며, 죄의식을 별로 느끼지 않았다. 이렇게 독일 정부는 상당 기간 국고 낭비를 해가면서 한국 학생들에게 과도한 보조금을 주어왔던 셈이 되었다.

어쨌거나, 시청에서는 학생들의 소득 신고를 그대로 인정했다. 즉 '소득이 300마르크'라고 신고하면 그냥 그렇게 믿었다. 별도로 소득 증명서를 요구하지도 않고 까다롭게 묻는 것도 없었다. 학생들이 소득을 축소·은폐할 수 있다는 생각 자체를 못하는 것 같았다. 모든 일에 완벽을 추구하고 확인에 확인을 거듭한다는 독일 사회도 '행정은 무척 엉성하구나.' 생각을 했는데, 그것이 아니었다. 고도의 신뢰 사회에서만이 가능한 시스템이었던 것이다.

그러나 꼬리가 길면 잡히는 법. 한국 유학생들이 실제 소득을 숨기고 독일 정부의 보조금을 받아왔다는 사실이 독일 언론에 크게 알려졌다. 일대 소란이 인 것은 말할 것도 없고, '한국 학생들을 못 믿겠다'는 불신의 기류가 형성되었다. 그해 88 서울 올림픽을 성공적으로 치러 독일에서도 한국에 대한 이미지가 개선되던 차에 이런 일이 터져 체면이 구겨졌다. 급기야 대사관에서 나서서 적극 해명을 하고 재발 방지 약속을 한 다음에야 수그러들었다. 그 후부터 소득 증명서에 한국 대사관의 확인을 받아 제출하도록 제도가 강화되었다.

사회 지도층의 「노블레스 오블리주」

예로부터 '곳간에서 인심 난다.'라는 말이 있다. 먹고 살 만하면 너그러워지는 법이라고 하는데, 지금의 한국 사회 지도층에게도 맞는 말일까? 서울대 사회발전연구소가 52개국의 관용성 수준을 평가했더니 한국이 52위로 꼴찌로 나타났다. 또 서울대 장덕진 교수가 독일, 미국, 일본, 네덜란드, 한국 등 5개국의 관용성 차이를 분석했더니 독일과 네덜란드는 학력과 소득 수준이 높을수록 관용성이 높아지는데 반해, 한국은 더 많이 배우고 더 많이 가지고 사회적 지위가 높아져도 관용성이 높아지지 않았다고 밝히고 있다.[286]

한국의 정치인, 장관, 교수, 법조인, 고위 공직자 등 사회 지도층은 그 지위에 걸맞게 갖춰야 할 도덕적 의무와 책임, 즉 「노블레스 오블리주」(noblesse oblige)를 결여하고 있다. 이 소프트 파워 함량 미달이 선진국으로의 도약에 장애 요인이 되고 있다. 유형별 지도층의 문제와 해결 방안을 모색해 보자.

먼저, 정치인의 과도한 특권과 특혜를 없애야 한다. 정치인들은 탐욕, 부패, 저급한 진영 논리로 사회 갈등을 조장하고 국론을 분열시킨 장본인들이다. 가장 신뢰도가 떨어지는 집단이다. 그런데도 정치판에 대한 수요는 늘 공급을 훨씬 초과한다. 한승수 전 국무총리는 교수, 국회의원, 장관, 대통령 비서실장, 경제부총리까지 다 지낸 인물이다. "뭐가 가장 좋았나?"라는 질문에 주저 없이 "국회의원"이라고 답했다.[287] 왜 그런가?

국회의원은 최고의 꽃보직이다. 국민의 심부름꾼이 아니라 국민 위에 군림하는 수퍼갑(甲)이다. 엄청난 특권과 특혜를 누리고 있다. 면책특권과 불체포특권이라는 특권을 보장받고 있다. 불체포특권은 원래 독재자의 탄압을 막고 대의제 민주주의를 실현하기 위해 도입한 것이다. 그러나 지금은 이 특권이 정치인 비리를 감싸는 사법처리 방탄막으로 악용되고 있다. 그 외에 비공개 특수활동비, 항공기 비즈니스석 제공, 공항 귀빈실과 VIP 출입구 특별 예우, 국내철도 할인 등 수많은 특혜를 받고 있다. 각종 특권 특혜가 186가지에 달한다. 국회의원이 구속돼서 의정활동을 못 해도 월급은 꼬박꼬박 다 받는다.

그런데 책임은 거의 지지 않는다. 현재 대통령도 탄핵이라는 수단이 있고 자치단체장과 지방의원도 주민소환제도가 있는 데, 정작 국회의원은 이러한 제재 수단에서 쏙 빠져 있다. 이들은 공정·정의와는 거리가 먼 부도덕한 패륜 집단이 돼버렸다. 정녕 한국은 자유민주주의 국가가 맞는가? 이들의 특권·특혜를 대폭 축소·폐지해야 한다. 그리고 동시에 책임과 의무는 강화해야 한다. 위와 같은 특권과 특혜가 존재하는 한 정치꾼들은 계속 정치판으로 몰려들 것이고 비리와 부패 또한 없어지지 않을 것이다.

둘째, 권력기관의 무분별한 권력 남용을 제한해야 한다. 최근 한국 사회는 권력기관 특히 판사·검사·변호사 등 이른바 법조 파워 엘리트들이 지배하고 있다. 국회의원, 장관, 정부 핵심 인물 중에도 법조인 출신이 수두룩하고, 최근에는 이들을 일컬어 신(新)사대부, 신특권층이라는 말도 나오고 있다. 특히 검찰은 무소불위의 권력기관, 폐쇄적 엘리트 의식, 고압적 자세 등 부정적 이미지가 강하다. 여기에 2022년 5월 검찰 출신인 윤석열 대통령 취임 이후에는 검찰 출신이 다수 중용되면서 '검찰 공화국'이라는 말까지 나왔다.

　권력기관들은 권한을 남용하여 개인정보나 업무 휴대전화 같은 통신 기기를 마구 뒤지는 일이 허다했다. 특히 문재인 정부 시절 검찰 통제를 명분으로 기형적으로 탄생한 고위공직자범죄수사처(공수처)는 2021년 '고발 사주' 의혹 등을 수사하는 과정에서 법원 허가도 없이 야당 인사, 언론인, 시민단체 인사들의 통신 자료를 무더기로 조회하여 통신비밀, 언론 자유 침해 및 사찰 논란을 불렀다. 급기야 헌법재판소가 2022년 7월 권력기관이 "통신 조회 후 당사자에게 알리지 않으면 헌법 불합치"라는 판결을 내렸다. 만일 이런 일이 독일에서 일어났다면 어떻게 됐을까? 아마도 정권 붕괴로 이어졌을 것이다.

　법조인들의 윤리 수준도 혁신이 필요하다. 유전무죄 무전유죄를 유발하는 전관예우의 부패 고리가 여전히 견고하고, 큰 사건 때마다 전직 대법관, 검찰총장, 특별검사, 검사장, 변호사들이 연루되어 언론에 오르내린다. 이들은 어느 직업군보다 더 법치, 정치적 중립, 도덕성이 더 요구된다. 그런데 이들의 행태는 법치나 도덕성과는 거리가 멀어 보인다.

　셋째, 사회 지도층은 높은 인품과 윤리 도덕성을 지녀야 한다. 그런데 장관 등 고위 공직자들은 도덕성이나 청렴성이 너무 낮다 보니 인사청문회를 무사히 통과하는 인사가 거의 없다. 청문회 통과 7대 기준(투기, 탈세, 병역기피, 위장전입, 표절, 음주운전, 성범죄)은 공직자로서 너무 당연한 금기 사항인데, 이 느슨한 기준마저 통과하지 못한 장관들이 수두룩했다. 위장전입은 애교 수준이고 논문 표절은 그냥 양념 정도가 돼버렸다.

대통령 비선 실세 딸의 대학 부정입학, 전 법무부 장관의 자녀 교육 특혜, 위안부 할머니 기부금 횡령 피의자의 국회 입성, 경기도 성남시 대장동 비리 사건들을 보면서 국민은 분노했다. 서울·부산시장, 충남 지사 등 핵심 지자체장들은 성 추문 사건으로 구속되었으며 자살자도 나왔다. 특히 높은 도덕성으로 존경받아야 할 교수 출신 공직자들이 표절 의혹을 가장 많이 받고 있고 연구비 횡령, 표지 갈이, 제자 논문 가로채기, 제자 논문에 자녀 이름 끼워 넣기 등으로 지탄을 받고 있다. 이들 중에는 정치권 주위를 맴돌면서 한 자리 노리는 관변 학자들, 이른바 폴리페서들도 많다.

우리 사회는 정의와 공정이 조롱의 대상이 되었다. 문재인 전 대통령이 2017년 5월 취임사에서 "기회는 균등하고 과정은 공정하며 결과는 정의로울 것입니다."라고 언급했을 때 국민이 기대를 많이 했다. 그러나 기회는 독점되었고 과정은 불공정했으며, 결과는 불의로 마감하였다. 사회 지도층이 신뢰를 회복하지 않고서는 지도자로서의 정당성을 확보할 수 없다. 노동 개혁, 공공개혁 등 국가 정책을 성공적으로 실현할 수가 없다. 정부 사업에 대한 주민의 갈등과 반발도 잠재우기 어렵다.

사회 지도층이 먼저 솔선수범해야 한다. 이들은 부모 운이 있든, 머리가 좋든, 이 사회에서 특혜를 받아 그 자리에까지 오른 사람들이다. 혼자 잘나 그 자리에 있는 것만은 아니라는 얘기다. 「노블레스 오블리주」 보여야 하는 이유다.

우리 사법(司法) 신뢰 수준은 OECD 등급에도 없다

245쪽 〈표 21〉의 2020년도 OECD 회원국의 사법 시스템 신뢰 지수를 보면 36개 회원국 중 한국은 34위로 거의 최하위 수준이다. 그러나 이마저 과거보다 순위가 올라간 것이다. 2015년도 평가에서는 회원국 순위 밖의 39위를 했고, 2017년도와 2018년에는 아예 평가 순위가 없었다. "뭐라고? 1등이든 꼴찌든 순위는 있을 것이 아닌가?" 그런데 없었다. 무슨 일이 있었던 것일까? 2018년 OECD 원문을 보면, "한국 자료는 신빙성(reliability) 문제 때문에 통계에 포함하지 못했다"라는 주기가 달려 있다. 사연은 이렇다.

OECD는 2019년에 2018년 기준 각국 사법제도 신뢰도를 조사해서 그 초안을 해당국에 보냈다. 그 초안에 한국이 꼴찌로 나와 있었다. 대법원이 발칵 뒤집혔다. 곧바로 이의를 제기했다. 신뢰도를 묻는 설문의 문항이 잘못되었다는 것이다. OECD 회원국 중 서구의 사법 시스템에는 법원뿐만 아니라 검찰이나 교정 당국도 포함되기 때문에, 위 평가는 법원에만 국한한 신뢰도로 보기 어렵다는 게 이유였다.[288] 우리 대법원의 이의 제기를 받은 OECD 측은 아예 평가 대상에서 한국을 빼고 발표했다.

우리 법원은 스스로 검찰이나 다른 권력기관보다 낫다고 생각하는 모양인데, 필자가 볼 때는 오십보백보다. "법과 양심에 따라 판결한다."라는 헌법 조항을 악용하여 유전무죄, 무전유죄의 고무줄 판결, 권력에 굴종하는 판결, 도저히 건전한 상식에 맞지 않는 황당한 판결이 난무했다. 2014년에는 하루 노역을 5억 원으로 계산하여 어느 기업인의 벌금 250억 원을 감형하는 '황제 판결'도 있었다.

문재인 정부 시절, 삼권 분립의 나라에서 사법부 내에 특정 성향 판사들이 사법 권력을 독차지하여 편중 논란을 낳고 사법의 정치화를 초래했다. 2021년 초 대법원장은 판사 탄핵과 관련하여 정권의 눈치 보기와 거짓말로 사법권의 독립이라는 헌법 가치와 품위를 훼손했다. 우리 사회의 마지막 보루인 대법원이 권력 앞에서 풀보다 먼저 누워버렸다. 또 헌법재판소가 대법원에 대해 일부 판결을 취소하라고 여러 차례 결정했지만, 대법원은 자신들이 헌법상 최고 법원이라면서 헌법재판소 결정에 불복하고 지키지 않으면서 양 기관 간 갈등을 일으켰는데, 독일에서는 상상할 수가 없는 일이다. 이렇게 권위와 신뢰가 땅에 떨어진 법원이 검찰보다 낫다고 주장할 수 있는가?

망각이라는 고질병을 고쳐야

1990년대 후반, 당시 현직 대통령 아들로서 비리로 구속된 전력이 있는 인사가 국회의원 출마를 준비하고 있었다. 모 일간지 만평에 대통령과 아들의 대화가 실렸다.

대통령: 니 뭐 믿고 국회의원 나오노?
아들: 예, 국민의 탁월한
………
건망증 덕분입니다.

2016년 4월 4일, 모 일간지에 "대한민국과의 계약"이라는 특이한 광고가 실렸다. 이 광고에서 새누리당(현 국민의힘) 의원 50여 명은 총선을 앞두고 일자리 규제 개혁, 국회의원 특권 없애기 등 5대 개혁 과제를 실천하겠다고 다짐하고, "만일 이 과제가 이행되지 않으면 1년 치 세비를 반납할 것임을 엄숙히 선서한다"고 약속했다. 그러면서 광고 윗단에 "국민 여러분, 이 광고를 1년 동안 보관해 주세요."라는 부탁도 곁들였다. 신선한 충격이었다.

그런데 그 뒤 아무리 기다려도 5대 개혁 과제 가운데 법안을 발의해 통과시킨 건 단 한 건도 없었다. 그렇다면 세비를 반납해야 하는데, 반납했다는 의원은 한 사람도 없었다. 다만 선서에 참여했던 일부 의원들이 "지키지 못할 포퓰리즘 공약에 책임을 통감한다"고 대국민 사과를 한 것이 전부다.

정치인들은 선거철만 되면 "특권을 내려놓겠다.", "진정한 개혁을 하겠다."라고 아부를 하다가 선거만 끝나면 "언제 그랬나?"는 듯이 약속을 뒤집고 거짓말을 되풀이해 왔다. 큰 선거 때마다 불체포특권을 포함하여 특권·특혜 포기를 공약으로 내세웠다가 선거 후 또는 불리한 상황에 처하면 무시해 버렸다. 그중 이 모(某) 야당 대표의 뒤집기가 가장 압권이다. 이들은 한국에서 최고의 학벌을 자랑하는 엘리트 그룹이다. 이들이 몰라서 못바꾸는가? 아니다. 그냥 안 바꾸는 것이다. 스스로 바뀌고자 하는 개혁 의지와 능력이 없다.

그러면 이들은 왜 지키지도 않을 거짓말을 밥 먹듯이 하는가? 상당수 국민이 이들의 부도덕성을 낱낱이 기억하지 못하고 잊어버리기 때문이다. 그러니 대놓고 거짓말을 하고 특권을 누리는 악순환이 되풀이되고 있는 것이다. 이들을 모두 기억해서 응징하지 못한 국민의 책임이 크다고 할 수밖에 없다.

'망각'은 나쁜 기억을 지워 주는 순기능이 있다. 반면에 망각 때문에 과오와 진실이 묻혀 버리는 경우가 허다하다. 한국인들은 과거 일 중에서 반드시 기억해야 할 비극에 관해서는 두뇌의 메모리 용량이 유난히 짧다. 그래서 지난날의 아픈 역사에서 교훈을 얻지 못하고 국난이 되풀이되고 있다. 몇 가지 사례를 들여다보면 명징해진다.

먼저, 안보 측면을 보자. 1592년 발발한 임진왜란으로 나라는 쑥대밭이 됐다. 선조는 도성을 탈출해 의주로 도망가고, 백성들은 욕하며 궁궐에 불을 질렀다. 나라가 엄청난 일을 당했는데 왜적을 무찔러야 할 군사가 조정에 수백여 명에 불과했다니 기가 찰 일이다. 그로부터 불과 35년 후인 1627년 정묘호란에 이어 1637년 병자호란으로 나라는 다시 만신창이가 됐다. 인조는 남한산성으로 피신하고 백성들은 청군에게 도륙을 당했다. 그리고 300여 년 후 1910년 일제에 강제 병합되어 36년간 국권을 침탈당하고 식민지로 떨어졌다. 해방 후 겨우 5년만인 1950년 북한의 남침으로 시작된 한국 전쟁에서 양측 300만 명이 넘는 사상자를 냈다. 그런데 시간이 조금 지나면 이런 고통은 지워져 갔다.

국난은 현대에 들어서도 진행되고 있다. 한국 전쟁 이후 지금까지 계속 북한의 끊임없는 도발과 위협 속에 시달리고 있다. 1968년 1·21 청와대 습격 사건, 1969년 민항기 납치사건, 1983년 미얀마 아웅산 사건, 1987년 대한항공 폭파사건, 2002년 연평 해전, 2010년 천안함 피격 사건 등을 일으켰다. 북한 정권은 구동독보다도 훨씬 폭압적이고 반인륜적이다. 툭 하면 미사일을 쏘아대고 핵 위협을 자행한다. 국내에는 종북 세력이 활개를 치는가 하면, 간첩은 버젓이 나라를 휘젓고 있다.

그런데도 문재인 정권은 북한을 비호하고 북한의 수석 대변인 노릇을 했다는 비난을 면하지 못하고 있다. 국민도 국한 핵 위협이 대수롭지 않다는 듯 별로 긴장하는 것 같지도 않다. 그동안 민방위 훈련도 없어졌다가 최근에야 부활할 정도다. 주적과 대치하고 있는 엄중한 상황인데도 안보 불감증이 극에 달하고 있다.

다음, 내부의 안전 불감증도 여전하다. 1990년대 삼풍백화점과 성수대교 붕괴, 2014년 세월호 참사, 2022년 이태원 압사 사고에 이어 현대산업·GS건설·한국토지공사 등 대형 건설사의 아파트 부실 공사, 잦은 대형 화재 등 각종 재난은 여전히 계속되고 있다. 사건 사고가 발생하면 사회 전체가 냄비처럼 끓어올랐다가 금방 식어버린다. 그때마다 매뉴얼(안전 수칙)을 조금씩 고치다 보니, 지금 매뉴얼은 세계 최고다. 매뉴얼만 보면 사고가 절대로 날 것 같지 않아 보인다. 그런데 사고는 어김없이 터지고 있다. 안전 의식은 나아지지 않았고, 국난에서 배움을 얻지 못했다.

이제는 바꾸어야 한다. 사람의 기억 메모리를 대용량으로 변환하고 생각하는 힘도 길러야 한다. 지나간 일을 과거라고 치부하고 잊어버릴 수는 없다. 과거 없는 현재가 없으며, 현재 없는 미래를 생각할 수 없다. 정치꾼들의 거짓말, 비리와 무모한 포퓰리즘 행각을 낱낱이 메모리에 저장해 두어야 한다. 이제는 더 이상 이들을 믿고 기다릴 수가 없다. 확실하고 강력한 외부 충격이 불가피하다. 국민이 직접 나서 응징하고 단죄해야 한다. 국회의원에 대한 「국민소환제」를 도입해야 한다. 바람직한 대책은 아니지만, 불체포특권 포기에 불응하는 의원들을 공개하는 등의 극약

처방도 검토할 필요가 있다. 안전 안보 불감증도 벗어나 재난과 국난이 없는 사회로, 이것이 어렵다면 최소화할 수 있는 사회로 나가야 한다.

국민의식 구조 개선이 시급하다

중진국이 선진국으로 넘어가는 데는 많은 함정이 있다. 그중에서도 가장 넘기 어려운 함정이 국민의식 전환이다.[289] 어느 나라나 국민의식의 개선은 마(魔)의 벽이다. 좀처럼 개선되지 않는다. 각자의 의식을 바꾸는 것은 어렵다. 더욱이 개개인의 의식이 사회 전체적으로 굳어지면 더더욱 어렵다. 이것은 사회적 신뢰의 문제다.

한국은 사회적 신뢰가 낮은 저(低)신뢰 사회의 전형(典型)을 보여주고 있다. 의식 구조는 요지부동이다. 경제 발전에 비해 정직, 윤리 도덕, 관용과 배려, 안전 의식은 병행하여 발전하지 못했다. 법과 질서 경시 풍조가 팽배해 있다. 교통질서, 쓰레기 종량제, 공회전 금지 등 그리 어렵지 않은 기초 질서마저도 제대로 지키지 않는다. 누가 보고 있거나 경찰이나 CCTV가 있을 때만 법규를 지킨다. '법을 잘 지키자.', '노동 · 연금 개혁을 해야 한다.'라는 총론에서는 다들 수긍하고 찬성하면서도, 정작 나에게 의무와 부담을 지우는 각론에서는 강경하게 저항한다. 결국 실행으로 옮겨가지 못하고 항상 쳇바퀴만 돈다.

1990년대 후반, 〈이경규가 간다, 숨은 양심을 찾아서〉라는 인기 TV 프로가 있었다. 도로 건널목 정지선을 잘 지킨 운전자에게 '양심 냉장고'라 이름을 붙인 냉장고를 선물로 주는 프로였다. 그런데 정지선을 지키는 사람이 드물다 보니 냉장고를 받는 사람도 드물었다. 오래 기다린 끝에 드디어 첫 냉장고 주인공이 나타났는데 장애인이었다. "정지선을 지키는 것은 기본이지요." 말하기조차도 힘든 중증 장애인의 대답이었다. 중증 장애인도 지키는 교통법규를 멀쩡한 사람들이 안 지키고 있는 것이다. 2022년 한해에 지하철 무임승차로 인한 손실이 5400억 원이 넘는다.

법과 원칙이 바로 서지 못하고 윤리 도덕이 실종되다 보니, 저마다 무리한 방법으로 자기 이익을 관철하려 든다. 나는 철저히 보호받기를 주장하면서도, 공익과 남에 대한 배려는 뒷전이다. 세월호가 과속·과적 금지 등 운행 규정을 철저히 준수했다면 침몰 참사를 겪지 않았을 것이다. 그러나 선장과 선주는 규정 준수로 인한 사회적 이익보다는, 규정 위반으로 생기는 사적 이익을 더 중요시했다. 이들에게 도덕은 없었다.

한국은 거짓말 대국, 사기 대국이다. 17세기 조선에 표류했던 네덜란드인 하멜은 자신의 저서 『하멜 표류기』에서 "조선인은 훔치고 거짓말하며 속이는 경향이 강하다. 그다지 믿을 만한 사람들이 못 된다."라고 기술하고 있다.[290] 80여 년 전 도산 안창호 선생은 "우리는 죽더라도 거짓말은 하지 말자."라고까지 했다. 그러나 산업화와 민주화를 겪으면서도 거짓말이 줄거나 나아졌다는 통계는 본 적이 없다. 예로부터 한국인의 유전자에는 거짓말이 들어가 있는 것인가?

2015년 2월, '이케아 연필 거지'라는 뉴스가 화제가 되었다. 스웨덴 가구업체 이케아(IKEA)가 한국에 진출했다. 고객들이 쇼핑 중에 메모할 수 있도록 매장에 연필을 비치해 놓았는데, 매점 개장 두 달도 안 돼 연필이

동났다. 그리고 인터넷 매매 사이트에 개당 3천 원씩 매물로 나왔다. 전 세계 250여 개 이케아 매장 중에 한국에서만 이런 일이 있었다.

2016년 11월, 인천공항에서 고강도 철삿줄에 꽁꽁 묶인 밀봉형 플라스틱 가방 사진이 전 일간지에 보도되었다. 미국 대학입학자격시험(ACT) 시험지를 담은 가방이었다. 다른 나라에는 시험지를 종이 상자에 담아 보내는데, 유독 한국에만 이런 고강도 방법을 쓴 것이다. 누차의 유출 사례 때문이란다. 국제적 망신을 당했다.

한국은 갈등 공화국이다. 근거도 없는 루머(헛소문), 음모론이 나라를 뒤흔든다. 사드 괴담, 최순실 유언비어, 2010년 천안함 폭침은 정부의 조작이라는 주장, 연평도 포격은 남쪽이 자극해서 일어났다는 주장 등…. 사람들은 정부 발표는 안 믿고 소위 '찌라시'라는 광고 전단지를 더 믿는다. 나아가 자신의 견해나 주장에 도움이 되는 정보만 선택적으로 취하고, 원치 않는 정보는 외면하는 확증편향성을 보인다. 정치인은 한술 더 떠 음모론을 정치 전략으로 채택한다. 정치인 불신, 정부 정책 과정의 폐쇄성·불투명성 때문이다.

우리는 단일 민족이라고 자랑하면서도 대화와 타협은 안 되고 급기야 모든 분야에서 사회 갈등으로 비화한다. 한국은 이념 간, 학력 간, 지지 정당 간, 빈부 간, 계층 간 거의 모든 분야에서 갈등 수준이 세계에서 가장 높다. 여기에 갈등을 부추기는 세력들과 정치권의 포퓰리즘까지 더해져 타협에 의한 해결이 어려워진다. 살인·폭력·성범죄·방화, 강도·절도 등 강력범죄가 거의 매일 신문 지상을 뒤덮는다. 온갖 건물과 골목에 CCTV가 없으면 불안해서 다닐 수가 없다.

사회적 신뢰 수준이 낮을수록 그 사회를 유지하기 위해 별도의 통제장치가 필요해진다. 규제가 강화되고 제약이 많아지는 것이다. 강력범죄를 막기 위해 CCTV를 설치하고 치안을 강화하고 경찰을 더 많이 배치하면 대규모 사회적 비용이 들어간다. 이렇게 '법치를 자율로는 지키기 어렵고, 외부 통제에 의존할 수밖에 없다.'라는 인식이 커지게 되면, 그에 반비례하여 사회적 신뢰는 더욱더 떨어지는 저(低)신뢰의 악순환을 벗어나기 어려워진다.

이제는 불신의 고리를 끊어야 한다. 독일처럼 경찰이나 감시 인력이 없어도 스스로 법과 제도 및 매뉴얼을 따르고, 직장에서 상관이 없어도 맡은 바 일을 다 하는 사회로 가야 한다. 거짓말, 약속 위반 등은 더 이상 관행이 되지 말아야 한다. 남과 더불어 사는 공동체 생활에서 남을 배려하고 존중하는 사회, 그래서 신뢰가 격상되는 사회가 되어야 한다. 신뢰를 회복해야 선진화의 길을 갈 수가 있다.

공(空)회전 방지 나 홀로 분투기(奮鬪記)

한국인들의 법규 준수에 대한 무관심 · 무감각은 교통질서나 환경 분야 특히 자동차 공회전에서 잘 드러난다. 공회전 금지제도가 도입되었고, 환경에 대한 국민의 의식도 많이 개선되었다고 하는데, 주택가나 공사장 등 모든 장소에는 공회전 차량이 여전하다. 심지어 운전자가 없이 시동을 켠 채 오랜 시간 자리를 비운 차들도 많다. 택배 차량, 마트 차량은 시동을 켠

채 그 많은 배달 물건들을 소화한다. 단속하는 경찰이나 공무원도 없고, 있어도 본체만체다.

2015년 초 필자는 결연한(?) 결심을 했다. "내가 큰일은 못 해도, 내가 사는 아파트 단지 내 차량의 공회전은 막아보겠다."라고. 그래서 단지 내에서 공회전 차량을 볼 때마다 운전자에게 문제점을 설명하고 자제를 부탁하였다. 그런데 반응들이 각양각색이었다. "미안하다, 죄송하다.", "바빠서 시동을 끄고 켤 시간이 없다."라는 사람들도 있었고, "왜 남의 일에 참견하느냐?"고 따지는 사람도 있었다. "공회전이 뭐 그리 큰일이라도 됩니까?", "민주 국가에서 내차 내 맘대로 하는 데 뭐가 문제입니까?"

그러나 이왕 시작한 일 제대로 해야 하겠다고 생각했다. 건의사항을 작성하여 아파트 관리사무소장과 입주자 대표회장에게 건네고 반상회에도 여러 번 참석하여 부탁하였다. 반상회에는 남자는 필자 한 사람뿐이었다. 하지만 이것저것 따지고 가려가면서 할 수가 없었다. 아파트 관계자들을 귀찮을 정도로 찾아다녔다. 다들 귀찮은 표정이 역력했다. 그러나 모르는 체했다.

드디어 아파트 관리사무소와 경비원들이 움직였다. 공회전 차량을 단속하기 시작한 것이다. 이렇게 하여 시간이 흐르다 보니 단지 내에서 시동을 끄는 차량이 조금씩 늘기 시작하였다. 공회전 차량을 거의 보기가 어려울 정도가 되었다. 아파트가 훨씬 쾌적해지고 조용해졌다. 주민들의 반응도 매우 좋았다. 그래서 "이 정도면 됐다." 하고 더 이상 관여를 하지 않았더니 시간이 흐르면서 다시 옛날의 원위치로 돌아가고 말았다.

필자는 이해할 수가 없다. 굳이 환경 오염이나 소음 등 공익 차원이 아니라도, 기름값 절약에 차량 마모 방지, 사고 예방 등 나한테 이득이 많은 데도, 또 시동 끄는 데 엄청난 시간이나 노동력이 소요되는 일이 아닌데도, 이 일이 왜 이토록 힘이 드는지를! 그리고 왜 여기에 경찰 단속이라는 행정력 낭비와 세금이 필요한지를! 그리고 새삼 깨달았다. 우리의 관행이나 의식 구조를 바꾸는 것이 얼마나 어려운지 절감했다.

2. 소프트 파워는 교육에서 시작한다

인성 교육 개혁이 유일한 해법

앞서와 같이 선진화 사회로 가기 위해서는 사회적 신뢰를 높이는 것이 매우 중요하다. 이론적으로는 다 알고 있고 말은 쉽게 하지만 실천은 지극히 어렵다. 법으로 강제할 수도 없다. 국민이 자발적으로 준수해야 한다. 즉 사람이 바뀌어야 한다. 그런데 "사람은 고쳐 쓸 수 없다."라는 말이 있다. "본성은 잘 바뀌지 않는다."라는 의미가 아닐까?

그렇다면 무슨 수로 사람을 바꾼다는 말인가? 해법은 조기 인성 교육에 있다. 인간의 인격은 유아기에서부터 형성된다. 이때 형성된 인격은 잘 바뀌지 않고 평생 간다. 어린 시절부터 인성 교육이 중요한 이유다. 머리가 굳어지기 전의 인성 교육이야말로 사람을 바꾸고 소프트 파워를 높일 수 있는 최선의 방법이다.

오늘날 독일 국민의 신뢰, 정직, 배려, 관용 등 높은 소프트 파워는 유치원, 초등학교, 김나지움에서의 철저한 인성 교육 덕분이다. 즉 독일인들의 선천적인 국민성에 후천적인 인성 교육이 더해져서 얻은 것이다.

한국 교육은 어떤가? 아주 잘못된 길을 가고 있다. 대학 입학이 교육의 최종 목표가 돼버렸고, 인간이 갖추어야 할 인성 교육은 등한시되고 있다. 학창 시절 암기과목이나 수험서 위주로 공부깨나 해서 정답형 인간이 된 사회 지도층의 비(非)신뢰성, 부정직, 경박성을 볼 때, 암기 기술자만 배출한 교육은 실패한 것이다.

이제 교육이 변해야 한다. 지식의 단순한 주입에서 벗어나 책임감과 윤리·도덕이 몸에 배고, 생명 존중, 정직과 양심 등 정신적 가치가 보편화한 사회가 되도록 바뀌어야 한다.

첫째, 가정 교육이 제대로 이루어져야 한다. 인성 교육은 학교에서만 하는 것이 아니다. 요즘 어린이들은 대부분 외둥이 1인 자녀로서 정직, 예의범절, 인내, 배려 같은 밥상머리 교육을 받지 못하고 귀하게만 자란다. 공공장소에서 아이들이 소란을 피워도 부모는 대수롭지 않게 생각한다. 그러니 개인주의적 사고가 팽배하고 아무 곳에서나 분노를 표출한다. 이러한 비정상은 학교에 들어가서도 사회에 나와서도 그대로 이어진다.

독일에서 정직은 초중등 교육 전반에 걸쳐 중점 교육 목표로 자리 잡고 있다. 가정에서부터 정직과 배려를 익히고 실천한다. 동화책에는 거짓말을 해서 벌을 받는 이야기가 많이 나온다. 독일 아이들은 공공장소에서 떠들고 소란을 피우도록 부모가 놔두지 않는다. 자기 아이와 이웃집 아이가 싸우면 부모는 자기 애를 혼을 낸다.

둘째, 유치원, 초등교육에서 윤리·도덕 교육을 강화해야 한다. 현재 초등학교 3학년부터 중학교 3학년까지 도덕을 배운다. 그러나 주입식이고 형식적이다. 정직, 예절, 배려, 양보, 협동심 등의 기본 가치 외에 직업윤리, 안전 수칙, 교통질서 같은 법치와 민주주의 등 더불어 살아가는 공동체적 가치를 심어줘야 한다.

독일의 유치원, 초등학교에서는 사회에서 자립심을 가지고 살아가는 법을 자연스레 터득하도록 한다. 교사는 성적보다는 인성이 바른 학생을 앞세우고 칭찬한다. 그래서 인성이 중요함을 자연스럽게 배우게 된다. 미국 〈월스트리트 저널〉은 다음과 같이 독일 유치원생의 숲속 야영 캠프 활동을 소개하면서 미국 유치원과 비교를 하고 있다.

> **… 독일 유치원생들은 3박 4일 동안 부모님과 떨어져 야외에서 지내는 법을 배운다. 야영 기간에 군용 나이프로 나무도 깎고 친구들과 같이 야영 생활을 한다. 딸기도 따고 말도 타고 로프로 물을 건너고, 텐트에서 잠을 잔다. 야영 중에 칼에 손을 베어도, 병원에 갈 정도의 큰 상처가 아니면 인솔 교사는 부모님께 알리지도 않는다. 교사는 어린이들이 그 자신과 친구들을 위해 책임감을 기를 수 있도록 가르친다….[291]**

이 신문은 미국 유치원생들이 알파벳을 공부할 때, 같은 또래의 독일 어린이들은 야영지에서 스스로 먹고 자며 살아가는 법을 배운다고 지적하고 있다. 이러한 교육 방향은 지금도 여전히 설득력을 가지고 있다. 학생들이 실패와 갈등, 좌절 경험까지도 겪을 수 있도록 엄하게 가르쳐야 한다는 것이다.[292]

독일의 정직성 교육은 김나지움에 가서도 이어진다. 숙제를 베낀 사실이 확인되면 0점 처리된다. 논문 연습(Facharbeit) 시험에서 출처를 밝히지 않고 남의 글을 도용한 사실이 적발되면 우리 대학의 F 학점에 해당하는 6점을 받는다. 전체 과목 중 6점이 하나라도 있으면 다음 학년으로 올라가지 못하고 유급된다.[293] 너무 가혹해 보이지만, 학생 때부터 '표절은 죄'이며 정직이 최선의 방책임을 배우게 된다.

셋째, 인성 교육이 실생활에서 그대로 응용될 수 있도록 교육 시스템을 개편해야 한다. 인성 교육에 시간과 노력을 투입해도 사회에서 손해 보는 일이 없게 제도적 정비가 필요하다. 즉 학벌 우대 요인이 사라져야 하고, 그러기 위해서는 모든 분야에서 비(非)대졸 출신도 수용할 수 있는 사회가 되어야 한다. 실업계 출신도 전문성만 갖추면 인문계 출신과 똑같이 대우받고 고위직으로 올라갈 수 있는 사회가 되어야 한다. 그러기 위해서는 직업의 귀천, 사농공상 의식이 사라져야 한다. 어찌 보면 사실상 불가능한 일이다.

이렇게까지는 어렵다 하더라도 인성 교육은 강화해야 한다. 국격은 그냥 향상되는 것이 아니라, 우리 국민의 개별 인격이 모여서 만들어지는 것이기 때문이다. 2015년 7월 인성교육진흥법이 시행되었다. 세월호 참사를 계기로 무너진 윤리 도덕을 회복하기 위한 것이다. 이 법은 예(禮) · 효 · 정직 · 책임 · 존중 · 배려 · 소통 · 협동 등을 핵심 가치 덕목으로 명시하고 있다. 그런데 이렇게 법으로 인성 교육을 강제한다고 하여 효과가 있을 리 없다. 학생들은 인성 교육 과목을 달달 외우기만 할 뿐 실천은 전혀 다른 세계다. 실천적 대안을 모색할 수 있도록 사회 전체가 같이 노력해야 한다.

'시민 교육'도 활성화해야 효과가 나온다

2014년 4월 세월호 참사로 많은 학생이 희생되자 박근혜 대통령 책임이 크다는 주장이 많았다. 7시간 동안 아무런 조치를 하지 않아 사고를 키웠다는 것이다. 결국, 이 사건은 박근혜 정부 붕괴의 단초가 되었다. 2017년 12월 제천에서 화재 사고, 인천에서 낚싯배 전복사고가 발생했다. 문재인 대통령은 이러한 사고들이 국가의 책임이라고 했다.

2021년 4월 가상화폐 급락으로 투자자 피해가 속출하자, 금융위원장이 "가상화폐 투자로 인한 책임은 개인에게 있다."라는 말을 했다. 지극히 당연한 말인데, 한동안 꽤 시끄러웠다. 금융위원장 사퇴 촉구 청원도 제기되었고, 일부 정치인들도 "젊은 세대들의 투자 의욕을 꺾는 무책임한 말"이라면서 비판에 가세했다.

그런데 세월호 사고는 갑자기 발생한 단순한 전복사고가 아니다. 오랜 세월 굳어진 나라의 시스템과 윤리 도덕 붕괴의 결정판이다. 세월호 선장의 승객·화물 과적·과속, 구명조끼 미(未)구비, 평형수 비우기, 운행일지 허위 기록 등 불법이 일차적 원인이었지만, 사주의 탐욕, 우리 사회의 안전 불감증, 관련 공무원들의 비리와 기강 해이, 해양경찰청 등 인명구조 기관들의 사고 처리 시스템 와해 등이 복합적으로 얽혀 나타난 것이다.

그러니 아무리 대통령이 바로 현장에 달려갔어도 한 사람도 더 구할수는 없었을 것이다. 배가 가라앉고 있는 절체절명의 순간에 대통령이 바닷속으로 뛰어들 수도 없는 노릇이고, "인명 구출에 만전을 기하라"고 아무리 강력한 지시를 한들, 이미 붕괴된 구조 시스템이 갑자기 살아날 리가 없다. 그 짧은 순간 어느 대통령도 어찌할 방도가 없다. 구조 시스템을 미리 구축하지 못한 책임은 있지만, 이미 발생해버린 참사에 대한 모든 책임을 대통령에게만 물을 수는 없는 것이다.

낚싯배 사고나 주식 또는 가상화폐 손실 등은 민간의 영역일 뿐 국가의 책임이 아니다. 대통령이 해결해 줄 일도 아니다. 공산주의나 사회주의 국가도 이런 민간 사고에까지 책임을 지지는 않는다. 자유민주주의 국가 대한민국의 대통령이 할 일은 따로 있다. 천안함 사고나 연평해전 사고와 같이 나라를 위해 목숨을 바친 장병들과 가족들을 보살피는 것이야말로 국가가 할 일인 것이다.

그러면 왜 이런 비상식과 비정상이 반복되고 있는가? 시민의식의 부재 때문이다. 민주화 이후 국민의 권리 의식이 높아졌지만, 동시에 사회적 갈등도 커지고 배려의식은 약해졌다. 국민 상당수가 개인적 문제까지 국가가 해결하기를 바라고 있다. 개인 간의 다툼에서도 해결이 안 되면 '대통령 물러나라'고 한다는 우스갯소리도 있다. 많은 사람은 모든 문제를 대통령과 국가가 다 해결해 줄 수 있다고 믿고 있고, 또 그렇게 해야 한다고까지 생각한다. 국가의 역할에 대한 인식이 부족한 데다, 대통령과 정치인들이 표만 의식하여 "다 해 주겠다."라고 생색만 냈던 포퓰리즘 학습효과 때문이다.

해결책은 「시민 교육」을 통한 시민의식 고양(高揚)이다. 포퓰리즘이 무엇이며 왜 문제가 되는지, 누가 포퓰리스트인지 판별할 줄 알아야 한다.

과거의 잘못을 반복하지 않도록 역사를 배우고, 미래를 대비할 수 있는 안목을 길러야 한다. 동시에 배려와 양보 등 시민으로서 갖춰야 할 교양도 쌓아야 한다. 질서를 존중하고 안전 수칙을 지켜야 한다. 「시민 교육」은 교육 과정의 마지막 보루다. 여기서 놓치면 다잡을 기회가 더 이상은 없다. 가정 교육과 학교 교육, 직장 교육에서 미진한 부분을 여기에서 보충해야 한다.

여기서 '국민'과 '시민'의 차이는 무엇인가? '시민'이란 민주주의 국가에서 자율적 의지를 가지고 있고 민주주의를 이해하며 발언권도 가지고 있는 국민을 통칭하는 말이다. 국민은 권리의 주체이지만, 시민은 스스로 타인을 배려하는 의무의 주체다. 그러니 '시민'은 깨어 있는 '국민'이라고 이해하면 될 것이다.

현재 「시민 교육」 시행 근거로 평생교육법이 있다. 1998년 12월에 제정되었다. 이를 근거로 여러 기관에서 시민 교육이 시행되고 있지만, 큰 효과를 거두지 못하고 있다. 학교에서는 윤리·도덕·사회 과목 수업 때 「시민 교육」이 이루어지고 있다. 그러나 입시에 밀려 형식적 고답적이고, 점수 따기, 시간 때우기로 변질하였다.

학교 밖에서는 국가기관, 시민단체 등에서 「시민 교육」이 이루어지고 있다. 대표적 기관은 중앙선거관리위원회 선거연수원이다. 그런데 이 연수원도 선거·정당 관계자 연수에 주력하고, 순수한 「시민 교육」을 전담하고 있지는 않다. 경실련, 참여연대, 환경단체 등 50여 시민단체도 실시하고 있지만, 일부는 순수성을 상실하고 정치적 압력단체로 변질하였다. 그동안 중앙선거관리위원회와 민주시민교육협의회 중심으로 「민주시민교육원」(가칭) 설립을 추진하였으나 '이 교육원을 어디에 둘 것인가?'에 대한 주도권 싸움 때문에 성사되지 못하고 논의만 무성한 채 지금에 이르고 있다.

이제는 「시민 교육」을 제대로 해야 한다. 「시민 교육」은 교육의 자발성과 순수한 생명력을 존중하되, 물신주의(物神主義)를 벗어나 민주시민을 양성하기 위한 가치 교육, 덕성 교육에 비중을 두어야 한다. 특히 가정과 학교에서 윤리 도덕 교육이 부실한 점을 감안하면, 「시민 교육」에서 윤리 도덕 함양의 문제까지도 다뤄야 할 것으로 생각한다. 자칫 「시민 교육」이 국정 홍보 수단으로 전락하거나, 종전의 민방위·예비군 교육처럼 '하나마나' 한 교육, 시간 때우고 출석표에 도장 찍는 정도 수준의 교육이 되어서는 안 될 것이다.

이를 위해 순수한 「시민 교육」 전담기관의 설립도 필요하다고 생각한다. 다만, 이 경우 가장 중요한 것은 인사와 교육 프로그램 제작, 그리고 실제 교육 과정에서 정치적 중립성, 초당파적 운영을 보장하는 것이다. 쉽지 않은 일이나, 이를 지키지 못할 거라면 전담기관 설립의 의미가 없다. 게다가 자칫 퇴직 공직자들의 자리 만들어 주는 기관으로 전락해서도 안 된다.

에필로그

|

Ⅰ. 국민이 깨어야

세간에 '한국은 대통령 복이 없다.'라는 말을 많이 한다. "독일 메르켈 총리가 부럽다."는 신문 칼럼도 자주 눈에 띈다. 그렇다면 우리는 정말 대통령 복이 없는가? 독일의 헬무트 슈미트 총리나 메르켈 총리가 한국에서 대통령직을 수행한다면 성공할까? 필자는 아니라고 생각한다. 이들이 아무리 출중한 능력을 갖췄다고 하더라도, 뛸 운동장이 잔디가 아닌 울퉁불퉁한 모래 자갈밭이기 때문이다. 이들이 법치와 화합의 정치를 하고자 해도 상대 진영에서 무조건 일단 반대부터 하고 볼 텐데! 국민도 "공항 지어달라.", "다리 놓아 달라.", "지원금 달라."라고 무리한 요구를 할 텐데! 나랏돈 마구 퍼줘야 "잘한다."라는 소리를 들을 텐데! 모든 지역 행사에 얼굴을 내밀어 유권자들이나 지지자들에게 눈도장 찍고 머리를 조아려야 할 텐데! '나라 곳간 퍼주겠다.'라는 공약을 안 하는 메르켈이 당선될까?

독일 정치인들이 자국에서 훌륭한 정치가로 이름을 날린 것은 물론 1차적으로 본인들의 탁월한 역량에 있다. 그러나 이러한 훌륭한 정치인들이 정치 무대에 서게 한 것은 다름 아닌 바로 독일 국민이다. 독일 국민은 어느 특정 정당에 과반수의 표를 주는 일이 없다. 애초부터 일당 독재의 여지를 주지 않는다. 시계추가 움직이기는 하나, 좌우 극에서 극으로 요동을 치는 것이 아니라, 중심에서 크게 벗어나지 않는다. 독재는 아예 불가능하고, 협치를 하지 않으면 안 되도록 국민이 정치인들을 묶어놓고 있는 것이다. 동시에 국민은 정치인들에게 부당한 요구를 하지 않는다. 그러니 포퓰리즘 공약을 내걸 필요가 없다.

우리는 저출산 · 고령화로 나라가 쪼그라들고 있다. 2022년 합계출산율은 0.78명으로 OECD 회원국 중 최하위다. 여기에 영아 수출 3위의 불명예까지 안고 있다. 아기를 낳지도 않을 뿐만 아니라, 겨우 낳은 아기조차도 키우지 못하는 나라다. 한국은 지구상에서 가장 먼저 소멸할 나라로 꼽히고 있다. 가계 빚은 폭발 직전까지 치닫고 있다. 학부모는 사교육 때문에 등골이 휘고, 창의력과 감성 지능이 중요한 시대에 학생들은 쓸모없는 암기과목 외우느라 건강이 피폐해져 있다.

그런데 정치꾼들은 국가의 미래 비전보다는 눈앞의 표에 어두워 포퓰리즘을 자행하고 있다. 거짓말을 밥 먹듯이 하는 부박(浮薄)한 인격자, 전과범, 괴담을 퍼뜨리고 선동하는 자들이 득세한다. 김대업 병풍(兵風) 사건, 광우병 공작, 천안함 · 세월호 · 사드 괴담에 올라타 혹세무민한 정치꾼들이 그에 상응하는 단죄를 받지 않고 오히려 승승장구했다. 이러한 저급한 정치꾼은 선진국에서는 다 걸러지지만, 한국에서는 오히려 경쟁력으로 둔갑하곤 한다. 이들의 사탕발림에 속아 넘어가는 국민, 내 편이면 아무리 문제가 드러나도 몰표를 주는 '묻지 마' 집단 소위 팬덤이 있기 때문이다.

정치꾼들의 유혹에서 벗어나지 못하고 나락으로 떨어지는 데는 한 정권의 집권 기간 5년이면 충분하다. 1930년대 히틀러의 등장은 독일 국민의 상당한 지지가 있었기에 가능했다. 히틀러는 외형상 독재가 아닌, 합법적인 방식으로 권력을 쟁취했지만, 국민은 그의 능숙하고 음흉한 술수에 속은 것이다. 그 대가가 너무 참혹했다.

현금복지 마약에 취해 더 큰 공짜를 바라는 '남미의 역설'이 남의 일 같지가 않다. 베네수엘라, 아르헨티나, 브라질 등 한때 부유했던 남미 국가들은 포퓰리즘으로 나라가 거덜났다. 베네수엘라 국민은 먹을 것을 찾아 쓰레기통을 뒤지고, 수백만 명이 미국, 콜롬비아 등으로 탈출을 했다. 일부 젊은 여성들은 매춘굴에 팔려갔다. 한 때 '베네수엘라가 희망'이라고 주장하던 한국의 일부 좌파 지식인들은 지금 아무 말이 없다.

이제는 깨어야 한다. 그동안 거짓말, 괴담이나 음모론에 한두 번 속아 봤으면 더 이상 속지 말아야 한다. "복지 지원금, 재난지원금, 기본소득을 전 국민에게 나눠 주겠다."라고 현혹할 때, 이것은 곧 "나라 곳간 털어 퍼주겠다."는 매표 행위임을, 베네수엘라로 가는 망국의 길임을 알아차려야 한다. 불법 비리 정치꾼들을 응징하고 정직하지 못한 선동꾼들은 다 걸러내 응징하고 사회에서 퇴출시켜야 한다.

한 나라의 지도자를 뽑을 권한은 그 나라의 주인인 국민에게 있다. 동시에 무능한 지도자를 뽑은 책임 역시 국민이 진다. 독일 철학자 한나 아렌트(Hannah Arendt)는 "판단력이 없는 국민은 계속 지배를 받게 될 것"이라고 했다. 프랑스 정치학자 메스트르(Joseph de Maistre)의 주장처럼 국민은 자기 수준에 맞는 정부를 가진다. 대통령 수준은 곧 국민 수준이고, 대통령 품격은 곧 국민의 품격이다.

한국은 5천만 명의 인구에 세계 10대 경제 대국, 문화 대국이고 글로벌 국가다. 동시에 중국·러시아·일본 등 강대국과 북한에 둘러싸여 지정학적으로 위험 요인이 상존하는 나라다. 보좌관이 써주는 말씀 자료 소위 'A4 용지'가 없으면 공식 석상에서 말 한마디 못하는 낮은 지력에 부도덕한 인사가 통치하기에는 너무 크고 엄중한 나라다. 자잘한 소인배가 아닌, 대통령감이 되는 넉넉하고 큰 인물을 대통령으로 뒤야 하는 이유다. 우리는 대통령 복이 없는 것이 아니라, 대통령 감을 보는 눈이 없는 것은 아닌지?

II. 기본에서 다시 시작하자

한국은 1960년대 잿더미에서 일어나 빈곤에서 탈출하고 두 세대 만에 10대 경제 대국, 7대 우주 강국의 대열에 들어설 정도로 하드 파워 측면에서는 놀라운 성과를 거두었다. 이제 한국은 개발도상국들에 경의의 대상이고 배우고자 하는 모델이다. 이미 한국 드라마, 영화, 음악, 게임 등 이른바 문화 한류가 세계 안방을 점령하고 있다. 코로나도 성공적으로 극복했다는 평가를 받고 있다.

올해는 한·독 수교 140주년, 광부·간호사 파독(派獨) 60주년이 되는 해다. 그동안 독일과의 격차가 많이 줄어들어 이제는 한국인들이 독일인보다 더 고급 벤츠를 타고 고급 제품을 쓴다. 독일에는 고층 빌딩도 많지 않고, 행인들의 모습도 검소하기 그지없다. 한국 TV 속 연예인들의 화려함은 찾아볼 수가 없다. 그러니 겉모양에서는 독일이 한국보다 별로 나은 것도 없어 보인다.

그런데 여기에서 뭔가 불안감이 엄습한다. 우리가 실질적인 선진국이다 되었다거나, 그래서 다른 선진국으로부터 더 배울 것이 없다고 속단한다는 느낌이 들어서다. 1996년 한국이 OECD에 가입하고 마치 선진국이 다 된 것처럼 호들갑을 떨다가 바로 다음 해 IMF 외환위기를 맞고 나라가 부도 직전까지 몰렸다. 그 뒤 경제 규모는 커졌지만, 소프트 파워가 격상되었다는 징후는 보이지 않는다.

우리는 국민소득 3만 달러 선진국이라고 자랑하는데, 3만 달러 국가 중 우리처럼 정치가 저급하고 노조가 무법천지이며 사회가 갈등과 불신으로 가득한 나라는 없다. 국정 실패를 감추기 위해 통계를 조작하는 나라는 더더욱 없다. 이것은 공산주의, 사회주의 국가나 하는 범죄행위다. 이래도 선진국이라고 우길 것인가? 경거망동하고 방심하는 순간 IMF 외환위기 때보다 훨씬 심각한 위기로 확산될 수 있다. 물론 자기 비하나 자학을 할 필요는 없지만, 잘 나갈 때 겸손하고 조심해야 하는 것은 개인이나 국가나 마찬가지다.

기본에서 다시 시작해야 한다. 그런데 기본은 그냥 얻어지는 것이 아니라 부단한 노력과 희생과 눈물을 요한다. 기본은 단거리 경주가 아니다. 어렵고 멀고 지루한 장거리 마라톤 경주다. 기본을 다지지 않고 바로 중간에서 진입하면 잠시는 빨리 갈 수 있지만 멀리 갈 수는 없다. 기회는 기본을 갖춘 자에게 온다. 기본을 갖췄다고 다 성공하는 것은 아니지만, 기본을 갖추지 않은 자에게는 기회 자체가 없다.

2002년 한일 월드컵 4강 신화를 만든 히딩크 감독은 취임 후 1년간 선수들에게 기초 체력 훈련을 집중적으로 혹독하게 시켰다. 선수 개인의 기량이 뛰어나도 체력이 기준치에 미달하면 대표팀에서 과감히 도태시켰다. 4강 신화는 기본에서 시작했기 때문에 가능한 것이었다. 세계적 축구 스타 손흥민 선수는 기본기를 채우기 위해 7년의 세월을 쏟았다. 손 선수는 이 기간에 오른발 축구화 안쪽에 못을 박아 오른발을 못 쓰게 하면서 왼발 슈팅을 익혔다. 이렇게 끔찍할 정도로 가공(可恐)할 훈련을 쌓은 다음 오늘의 위치에 올랐다. 역사에 지름길은 있어도 비약이나 생략은 없다.

지금까지는 한국이 몇몇 분야에서 성공 사례(case) 이야기를 만들고 있으나 이것만으로는 부족하다. 독일을 뛰어넘겠다는 각오와 결기로 노력을 해야 독일 수준에 근접할 수가 있을 것이다. 그래서 자유와 평화, 민주주의, 인권을 중시하는 실질적인 선진국으로서 역사(history)를 만들어내기를 바란다. 그래서 사랑스러운 어린 손자 지성, 효린이 커서 사회활동을 할 때는 그 결실을 누릴 수 있기를 고대한다.

참고 문헌

Part I. 디테일의 하드 파워

1 홍선기, " '인간 존엄의 불가침성' 수출한 독일 … '인간 존중' 사라진 정치는 의미 없다." 『독일을 읽다』, 독일정치경제연구소, 2018.8, pp.255~262.

2 John Kampfner, 『Why the Germans do it Better, Notes from a Grown-Up Country』, Atlantic Books London, 2020, pp.5~6, 18.

3 Marietta Slomka, 『Nachts im Kanzleramt』, Droemer Verlag, 2022.4, p.50.

4 Robert Habeck, 『Von hier an anders』, Kiepenheuer & Witsch, 2021, p.335.

5 대런 애쓰모글루, 제임스 A. 로빈슨(최완규 역), 『국가는 왜 실패하는가』, 시공사, 2019.4.15, p.126.

6 Martin Knobe, Mehr Macht und der Spitze, Leitartikel, 〈DER SPIEGEL〉 Nr.14, 2021.4.3.

7 이해익, "독일에는 정치 가문이 없다". 이해익의 CEO 에세이, 〈더스쿠프〉, 2012.3.3.

8 서종철, "정치 세습", 야고부, 〈매일신문〉, 2019.12.16.

9 이경훈, "외국 의원님들도 온갖 특혜 누릴까? ③ 독일", 기획 취재, 〈월간조선〉, 2023.11월호, pp.318~319.

10 독일연방의회, DHB Kapitel 2.4 Indemnitaet und Immunitaet, Zeugnisverweigerung, 2022.3.7.

11 헤르만 지몬 (김하락 역), 『헤르만 지몬』, 쌤앤파커스, 2019.12.23, pp.401~402.

12 양선희, 『21세기 군주론』, 독서일가, 2020.8.31. pp.34~35.

13 Robert Vehrkamp, Wolfgang Merkel, 『Populismusbarometer 2020』, Bertelsmann Stiftung, 2020.9, p.7.

14 Martin Fletcher, From Germany, the UK appears ever more dysfunctional and absurd, Comment, 〈The New Statesman〉, 2021.10.11.

15 Dominik Enste, Corona-Krise: Ein bedingungsloses Grundeinkommen hilft uns in der Corona- Krise nicht weiter, IW-Nachricht, Institut

fuer deutschen Wirtschaft (IW), 2020.4.6.

16 Friedrich Reinhardt, Olaf Scholz zum bedingungslosen Grundeinkommen: "Das waere Neu- liberlalismus", 〈Frankfurter Rundschau〉 on-line, 2020.8.21.

17 Deutsche Institut fuer Wirtschaftsforschung(DIW), Erste Langzeitstudie Deutschlands zur Wirkung des bedingungslosen Grundeinkommens, Pressemitteilung, 2020.8.18.

18 DIW, 1,200 Euro monatlich drei Jahre lang: Pilotprojekt zum bedingungslosen Grundeinkommen beginnt mit der Auszahlung, Pressemitteilung, 2021.6.1.

19 〈Muenchener Mercur(Mercur.de)〉, 1000 Euro fuer jeden - Schleswig-Holstein will bedingungsloses Grundeinkommen testen, Plan der Jamaica-Koalition, 2017.9.20.

20 Yu Yanzhong Zhongqi, Merkel left when she took Germany to the pinnacle. She is one of Germany's top four in 150 years. 〈iNEWS〉 on-line, 2021.12.3.

21 슈테판 코르넬리우스(배명자 역),『위기의 시대 메르켈의 시대』, 한솔수복, 2014.6.2, pp.118~119, 202.

22 Bundesministerium des Innen, fuer Bau und Heimat, 『Abschlussbericht der Kommision "30 Jahre Friedliche Revolution und Deutsche Einheit"』, 2020.12, p.63.

23 우르줄라 바이덴펠트 (박종대 역), 『앙겔라 메르켈』, 사랑의 집, 2022.10.15, p.232.

24 Nico Fried, Wie Gross War Sie?, 〈STERN〉 Nr.48, 2022.11.24, pp.24~25.

25 George F. Will, Today's Germany is the best Germany the world has seen, 〈Washington Post〉, 2019.1.4.

26 John Kampfner, ibid, Atlantic Books, 2020, p.150.

27 〈Tageszeitung〉 on-line, Merkels lautes Schweigen, Kritik an der Altkanzlerin, 2022.4.9.

28 〈DER SPIEGEL〉 on-line, Da habe ich mich, wie andere auch, geirrt, 2022.4.4.

29 Nico Fried, *ibid*, pp.26~27.

30 Alexander Osang, *Koenigin im Exil*, 〈DER SPIEGEL〉 Nr.48, 2022.11.26, p.52.

31 Alexander Osang, *ibid*, p.48.

32 〈Sueddeutsche Zeitung〉 on-line, *Merkel: Twitter-Sperre des US-Praesident ist "problematisch"*, Kommunikation, 2021.1.21.

33 Stephen M. Walt, *The Gold Medal for Foreign Policy Goes to Germany*, Analysis, 〈Foreign Policy〉 on-line, 2022.2.7.

34 케이티 마튼 (윤철희 역), 『메르켈 리더십』, 모비딕북스, 2021.10.8, pp.148~149.

35 Christoph Hickmann, *Club der Verlierer*, 〈DER SPIEGEL〉 Nr.36, 2021.9.4, pp.32~34.

36 우르줄라 바이덴펠트 (박종대 역), 같은 책, pp.98, 279.

37 Arne Delfs, Tony Czuczka, *Beate Baumann – Merkels maechtiges Phantom im Bundeskanzler amt*, 〈DIE WELT〉 on-line, 2013.7.15.

38 Stefan Braun & Robert Rossmann, *Die Gefaehrten der Kanzlerin*, 〈Sueddeutsche Zeitung〉 on-line, 2018.3.17.

39 Melanie Amann, *Dienstschluss*, 〈DER SPIEGEL〉 Nr.50, 2021.12.11, pp.44~46.

40 Markus Wehner, *Steinmeier wuerdigt Merkels Unbeirrbarkeit – und sagt wenig zu Russland*, 〈Frankfurter Allgemeine〉 on-line, 2023.4.17.

41 Andreas Hoidn-Borchers, Axel Vornbaeumen, *Es war fuer meine Politik gut*, 〈STERN〉 Nr.44, 2021.10.28, p.62.

42 강성진, "사회주의 경제가 10이면 文정부는 7~8에 해당, 선거 승리와 이념을 경제살리기보다 중시", 송의달이 만난 사람, 〈조선일보〉, 2021.3.8.

43 루드비히 폰 미제스 (안재욱·이은영 역), 『자유를 위한 계획이란 없다』, 자유기업원, 2019.11, pp.24~26.

44 John Kampfner, *ibid*, Atlantic Books, 2020, p.191.

45 Robby Riedel, *Mindestlohn-Erfahrungen in Deutschland und Korea: Sozio-Oekonomischer Kontext, politische Motive und rechtliche Grundlagen*, p.23.

Toralf Pusch, German minimum wage implementation and its impact on the economy,『2018 KDGW-FES International Conference on Minimum Wage System: The Experience of Germany and Korea』, KDGW, Friedrich Ebert Stiftung, 2018.11.9, pp.93~94.

46 Marcel Fratzscher,『Die Deutschland-Illusion』, Carl Hanser Verlag, 2014, p.57.

47 Westermann, Frank, Wie gross ist der Keynesianische Multiplikator in Deutschland?, Ifo Schnelldienst 57, Nr.11, Ifo Institute, 2004.

48 Natascha Hinterlang, Stephane Moyen, Oke Roehe, Nikola Staehler, Gauging the effects of the German COVID-19 fiscal stimulus package, Discussion Paper Nr.43, Deutsche Bundesbank, 2021.

49 Christian Schiller,『Staatsausgaben und crowding-out-Effekte』, Verlag Peter Lang, Frankfurt am Main, 1983. pp.175~182.

50 Bundesministerium der Finanzen, Kompendium zur Schuldenregel des Bundes(Schuldenbremse), 2022.2.25.

51 Sebastian Gechert, Was ist der Fiskalmultiplikator, und warum ist er so kontrovers?, Institut fuer Makrofinanzen, 〈Dezernat Zukunft〉, 2020.6.4.

52 독일연방경제부, Vereinfachung und Aufstockung der Ueberbrueckungshilfe Ⅲ - Ueberblick, 2021.1.20. Ueberbrueckungshilfen bis September verlaengert, 2021.6.9.

53 〈Wall Street Journal(WSJ)〉, The honest Korean, Editorial, 2012.3.7.

54 〈Business Insider〉, 2016 was just the start - 'Get ready for more populist governments', 2017.1.12.

55 Juergen Mathens, Wettbewerbsverzerrungen durch China,『IW-Report 10/2021』, IW, 2021.3.30.

56 Christian Rusche, Chinesische Beteiligungen und Uebernahmen 2020 in Deutschland,『IW- Kurzbericht 18/2021』, IW, 2021.3.16.

57 Peter Friedrich, The Secret of Germany's Performance : The Mittelstand Economy 2014,『IGE/Samsung Electronics Global Business Forum』, 2014.2.26.

58 정남기, "질서자유주의와 독일의 중소기업",『한국경제의 기적과 환상』, 북

코리아, 2020.2.25., pp. 380~381.

59 한국경제연구원, "韓 대기업 비중 美의 1.7에 불과, 중소기업 종사자 비중은 美의 두 배", 보도자료, 2021.9.9.

60 이성호, "중소기업 R&D 지원의 정책효과와 개선방안", 『KDI FOCUS』 (통권 89호), KDI, 2018.4.12.

61 이병기, "중소기업 보호의 역설", 「KERI Column」, 한국경제연구원, 2011.4.28.

62 한국경제연구원, "OECD 1위의 상속증여세 부담, 근본적인 개편 필요", 보도자료, 2023.5.12.

63 Stefan Wagstyl, Germany: the hidden divide in Europe's richest country, 〈THE FINANCIAL TIMES〉 on-line, 2017.8.18.

64 조병선, "한국과 독일의 가업 승계 지원정책 및 법제도", 『한국경제의 기적과 환상』, 경제질서연구회, 북코리아, 2020.2.25, pp.317~318.

65 라정주, 추문갑, 『가업 상속세 감면에 따른 경제적 파급효과』, 파이터치연구원, 2021.3, pp.22~23, 29.

66 IBK 경제연구소, "우리나라 가업 승계 현황 분석", 「IBK 경제브리프」, 2019.5.14.

67 피터 왓슨 (박병화 역), 『저먼 지니어스』, 글항아리, 2015.10, p.73.

68 장미경, "독일이 과학기술 강국인 이유", 유럽 과학관 여행 2, 독일 뮌헨 독일박물관, 〈The Science Times〉, 2015.1.27.

69 Bundesministerium fuer Bildung und Forschung(BMBF), Grundsatzpapier des Bundesministeirum fuer Bildung und Forschung zur Wissenschaftskommunikation, 2019.11, pp.1~4.

70 BMBF, 『Bundesbericht Forschung und Innovation 2022』, 2022.6, pp.171~175.

71 엄창섭, "연구윤리란 무엇인가", 『연구윤리 무엇이 문제인가』, 연구윤리 대토론회 I, 한국과학기술단체총연합회, 2018.9.12. pp.9~10.

72 TU 9, TU 9 Excellence in Engineering and the Natural Sciences – Made in Germany, TU9 : German Institute of Technology, 2015.12.

73 BMBF, Forschungscampus ARENA2036, 「ARENA 2036」, 2022.6.

74 BMBF, 『Daten und Fakten zum Forschungs– und Innovationssystem』, 2022.6, p.12.

75 BMBF, 『Gesundhietsforschung der Bundesregierung』, Addendum COVID-19 Forschung, 2021.3, pp.11~15.

76 BMBF, 『Bundesbericht Forschung und Innovation 2022』, 2022.6, pp.58~61.

77 앨버트 블라 (이진원 역), 『문샷』, 인플루엔셜, 2022.2.15, pp.60~63.

78 차상균, "준비된 국가(미국·독일)·기업 코로나 백신 개발 혁신 이뤘다", 「디지털 걸리버여행기, IINSIGHT」, 〈중앙 SUNDAY〉, 2021.1.2.~3.

79 〈동아일보〉, "글로벌 반도체 4社, '실리콘 작소니' 모여 정보 공유… '적과의 동침'", 「〈1〉獨 반도체 심장 '실리콘 작소니'」, 2023.4.3.

80 Katharina Brockjan, Gesine Petzold, Massnahmen zum Schutz und Erhalt der Umwelt, 『Datenreport 2021』, Destatis, WZB, BiB, 2021, pp.444~445.

81 양해림, 『한스 요나스의 생태학적 사유 읽기』 2판, 충남대 출판문화원, 2020.3.6, pp.46~47, 188.

82 Reformhaus, Ein Kind der Lebensreformbewegung 1887 – das Reformhaus R wird geboren, Unsere Genossenschaft, 2021.8.

83 이케가미 슌이치 (김경원 역), 『숲에서 만나는 울울창창 독일 역사』, 돌베개, 2018.10.12, p.8, 195.

84 Stadt Frankfurt am Main, 「Frankfurt – Green City」.

85 Bundesministerium fuer Ernaehrung und Landwirtschaft, 『Waldbericht der Bundesregierung 2021』, 2021.6, pp.8~16.

86 INTERFORST, INTERFORST 2022 – Innovations for forestry, wood and technology, At a glance, 2021.

87 LIGNA HANNOVER, Ligna Hannover 2021, 2021.

88 City of Freiburg & Freiburg Wirtschaft Touristik and Messe, 『Freiburg Green City, Approaches to Sustainability』.

89 Frankfurt city, Frankfurt am Main, Umweltzone Frankfurt am Main, Grenzen der Umweltzone.

90 Sachverstaendigenrat fuer Umweltfragen, 『Fuer eine entschlossene Umweltpolitik in Deutschland und Europa』, 2020, pp.119~120.

91 Alex Gray, Germany recycles more than any other country, 〈WEFORUM〉 on-line, 2017.12.18.

92 SirPlus, Ist Retten das neue Einkaufen?…, Pressemitteilung, 2020.8.12.

93 Sachverstaendigenrat fuer Umweltfragen, ibid, 2020, pp.116~119.

94 BASF, ChemCycling TM, Chemical recycling of plastic waste, 2021.8.

95 Schoening GmbH & CO KG, 『Wuppertal und die Schwebebahn』, 4. Auflage, 2015.5.

96 Alexander Jung, Nils Klawitter, Marcel Rosenbach, "Circular Valley" in Wuppertal, 〈DER SPIEGEL〉 Nr.8, 2021.2.20, p.11.

97 〈Sueddeutsche Zeitung〉, Recycling: Verein sucht neue Wege fuer die Stadt Wuppertal, Stadt Entwicklung, 2020.4.17.

98 Bernd−Ulrich Sieberger, 『DPG's Perspective』, Deutsche Pfandsystem GmbH.

99 Umweltbundesamt, Altpapier, 2022.2.14.

100 정은영, "재생 복사지, 어디까지 써봤니?" 『작은 것이 아름답다』, 2014년 4월호.

101 정은영, 같은 책, 2014년 4월호.

102 KBS, "중소기업의 나라 독일", 신년기획 3부작 2편, KBS 스페셜, 2013.1.27.

103 Gmund, Gmund Papierfabrik, 2021.7.

104 〈DER SPIEGEL〉 on−line, Merkel klemmt sieben Reaktoren ab − vorest, 2011.3.15.

105 Bundesrechnungshof, Bericht nach §99 BHO zur Umsetzung der Energiewende im Hinblick auf die Versorgungssicherheit und Bezahlbarkeit bei Elektrizitaet, 2021.3.30, pp.33, 46~48.

106 Horst Siebert, 『THE GERMAN ECONOMY, beyond the social market』, Princeton University Press, 2005, p.326.

107 Craig Morris, Martin Pehnt, 『Energy Transition: The German Energiewende』, Heinrich Boell Stiftung, 2012.11.28, p.96.

108 Agora Energiewende, 『Die Energiewende im Corona−Jahr: Stand der Dinge 2020』, 2021, p.65.

109 John Kampfner, ibid, Atlantic Books, 2020, p.252.

110 최연혜, 『벤츠 베토벤 분데스리가』, 유아이북스, 2013.12.25, pp.134~135.

111 연방경제기후보호부, Ueberblickspapier Osterpaket, 2022.4.6.

112 Masrcel Fratzscher, *ibid*, Carl Hanser Verlag, 2014, pp.95~96.

113 Guy Chazan, Joe Miller, Martin Arnold, *Germany braces itself for Russian gas ban*, FT BIG READ, Energy Crisis, 〈FINANCIAL TIMES〉, 2022.4.22.

114 Florian Gathmann, Dirk Kurbjuweit, Gerald Traufetter, Abschied von Moskau, 〈DER SPIEGEL〉 Nr.12, 2022.3.19.

115 Umwelt Bank, *Starkes Kreditgeschaeft unterstuetzt nachhaltiges Waschstum*, 2021.6.

116 〈Auto Motor Sport〉, Volkswagen wird fleischfreier, 2021.8.10.

Part II. 예치 단계의 소프트 파워

117 박재완, "법치, 예치와 덕치… 문명국의 조건", 「여의도포럼」, 〈국민일보〉, 2020.1.30.

118 장덕진, "데이터로 본 한국인의 가치관 변동:김우창, 송복, 송호근의 양적 변주", 『한국사회 어디로?』, ㈜아시아, 2017.7.17, p.338.

119 장덕진, 같은 책, pp.338~339.

120 전태국, "사회통합의 두 얼굴", 『독일의 사회통합과 새로운 위험』, 한울, 2017.2.14, pp.149~150.

121 Kommunal Info Mannheim, *Verbreitung von Fake-News ist strafbar: Blogger aus dem Rhein- Neckar-Raum wurde zu einer hohen Geldstrafe verurteilt*, 2019.1.19.

122 Hendrik Wieduwilt, *Millionen-Bussgeld fuer Facebook*, 〈Frankfurter Allgemenie〉, 2019.7.2.

123 마이클 샌델 (이창신 역), 『정의란 무엇인가』, 김영사, 2010.8.6, pp.157~163.

124 김형철, 『어느 철학자의 질문수업 최고의 선택』, 리더스북, pp.218~219.

125 Walter Isaacson, 『Kissinger』, Simon & Schuster, 2013, p.49.

126 김영진, "내가 독일에서 배운 것들", 『독일을 이야기하다 2』, 한독경제인회, 2016.12, p.138.

127 〈Frankfurter Allgemeine Zeitung〉, *Der teure Kampf gegen*

Ladendiebe, Unternehmen, 2018.5.9.

128 마리옹 반 렌테르겜 (김지현 역), 『메르켈』, 한길사, 2022.6.30, p.120.

129 케이티 마튼 (윤철희 역), 같은 책, 2021.10.8, pp.112~113.

130 마리옹 반 렌테르겜 (김지현 역), 같은 책, 2022.6.30, p.200.

131 Erik Kirschbaum, *Special Report: Don't call him Mr. Merkel*, 〈Reuters〉 on-line, 2012.5.16.

132 Nico Fried, *ibid*, 〈STERN〉 Nr.48, 2022.11.24, p.28.

133 우르줄라 바이덴펠트 (박종대 역), 같은 책, pp.214~215.

134 Armin T. Linder, *Heimliche Ratgeberin auch in der Corona-Zeit: Wussten Sie, dass Angela Merkel eine Schwester hat?*, 〈Tageszeitung〉 on-line, 2021.2.24.

135 THW, *Flusshochwasser 2013: Alle THW-Einsaetze sind abgeschlossen*, Presse-Information, 2013.7.10.

136 〈Basler Zeitung〉, *Warum Deutschland Deiche sprengt*, 2013.6.7.

137 THW, *Deichsprengungen entlasten Salzlandkreis*, 2013.6.17.

138 THW, *Corona-Einsatz: Zwei Jahre Pandemie*, 2022.3.19.

139 WDR, Studio Essen, *Sitzplaetze reserviert fuer Deutsche*, 2013.6.23.

140 Dirk Kurbjuweit, *Lichtgestalt mit Schattenseiten*, 〈DER SPIEGEL〉 Nr.36, 2021.9.4, p.18.

141 Philip Eppelsheim & Andreas Nefzger, *Deutsche Grenzen*, Titelthema, 〈Frankfurter Allgmeine WOCHE〉 Nr.42, 2017.10.13, p.16.

142 John Kampfner, *ibid*, Atlantic Books, 2020, pp.102~107.

143 백영훈, 『조국 근대화의 언덕에서』, 마음과생각, 2014.3.20, pp.76~78.

144 강효상, 이철민, "독일계 은행이 '1등功臣'", 협상타결 안팎, 〈조선일보〉, 1998.1.31.

145 노원명, "韓-獨 친선", 필동정담, 〈매일경제〉, 2017.5.17.

146 대한민국 정책브리핑, "한-서독 동백림 관련자 감형 '비밀합의'", 외교문서 공개 ① 무리한 간첩죄 적용 동백림사건, 2006.3.31.

147 김용출, 『독일 아리랑』, (주)북랩, 2015.12.22, p.326.

148 IFFHS, *IFFHS will honor the phase one of the football legend players*, 2015.2.9.

149 Ethisphere Institute, *Ethisphere announces the 2023 World's Most*

Ethical Companies, 2023.3.13.

150 Bundesministerium fuer Arbeit und Soziales, 『Der Wettbewerb 2020 im Ueberblick』, CSR- PREIS der Bundesregierung, 2020.9, pp.14~18.

151 Bayer, 『Nachhaligkeitsbericht 2022』, 2023.2.28, pp.125~126.

152 Bayer, Bayer - One of Germany's Biggest Sports Sponsors, 2021.

153 BASF, BASF is founding member of "Value Balancing Alliance e.V." 2019.8.19, BASF's value contributions accounted for by Value Balancing Alliance for the first time, 2021.5.12.

154 조상미, 『기빙 코리아 2015 국내 다국적기업 사회공헌 실태조사』, 아름다운 재단, 2015.10.28, p.40.

155 한독상공회의소, 2020/2021 CSR Report of German Companies in Korea, 2021.11, pp.9~10.

156 홍하상, 『유럽 명품기업의 정신』, 을유문화사, 2018.12.10, pp.378~379.

157 John Kampfner, ibid, Atlantic Books, 2020, p.177.

158 동학림·김지연·권준화·강한기, "맥주 '홉' 생산의 히든챔피언, 요한 바르트의 성공비결", 히든챔피언의 교훈 ⑤, 『중소기업 CEO 리포트』 VOL 101, IBK 중소기업연구소, 2013.7.

159 요시모리 마사루 (배원기 역), 『독일 100년 기업 이야기』, 한국경제신문, 2022.5, pp.568~569.

160 Hans-Juergen Jacobs, 『Wem Gehoert Die Welt?』 3.Auflage, Albrecht Knaus Verlag, 2016, pp.199~201, 357~359, 463~464.

161 정남기, 『독일의 대기업 집단과 국가시스템 분석』, 경상논총 제37권 2호, 한독경상학회, 2019.6, pp.75~77.

162 장영길, "History of Zeiss Technology", 『한독 데이터 비즈니스(Gaia-X) 네트워킹 포럼』, 한독경상학회, 2022.8.26.

163 Die Bundesregierung, Veroeffentlichung der Corona-Warn-App, 2020.6.16.

164 Die Bundesregierung, Wie schuetzt die Corona-Warn-App meine persoenlichen Daten?, 2020. 6.15.

165 Gunzelin Schmid Noerr, Corona-Krise: Die Wuerde des Menschen ist unverrechenbar, 〈Frankfurter Rundschau〉 on-line, 2020.4.2.

166 Bundeszentrale fuer politische Bildung(BpB), Das Recht auf informationelle Selbstbestimmung, 2017.3.10.

167 Susanne Gaschke, Warnung vor einem "faschistoid−hysterischen Hygienestaat", 〈DIE WELT〉 on−line, 2020.3.29.

168 Matthias Drobinski, Der Datenschutz darf nicht dem Virus zum Opfer fallen, 〈Sueddeutsche Zeitung〉 on−line, 2021.2.5.

169 Richard David Precht, 『Von Der Pflicht』, Goldmann, 2021, pp.65~66, 173.

170 홍선기, "코로나19 극복을 위한 독일의 법적 대응과 기본권 보호", 『헌법학연구』 제27권 제2호, 한국헌법학회, 2021.6, pp.85~86.

171 Bruce Klingner, South Korea provides Lessons, Good and Bad, on Coronavirus Response, Heritage, 2020.3.28.

172 ARD, Fernsehansprache von Bundeskanzlerin, Tagesschau 20:00, 2020.3.18.

173 Klaus Wiegrefe, Um Kopf und Kragen, Zeitgeschichte, 〈DER SPIEGEL〉 Nr.1, 2021.12.30, pp.56~57.

174 Ilka Jakobs & 6 Personen, Medienvertrauen in Krisenzeiten, 『Mainzer Langzeitstudie Medienvertrauen 2020』, Johannes Gutenberg Universitaet Mainz, 2021.3.

175 〈DIE WELT〉 on−line, Krawatte ab − Mit dem Abgang von 'Mr. Tagesschau' endet eine Aera. Panorama, 2020.12.15.

176 Jan Fleischhauer, Wir, die moralische Supermacht, 〈DER SPIEGEL〉 on−line, 2017.6.5.

177 Susanne Beyer, Die Ich−Gesellschaft, 〈DER SPIEGEL〉 Nr.36, 2021.9.4, pp.44~46.

178 Andrea Amerland, Frauenanteil in DAX−Vorstaenden waechst vor Quotenpflicht, Springer Professional, 2021.6.11.

179 Katrin Bennhold and Melissa Eddy, In Germany, Confronting Shameful Legacy Is Essential Part of Police Training, 〈New York Times〉 on−line, 2020.6.23.

180 Marietta Slomka, 『Nachts im Kanzleramt』, Droemer Verlag, 2022.4, p.47.

181 폴 레버 (이영래 역),『독일은 어떻게 유럽을 지배하는가』, 메디치, 2019.3.15, p.164.

182 Statistisches Bundesamt (Destatis), Armutsrisiken haben sich in Deutschland verfestigt, Pressemitteilung, 2021.3.10.

183 Kristina Kott, Armutsgefaehrdung und materielle Entbehrung, 『Datenreport 2021』, Destatis, WZB, BiB, 2021, pp.224~225, Statistisches Bundesamt(Destatis), Armutsrisiken haben sich in Deutschland verfestigt, Pressemitteilung, 2021.4.18.

184 황경식,『존 롤스 정의론』, 쌤앤파커스, 2018.7.27, pp.37, 112~113, 122~124.

185 Dr. Thorsten Hellmann, Pia Schmidt, Sacha Matthias Heller, 『Soziale Gerechtigkeit in der EU und OECD』, Index Report 2019, Bertelsmann Stiftung, 2019.12.

186 Everhard Holtmann, Soziale Gerechtigkeit – mehr als eine Frage der Moral, Bundeszentrale fuer politische Bildung(BpB), 2020.11.5.

187 홍혜정, "일등과 꼴찌가 없는 독일의 성적 평가 시스템",『월간 교육』9월호, 2017.9.

188 민경국,『자유를 통한 한국경제 읽기』, 지식발전소, 2023.1, p.393.

189 Die Bundesregierung, Rede von Bundeskanzlerin Dr. Angela Merkel beim Weltwirtschaftsforum am 25. Januar 2006 in Davos, 2006.1.25.

190 Bundesregierung, Sommerpressekonferenz von Bundeskanzlerin Merkel, Mitschrift Pressekonferenz, 19. Juli, 2019.

191 김용수 · 정창화, "독일 갈등관리 시스템의 제도화",『한독사회과학논총』제25권 제1호, 한독사회과학회, 2015.3.

192 〈Sueddeutsche Zeitung〉 on-line, Wenig gelernt aus Stuttgart 21, 2020.12.29.

193 장덕진, 같은 책, pp.313~316.

194 John Kampfner, ibid, Atlantic Books, 2020, 188~189.

195 Florian Gontek, Sofia aus Mexico fragt: Warum gruenden Deutsche so viele Vereine?, Panorama, 〈DER SPIEGEL〉 on-line, 2019.3.27.

196 체육과학원,『국제대회 메달리스트 지원제도 개선방안』, 2010.12, p.30.

197 〈Fox Sports〉 on-line, The gaping $575k US gap facing our Aussie

Olympic heroes, 2021.8.3.

198 Dr. Bernd Huebinger, *Die Bundeszentrale fuer politische Bildung(BpB)*, p.13.

199 차명제, "독일의 시민사회", 『독일의 사회통합과 새로운 위험』, 한울, 2017.12.14, p.38.

200 양돈선, 『기본에 충실한 나라 독일에서 배운다』, 미래의창, 2017.7.13, pp.269~272.

201 피터 왓슨 (박병화 역), 같은 책, 2015.10, p.1151.

202 〈The Economist EIU〉, *Global Food Security Index*, 2022.

203 변재연, 『곡물 수급안정 사업·정책 분석』, 국회예산정책처, 2021.10.1, pp.9, 54

204 서울대 국가미래전략원, "Mapping Economic Security", 「SNU 경제안보 클러스터」, 2023.5.

205 Bierte Bredow, Sophie Garbe, Chrintine Keck und anderen, *Angst vor dem Blackout*, 〈DER SPIEGEL〉 Nr.1, 2022.12.30, pp.38~40.

206 Aachen, Dueren, Euskirchen, und Heinsberg, *Information fuer die Bevoelkerung in der Umgebung des Kernkraftwekes(B)*, 2017.3.1, pp.14~21.

207 BBK, Warnung der Bevoelkerung, 『Bevoelkerungsschutz』, 2020.3.

208 Bundesamt fuer Bevoelkerungsschutz und Katastrophenhilfe, 『Nationales Krisenmanagement im Bevoelkerungsschutz』, Praxis im Bevoelkerungsschutz, Band 1, 2012.1, pp.131~174.

209 후베르투스 크나베 (김주일 역), 『슈타지 문서의 비밀』, 월간조선, 2004.2, pp.50~52.

210 이동기, 『비밀과 역설』, 아카넷, 2020.10, pp.102~103.

211 염돈재, 『독일통일의 과정과 교훈』, 평화문제연구소, 2011.8.25, pp.239~240.

212 헬무트 콜 (김주일 역), 『나는 조국의 통일을 원했다』, 해냄, 1998.9.30, pp.277~278.

213 Stewart Wood, *Whisper it softly: it's OK to like Germany*, 〈The Guardian〉, 2014.7.13.

214 Maik Baumgaertner, Floriana Bulfon und mehre, *Putins*

Schattenkrieger, 〈DER SPIEGEL〉 Nr.35, 2022.8.27, pp.9~14.

215 Michael Streck, *Attacke aus dem Netz*, 〈STERN〉, 2021.9.23, pp.23~29.

216 Bundesministerium der Verteidigung, *Der Organisationsbereich Cyber- und Informationsraum*, 2021.12.30.

217 Matthias Gebauer, *Nationale Unsicherheit, Putins Krieg*, 〈DER SPIEGEL〉 Nr.10, 2022.3.5.

218 〈Wall Street Journal〉, *Putin Loses Germany*, Editorial, 2022.2.27, Jeff Rathke, *Putin Accidentally Started a Revolution in Germany*, 〈Foreign Policy〉, 2022.2.27.

219 Christian Hacke, *Eine Nuklearmacht Deutschland staerkt die Sicherheit des Westens*, 〈DIE WELT〉 on-line, 2018.7.29.

220 Rene Pfister, Britta Sandberg, Christoph Schult, *Europas Bombe*, 〈DER SPIEGEL〉 Nr.15, 2022.4.9, pp.76~78.

221 Melanie Amann, Martin Knobe, "*Es darf keinen Atomkrieg geben*", 〈DER SPIEGEL〉 Nr.17, 2022.4.23, p.19.

222 조지 프리드먼 (홍지수 역), 『다가오는 유럽의 위기와 지정학』, 김앤김북스, 2020.1.10, p.260.

223 강천석, "'이스라엘보다 불안하고, 가자지구보다 안전한' 서울", 강천석 칼럼, 〈조선일보〉, 2023.11.11.

224 BBK, 『Nationales Krisenmanagement im Bevoelkerungsschutz』, 2012.2, pp.130~146.

225 BBK, *Weltweite Influenza – Pandemie*, 2021.10.

226 오춘호, "코로나서 비친 R&D 대국의 明暗", 오춘호의 글로벌 Edge, 〈한국경제〉, 2020.4.17.

227 국민일보 특별취재팀, 『독일 리포트』, 이지북, 2014.3.20, pp.180~181.

228 John Kampfner, *ibid*, Atlantic Books London, 2020, pp.222~224.

229 김용출, 같은 책, pp.336~337.

230 서울대병원, "비감염 정상인도 이미 코로나 항체 만들 준비 돼 있다", 병원 뉴스, 2021.2.1.

231 〈조선일보〉, "동아시아는 2만 년 전 이미 코로나 겪었다", 2021.5.11.

232 Byung-Chul Han, *Das fatale Problem der Deutschen mit den*

Masken, Corona-Strategie, 〈DIE WELT〉 on-line, 2021.3.27.

233 Stefan Schultz, *Toedliche Arroganz, Strategien gegen das Coronavirus*, 〈DER SPIEGEL〉 on-line, 2020.3.29.

234 김병연, "완력의 정책, 부드러움의 정치", 중앙시평, 〈중앙일보〉, 2020.9.16.

235 송호근, 『정의보다 더 중요한 것』, 나남출판, 2021.2.15, pp.313~314.

Part III. 독일 모델 넘어서기

236 이만복, "독일이 왜 강한가", 시론, 〈중앙일보〉, 2013.5.6.

237 〈The Economist〉 on-line, *Modell Deutschland ueber Alles*, 2012.4.14.

238 윤석철, 『삶의 정도』, 위즈덤하우스, 2022.2, pp.109~111.

239 Amy Liu, *Importing the Germany Approach to Career Building*, The Avenue, Brookings Institute, 2014.12.1.

240 Peter A. Hall, *The Fate of the German Model*, 『The German Model - Seen by its Neighbours』, SE Publishing, 2015.4, p.55.

241 Michael Dauderstaedt, *Germany's socio-economic model and the Euro crisis*, 『Brazilian Journal of Political Economy』, Vol. 33(1), 2013.1 ~3, pp.14~15.

242 Robert Boyer, *The Success of Germany from a French Perspective: What Consequences for the Future of the European Union?*, ibid, SE Publishing, 2015.4, pp.220~222.

243 Schumpeter, *German lessons*, 〈The Economist〉 on-line, 2014.7.12.

244 Rose Jacobs, *Germany's apprenticeship scheme success may be hard to replicate*, Special Report Youth Employment, 〈THE FINANCIAL TIMES〉 online, 2017.4.21.

245 피터 자이한 (홍지수 역), 『붕괴하는 세계와 인구학』, 김앤김북스, 2023.4.19, p.430.

246 Marcel Fratzscher, ibid, Carl Hanser Verlag, 2014, pp.13~16.

247 Guy Chazan, *Germany's economic might fails to lift gloom in declining towns*, 〈THE FINANCIAL TIMES〉, 2018.2.28.

248 〈The Economist〉 on-line, *Germany's new divide, The beautiful*

south, 2017.8.19.

249 Stefan Wagstyl, Germany: the hidden divide in Europe's richest country, The Big Read, 〈THE FINANCIAL TIMES〉, 2017.8.18.

250 Patric McGee and Guy Chazan, The fear of being bitten by Big Tech, FT Big Read. German Business, 〈THE FINANCIAL TIMES〉, 2020.1.30.

251 Marcel Fratzscher, ibid, Carl Hanser Verlag, 2014, pp.89~92.

252 〈DER SPIEGEL〉 on-line, A Nation Slowly Crumbles, Germany's Ailing Infrastructure, 2014.9.18.

253 Bundesregierung, Scholz: "Ein gelungenes Paket", Bundeshaushalt 2021 beschlossen, 2020.12.11.

254 〈Tagesspiegel〉, Wir muessen uns sputen beim Kampf gegen den Klimawandel, 2021.7.18.

255 Leitartikel, Das Ende der Sicherheit, p.6, Markus Dettmerr, Jan Friedmann, und andere, Ruesten fuer das neue Normal, 〈DER SPIEGEL〉 Nr.30, 2021.7.24, pp.16~17.

256 UNODC, Corruption & Economic Crime, 2023.11, 대검찰청, 『범죄분석 2021』, 통권 제154호, 2021.12, p.98. 재구성.

257 Marcel Fratzscher, ibid, Carl Hanser Verlag, 2014, p.136.

258 김정호, 『공학의 미래』, ㈜쌤앤파커스, 2021.2.1, p.288~290.

259 이정동, "천재는 잊어라", 축적의 시간 1부, 시사교양, 『KBS 스페셜』, 83회, KBS, 2017.7.20.

260 Ruchir Sharma, 『Breakout Nations』, Norton & Company Ltd, 2012, pp.158~159.

261 임현진, "21세기 한국의 미래를 묻는다", 〈대학신문〉, 서울대학교, 2009.9.5.

262 이재열, 『다시 태어난다면, 한국에서 살겠습니까』, 21세기북스, 2019.5, p.254.

263 Bundesministerium des Innen, fuer Bau und Heimat, 『Abschlussbericht der Kommision "30 Jahre Friedliche Revolution und Deutsche Einheit"』, 2020.12, p.64.

264 〈조선일보〉, "문화적 파워 타고난 한국… 엄청난 성공 스토리 썼다",

2021.10.7.

265 Daan van der Linde, *Complementarity and Labour Market Institutions*, ibid, SE Publishing, 2015.4, pp.327~330.

266 〈조선일보〉, "MB때 녹색성장센터, 이젠 낡은 카페", 'Made in Korea' 신화가 저문다. 조선일보 서울대 공동기획, 「제2부-〈2〉시류에 휩쓸리는 R&D」, 2016.7.26.

267 Mark Zastrow, *Why South Korea is the world's biggest investor in research*, News Feature, The Nature, 2016.6.1.

268 김우재, "독일의 과학엔 특별한 것이 있다". 「김우재의 보통 과학자」, 〈동아사이언스〉, 2020.7.2.

269 Fritz Naphtali, 『Wirtschaftsdemokratie, Ihr Wesen und Ziel』, Verlagsgesellschaft des Allgemeinen Deutschen Gewerkschaftsbundes GmbH, Berlin, 1928. p.10.

270 김상철, "'경제민주화' 논리의 허구", 『누구를, 무엇을 위한 경제민주화인가?』, 한반도선진화재단, 2021.2.22, p.29.

271 김상철, "경제민주화는 어떻게 한국 사회를 포획하였는가?: 독일과 비교한 한국의 경제민주화, 알박기에서 리바이어던으로", 『한국경제의 기적과 환상』, 북코리아, 2020.2.25, pp.183~186.

272 한국질서경제학회, "김종인의 경제민주화에 대한 우리들의 입장", 「성명서」, 2020.10.6.

273 고정애, "문재인 정부 법 초월·우회, 민주주의 원리와 충돌 많아", FOCUS, 진보학계 원로 최장집 교수 진단, 〈중앙 SUNDAY〉, 2021.5.15~16.

274 김상철, "'경제민주화' 논리의 허구", 『전게서』, 한반도선진화재단, 2021.2.22, pp.63~64.

275 김종인, 『지금 왜 경제민주화인가』, 동화출판사, 2013, pp.41, 48, 58~59.

276 김상철, "경제민주화는 어떻게 한국 사회를 포획하였는가?: 독일과 비교한 한국의 경제민주화, 알박기에서 리바이어던으로", 앞의 책, 2020.2, p.201.

277 Horst Siebert, ibid, Princeton University Press, 2005, pp.239~240.

278 Dr. Helge Emmler, Fokko Mjsterek, *Mitbestimmung in Jahlen*, Zahlen und Fakten zur Mitbestimmung, Hans-Boeckler Stiftung,

2020.5.1.

279 Hans-Boeckler Stiftung, *Eingefrorene Rechte, Unternehmensbestimmung*, 2021.8.19.

280 Heiner Dribbusch, Peter Birke, *Die Gewerkschaften in der Bundesrepublik Deutschland*, Studie,Friedrich Ebert Stiftung, 2012.3, p.13.

281 Bernd Ruethers, *Vom Wert der Sozialpartnerschaft*, 〈Frankfurter Allgemeine Zeitung〉, 2011.7.26.

282 Schumpeter, *ibid*, 〈The Economist〉 on-line, 2014.7.12.

283 Angela Garcia Calvo, *Can and Should the German Model be Exported to Other Countries? An Institutional Perspective*, *ibid*, SE Publishing, 2015.4, p.342.

284 Clayton M. Cristensen, Efosa Ojomo And Karen Dillon, 『The Prosperity Paradox』, Harper Business, 2019, pp.184~185.

285 최진석, 『탁월한 사유의 시선』, 21세기북스, 2018.9, pp.133~139.

286 장덕진, 같은 책, pp.328~333.

287 박제균, "정치가 뭐기에", 「광화문에서」, 〈동아일보〉, 2008.3.5.

288 〈조선일보〉, "사법부 신뢰도 OECD 꼴찌, 대법원이 발칵 뒤집혔다는 데…", 2019.11.5.

289 장덕진, 같은 책, p.311.

290 헨드릭 하멜 (신동운 역), 『하멜 표류기』, 스타북스, 2022.12.17, p.165.

291 Jessica Holzer, *German Kindergarten Campouts Test Helicopter Parents*, 〈The Wall Street Journal〉, 2015.12.29.

292 베른하르트 부엡(유영미 역), 『왜 엄하게 가르치지 않는가』, 뜨인돌, 2023.8.7, pp.23, 35~36.

293 박성숙, 『독일 교육 이야기』, 21세기북스, 2014.6.10, pp.46~47.